La mémoire des conflits dans la fiction française contemporaine

Francopolyphonies

Collection dirigée par / Series edited by

Kathleen Gyssels
Christa Stevens

VOLUME 29

The titles published in this series are listed at *brill.com/fpph*

La mémoire des conflits dans la fiction française contemporaine

par

Cornelia Ruhe

BRILL
RODOPI

LEIDEN | BOSTON

Illustration de couverture: pixabay.com

Library of Congress Cataloging-in-Publication Data

Names: Ruhe, Cornelia, author.
Title: La mémoire des conflits dans la fiction française contemporaine /
   par Cornelia Ruhe.
Description: Leiden ; Boston : Brill-Rodopi, 2020. | Series:
   Francopolyphonies, 1574-2032 ; volume 29 | Includes bibliographical
   references and index.
Identifiers: LCCN 2020007348 (print) | LCCN 2020007349 (ebook) | ISBN
   9789004426917 (hardback) | ISBN 9789004429024 (ebook)
Subjects: LCSH: French literature—French-speaking countries—History and
   criticism. | War in literature.
Classification: LCC PQ3897 .R84 2020 (print) | LCC PQ3897 (ebook) | DDC
   843/.92093561—dc23
LC record available at https://lccn.loc.gov/2020007348
LC ebook record available at https://lccn.loc.gov/2020007349

Typeface for the Latin, Greek, and Cyrillic scripts: "Brill". See and download: brill.com/brill-typeface.

ISSN 1574-2032
ISBN 978-90-04-42691-7 (hardback)
ISBN 978-90-04-42902-4 (e-book)

Copyright 2020 by Koninklijke Brill NV, Leiden, The Netherlands.
Koninklijke Brill NV incorporates the imprints Brill, Brill Hes & De Graaf, Brill Nijhoff, Brill Rodopi, Brill Sense, Hotei Publishing, mentis Verlag, Verlag Ferdinand Schöningh and Wilhelm Fink Verlag.
All rights reserved. No part of this publication may be reproduced, translated, stored in a retrieval system, or transmitted in any form or by any means, electronic, mechanical, photocopying, recording or otherwise, without prior written permission from the publisher.
Authorization to photocopy items for internal or personal use is granted by Koninklijke Brill NV provided that the appropriate fees are paid directly to The Copyright Clearance Center, 222 Rosewood Drive, Suite 910, Danvers, MA 01923, USA. Fees are subject to change.

This book is printed on acid-free paper and produced in a sustainable manner.

pour Pit et Doris

Contents

1 **La continuité de la violence** 1
   1 Le long après-guerre littéraire 1
   2 Entre mémoire et oubli 7
   3 Reconnecter l'histoire 13
   4 Une affaire de famille 21
   5 Guerre et image 26

2 **Faire écran à la Guerre d'Algérie : Alain Resnais et Laurent Mauvignier** 33
   1 *Muriel ou le temps d'un retour* (1963) d'Alain Resnais 33
      1.1 *Le centre perdu* 33
      1.2 *Famille recomposée* 37
      1.3 *Les revenants* 39
   2 *Des Hommes* (2009) de Laurent Mauvignier 45
      2.1 *Le trauma des autres* 45
      2.2 *La médiation d'une image* 49
      2.3 *Famille spectrale* 53

3 **Bleu, blanc, noir : La trilogie policière de Maurice Attia (2006-2009)** 58
   1 Palimpseste et violence 58
   2 Une nouvelle tricolore 60
   3 La généalogie des familles et des conflits 62
   4 La douleur fantôme 71

4 **En perpétuel état de guerre : *Zone* (2008) de Mathias Énard** 74
   1 Transgression et persuasion 74
   2 Un nouvel Achille 81
   3 Thanatographie européenne 91
   4 Un cénotaphe en forme de roman 97
   5 La mémoire de l'oubli 105

5 **La lâcheté, l'obscène et le sacré : Représenter et transmettre la violence chez Jérôme Ferrari** 107
   1 La fabrication de la mémoire 107
   2 Une histoire de lâcheté et de violence – la trilogie corse (2008-2012) 111
      2.1 *Transmission générationnelle et cyclicité* 111
      2.2 *L'ordre violent des choses* 114

        2.3 *La lâcheté héréditaire – Fédor Dostoïevski et Mikhaïl Boulgakov*   118
        2.4 *L'homme nu et le loup-garou – Giorgio Agamben*   123
        2.5 *Excès de mémoire – Jorge Luis Borges*   125
    3   L'obscène et le sacré – *À son Image* (2018)   128
        3.1 *Taire ou représenter*   128
        3.2 *Mort et résurrection*   131
        3.3 *L'obscénité du mal*   135
        3.4 *Le cycle de la violence*   139

6 Lisser la surface : *L'Art français de la guerre* (2011) d'Alexis Jenni   144
    1   Guerres et paix   144
    2   Les occultations du passé   148
        2.1 *Sous la surface*   148
        2.2 *Sur la table*   152
        2.3 *Dans les livres d'histoire*   155
    3   Le narrateur au pinceau   158
    4   Les ruses du nouvel Ulysse   164

7 Palimpsestes et intertextes : Julie Delpy, Jérôme Ferrari et Laurent Gaudé aux prises avec Francis Ford Coppola   171
    1   Retour impossible   171
    2   Hypocrisie et refoulement – *Le Skylab* de Julie Delpy (2011)   172
    3   L'absence de l'autre – *Un Dieu un animal* de Jérôme Ferrari (2009)   175
    4   Les palimpsestes de la mémoire – *Écoutez nos Défaites* de Laurent Gaudé (2016)   180
        4.1 *« Beyond the pale »*   181
        4.2 *La souffrance des enfants*   184
        4.3 *Gardienne de la mémoire*   191

8 La mécanique du sang : Nœuds de mémoire dans *Forêts* et *Anima* de Wajdi Mouawad   197
    1   Mémoires croisées   197
    2   De la productivité de l'amitié – *Forêts* (2006)   201
        2.1 *L'arbre qui cache la forêt*   201
        2.2 *Mémoire encapsulée*   204
        2.3 *L'amitié rédemptrice*   208
    3   L'animalité de la violence – *Anima* (2012)   210
        3.1 *Anima(ux)*   210
        3.2 *Anima(l)*   215
        3.3 *Anima(tion)*   220

3.4 *Animas* 223
  3.5 *Massacrés et rescapés* 226
  3.6 *Purgatoire* 228

9 Coda : « Plus de profondeur » 231

  Bibliographie 237
  Index 254

CHAPITRE 1

La continuité de la violence

> Mais nul n'a encore réussi à chanter une épopée de la paix. Pourquoi la paix ne peut-elle exalter à la longue ?
> PETER HANDKE/RICHARD REITINGER/WIM WENDERS[1]

∴

1   Le long après-guerre littéraire

Les littératures françaises et francophones actuelles portent un vif intérêt non seulement à l'histoire[2], mais plus particulièrement à l'histoire de la violence, des conflits sanglants et de leurs séquelles pour la vie civile. La prolifération de textes qui mettent en scène les guerres du XXe siècle, mais aussi « leur préparation mentale »[3] et leurs retombées, en est la preuve éclatante. La Grande Guerre et la Deuxième Guerre mondiale restent des sujets privilégiés de la littérature et du cinéma français depuis des décennies, tandis que d'autres conflits ayant pourtant « déstabilis[é] l'équilibre politique continental »[4] sont restés plus marginaux jusqu'il y a peu. Cependant, depuis une douzaine d'années, la France fait face à une recrudescence de textes traitant des guerres coloniales et postcoloniales[5].

---

1 Peter Handke/Richard Reitinger/Wim Wenders : *Der Himmel über Berlin/Les Ailes du désir*. D/F : Argos Films 1987, 00 :38 :42.
2 « Écrire l'histoire » est l'un des courants de la littérature française contemporaine que mentionne Dominique Viart dans son « Introduction » à Dominique Viart/Bruno Vercier : *La Littérature française au présent. Héritage, modernité, mutations*. Paris : Bordas ²2008 (¹2005).
3 « [D]ie mentalen Vorbereitungen », Bernd Hüppauf : *Was ist Krieg ? Zur Grundlegung einer Kulturgeschichte des Kriegs*. Bielefeld : Transcript 2013, 142 (ma traduction).
4 Pierre Schill : « Gaston Chérau, correspondant de guerre au début du conflit italo-turc pour la Libye (1911-1912) ». In : Jérôme Ferrari/Oliver Rohe : *À fendre le cœur le plus dur*. Paris : Inculte 2015, 75-89, ici 75.
5 S'y ajoutent les textes qui racontent des découvertes et des recherches qui, souvent menées à bien dans le seul but d'élargir les connaissances, ont rendu la colonisation possible et préparé la répartition coloniale du monde. C'est le cas pour les romans de Patrick Deville *Équatoria* (Paris : Seuil 2009) et *Kampuchéa* (Paris : Seuil 2011), ainsi que pour les romans *Mardochée* de Kebir-Mustapha Ammi (Paris : Gallimard 2011) et *Congo* d'Éric Vuillard (Arles : Actes Sud 2012a).

Qu'ils traitent des guerres mondiales ou coloniales, ce que nombre de ces textes ont en commun est que l'accent n'est pas mis sur le déroulement des conflits même, mais que leurs auteurs se concentrent plutôt sur l'après-guerre, sur la difficulté des individus et de la société en général de gérer les conséquences de ces grands conflits et les traumatismes qu'ils ont causés.

Dans le seul contexte des nominations et des lauréat(e)s du Prix Goncourt des dernières années, se trouvent de nombreux textes qui confrontent les lecteurs à cette histoire de la violence, tout en étant pour la plupart écrits par des auteurs qui appartiennent à ce que Marianne Hirsch appelle la « generation of postmemory »[6], des auteurs qui n'ont pas eux-mêmes participé aux conflits qu'ils mettent en scène.

Dans *Des Hommes*[7], roman faisant partie de la dernière sélection du Goncourt en 2009, Laurent Mauvignier, né en 1967, parle de l'impossibilité d'oublier les horreurs de la guerre d'indépendance algérienne. Alexis Jenni, né en 1963, développe, dans *L'Art français de la guerre*[8], roman couronné en 2011 par le Prix Goncourt, l'histoire de la « guerre de vingt ans »[9] que la France aurait menée entre 1939 et 1962, mais surtout celle du long retour à la vie civile. Sur l'histoire familiale racontée par Jérôme Ferrari (né en 1968) dans sa trilogie corse, de *Balco Atlantico* au *Sermon sur la chute de* Rome (Prix Goncourt 2012) en passant par *Où j'ai laissé mon âme*[10], pèse la mémoire de plusieurs guerres (coloniales) françaises. Autre roman du même auteur, *Un Dieu un animal* raconte l'impossible retour à la vie civile d'un mercenaire des guerres en Irak et Afghanistan[11]. *À son Image*, dernier roman en date de Ferrari, explore le terrorisme corse en parallèle avec la guerre en Yougoslavie[12]. Un portrait féroce du difficile après-guerre de la Grande Guerre est brossé par Pierre Lemaître (né en 1951) dans *Au Revoir là-haut*[13] – Prix Goncourt 2013. La lauréate de l'année 2014, Lydie Salvayre – née en 1948 – s'attaque à la mémoire tant individuelle que collective de la guerre civile espagnole dans son roman *Pas pleurer*, tout en montrant que cette histoire est loin d'être uniquement une affaire espagnole[14]. Mathias Énard (né en 1971), dont de nombreux textes sont

---

6   Marianne Hirsch : *The Generation of Postmemory. Writing and Visual Culture after the Holocaust*. New York : Columbia University Press 2012.
7   Laurent Mauvignier : *Des Hommes*. Paris : Minuit 2009.
8   Alexis Jenni : *L'Art français de la guerre*. Paris : Gallimard 2011.
9   Jenni 2011, 45.
10 Jérôme Ferrari : *Balco Atlantico*. Arles : Actes Sud 2008 ; *Où j'ai laissé mon âme*. Arles : Actes Sud 2010 ; *Le Sermon sur la chute de Rome*. Arles : Actes Sud 2012.
11 Jérôme Ferrari : *Un Dieu un animal*. Arles : Actes Sud 2009.
12 Jérôme Ferrari : *À son Image*. Arles : Actes Sud 2018.
13 Pierre Lemaître : *Au Revoir là-haut*. Paris : Albin Michel 2013.
14 Lydie Salvayre : *Pas pleurer*. Paris : Seuil 2014.

marqués par la guerre dès son premier roman[15], reçoit le Prix Goncourt en 2015 pour *Boussole*[16], un roman où la guerre ne fait son apparition que dans l'hommage mélancolique à la Syrie[17].

Si l'on considère que les guerres coloniales ont été longtemps et fortement tabouisées, ce n'est pas uniquement le nombre de textes les abordant qui frappe, mais aussi le fait qu'ils soient dotés de ou en lice pour d'importants prix littéraires. Dans son étude de 2003, le critique américain Warren Motte part de l'idée que le Prix Goncourt, comme d'autres prix littéraires, serait ainsi presque systématiquement décerné à un genre particulier de textes :

> It seems clear to me that the literary *mundillo* in France generally recognizes and supports novels that are 'safe', novels that uphold received convention, rather than questioning or (still less) subverting it[18].

Le Goncourt serait avant tout décerné à des textes peu novateurs au niveau formel, mais aussi à des textes dont les sujets seraient peu conflictuels. Cette remarque rejoint celle de Benjamin Stora, qui constate en 2005 que « [b]ien peu d'ouvrages traitant de la guerre d'Algérie ont obtenu un prix »[19], si bien que l'on pourrait doublement interpréter ce constat pour notre contexte : soit le jury du Prix Goncourt s'est depuis ouvert à des textes novateurs aussi bien au niveau formel qu'au niveau du sujet, soit les guerres coloniales ont fini

---

15 Mathias Énard : *La Perfection du tir*. Arles : Actes Sud 2003 ; *Zone*. Arles : Actes Sud 2008 ; *Rue des voleurs*. Arles : Actes Sud 2012 ; *Tout sera oublié* (ill. Pierre Marquès). Arles : Actes Sud 2013.

16 Mathias Énard : *Boussole*. Arles : Actes Sud 2015.

17 En 2017, c'est Éric Vuillard (né en 1968), qui a déjà abordé plusieurs conflits européens dans ses textes (Éric Vuillard : *La Bataille d'Occident*. Arles : Actes Sud 2012 ; Vuillard 2012a ; *14 juillet*. Arles : Actes Sud 2016), qui remporte le Goncourt pour *L'Ordre du jour*, un récit sur l'« Anschluss » de l'Autriche à l'Allemagne nazie (Arles : Actes Sud 2017). – S'y ajoutent les bandes dessinées qui, depuis quelques années, abordent les guerres et après-guerres mentionnées, en offrant parfois des adaptations BD de romans, comme *Au revoir là-haut* de Christian de Metter (Paris : Éditions rue des Sèvres 2015), pour laquelle Pierre Lemaître, auteur du roman éponyme, a écrit le scénario, ou celle tirée du premier volet de la trilogie de Maurice Attia, *Alger la Noire* par Jacques Ferrandez (Paris : Castermann 2012). Jacques Ferrandez a également publié en dix volumes des *Carnets d'Orient* (1987-2009) qui racontent l'histoire de l'Algérie depuis la conquête par les Français jusqu'à la fin de la guerre de libération (depuis parus en deux volumes, *Carnets d'Orient, premier et second cycle*. Paris : Castermann 2008 et 2011) ; *cf.* aussi Jennifer Howell : *The Algerian War in French-Language Comics. Postcolonial Memory, History, and Subjectivity*. Lanham, Maryland : Lexington Books 2015.

18 Warren Motte : *Fables of the Novel. French Fiction since 1990*. Chicago : Dalkey Archive Press 2003, 4.

19 Benjamin Stora : *Le Livre, mémoire de l'Histoire. Réflexions sur le livre et la guerre d'Algérie*. Paris : Le préau des collines 2005, 17.

par devenir de tels sujets « sûrs » que la littérature et la société peuvent aborder sans crainte et avec la bénédiction du Goncourt. La médiatisation des prix littéraires en général et du Prix Goncourt en particulier contribueraient ainsi de manière indirecte à ce que des textes traitant de sujets jugés jusqu'il y a peu problématiques atteignent un large public, bien au-delà de celui des spécialistes.

Les sujets violents ne se limitent pourtant pas aux textes ou aux auteurs qui entrent en lice pour les prix littéraires : que ce soit de plein front ou en passant, la Première[20] ou la Deuxième Guerre mondiale[21] et, surtout, l'Holocauste sont abordés par de nombreux auteurs, comme l'ont également été d'autres conflits. Dans sa tétralogie de romans policiers, Maurice Attia raconte le long après-guerre des « événements » en Algérie, ses liens avec les émeutes en France jusque dans les années 1970, mais aussi avec la guerre d'Espagne et d'autres conflits européens[22]. L'œuvre théâtrale et romanesque de Wajdi Mouawad aborde entre autres la mémoire de la guerre du Liban[23]. Laurent Gaudé, lauréat du Prix Goncourt en 2004, publie avec *Écoutez nos Défaites* une réflexion romanesque sur la guerre en général et contre le terrorisme en particulier[24]. Les guerres de Yougoslavie[25] ou du Golfe[26], la guerre en Afghanistan[27], le génocide au Rwanda[28], les attentats du 11 septembre 2001[29] et ceux commis sur

---

20   Laurent Gaudé : *Cris*. Arles : Actes Sud 2001 ; Vuillard 2012b ; Lemaître 2013 ; Patrick Deville : *Taba-Taba*. Paris : Seuil 2017.

21   La Deuxième Guerre mondiale joue un rôle par exemple dans les romans de Jonathan Littell (*Les Bienveillantes*. Paris : Gallimard 2006), d'Énard et de Ferrari, chez Éric Vuillard (*L'Ordre du jour*), Olivier Guez (*La Disparition de Joseph Mengele*. Paris : Grasset 2017) et Patrick Deville (*Taba-Taba*).

22   Maurice Attia : *Alger la Noire*. Arles : Actes Sud 2006 ; *Pointe Rouge*. Arles : Actes Sud 2007 ; *Paris Blues*. Arles : Actes Sud 2009 ; *La blanche Caraïbe*. Paris : Jigal 2017.

23   Wajdi Mouawad : *Littoral*. Montréal : Léméac/Arles : Actes Sud 1999 ; *Incendies*. Montréal : Léméac/Arles : Actes Sud 2003 ; *Forêts*. Montréal : Léméac/Arles : Actes Sud 2006 ; *Ciels*. Arles : Actes Sud 2009, ainsi qu'*Anima*. Arles : Actes Sud 2012 – Le Liban est aussi le lieu où évoluent les protagonistes d'Oliver Rohe (*Défaut d'Origine*. Paris : Allia 2003 ; *Terrain vague*. Paris : Allia 2005 ; *Un Peuple en petit*. Paris : Gallimard 2009) et, peut-être, – le pays restant innommé – ceux du premier roman de Mathias Énard, *La Perfection du tir*.

24   Laurent Gaudé : *Écoutez nos Défaites*. Arles : Actes Sud 2016.

25   Énard 2008 et Énard 2012, mais aussi Ferrari 2018.

26   Ferrari 2009.

27   On pensera surtout à l'œuvre d'Atiq Rahimi, notamment *Syngué sabour* et *Maudit soit Dostoïevski*. Paris : P.O.L. 2008 et 2011, mais aussi à *L'Insouciance* de Karine Tuil (Paris : Gallimard 2016), où la guerre en Afghanistan joue un rôle, tout comme l'État Islamique.

28   Jean Hatzfeld : *Dans le Nu de la vie : récits des marais rwandais*. Paris : Seuil 2000 ; *Une Saison des machettes. Récits*. Paris : Seuil 2003 ; *La Stratégie des antilopes*. Paris : Seuil 2007 ; *Englebert des Collines*. Paris : Gallimard 2014 ; *Un Papa de sang*. Paris : Gallimard 2015 ainsi que Gaël Faye : *Petit Pays*. Paris : Grasset 2016.

29   Frédéric Beigbeder : *Windows on the World*. Paris : Grasset 2003.

le territoire européen le 11 mars 2004 à Madrid[30] et le 7 juillet 2005 à Londres[31], la guerre contre le terrorisme[32] ; autant d'événements qui entrent dans la littérature pour être parfois arrangés en véritables fresques, comme dans le roman *Zone* de Mathias Énard[33], qui soutient la thèse selon laquelle toute l'histoire de l'Occident est, depuis ses origines, imprégnée de guerre. La « guerre »[34], qui s'est réintroduite sur le territoire européen avec l'agression russe contre l'Ukraine et les attentats de Daech en Europe, n'est que la confirmation de ce que la littérature contemporaine signale – le fait que des guerres réelles, pas uniquement lointaines, continuent à marquer l'imaginaire et la réalité non seulement de quelques pays européens, mais de l'Europe entière.

Dans les textes de Maurice Attia, de Mathias Énard, de Jérôme Ferrari, de Laurent Gaudé, d'Alexis Jenni, de Laurent Mauvignier et de Wajdi Mouawad, ce que l'on percevait comme après-guerre s'avère finalement être aussi bien l'actualité d'un nouveau conflit sanglant que son prélude. Pour Jean-Claude Juncker, « l'Europe est synonyme de paix » car il y aurait eu « 70 ans de paix ininterrompue en Europe » depuis 1946[35]. Cependant, cette remarque n'est pertinente que si on la fonde sur une idée étroite de l'Europe et si l'on prend au sérieux la remarque d'Éric Conan et d'Henri Rousso qui, encore en 2013, considèrent la Deuxième Guerre mondiale comme « la dernière guerre »[36]. Une telle perspective exclut aussi bien les conflits coloniaux et postcoloniaux que les guerres en Yougoslavie – à une époque où elle n'appartenait pas encore à l'Union Européenne, bien qu'étant incontestablement située en Europe. Le refus d'admettre que la guerre ravageait à nouveau une partie du continent est tel que Susan Sontag remarque que « one of the main ways of understanding the war crimes committed in southeastern Europe in the 1990s has been to say that the Balkans, after all, were never really part of Europe »[37].

Les auteurs français susmentionnés, de leur côté, n'adhèrent pas à cette représentation de leur continent comme havre de paix. Ils en brossent au contraire un violent portrait qui soutiendrait plutôt la thèse de l'auteur espagnol Javier Cercas selon laquelle « le sport européen par excellence est la

---

30 Mentionné par Deville dans *Taba-Taba*.
31 Rachid Bouchareb : *London River*. F : Tadrart Films 2009.
32 Karine Tuil : *L'invention de nos vies*. Paris : Grasset 2013 ; Gaudé 2016.
33 Énard 2008.
34 Discours du Président François Hollande devant le Parlement réuni en Congrès le 16 novembre 2015.
35 Jean-Claude Juncker : « Discours sur l'état de l'Union 2016 : Vers une Europe meilleure – Une Europe qui protège, donne les moyens d'agir et défend », le 14 septembre 2016. In : http://europa.eu/rapid/press-release_SPEECH-16-3043_fr.htm (consulté le 15 février 2020).
36 Éric Conan/Henri Rousso : *Vichy, un Passé qui ne passe pas*. Paris : Arthème Fayard/Pluriel 2013, 9, 11, 25, 31 et *passim*.
37 Susan Sontag : *Regarding the Pain of Others*. New York : Picador 2003, 72.

guerre »[38]. Tous semblent ainsi souscrire à l'idée suggérée par Michel Foucault que la guerre sous-tendrait jusqu'aux périodes de paix :

> C'est la guerre qui est le moteur des institutions et de l'ordre : la paix, dans le moindre de ses rouages, fait sourdement la guerre. Autrement dit, il faut déchiffrer la guerre sous la paix : la guerre, c'est le chiffre même de la paix[39].

L'Europe, la guerre et la littérature sont liées de manière inextricable et il n'est pas surprenant de voir que les œuvres de fiction d'une Europe pourtant pacifiée depuis des décennies se dédient au déchiffrement de la guerre sous la paix[40]. C'est ainsi que leurs protagonistes sont bien souvent, au sens littéral comme, parfois, au figuré, des vétérans, avec tout ce que cela peut impliquer comme pathologies. D'une part, ces revenants qui tardent souvent à revenir vraiment de la guerre la ramènent finalement avec eux sur le territoire de l'Hexagone ; d'autre part, l'espace nécessaire pour faire face à leur traumatisme et procéder au travail de mémoire ne leur est accordé qu'en littérature et ce avec un retard notable.

Le deuxième dénominateur commun des auteurs cités est leur notion de l'histoire. Selon les historiens Nicolas Bancel, Pascal Blanchard et Sandrine Lemaire, l'indépendance de l'Algérie, qui met fin aux prétentions impériales de la France, aurait marqué le début de la « fracture coloniale »[41]. Cette fracture aurait eu pour effet « que les mémoires coloniales sont devenues illégitimes et mutilées, alors que l'histoire nationale a été largement amputée de son versant colonial »[42]. Dans la société et peut-être jusque dans la littérature française, cette ligne de partage déconnecte la réflexion sur la France de celle sur ses anciennes colonies et, par là, constitue une particularité de la Grande Nation,

---

38 « [E]l deporte europeo por excelencia es la Guerra », Javier Cercas : *El impostor*. Barcelona : Tusquets 2014, 443 (ma traduction).
39 Michel Foucault : *Il faut défendre la Société*. Paris : Éditions EHESS 1997, 43.
40 Il semble que le sujet du déchiffrement de la guerre sous la paix attire moins les auteurs féminins que leurs collègues masculins : parmi les auteurs énumérés, il n'y a que Lydie Salvayre et Alice Ferney, dont il sera brièvement question dans ce qui suit, qui abordent ce sujet, bien que, dans le cas de Lydie Salvayre, d'une perspective concernée plus directement et non pas avec la distance de la génération de la « postmemory ». Il serait intéressant de poursuivre cette analyse en adoptant une perspective genrée et en vérifiant s'il y a une écriture féminine de la postmémoire.
41 Nicolas Bancel/Pascal Blanchard/Sandrine Lemaire (dir.) : *La Fracture coloniale. La société française au prisme de l'héritage colonial*. Paris : La Découverte 2005, 9-31.
42 Nicolas Bancel/Pascal Blanchard/Sandrine Lemaire : « Introduction : La fracture coloniale – une crise française ». In : Bancel/Blanchard/Lemaire 2005, 9-31, ici 17.

qui serait « pratiquement le seul pays européen à s'être délibérément rangé du côté [...] de l'oubli institutionnalisé jusqu'aux années 1990 »[43]. La relégation de tout ce qui touche à la partie coloniale de l'histoire française, considérée comme définitivement close, permet de comprendre la France d'après-guerre comme non concernée par plusieurs centaines d'années de son histoire exterritoriale[44]. Benjamin Stora constate : « La France se considérait comme le centre d'une histoire profondément européenne, occidentale, absolument pas comme partie prenante d'une histoire venant de l'Afrique ou du monde arabe »[45]. C'est cette fracture historique que les auteurs traités visent à guérir.

2   Entre mémoire et oubli

> L'oubli est la condition indispensable de la mémoire.
> ALFRED JARRY[46]

Alors que certains auteurs soutiennent que la guerre aurait été et continuerait d'être le « sujet marquant des publications de ces cinquante dernières années »[47], Sandra Kegel, critique littéraire de la *Frankfurter Allgemeine Zeitung*, constate au contraire un manque de courage : « les romanciers n'ont tout simplement pas envie de pénétrer là où c'est douloureux [...] dans les zones de combats, dans les pays en guerre, dans les foyers en crise, qui restent pourtant nombreux »[48]. La contradiction entre ces deux remarques résulte fort probablement du fait que les deux critiques pensent à des guerres différentes – alors que les guerres mondiales ont été représentées sous de nombreux aspects, il

---

43   Bancel/Blanchard/Lemaire 2005, 15.
44   On pourrait ajouter que pendant longtemps, une bonne partie des textes ayant trait à la guerre d'indépendance algérienne était exterritorialisée, car le discours critique les avait relégués à la littérature francophone.
45   Stora 2005, 61.
46   Alfred Jarry : « Toomai des éléphants, par George Esparbès ». In : *La Plume* du 1er janvier 1903.
47   « Betrachten wir nur die Publikationen der letzten fünfzig Jahre, so ist der Krieg das bestimmende Thema schlechthin », Ortrud Gutjahr : « Der andere Kampfplatz. Der troianische Krieg und seine Beziehungsmuster im Gedächtnis der Literatur ». In : Waltraud Wende (dir.) : *Krieg und Gedächtnis : ein Ausnahmezustand im Spannungsfeld kultureller Sinnkonstruktion*. Würzburg : Königshausen & Neumann 2005, 92-120, ici 92 ; *cf.* aussi Hüppauf 2013, 10sq.
48   « Vielleicht haben die Romanciers bloß keine Lust, dorthin zu gehen, wo es weh tut, in die Kampfzonen, die Kriegsgebiete, die Krisenherde, von denen es ja nicht wenige gibt », Sandra Kegel : « Wir führen Krieg im Irak, weil wir im Irak Krieg führen ». In : *Frankfurter Allgemeine Zeitung* du 29 novembre 2014, L2.

n'en est pas de même pour des conflits d'envergure moins mondiale et historiquement moins éloignés. Ce qui fait surtout défaut, ce sont des réflexions littéraires sur la continuité entre les différents conflits.

Alors que les deux guerres mondiales ont depuis longtemps bénéficié sur le plan littéraire d'une certaine popularité, soutenue par les nombreuses commémorations officielles, on peut en revanche constater que la guerre en Algérie – le plus présent de tous les conflits coloniaux qui servira de *tertium comparationis* – ne prend son essor en tant que sujet littéraire et cinématographique qu'à la fin des années 1990. Alors qu'entre 2014 et 2018, le centenaire de la Grande Guerre est commémoré par une longue série d'événements[49] et que, sur les seules côtes normandes, les mémoriaux de la Seconde Guerre mondiale abondent, la guerre d'Algérie ne porte son nom de manière officielle que depuis 1999. Tandis que les crimes de guerre commis entre 1943 et 1945 font l'objet de procédures judiciaires au titre de crimes contre l'humanité, en Algérie, une amnistie a été décrétée après la fin des « opérations de maintien d'ordre » en 1962. Elle fait partie intégrante des accords d'Évian qui ont mis fin à la guerre en Algérie. Désormais, aucun Français ne peut être poursuivi en justice pour des actes commis pendant cette guerre. De ce fait, aucun de ces crimes contre l'humanité ne pourra être puni. L'amnistie vise à ce que les « événements » ne provoquent pas de conséquences juridiques ou politiques ; une grande partie de la société refuse d'en parler et accepte encore moins d'y réfléchir.

Les familles des recrues traumatisées rentrant d'Algérie ne reçoivent aucune aide dans leur deuil. « Le souvenir de cette guerre reste privatisé »[50], souligne à juste titre Benjamin Stora. À leur retour, les recrues sont renvoyées dans leur famille pour digérer les traumatismes causés par les affrontements auxquels ils ont participé ; il n'y a pas d'institution officielle vers laquelle se tourner, sans parler d'un travail de mémoire au niveau politique. Ce n'est qu'avec hésitation et après de longues années d'un déni quasi officiel que la France s'est enfin décidée à non seulement admettre ouvertement le rôle des troupes indigènes dans la libération de l'Europe des nazis[51], mais aussi à faire figurer sur les monuments aux morts les noms des soldats morts au nom de la France en

---

49 *Cf.* les différents sites web dédiés à la cause, dont je citerais à titre d'exemples http://centenaire.org/de/, http://www.100-jahre-erster-weltkrieg.eu/projekte-bildung/projekte.html, http://www.be14-18.be/fr (tous consultés le 15 février 2020).

50 Benjamin Stora : « La guerre d'Algérie quarante ans après : connaissances et reconnaissance ». In : *Modern & Contemporary France* 1994, NS 2, 2, 131-139, ici 137.

51 *Cf.* Cornelia Ruhe : « Das *cinéma beur* aus transkultureller Perspektive. Rachid Boucharebs *Indigènes* ». In : Ricarda Strobel/Andreas Jahn-Sudmann (dir.) : *Film transnational und transkulturell. Europäische und amerikanische Perspektiven*. München : Fink 2009, 55-71.

Indochine ou en Algérie, leur accordant par là ne serait-ce qu'une petite place dans la mémoire officielle du pays[52].

Une scission peut, selon Meyer, émaner de la seule mémoire d'un conflit armé. Après la scission effective de la nation due à la perte de l'Algérie, la gestion de cette rupture est reléguée à la sphère familiale, ce qui permet de lisser de façon immédiate l'image officielle de la nation et de « ressouder l'unité nationale »[53]. L'oubli collectif vise à produire une image homogène ou du moins un semblant d'homogénéité, qui n'est en réalité effectif que dans le seul domaine politico-social. Cet oubli est facilité par la séparation nette « entre l'histoire nationale et l'histoire coloniale » jusque dans les programmes des lycées, ce qui est « équivalent à [l']élimination [de la guerre d'Algérie] de la conscience nationale »[54]. L'épopée coloniale étant définitivement close, il paraît désormais obsolète d'y réfléchir. Ce sera le début d'une « longue occultation de ce pan de l'histoire nationale »[55], comme le souligne Fiona Barclay en se référant à la position (récente) de l'historien révisionniste Daniel Lefeuvre qu'elle cite : « since the colonies contributed nothing to the eternal nation that is France, the Hexagon lost nothing and was barely affected by the act of decolonization »[56]. Alors que la France se tourne vers l'Europe, la guerre d'Algérie que Gilles Kepel appelle une « guerre fondatrice de l'Algérie et de la France d'aujourd'hui »[57], se poursuit de manière souterraine.

Une amnistie semblant faire écho à celle qui concerne la guerre d'Algérie en France a été décrétée en Espagne le 15 octobre 1977 avec la « ley de amnistía ». En voulant clore définitivement la discussion autour de la guerre civile et de l'époque franquiste, cette amnistie vise à consolider le nouveau gouvernement démocratique et à pacifier un pays toujours divisé par la guerre. En empêchant la poursuite judiciaire des crimes commis pendant la guerre ou durant l'époque franquiste, la loi invalide, voire rend impossible la distinction entre

---

52   *Cf.* Bancel/Blanchard/Lemaire 2005, 17sq.
53   Conan/Rousso 2013, 19.
54   « [D]ie Zäsur, die man zwischen Nationalgeschichte und Kolonialgeschichte errichten möchte, ist gleichbedeutend mit ihrer Verdrängung aus dem nationalen Bewusstsein », Sandrine Lemaire : « Der Algerienkrieg in den französischen Schulbüchern : Eine Zäsur in der Nationalgeschichte ? » In : Christiane Kohser-Spohn/Frank Renken (dir.) : *Trauma Algerienkrieg. Zur Geschichte und Aufarbeitung eines tabuisierten Konflikts*. Frankfurt/New York : Campus 2006, 123-137, ici 136 (ma traduction). – *Cf.* aussi Todd Shepard : *The Invention of Decolonization. The Algerian War and the Remaking of France*. Ithaca/London : Cornell University Press 2006.
55   Bancel/Blanchard/Lemaire 2005, 4.
56   Fiona Barclay : *Writing Postcolonial France. Hauting, Literature, and the Maghreb*. Lanham/Boulder : Lexington Books 2011, xvii.
57   Gilles Kepel : « Montrer ce qu'il y a à voir ». In : Ferrandez 2011, 6-8, ici 8.

victime et bourreau, qui jusqu'alors avait permis une définition non seulement idéologique, mais aussi identitaire. La loi ne réussit toutefois pas à complètement étouffer le conflit. Après avoir couvé pendant une vingtaine d'années, le sujet de la guerre civile resurgit dans la littérature et dans le cinéma espagnol. La fiction brave la loi de l'amnistie et, après avoir été mise en question de façon massive depuis le début des années 80, l'Espagne introduit, le 26 décembre 2007, la *Ley de Memoria Histórica*.

Il en est de même pour la France et son rapport à la guerre d'Algérie, mais aussi, à une échelle plus large, à ses conflits coloniaux en général. Après avoir tabouisé son héritage colonial pendant de longues décennies, la république française tente de régler le rapport avec son passé douloureux par de nouveaux projets législatifs controversés, comme le prouve non seulement la loi Taubira sur la reconnaissance de la traite et de l'esclavage en tant que crime contre l'humanité, mais aussi l'article 4 de la loi du 23 février 2005, rapidement abrogé, qui demandait à ce que « [l]es programmes scolaires reconnaissent en particulier le rôle positif de la présence française outre-mer, notamment en Afrique du Nord »[58]. Bien que cet article ait été révoqué, il témoigne, tout comme la loi Taubira, d'une tentative de se saisir de l'histoire de manière officielle et juridiquement sanctionnée, ce qui risque, comme le souligne Barclay, de mener à « a monolithic narrative of the past, shaped by the partisan agendas of certain pressure groups, but imposed on all sections of French society »[59].

Il est courant, en France et surtout en Espagne, d'établir un lien entre l'amnistie décrétée officiellement et ayant eu de fortes répercussions sur la vie publique et sur l'enseignement, et une amnésie qui touchait surtout la mémoire des républicains en Espagne et ceux des vétérans des guerres coloniales en France.

D'un point de vue historique, les amnisties censées apaiser les esprits pour consolider l'État pendant la période de l'après-guerre ne sont pas une invention récente – « là où l'amnésie est un état d'âme, l'amnistie est un devoir civique »[60]. Donald Kagan souligne qu'une telle amnistie faisait déjà suite à la guerre du Péloponnèse et que cette politique de la modération, tout en protégeant « all but a few of the worst criminals », y était vue comme protection des intérêts de l'État[61]. L'oubli, même sous forme d'amnistie, est perçu comme ayant un effet thérapeutique sur la société.

---

58   Assemblée nationale, loi n° 2005-158 du 23 février 2005, portant reconnaissance de la Nation et contribution nationale en faveur des Français rapatriés. Texte adopté n° 389.
59   Barclay 2011, xxix. – *Cf.* aussi Conan/Rousso 2013, 321.
60   Bruno Étienne : « Amère Algérie » (Préface à *Rue de la bombe*). In : Ferrandez 2011, 72-75.
61   Donald Kagan : *The Pelopennesian War*. New York : Penguin 2003, 486.

En s'appuyant sur les thèses de l'historien Christian Meyer, Aleida Assmann soutient que des phases d'oubli et de mémoire se suivent et se complémentent[62] : dans une première phase et pour la génération immédiatement concernée, l'oubli est nécessaire, car les accusations et les règlements de comptes qui semblent forcément accompagner le travail de mémoire mèneraient à une division de la société qui serait plus nuisible que profitable. L'oubli serait à ce moment-là d'une plus grande importance pour la cohésion sociale que la mémoire[63], comme le souligne aussi Susan Sontag : « too much remembering (of ancient grievances [...]) embitters. To make peace is to forget. To reconcile, it is necessary that memory be faulty and limited »[64]. Les exemples donnés par Assmann suggèrent que la génération marquée par la guerre optera généralement pour l'oubli, ce qui serait

> le cas normal pour les cultures et les sociétés. L'oubli se produit de manière silencieuse, banale et ubiquitaire, la mémoire, par contre, en est l'exception improbable, qui requiert des circonstances spécifiques[65].

Hüppauf comprend l'oubli imposé par un décret d'amnistie comme une intervention de l'État dans la mémoire collective qui ne peut être effective qu'à court terme[66], une position qui confirme celle d'Aleida Assmann. La mémoire refoulée se fera inévitablement jour, comme c'est le cas en Espagne et, de plus en plus, en France. L'oubli ne devra être que passager, comme le soutient également Benjamin Stora, car sinon il risque de devenir une méthode de perpétuer la guerre au lieu d'y mettre un terme :

---

62   *Cf.* aussi Henri Rousso, qui prévoit des phases semblables pour le travail de mémoire concernant la Deuxième Guerre mondiale dans *Le Syndrome de Vichy de 1944 à nos jours*. Paris : Seuil 1987 et Conan/Rousso 2013, 15sq. ainsi que Étienne François : « Die späte Debatte um das Vichy-Regime und den Algerienkrieg in Frankreich ». In : Martin Sabrow/Ralph Jessen/Klaus Große Kracht (dir.) : *Zeitschichte als Streitgeschichte : große Kontroversen nach 1945*. München : Beck 2003, 264-287.

63   *Cf.* Christian Meyer : *Das Gebot zu vergessen und die Unabweisbarkeit des Erinnerns. Vom öffentlichen Umgang mit schlimmer Vergangenheit*. München : Siedler 2010 ainsi qu'Aleida Assmann : « Vergessen oder Erinnern ? Wege aus einer gemeinsamen Gewaltgeschichte ». In : Sabina Ferhadbegović/Brigitte Weiffen (dir.) : *Bürgerkriege erzählen. Zum Verlauf unziviler Konflikte*. Konstanz : Konstanz University Press 2011, 303-320.

64   Sontag 2003, 115.

65   « Das Vergessen ist also der Normalfall in Kultur und Gesellschaft. Vergessen geschieht lautlos, unspektakulär und allüberall, Erinnern ist demgegenüber die unwahrscheinliche Ausnahme, die auf bestimmten Voraussetzungen beruht », Aleida Assmann : *Formen des Vergessens*. Göttingen : Wallstein 2016, 30 (ma traduction).

66   *Cf.* Hüppauf 2013, 326.

> [L]'oubli est quelque chose d'indispensable, de nécessaire. Il n'est pas possible qu'une société, un pays vivent sans arrêt en état d'exaltation permanente, de souvenirs douloureux, déchirants, difficiles et lancinants. Mais il y a une autre forme d'oubli, celle qui vise à chasser, à ne pas assumer une quelconque responsabilité politique, culturelle et idéologique dans la conduite de la guerre, celle qui vise à ne pas reconnaître la guerre pour pouvoir, en fait, la poursuivre secrètement et de manière souterraine[67].

Effectivement, les guerres et leurs conséquences marquent la surface et la mémoire de l'Europe de manière trop durable pour qu'un oubli complet soit possible. La mémoire étant transmise de manière intergénérationnelle, ce n'est pas la génération immédiatement touchée par le conflit qui commence à lever le voile de l'oubli, mais celle des enfants et petits-enfants, hantés par des souvenirs qui tout en ne leur appartenant pas, les concernent. Bien que paradoxal à première vue, le « renforcement de la mémoire »[68] avec le temps est caractéristique de la génération de la « postmémoire »[69].

Du refoulement permanent, de la « persistance du déni »[70] émanerait paradoxalement, comme le souligne Assmann, une force explosive qui mettrait les sociétés en danger. Il pourrait développer un potentiel destructeur que les familles, en tant que cellules primaires de la culture[71] et de la nation, ne

---

67   Stora 1994, 132. – Cette idée de Stora est reprise d'une certaine manière dans le roman d'Alexis Jenni, comme je le montrerai dans ce qui suit.

68   « Verschärfung des Gedächtnisses », Aleida Assmann : « Erinnerung als Erregung. Wendepunkte der deutschen Erinnerungsgeschichte ». In : Wolf Lepenies (dir.) : *Wissenschaftskolleg. Jahrbuch 1998/1999*. Berlin : Wissenschaftskolleg zu Berlin 2000, 200-220, ici 202 (ma traduction).

69   En Espagne, les enfants et petits-enfants visent moins la réconciliation du pays – pays qui souffre toujours du clivage imposé par la guerre – que la connaissance et la compréhension de l'héritage refoulé et caché de la guerre (*cf.* Christian von Tschilschke : « Zusammenwirken und Konkurrenz der Medien in der Erinnerung an den spanischen Bürgerkrieg : *Soldados de Salamina* als Roman und Film ». In : Anja Bandau/Albrecht Buschmann/Isabella von Treskow [dir.] : *Literaturen des Bürgerkriegs*. Berlin : Trafo 2008, 269-285). Le conflit espagnol, remontant au début du XIXe siècle et dont l'aggravation pendant la guerre civile divisa politiquement le pays, a eu des répercussions sur la scène politique jusque dans les familles et dans la vie des individus. Bien que la volonté de la classe politique espagnole de faire face aux conséquences toujours sensibles de la guerre civile et de l'époque franquiste semble avoir repris force, le travail de mémoire est loin d'être terminé (*cf.* Pere Joan Tous/Cornelia Ruhe : « A modo de introduccion : Cine y guerrilla o la memoria intempestiva ». In : Joan Tous/Ruhe [dir.] : *La memoria cinematográfica de la guerrilla antifranquista*. Leiden/Boston : Brill/Rodopi, 2017, 1-22).

70   Bancel/Blanchard/Lemaire 2005, 15.

71   Sigmund Freud considère les familles comme les « Keimzellen der Kultur », les « cellules primaires de la culture », une approche reprise par nombre d'idéologies à tendance

pourraient que difficilement contenir. À la longue, l'amnésie imposée menace l'homogénéité et la cohésion de la nation. Par conséquent, ce qui devra suivre à une époque d'oubli et de refoulement sera nécessairement une époque de travail mémoriel intense.

Compte tenu de la production littéraire, c'est visiblement ce que vit la France depuis quelques années. Avec au moins une génération de décalage, les auteurs réfléchissent aux conflits qui ont eu un impact sur leur vie sans qu'ils ne les aient vécus. Alors que, selon Marianne Hirsch, la guerre et le silence qui la suit rompt « the chain of transmission »[72], c'est la littérature qui rétablit la « chaîne transmissible »[73] et met à nu un passé qui est devenu « a ghostly presence, a palimpsest whose marks remain distinguishable beneath the surface of the present »[74].

3 Reconnecter l'histoire

> L'océan démonté de l'histoire avait regagné ses rives. Il semblait apaisé, mais les forces mystérieuses qui meuvent l'humanité [...] continuaient à agir. [...] L'océan de l'histoire ne se portait plus comme auparavant par à-coups d'une de ses rives à l'autre : il bouillonnait dans les profondeurs.
> LEV TOLSTOÏ[75]

Les œuvres d'Attia, d'Énard, de Ferrari, de Gaudé, de Jenni et de Mouawad, des auteurs qui font le sujet de notre analyse, rompent avec une vue partielle de l'histoire nationale. Leurs textes élargissent l'horizon pour englober non seulement les conflits coloniaux et postcoloniaux auxquels la France a pris part, mais aussi, pour certains d'entre eux, les guerres et la violence qui marquèrent l'Europe, le monde même, depuis la nuit des temps. Leurs textes déconstruisent la « fracture coloniale » et nationale en « évalu[ant] les conséquences actuelles des héritages de la période coloniale »[76] et cherchent à rétablir le lien rompu pour démontrer que l'histoire française n'est pas solipsiste, mais connectée au monde – pour le meilleur et pour le pire. La littérature devient ainsi, pour le

---

conservatrices (Sigmund Freud : *Das Unbehagen in der Kultur* [1930]. In : *Studienausgabe*, vol. IX : *Fragen der Gesellschaft/Ursprünge der Religion*. Frankfurt/Main : Fischer Taschenbuch Verlag 2000, 191-270, ici 242).
72   Hirsch 2012, 95.
73   Alain Robbe-Grillet : *Préface à une vie d'Écrivain*. Paris : Seuil 2005, 103.
74   Barclay 2011, xx.
75   Lev Tolstoï : *La Guerre et la Paix*, traduit du russe par Bernard Kreise. Paris : Seuil 2002, 882.
76   Bancel/Blanchard/Lemaire 2005, 29.

dire avec les mots de Fiona Barclay, « a privileged site in which the phenomena latent in contemporary society emerge and can be explored »[77].

La notion de l'histoire dont témoignent leurs textes va au-delà du simple savoir historique tel que le débat français sur la relation entre littérature et historiographie l'a discutée[78]. Elle rejoint plutôt un courant de la recherche qui se défait de plus en plus des contraintes d'une histoire nationale pour adopter une perspective transculturelle et relationnelle. L'« histoire croisée » de Michael Werner et Bénédicte Zimmermann[79], la « entangled history »[80] de Sebastian Conrad et Shalini Randeria ou encore la « connected history »[81] de Sanjay Subrahmanyam ont en commun de viser une

> transgression de la *tunnel vision* qui expliquerait l'histoire d'une nation ou de l'Europe uniquement par référence à elle-même. Notre perspective relationnelle met l'accent sur le rôle constitutif qu'a joué, pour le développement de la spécificité de la modernité dans les sociétés respectives, l'interaction entre l'Europe et le monde extra-européen – sans pour autant remplacer le paradigme national par une totalité abstraite tel que 'le monde', comme l'ont proposé la plupart des ébauches et des théories d'une société mondiale (Luhmann 1999). L'Europe s'est finalement constituée dans le contexte de ses projets impériaux, alors que les rencontres coloniales étaient marquées par les conflits européens[82].

---

77   Barclay 2011, xii.
78   *Cf.* « Savoirs de la littérature ». In : *Annales. Histoire, Sciences sociales* 65,2/2010 ; « Historiens et romanciers. Vies réelles, vies rêvées ». In : *Critique* 767/2011 ; « L'Histoire saisie par la fiction ». In : *Le Débat* 165/2011, ainsi que Wolfgang Asholt/Ursula Bähler : « Introduction ». In : *Idem* (dir.) : *Le Savoir historique du roman contemporain.* In : *Revue des Sciences Humaines* 321,1/2016, 7-17.
79   Michael Werner/Bénédicte Zimmermann : « Penser l'Histoire croisée. Entre empirie et réflexivité ». In : *Annales. Histoire, Sciences sociales* 58,1/2003, 7-36.
80   Sebastian Conrad/Shalini Randeria : *Jenseits des Eurozentrismus : Postkoloniale Perspektiven in den Geschichts- und Kulturwissenschaften.* Frankfurt/New York : Campus 2002.
81   Sanjay Subrahmanyam : *Explorations in Connected History : From the Tagus to the Ganges.* Oxford : Oxford University Press 2004.
82   « [D]ie Überwindung des Tunnelblicks, der die Geschichte einer Nation/Europas im Kern aus sich selbst heraus erklärt. Diese relationale Perspektive legt das Schwergewicht auf die konstitutive Rolle, welche die Interaktion zwischen Europa und der außereuropäischen Welt für die Spezifität der Moderne in den jeweiligen Gesellschaften gespielt hat – ohne das nationalgeschichtliche Paradigma gleich durch eine abstrakte Totalität der 'Welt' zu ersetzen, wie die meisten weltgeschichtlichen Entwürfe oder Theorien der Weltgesellschaft (Luhmann 1999) das vorschlagen. Europa entstand nicht zuletzt im Kontext seiner imperialen Projekte, während die kolonialen Begegnungen zugleich von innereuropäischen Konflikten geprägt waren », Conrad/Randeria 2002, 17sq. (ma traduction).

Cette conception « centrifugale »[83] de l'histoire ne reste pas sans conséquences pour la théorie de la mémoire culturelle. La complexité d'une histoire transculturelle et connectée devient un défi pour le travail de mémoire, non seulement parce qu'elle ne se limite souvent pas à un cadre national, mais aussi parce qu'elle met à nu différentes couches de mémoire. Le défi est relevé par des critiques tel que Michael Rothberg et Max Silverman qui, en partant du concept de la « postmémoire » de Marianne Hirsch[84], développent les notions de la « multidirectional memory »[85] et de la « palimpsestic memory »[86].

Leurs notions ont en commun de s'intéresser à la perspective de la génération des enfants et des petits-enfants, tout en allant au-delà de la mémoire purement familiale pour passer à la « familial and affiliative postmemory »[87] :

> Postmemory describes the relationship that later generations or distant contemporary witnesses bear to the personal, collective, and cultural trauma of others – to experiences they 'remember' or know only by means of stories, images, and behaviors[88].

Ces mémoires transgressent les limites d'une époque historique et d'un groupe social pour créer des liens entre la mémoire de différentes communautés, tout en ne les comprenant pas comme étant « compétitives » (« competitive memory »[89]). Bien au contraire : la mémoire d'un événement peut éclai-

---

83   Debarati Sanyal parle d'un « centrifugal movement scattering memories beyond national borders », Debarati Sanyal : *Memory and Complicity : Migrations of Holocaust Remembrance*. New York : Fordham University Press 2015, 4. – Les textes analysés dans le présent volume suivent ce mouvement centrifugal aussi à un autre niveau : Paris n'est plus au centre, mais est relégué à la périphérie de textes qui, eux, trouvent leur centre à Boulogne-sur-Mer, Alger ou Marseille, en Corse, à Lyon, ou alors montre des protagonistes en perpétuel mouvement, comme c'est le cas pour le texte d'Énard, celui de Gaudé et celui de Mouawad. Si la France ne se trouve plus au centre de la narration historique, la centralisation géopolitique en devient pareillement obsolète.

84   Marianne Hirsch : *Family Frames. Photography, Narrative and Postmemory*. Cambridge, Ms. : Harvard University Press 1997 ; Hirsch 2012.

85   Michael Rothberg : *Multidirectional Memory. Remembering the Holocaust in the Age of Decolonization*. Stanford : Stanford University Press 2009 ; *cf.* aussi le concept de la « travelling memory » développé par Astrid Erll (« Travelling Memory ». In : *Parallax* 17,4/2011, 4-18).

86   Max Silverman : *Palimpsestic Memory. The Holocaust and Colonialism in French and Francophone Fiction and Film*. New York : Berghahn Books 2013.

87   Hirsch 2012, 41.

88   Marianne Hirsch : « Connective Histories in Vulnerable Times » In : *PMLA* 129,3/2014, 330-348, ici 339.

89   Rothberg 2009, 3.

rer celle d'un autre, la communication entre des traditions apparemment incomparables permet d'évoquer des traumatismes autrement irrémédiables de manière oblique et parfois particulièrement productive. Elles sont, selon Michael Rothberg, « subject to ongoing negotiation, cross-referencing, and borrowing », « productive and not privative »[90]. Rothberg et Silverman constatent que la structure rhizomatique de la mémoire met en scène de véritables « nœuds de mémoire », qui sont des « knotted intersection[s] of histories produced by this fusion of horizons »[91], car

> memory does not function according to the linear trajectory of a particular ethno-cultural group [but] according to a complex process of interconnection, interaction, substitution and displacement of memory traces in which the particular and the universal, and memory and history, are inextricably held in an anxious relationship[92].

Rothberg et Silverman mettent en évidence les liens entre la mémoire des guerres mondiales et celle de la (dé-)colonisation en montrant que dans différents textes et films francophones, la mémoire de l'un peut faire écran à celle de l'autre. Ils découvrent ainsi une histoire interconnectée qui marquerait la génération de la postmémoire :

> We are the generation of postmemory, cut off from a past which continues to leave its indelible traces in the present. In one sense, we are all children of the Holocaust, slavery and European colonialism because we come in their wake and grapple with their effects. How we do that cannot avoid imaginative investment and the encounter with overlapping narratives. 'Pour se souvenir il faut imaginer', says Georges Didi-Huberman[93].

L'imagination nécessaire pour se souvenir semble être particulièrement active parmi les auteurs de la littérature contemporaine. Toutefois, leurs textes montrent que les connections entre différentes étapes de l'histoire ne sont pas toujours facilement accessibles, mais se superposent pour former des palimpsestes, comme l'explique Silverman :

---

[90] *Ibid.*, p. 3.
[91] Michael Rothberg : « Between Memory and Memory. From Lieux de mémoire to Nœuds de mémoire ». In : *Yale French Studies* 118/119 (2010) : *Multidirectional Memory in Postwar French and Francophone Culture*, 3-12, ici 8.
[92] Silverman 2013, 28.
[93] Max Silverman : « Interconnected Histories : Holocaust and Empire in the Cultural Imaginary ». In : *French Studies* 62,4/2008, 417-428, ici 428.

> The relationship between present and past therefore takes the form of a superimposition and interaction of different temporal traces to constitute a sort of composite structure, like a palimpsest, so that one layer can be seen through, and is transformed by, another. [...] the composite structure in these works is a combination of not simply two moments in time (past and present), but a number of different moments hence producing a chain of signification which draws together disparate spaces and times[94].

Ce que les textes analysés dans ce volume mettent en scène, c'est la mise-à-nu de la structure palimpsestique de l'histoire, pour accéder aux liens, aux nœuds de mémoire qui permettront de combler la fracture[95]. Alors que Rothberg et Silverman se concentrent sur la relation entre la mémoire de l'Holocauste et celle, sous-jacente, des guerres coloniales, notamment de la guerre en Algérie[96], la perspective des textes que je me propose d'analyser est souvent bien plus vaste.

La notion du palimpseste tel que Silverman l'introduit pour désigner le difficile travail sur les mémoires fortement compartimentées et refoulées me semble particulièrement pertinente, en ce que dans son acceptation originale, le palimpseste comporte toujours un élément de violence – un aspect que Silverman n'explicite d'ailleurs pas : un palimpseste – la traduction littérale est « gratté de nouveau » – est un parchemin duquel une inscription originale a été effacé à l'aide d'un couteau ou d'une pierre ponce, pour que le matériel coûteux puisse ensuite être réutilisé. Le procédé acquiert une certaine notoriété au début du XIXe siècle, lorsque l'on découvre les premiers parchemins dont le texte laisse encore partiellement deviner le sous-texte. Des méthodes sont alors mises au point pour rendre lisible l'inscription originale. Harald Weinrich souligne que la disparition incomplète du texte initial n'est pas intentionnelle, comme les *cultural studies* le suggèrent parfois et, à leur suite, Silverman[97],

---

94   Silverman 2013, 3.
95   Ainsi, les textes se démarquent très clairement de ceux d'auteurs postcoloniaux comme Assia Djebar, Boualem Sansal, Rachid Boudjedra, Kamel Daoud ou Maïssa Bey, dont les textes mettent aussi en scène une histoire connectée, et cela bien avant les textes analysés ici. Toutefois, leurs textes parlent d'un au-delà de la fracture coloniale, d'un contexte dans lequel les liens avec la France en tant que force colonisatrice ont été coupés, sans que les liens historiques aient pour autant été oubliés. Il s'en suit que la manière dont la relation entre les différents événements historiques est mise en scène, dont les traumatismes sont abordés, est distincte de celle des auteurs traités par la suite.
96   C'est aussi la perspective de l'étude de Sanyal 2015.
97   *Cf.* à titre d'exemple l'article « Palimpsest » de Meinhard Winkgens (in : Ansgar Nünning [dir.] : *Metzler Lexikon Literatur- und Kulturtheorie*. Stuttgart/Weimar : Metzler ³2004, 508sq.).

mais serait plutôt due à « l'indolence humaine » et à « l'éclairage faible dans les couvents »[98]. Le but du procédé était l'effacement complet du texte original pour créer un parchemin vierge. Contrairement à l'emploi métaphorique du palimpseste dans un contexte postmoderne, qui suggère une coexistence harmonieuse entre le sous-texte et celui qui viendra le remplacer, la notion est dans son acceptation première chargée d'une composante violente, violence visant à la destruction complète et intentionnelle. Selon Weinrich, on ne peut donc parler de palimpseste que dans des situations où « la superposition des textes ne se fait pas de manière lisse et harmonieuse, mais porte les traces des déformations psychiques qui témoignent du fait qu'une histoire ancienne était en lutte agitée avec un message nouveau »[99].

Il semble donc important de corriger la remarque de Silverman citée plus haut en quelques points : après avoir *perdu* l'Algérie, le discours officiel français se dépêche de sceller cette partie de son histoire, non pas, comme le propose Silverman, « so that one layer can be seen through, and is transformed by, another », mais justement pour empêcher que cela n'arrive. Le discours officiel tente d'effacer – ou, pour utiliser une métaphore moins violente, de clore – définitivement le chapitre colonial pour produire un parchemin vierge. Sur cette table rase pourra ensuite être inscrite une nouvelle version de l'histoire, une version qui coupera les liens avec le colonialisme de manière si efficace que quarante ans après la guerre, dans la loi du 23 février 2005 mentionnée plus haut, un « rôle positif » sera assigné, heureusement de manière passagère, à la « présence française outre-mer, notamment en Afrique du Nord »[100].

Les stratégies d'occultation et de dévoilement des connections entre différentes strates de la mémoire sont mises en scène à plusieurs niveaux dans les textes analysés ici : la plupart d'entre eux donnent à voir une architecture de la violence et de la mort sous les bâtiments modernes et postmodernes des grandes villes européennes, qui permettra aux protagonistes de se rendre compte de la manière dont on traite les vestiges architecturaux de la mémoire. Même les terrains vagues, que l'on pourrait concevoir comme des espaces incarnant l'indétermination interne de toute culture, sont détruits et leur

---

98   « [M]enschliche Trägheit », « das schlechte Licht hinter Klostermauern », Harald Weinrich : « Europäische Palimpseste ». In : *Romanistische Zeitschrift für Literaturgeschichte* 30/2006, 1-10, ici 3 (ma traduction).

99   « [W]enn ein Text nicht glatt und harmonisch von einem anderen überlagert wird, sondern deutliche Spuren von psychischen Verwerfungen aufweist, an denen abzulesen ist, dass hier eine alte Geschichte mit einer neuen Botschaft im heftigen Streit liegt », Weinrich 2006, 8 (ma traduction).

100 Assemblée nationale, loi n° 2005-158 du 23 février 2005.

comblement architectural témoigne d'un fort désir de contrôler le discours, qui se verrait menacé par des espaces non-organisés, invitant à l'interprétation[101].

Le palimpseste en tant que « central figure for considering the complex layering of transcultural memory »[102] n'est cependant pas uniquement d'ordre architectural : ainsi, le roman d'Alexis Jenni notamment, *L'Art français de la guerre*, critique ouvertement une pratique de l'histoire qui tâcherait d'effacer les traumatismes par l'instauration d'un discours national et à caractère officiel couvrant soigneusement le passé problématique par une version euphémique et autoritaire. Pour Jenni comme par exemple pour Alice Ferney dans son roman *Passé sous silence*[103], le représentant d'un tel rapport à l'histoire était jusqu'ici Charles de Gaulle : leurs romans le mettent en scène moins en homme d'État qu'en auteur qui réécrit des pans entiers de l'histoire française pour en produire une version qui sera en vigueur pendant plusieurs décennies[104]. Vu sous cet angle, la formalisation de l'histoire que Barclay voit dans les lois sur l'esclavage et la colonisation s'avère être une nouvelle appropriation de ce discours et une tentative de le contrôler de manière bien plus vaste que celle du Général de Gaulle[105]. Les perspectives complexes et connectées que la littérature contemporaine offre de l'histoire s'opposent également à une forte monopolisation du discours et à une homogénéisation de la narration sur les guerres coloniales.

Au niveau non pas du sujet, mais de la poétique des textes, les palimpsestes se traduisent par l'utilisation parfois abondante de l'intertextualité. Renate Lachmann définit cette pratique textuelle comme étant le résultat de transformations complexes, de sorte que les textes intertextuels doivent être lus comme des cryptogrammes :

> The work of deciphering is not an excavation process that would reveal the *locus* of the primal text ; rather, the strata form a texture whose

---

101   En cela, les tentatives de comblement architectural des terrains vagues se rapprochent des mécanismes forgés par les sociétés de contrôle tels que Michel Foucault les conçoit et tels que Gilles Deleuze (Gilles Deleuze : « Post-scriptum sur les sociétés de contrôle ». In : *L'autre Journal* 1/1990) ou encore Michael Hardt et Antonio Negri les ont développés (Michael Hardt/Antonio Negri : *Empire*. Cambridge, Ma. : Harvard University Press 2000, 22sq.).

102   Sanyal 2015, 6.

103   Alice Ferney : *Passé sous Silence*. Arles : Actes Sud 2010.

104   *Cf.* Cornelia Ruhe : « Die Kontinuität des Krieges. Literatur und Film in der Konfrontation mit Krieg und Terror ». In : Ursula Hennigfeld (dir.) : *Poetiken des Terrors. Narrative des 11. September 2001 im interkulturellen Vergleich*. Heidelberg : Universitätsverlag Winter 2014, 21-38.

105   Barclay 2011, xxix. – *Cf.* aussi Conan/Rousso 2013, 321.

reading forbids the erasure of individual strata. The metaphor of the palimpsest would seem to describe this best : the writing surface of culture is used for creating new texts, after signs that are already inscribed have been scraped away or scratched off. This scraping or scratching, however, is not an erasure : older signs appear between the newer and newest ones as dismembered parts of text, fragments of something that, as a whole, remains elusive. The decipherer of the intertext is interested both in the interplay of fragments, reconstructing the particular textual ensembles to which they may have belonged, and in a *parcours* through the various strata, exploring the bottomlessness and baselessness of the writing surface[106].

Le palimpseste de l'intertextualité que le lecteur se verra obligé de déchiffrer en *grattant* la surface du texte peut être considéré comme une mise en abyme des processus de la mémoire et de l'oubli. Alors que pour certains, une présence intertextuelle s'imposera et leur permettra de lire ce qu'il y a sous la surface, d'autres n'y verront rien et resteront ainsi à la surface du texte. Tout comme la mémoire s'épaissit grâce aux connections que les textes établissent, ils gagneront eux-mêmes en épaisseur en s'intégrant dans un réseau intertextuel qui mettra au défi les capacités de déchiffrement des lecteurs.

Il n'est certes pas fortuit que nombre de textes étudiés ici rendent explicites des relations intertextuelles transculturelles ou ambivalentes quant à leur appartenance ou récupération culturelle : *Le Sermon sur la chute de Rome* de Jérôme Ferrari entre en dialogue avec Saint Augustin, considéré depuis des siècles comme l'un des pères de l'église romaine, mais provenant d'Annaba en Algérie, d'un territoire qui sera, quelques centaines d'années plus tard, considéré comme étant barbare et, partant, à coloniser. Les textes de Mathias Énard et d'Alexis Jenni se réfèrent ouvertement à l'*Iliade* et à l'*Odyssée* d'Homère, textes que Max Horkheimer et Theodor W. Adorno ont considérés comme des « texte[s] fondamenta[ux] de la civilisation européenne »[107]. Astrid Erll rappelle cependant que cette acceptation fort répandue d'Homère est pour le moins problématique, car il n'y aurait pas de « single, historical, continuous line that would lead from archaic Greece to Ireland, Britain, Germany, to any

---

106 Renate Lachmann : *Memory and Literature. Intertextuality in Russian Modernism*, traduit par Roy Sellars et Anthony Wall, préface de Wolfgang Iser. Minneapolis/London : University of Minnesota Press 1997 ([1]1990), 24.
107 Theodor W. Adorno/Max Horkheimer : *La Dialectique de la Raison. Fragments philosophiques*, traduit par Éliane Kaufholz. Paris : Gallimard 1974, 60.

other European nation, to Europe as we envision it today »[108]. La provenance des épopées d'Asie Mineure, le fait que les manuscrits ne sont devenus accessibles en langues européennes qu'à travers « Byzantine scholars »[109] – tout cela porte à croire que

> Homer's epics, their creation, and passing-on are clearly not pure European history, and neither are they pure European memory. At the same time, there is no denying that Homer has been a strong, productive and emotionally charged mnemonic presence in Europe across many centuries. Is Homer, then, European heritage ? Taking mnemohistory into account, I would argue that Homer is a relational heritage (not 'of,' but) in Europe[110].

Dans ce qui suit, j'aimerais montrer que les enjeux d'une mémoire transculturelle et palimpsestique sont ainsi doublement présents dans les textes qui reflètent leur contenu au niveau poétologique. Le dévoilement des structures complexes de connections à différents niveaux permettra de lire les textes d'Attia et d'Énard, de Ferrari et de Gaudé, de Jenni et de Mouawad ainsi que les films de Resnais, de Delpy et de Haneke comme autant de tentatives de dégagement du réseau connecté de la mémoire qui sous-tend la violence européenne.

4   Une affaire de famille

> La patrie est peut-être comme la famille : on n'en sent bien le prix que lorsqu'on n'en a plus.
> GUSTAVE FLAUBERT[111]

Au sens métonymique, la nation française peut être vue comme une famille qui, dans une perspective collective, a ressenti la perte de ses colonies et surtout de la dernière colonie, l'Algérie, comme une plaie infligée au corps de la

---

108   Astrid Erll : « Homer. A Relational Mnemohistory ». In : *Memory Studies* 11,3/2018, 274-286, ici 277.
109   Erll 2018, 278.
110   *Ibid.*, 283.
111   Gustave Flaubert : « Lettre du 28 avril 1847 à Ernest Chevalier ». In : *Idem* : *Correspondance*, t. 1 : *Janvier 1830 à avril 1851*. Paris : Gallimard (Bibliothèque de la Pléiade) 1973, 450-452, ici 452.

communauté, comme une amputation[112]. Pire encore, la perte de la dernière colonie est ressentie comme celle d'un membre de la famille. Comme il est de coutume lors de la perte d'un proche, le deuil est reporté au contexte familial, où il déploie son potentiel destructeur. En divisant les familles, en en désintégrant bien souvent la cohésion, la privatisation de la guerre[113] corrode les cellules primaires d'une culture et menace ainsi son intégrité même. Faute de pouvoir remplacer de manière adéquate le membre amputé, la tentative de passer outre ne peut qu'échouer au niveau individuel, bien que l'image officielle de la nation est rapidement lissée pour faire disparaître toute trace de la guerre : « La guerre d'Algérie terminée, la Ve République gaullienne entreprend de faire silence, dans les discours officiels, sur tout ce qui peut rappeler les divisions internes du passé proche »[114].

De manière métonymique, on peut appliquer cette illusion d'unité aussi bien à la famille qu'à la nation, comme l'a montré Michael Sheringham dans un autre contexte : « As an imaginary community, the family, like the nation, is an ideological construct based on a false and divisive dream of homogeneity »[115]. Comme la nation, la famille est un mythe qui a été transformé aussi bien physiquement que psychiquement par les guerres et leurs séquelles. Au lieu de prendre fin, la guerre sera perpétuée au niveau de la famille pour être transmise par la voie généalogique ; la violence de la guerre s'insère ainsi dans les structures familiales. Les guerres acquièrent leur propre généalogie, une histoire familiale commune à tous les Français, à tous les Européens même.

La littérature montre que la fracture du pays ne menace pas uniquement l'intégrité de l'individu mais comporte aussi un risque de dissolution des structures familiales qui constituent le fondement idéologique de l'image homogène de la nation. La guerre intervient dans ces contextes discursivement et socialement clos qui ne prévoient aucune place pour elle.

C'est ainsi qu'il est surprenant de constater qu'Henri Rousso parle d'une « hypermnésie », voire une « hypertrophie de la mémoire »[116] non seulement quant à la mémoire de l'Holocauste, mais aussi quant à celle de la guerre

---

112 *Cf.* Bancel/Blanchard/Lemaire 2005, 17, qui parlent aussi du fait que le « versant colonial » de l'histoire française aurait été « amputé ».

113 Stora 1994, 137 ; *cf.* aussi Timo Obergöker, qui parle dans ce contexte d'« une angoisse d'amputation » de la France (« Masculinité et décolonisation dans *Des Hommes* de Laurent Mauvignier ». In : *Études romanes de Brno* 33,1/2012, 105-119, ici 107).

114 Conan/Rousso 2013, 21.

115 Michael Sheringham : « The Law of Sacrifice : Race and the Family in Marie Ndiaye's *En Famille* and *Papa doit manger* ». In : Marie-Claire Barnet/Edward Welch (dir.) : *Affaires de famille : The Family in Contemporary French Culture and Theory*. Amsterdam : Rodopi 2007, 23-38, ici 36.

116 Henri Rousso : « La guerre d'Algérie, la mémoire et Vichy ». In : *L'Histoire* 266/2002, 28sq.

d'Algérie. Rousso note « la ressemblance des cycles mémoriels »[117] des deux guerres et souligne la relation paradoxale entre le « fantôme de l'"oubli" », qui est pour lui plutôt une « fiction de l'oubli »[118], et la vivacité du souvenir, qui se manifesterait dans la littérature et le cinéma français.

La présence de la « question algérienne » dans le débat politique français depuis l'indépendance algérienne est indéniable[119]. Stora souligne, lui aussi, que « 'le vide' autour de la guerre d'Algérie » est une « légende »[120], que de très nombreux ouvrages d'histoire et de témoignages ont été publiés et de nombreux films tournés, mais il attribue le sentiment de « vide » au fait que beaucoup de ces productions « n'ont pas connu un grand succès public »[121] ou alors que les films « ne se sont pas imprimés véritablement dans la conscience collective française »[122]. Il ne saurait donc être question de la présence quasi obsessive, voire « hypermnésique » de la guerre d'Algérie dans la littérature et le cinéma français qu'à partir de 1999 au plus tôt, date à laquelle la France décide de donner officiellement le statut de guerre à des faits qui, jusque-là, étaient présentés comme de simples 'opérations de maintien d'ordre'. Cette acceptation tardive répondait à la pression des anciennes recrues qui faisaient massivement valoir leur droit à une pension d'anciens combattants, ce qui présupposait la reconnaissance du conflit en tant que guerre. Par conséquent, elle découle plus d'un contexte pragmatique précis qu'elle ne tient de l'aveu d'une dette quasi nationale.

La reconnaissance officielle a déclenché comme une rupture de barrage qui a mené à de nombreuses œuvres littéraires et cinématographiques à ce sujet, de sorte que Stora constate que « la mémoire de cette guerre a fait retour, massivement »[123]. Le plus grand nombre de ces textes et films provient non pas des contemporains de ces guerres, mais de leur enfants et petits-enfants.

---

117 Henri Rousso : « Les raisins verts de la guerre d'Algérie ». In : Yves Michaud (dir.) : *La Guerre d'Algérie (1954-1962)*. Paris : Odile Jacob, Université de tous les savoirs 2004, 127-151, ici 138.

118 Rousso 2004, 128.

119 Romain Bertrand analyse de manière perspicace le passage de la représentation des intérêts pied-noirs de la gauche à l'extrême droite politique depuis les années 50 et montre ainsi la présence continuelle de ce sujet dans le discours politique français (*Mémoires d'empire. La controverse autour du 'fait colonial'*. Bellecombe-en-Bauges : Éditions du Croquant 2006).

120 Stora 2005, 7.

121 *Ibid.*, 173.

122 Benjamin Stora : *Imaginaires de Guerre. Les images dans les guerres d'Algérie et du Viêt-nam*. Paris : La Découverte & Syros 2004 (¹1997), 175.

123 Benjamin Stora : « Quand une mémoire (de guerre) peut en cacher une autre (coloniale) ». In : Bancel/Blanchard/Lemaire 2005, 59-76, ici 59.

Les textes qui seront traités dans ce qui suit vont au-delà de la « fracture coloniale » en suggérant – en accord avec des historiens tel que Bancel, Blanchard, Lemaire et Stora – qu'il y a une continuité de la violence qui relie les conflits entre eux, que ces conflits s'engendrent, qu'ils ne connaissent cependant point d'apogée dans leur progression inexorable, mais uniquement des condensations temporelles de la guerre. À une époque où les conflits changent continuellement de visage, la fiction détient une place de choix pour veiller à la transmission du savoir sur la guerre. Elle se doit de parler des ruptures douloureuses : souvent, les textes révèlent le passage de victime à bourreau qu'effectuent bien des protagonistes, que ce soit au niveau individuel ou structurel[124]. Les protagonistes de Resnais et de Mauvignier, de Ferrari et de Mouawad constituent ainsi ce que Sanyal appelle « the dark side of the 'connective turn' »[125].

Les lacunes laissées par le discours officiel peuvent être considérées comme autant de signes d'un « unfinished business »[126] dont la littérature et le cinéma s'accaparent en comblant les lacunes. Selon Marianne Hirsch, les « postmémoires » se constitueraient dans la génération des enfants ou des petits-enfants. Ayant hérité du passé traumatique de leurs parents, la guerre devient leur « affaire de famille », pour ne pas dire leur secret de famille, une affaire ou un secret qu'ils feraient revivre par les moyens de l'art en essayant de « reassemble diasporic family memories and to unearth genealogies that reach across what Paul Gilroy has influentially called the 'Black Atlantic' »[127]. La force communicative des postmémoires fictionnalisées résiderait dans leur capacité d'engendrer un pont entre les générations :

> In my reading, postmemory is distinguished from memory by generational distance and from history by deep personal connection. Postmemory is a powerful and very particular form of memory precisely because its connection to its object or source is mediated not through recollection but through an imaginative investment and creation. […] Postmemory characterizes the experience of those who grow up dominated by narratives that preceded their birth, whose own belated stories are evacuated by the stories of the previous generation shaped by traumatic events that can be neither understood nor recreated. I have developed this notion

---

124 *Cf.* Ruhe 2014.
125 Sanyal 2015, 11.
126 Assmann 2000, ici 202 (en anglais dans le texte).
127 Lucy Bond/Stef Craps/Pieter Vermeulen : « Introduction. Memory on the Move » In : Idem : *Memory Unbound. Tracing the Dynamics of Memory Studies.* New York : Berghahn 2016, 1-26, ici 12.

in relation to children of Holocaust survivors, but I believe it may usefully describe other second-generation memories of cultural or collective traumatic events and experiences[128].

Contrairement à la conception assez étroite de Hirsch, la littérature et le cinéma des dernières années mettent en scène des guerres que, pour la plupart, leurs auteur(e)s ou metteurs en scène n'ont pas plus vécues que leur parents ou grands-parents. Nous assistons ainsi à la transformation et à la généralisation de la mémoire des conflits mondiaux aussi bien que coloniaux, qui, de familiale, devient transculturelle. La fiction rompt avec l'amnésie pour entamer le travail de mémoire de ces guerres insuffisamment traitées, sans nécessairement devoir recourir à la mémoire personnelle ou familiale. Toutefois, alors que la succession générationnelle n'est pas entièrement contingente mais lègue, d'une génération à l'autre, un héritage géré plus ou moins consciemment, les textes des auteurs analysés mettent en avant les liens familiaux entre différents conflits – au sens littéral comme au figuré.

« Les lacunes de la mémoire d'une société traumatisée sont peuplées par des spectres »[129], souligne Aleida Assmann en référence à la hantologie de Jacques Derrida. Le refoulement incomplet produit des spectres qui hantent la société française, qui s'est longtemps refusée au travail de mémoire du colonialisme et des conflits qui s'ensuivirent, de sorte que Fiona Barclay peut écrire en 2011 que « France lacks a space and language in which to encounter its ghosts »[130]. La génération des auteurs dont j'examinerai les textes dans ce qui suit a hérité d'une mémoire « shot through with holes and gaps »[131], elle est « haunted by the ghosts, that is, the unfinished business, of a previous generation »[132]. La littérature et le cinéma essayent de combler ces lacunes et de relier les évènements du passé entre eux et au présent, pour montrer que cet héritage refoulé ne se limite pas à l'apparition de spectres, mais que, paradoxalement, c'est le refoulement d'un conflit qui en engendre un autre. C'est ainsi que nombre de romans traités dans le présent volume confrontent leurs lecteurs à une vision de l'histoire qui n'est pas téléologique, mais cyclique. Le recours à cette vision pessimiste va souvent de pair avec des références intertextuelles qui étoffent

---

128 Hirsch 1997, 22.
129 « [D]ann produziert solches Vergessen eine traumatisierte Gesellschaft, deren Leerstellen der Erinnerung von Gespenstern bevölkert werden », Assmann 2011, 317 (ma traduction).
130 Barclay 2011, xi.
131 Gabriele Schwab : *Haunting Legacies. Violent Histories and Transgenerational Trauma*. New York : Columbia University Press 2010, 14.
132 Schwab 2010, 49.

une conception prérationnaliste de l'histoire. Ils font ainsi état des dangers qu'encourent les sociétés qui se refusent à un travail de mémoire rigoureux.

5   Guerre et image

> The worst thing is to feel that as a photographer I am benefiting from someone else's tragedy. This idea haunts me.
> JAMES NACHTWEY[133]

Pour Marianne Hirsch, une particularité de la génération de la postmémoire et de la hantise qui lui est particulière est l'importance de la photographie en tant qu'instrument de la mémoire :

> Photographs, ghostly revenants, are very particular instruments of remembrance, since they are perched at the edge between memory and postmemory, and also, though differently, between memory and forgetting[134].

La photographie acquiert ainsi une fonction de lien entre les générations, tout en étant chargée de la tâche de transmettre une vérité qui, autrement, échapperait à la mémoire.

Il n'est certes pas fortuit que la photographie entretient, dès ses débuts, une relation étroite avec les violences de l'histoire en général et de la guerre en particulier, qu'elle commence très tôt à couvrir. Elle est censée représenter ce que l'on appelle généralement « la vérité ». La photographie et le film étaient en effet d'abord considérés comme les meilleurs moyens de représenter la réalité de tout conflit, car ils semblaient conférer une objectivité qu'aucune autre représentation artistique n'avait jusqu'alors atteinte. Perçus comme médias de documentation, comme images apparemment détachées de toute conscience subjective, ils paraissaient informer, tout simplement[135]. Bien vite, pourtant, l'on s'est rendu compte qu'ils s'inscrivaient souvent dans un rapport de proximité problématique avec le discours officiel commissionnant et sélectionnant les images pour les utiliser à ses propres fins. Les premiers photographes de guerre s'inscrivent ainsi « dans un dispositif de propagande et de contrôle des

---

133   James Nachtwey in Christian Frei : *War Photographer*. CH : Suissimages 2001, 01 : 33 : 15.
134   Hirsch 1997, 22.
135   *Cf.* aussi Hüppauf 2013, 462.

images parfaitement pensé »[136]. Dès les débuts de la couverture des conflits armés, que Joachim Paech date à l'an 1855 lors de la guerre de Crimée[137], les médias visuels sont en rapport étroit avec la représentation officielle de la guerre.

Pour la population civile, qui n'a pas d'expériences propres de la guerre, les images produites par la photographie et plus tard par le film semblent représenter la réalité non seulement d'un conflit spécifique, mais aussi, faute d'alternatives médiatiques, du conflit armé en général. C'est ainsi que les premiers reportages de la guerre italo-turque, par exemple, instaurent une image de la guerre coloniale qui s'établira en tant que norme[138] :

> L'archive de Chérau nous est précieuse pour cette raison qu'elle nous désigne après coup, à travers le choix des sujets photographiés et le défilement précis des images, une origine visuelle possible, une origine enfouie et exhumée, à ce qui perdure dans nos représentations des peuples arabes et des guerres auxquelles ils sont livrés – et qui perdure comme en dehors de l'Histoire ou, à l'inverse, la précède et prend appui sur elle, sur ses événements et ses crises, ses irruptions plutôt que sa germination souterraine, afin de se consolider. Les pratiques visuelles inaugurées avec ce reportage se retrouvent ainsi pour beaucoup, en des termes plus ou moins comparables, dans la manière dont la guerre d'Algérie fut représentée en France ou, plus proche de nous, dans les comptes rendus de l'invasion de l'Irak[139].

Avec leurs images, les photographes contribuent à conventionnaliser une vision qui n'est souvent que dans un rapport de contiguïté avec la réalité du conflit. Surtout, s'il n'y a que de rares images officielles, elles acquièrent une importance démesurée. Si le fait d'avoir mené une guerre est obstinément nié, comme c'est le cas pour la guerre d'Algérie, l'absence presque totale d'images peut contribuer à ce qu'un fait avéré par bien des témoignages oraux ou écrits disparaisse de la mémoire officielle. Pareillement, l'existence de photographies

---

136 Ferrari/Rohe 2015, 25.
137 *Cf.* Joachim Paech : « Der Krieg als Form im Medium der Fotografie und des Films ». In : Wende 2005, 328-346.
138 L'archive du photographe historique Gaston Chérau, chargé de documenter la guerre italo-turque, se trouve au centre du projet artistique transversal à l'initiative de l'historien Pierre Schill, auquel les écrivains Jérôme Ferrari et Oliver Rohe ont contribué avec leur essai écrit à quatre mains *À fendre le cœur le plus dur* (Ferrari/Rohe 2015).
139 Ferrari/Rohe 2015, 57.

ou de vidéos emblématiques peut structurer la mémoire d'un conflit de manière à ne plus permettre d'images alternatives.

Les images non-sélectionnées, supprimées, soit parce qu'elles n'ont jamais été faites, soit parce qu'elles disparaissent immédiatement dans les archives, ont pourtant tendance à revenir en tant que spectres pour hanter une mémoire collective qui se trouve contrainte dans les limites d'une sélection restrictive. À l'aide d'images commissionnées ou réquisitionnées, la vision officielle d'un conflit est imposée. Désormais, toute autre interprétation sera perçue sur le fond de cette lecture officielle. La représentation médiatique d'une guerre, d'un conflit, devient ainsi une partie centrale des stratégies officielles de refoulement.

Les retombées de cette vision, ce qui a été abandonné et exclu pour la créer, se reforment continuellement pour acquérir un corps aussi spectral que menaçant. Une image en couvre et occulte toujours d'autres. Il y a une interdépendance nette entre la mémoire officielle d'un pays et sa face cachée, fantasmatique et non codifiée. Les traumatismes sous-jacents à ce que deviendra une partie de l'histoire officielle ne seront pas apaisés facilement.

Nombre de romans, mais aussi de films, évoquant les guerres françaises du XXe siècle, focalisent de manière significative sur des protagonistes qui sont aux prises avec la représentation de la guerre : pour certains, la photographie sert de vecteur de la « mémoire transgénérationnelle »[140] en déclenchant des souvenirs. Pour d'autres, l'acte de dessiner ou de photographier leur permet d'instaurer une distance entre eux et la réalité difficilement vivable qui les entoure. Leur regard s'effectue par l'intermédiaire d'un médium visuel ou, pour reprendre Susan Sontag, avec « the mediation of an image »[141]. Cependant, cette médiation ne permet pas seulement d'atténuer les traumatismes individuels des protagonistes, mais aussi « the standing back from the aggressiveness of the world » ce qui « frees us for observation and for elective attention »[142]. La pratique de leur art respectif oblige les protagonistes à poser sur les événements qu'ils vivent un regard qui, en les inscrivant déjà dans une perspective artistique, sort les incidents de leur cadre réel pour les destiner à un public – aussi restreint soit-il – qui se trouve hors-cadre, qui n'est pas impliqué dans la situation. Les dessins qu'ils effectuent, les photographies qu'ils prennent s'opposent cependant presque toutes au discours officiel ; les protagonistes ne sont pas des correspondants de guerre officiels, mais se servent de la caméra ou du pinceau à titre individuel ou, tout au plus, familial. Cela leur permet de rendre

---

140   Bond/Craps/Vermeulen 2016, 11sq.
141   Sontag 2003, 117.
142   *Ibid.*, 118.

abstraite une réalité insupportable et de la rendre en même temps accessible à la réflexion. Les stratégies des protagonistes pour ménager leurs passions sont parfois étendues aux lecteurs, lorsque les textes leur rendent l'accès au niveau émotionnel difficile. Ils rompent avec les structures usuelles de la narration et atténuent par-là les horreurs relatées.

Cependant, il est important de ne pas négliger l'influence que la construction officielle de l'image de la guerre exerce sur ces images d'amateurs. Selon Bernd Hüppauf, le discours officiel,

> à l'instar de son caractère mensonger, contribue à la formation d'un horizon de représentations et d'interprétations (visuelles) à l'intérieur duquel les photos privées et prétendument authentiques sont prises et qui leur confère un sens. Le regard à travers le viseur de la caméra et le regard porté sur les photos d'amateurs n'étaient donc pas exempts de l'influence de la photographie de propagande[143].

Le discours officiel est la toile de fond nécessaire à la lecture des photographies et des dessins à usage privé dont parlent les textes et les films. Le clivage entre l'image officielle et les photographies et dessins d'amateurs ne sert pas seulement à faire saillir l'absence ou la présence de certains éléments. La transformation de la réalité que les protagonistes effectuent avec les moyens de leur art produit une réflexion sur les mécanismes de l'art et sur les possibilités de gérer ainsi leur situation, d'en atténuer les traumatismes. Les protagonistes-artistes permettent donc d'insérer des passages méta-textuels, de réfléchir à la représentation médiatique des conflits, tant officielle qu'individuelle. En questionnant les capacités de la narration, mais aussi de la représentation visuelle, de reproduire jusqu'aux aspects irreprésentables de la guerre, les textes tentent de résoudre le problème dialectique posé par Theodor Adorno dans son essai « Critique de la culture et de la société », écrit en 1949[144] : quelles sont les possibilités de l'art face aux horreurs de la guerre ? Les romans et les films font leur le scepticisme d'Adorno face aux capacités artistiques d'exprimer les horreurs de la guerre et tentent d'y réagir.

---

143 « Sie trugen, ihrer Unwahrheit zum Trotz, zum Entstehen eines Horizonts visueller Darstellung und Deutung bei, in dem die privaten und vorgeblich authentischen Fotos gemacht wurden und Sinn gewannen. Der Blick durch den Sucher der Kamera und der Blick auf Amateurfotos waren vom Einfluss der Propagandafotografie nicht frei », Hüppauf 2013, 146sq. (ma traduction).

144 Theodor W. Adorno : « Kulturkritik und Gesellschaft. Gedichte nach Auschwitz » (1949). In : Idem : *Gesammelte Werke in 20 Bänden*. Frankfurt/Main : Suhrkamp 2003, t. 10 : *Kulturkritik und Gesellschaft*, 11-30.

L'acte de dessiner ou de photographier décrit dans les textes ouvre le dialogue sur les moyens qu'ont les différents médias d'apaiser les traumatismes. « La mort est passée. La photo arrive après, qui, contrairement à la peinture, ne suspend pas le temps mais le fixe » constate Mathieu Riboulet, remarque citée par Jérôme Ferrari tant dans son texte co-écrit avec Oliver Rohe qu'en exergue de son roman *À son Image*[145]. Alors que la photographie serait toujours en liaison étroite avec la mort, elle ne serait même plus capable de dire « la mort au futur »[146], mais seulement au passé, alors que la peinture suspendrait le temps et, avec lui, la mort. Selon Susan Sontag, il y aurait une différence fondamentale entre la narration et la photographie, qui semblent pourtant deux manières artistiques de représenter la réalité : « Narratives can make us understand. Photographs do something else: they haunt us »[147]. Contrairement à la photographie, les narrations de conflits telles que la littérature et le film (de fiction) les entreprennent seraient, si l'on suit l'idée de Sontag, capables de donner un sens à des événements traumatiques qui, autrement, resteraient insaisissables. La thèse qu'avance Sontag rejoint les arguments de l'historien Hayden White concernant la médiatisation des traumatismes collectifs.

Pour Hayden White, les événements traumatisants à grande échelle du XXᵉ siècle constituent des « modernist events »[148] dont les caractéristiques seraient justement leur médiatisation aussi intéressée qu'abondante qui rendrait l'événement « virtually unintelligible as an event »[149] : Le problème de cette forme de médiatisation est, selon White, que la présence obsédante de certaines images emblématiques tend à substituer les images individuelles à caractère peut-être plus authentique et risque ainsi d'étouffer le travail de mémoire. Mieux que par la mise en image, ce travail peut être favorisé par la mise en texte des traumatismes en les intégrant à une narration. Selon White, la forme adéquate de narrer ce qu'il nomme des événements modernistes serait, elle aussi, moderniste,

> the kinds of antinarrative nonstories produced by literary modernism offer the only prospect for adequate representations of the kind of

---

145 Mathieu Riboulet : *Les Œuvres de miséricorde*. Paris : Verdier 2012, 81 ; Ferrari/Rohe 2015, 61 ; Ferrari 2018, 7.
146 Roland Barthes : *La Chambre claire. Note sur la photographie*. Paris : Éditions de l'Étoile (Gallimard/Seuil) 1980, 150.
147 Sontag 2003, 89.
148 Hayden White : « The Modernist Event ». In : Hayden White : *Figural Realism. Studies in the Mimesis Effect*. Baltimore/London : Johns Hopkins University Press 1999, 66-86.
149 White 1999, 72.

'unnatural' events – including the Holocaust – that mark our era and distinguish it absolutely from all the history that has come before it[150].

Cependant, les romans et les films se penchant sur les guerres du XXe siècle et analysés dans ce qui suit ne correspondent pas tous au modèle proposé par White. Dans le corpus analysé, parmi des textes qui, comme *Des Hommes* de Laurent Mauvignier ou *Zone* de Mathias Énard, sont redevables à l'écriture moderniste, se trouvent aussi d'autres textes comme *L'Art français de la guerre* d'Alexis Jenni ou les romans de Jérôme Ferrari, qui se conforment plutôt à la tradition du roman réaliste. Il en est de même pour les films, dont certains, comme *Muriel ou le temps d'un retour* d'Alain Resnais, sont résolument modernistes, tandis que celui de Julie Delpy, par exemple, ne dévie pas de la narration linéaire et réaliste. Selon White, le recours à la narration réaliste témoignerait de l'incapacité

> to resist the temptation to emplot events and the actions of the characters so as to produce the meaning-effect derived by demonstrating how one's end may be contained in one's beginning[151].

Toutefois, en abordant le sujet de la représentation par le biais des dessins et des photographies des protagonistes, les œuvres de fiction affrontent le sujet de la représentation adéquate et montrent que l'interprétation de leur « emplotment » concret dépend du contexte et du spectateur. Cela rend possible d'introduire dans les romans des réflexions sur l'incapacité de tout art de capter la complexité des « événements modernistes », que l'artiste se voit obligé de réduire pour permettre de surmonter les traumatismes. La narrativisation, l'« emplotment », bien que contingente[152], des événements sous-jacents et irréductiblement ambivalents, correspond au besoin de comprendre l'incompréhensible par les moyens de la fiction[153].

---

150   *Ibid.*, 81.
151   *Ibid.*, 74.
152   Ferrari et Rohe soulignent également l'assujettissement des interprétations au contexte : « Mais les photographies survivent aux circonstances dans lesquelles elles ont été prises et elles finissent toujours par dire plus et autre chose que ce qu'on voulait leur faire dire. Avec le temps, les contresens les plus fâcheux deviennent possibles, peut-être inévitables. La pellicule est incapable de fixer la justice, la cause de la civilisation, toutes ces abstractions volatiles ; elle ne conserve que l'image de choses tristement concrètes », Ferrari/Rohe 2015, 25sq.
153   *Cf.* Hüppauf 2013, 185.

La fiction remplit donc les lacunes que l'Histoire a laissées, comble les trous de mémoire créés par les médias officiels. C'est cette aporie médiatique qui est à l'origine de bien des textes et des films : ils placent des personnages au centre de leurs narrations qui, d'une manière ou d'une autre, contribuent à la création d'une image d'un pays en continuel état de guerre, tout en étant incapables de trouver une façon adéquate de représenter l'horreur qu'ils ont pourtant vécue et qui ne cesse, comme le formulait Susan Sontag, de les hanter. Le clivage entre le vécu et sa représentation en peinture ou en photographie est comparable à ce l'on appelle « dissociation » en psychologie – « [l]a dissociation se définit comme un trouble de l'identité, de la mémoire, de la conscience et de la perception de l'environnement (fonctions normalement intégrées) »[154]. Comme par exemple dans le film de Resnais, l'enchaînement des événements est rompu pour les individus. Le passé n'a de cesse de s'introduire dans le présent, tout en résistant à toute tentative d'intégration des expériences vécues, d'unification de la mémoire. C'est aux spectateurs, ou dans le cas de romans aux lecteurs, d'essayer de traduire les différents niveaux dissociés en une histoire cohérente, tout en se rendant bien vite compte que ce travail de composition offre parfois plusieurs possibilités. La narration résout la dissociation en recollant les morceaux et c'est ainsi qu'elle donne raison à Susan Sontag – « a narrative seems likely to be more effective than an image »[155].

---

[154] Cristian Damsa/Coralie Lazignac/Roberto Pirrotta/Antonio Andreoli : « Troubles dissociatifs : aspects cliniques, neurobiologiques et thérapeutiques ». In : *Revue Medicale Suisse* 52/2006 (https://www.revmed.ch/RMS/2006/RMS-52/31038, consulté le 15 février 2020).

[155] Sontag 2003, 122.

CHAPITRE 2

Faire écran à la Guerre d'Algérie : Alain Resnais et Laurent Mauvignier

> Qu'on me croie : le jour où personne ne reviendra d'une guerre, c'est qu'elle aura enfin été bien faite.
> BORIS VIAN[1]

∴

1 *Muriel ou le temps d'un retour* (1963) d'Alain Resnais[2]

1.1 *Le centre perdu*

Alain Resnais, metteur en scène de mémoires problématiques et difficilement vivables, s'est très tôt intéressé aux liens entre la mémoire de la Seconde Guerre mondiale et celle de la guerre d'Algérie. Son film *Muriel ou le temps d'un retour* de 1963 permet d'ouvrir l'analyse de l'histoire connectée parce qu'il met en scène de façon magistrale les efforts entrepris pour déconnecter les histoires et les mémoires. Il décrit un moment décisif pour la mémoire collective française, celui de la scission entre l'histoire nationale et l'histoire coloniale. Juste un an après la fin de la guerre d'Algérie, il montre que dans l'appareil mental d'une France encore en reconstruction après la Libération, il n'y a pas de place pour une guerre coloniale. Resnais met en scène les « mémoires concurrentes »[3] et montre l'effort entrepris pour que « la 'part coloniale' de l'histoire de la France [soit] minorée, presque oubliée »[4].

Après avoir exploré l'Holocauste dans son documentaire *Nuit et brouillard* (1955), *Muriel* est le deuxième film qu'Alain Resnais a réalisé avec Jean Cayrol. Ce

---

[1] Boris Vian : « Lettre à sa Magnificence le Baron Jean Mollet, Vice-Curateur du Collège de Pataphysique, sur les Truqueurs de la guerre ». In : *Idem* : *Je voudrais pas crever*. Paris : Fayard 1962, 91.

[2] *Cf.*, pour une première version du chapitre qui suit, Cornelia Ruhe : « 'C'était pas Verdun, votre affaire.' Alain Resnais et Laurent Mauvignier face aux traumatismes de la guerre d'Algérie ». In : Beate Burtscher-Bechter/Birgit Mertz-Baumgartner (dir.) : *Guerre d'Indépendance – Guerre d'Algérie : Regards littéraires croisés*. Würzburg : Königshausen & Neumann 2013, 49-62.

[3] Bancel/Blanchard/Lemaire 2005, 4.

[4] *Ibid.*, 17.

n'est que son troisième film de fiction et le quatrième qu'il réalise en collaboration avec un romancier français[5]. Le sous-titre « le temps d'un retour » annonce le sujet central du film, « the search for the inexpressible past »[6], mais aussi l'impossibilité de vraiment « revenir » de la guerre pour les appelés du contingent.

Resnais montre de manière impressionnante que la reconstruction à la suite de la Seconde Guerre mondiale est toujours en cours durant et juste après la guerre d'Algérie. D'un côté, il s'agit de la reconstruction de villes et de villages qui modifiera leur physionomie, de façon radicale pour certains d'entre eux. D'un autre côté, le travail de reconstruction est nécessaire à la mémoire collective, pour les familles. La présence de la Seconde Guerre mondiale se lit jusque sur le visage des individus ; on la repère également à travers les structures familiales défaites.

Boulogne-sur-Mer, où l'action se déroule, a été rasée par les bombardements de la Royal Air Force. C'est la ville française ayant connu le plus de bombardement aériens. Après la guerre,

> la ville fut déclarée sinistrée à 85 % : sur les dix mille immeubles recensés avant-guerre, 5 200 étaient détruits, 4 000 très endommagés. De fait, la ville qui comptait plus de 52 000 habitants en 1939, n'en avait plus que 16 000 en 1945, avant de voir sa population croître de nouveau (35 000 habitants en 1954, 43 000 aujourd'hui)[7].

La reconstruction de la ville a débuté avant que le deuil de la Seconde Guerre mondiale et de ses victimes n'ait pu être fait. La « ville reconstruite »[8] a, quant à elle, littéralement perdu son centre, comme le formule si bien un dialogue apparemment anodin du film de Resnais :

L'Homme :	Le centre, s'il vous plaît.
L'Alsacienne :	Mais vous y êtes[9].

---

[5] Jean Cayrol a écrit le scénario de *Nuit et Brouillard* (1956) ; celui de *Hiroshima mon Amour* (1959) a été écrit par Marguerite Duras ; celui de *L'Année dernière à Marienbad* (1961) par Alain Robbe-Grillet.

[6] Susan Sontag : « Resnais' *Muriel* ». In : Susan Sontag : *Against Interpretation and Other Essays*. London/New York : Penguin Modern Classics 2009, 232-241, ici 232.

[7] « 300 bombardiers au-dessus du port de Boulogne ». In : *Concours national de la résistance et de la déportation*, https://www.reseau-canope.fr/cnrd/ephemeride/866 (consulté le 15 février 2020).

[8] Jean Cayrol/Alain Resnais : *Muriel*. Paris : Seuil 1963, 11.

[9] Cayrol/Resnais 1963, 115.

La ville et ses habitants ont perdu leur noyau identitaire pendant la guerre et n'ont pas su le remplacer par des monuments adéquats. Il en résulte une ville qui n'a plus de centre reconnaissable, mais qui présente partout la face d'un urbanisme anonyme. L'image du centre vide, méconnaissable comme tel et si cher aux Nouveaux Romanciers[10], sera reprise par Resnais tout au long du film, de sorte que Susan Sontag parle même, au sujet de la technique esthétique du film, d'une « off-center conception of a scene »[11].

Le film montre une ville où les effets de la Seconde Guerre mondiale sont paradoxalement présents de par leur absence – ce ne sont pas des ruines qui en témoignent, mais une surface lisse et moderne qui a remplacé la ville d'avant-guerre. Boulogne est devenue une « ville sans fiction, qui a besoin de se faire une histoire »[12]. Cela correspond à l'image officielle d'une France prospère ayant vite fait de se reconstruire après la libération. En même temps, cette surface retapée ne laisse littéralement aucune place à la mémoire d'une autre guerre : celle d'Algérie. D'autant que celle-ci ne laisse pas de trace visible sur le territoire français, du moins jusqu'au premiers attentats de l'OAS. Pourtant, Max Silverman suggère que comme pour Nevers et Hiroshima dans *Hiroshima mon amour*, il y aurait un « overlaying of Boulogne and Algiers »[13] : une structure palimpsestique aurait été créée, qui ferait que chaque ville en cacherait toujours une autre. Bien que cette interprétation me paraisse intéressante, je doute que la mémoire de la guerre d'Algérie soit principalement urbaine, lorsque la majorité des recrues ont plutôt connu l'Algérie rurale. Moins que la ville concrète d'Alger, il me semble que Resnais explore surtout le refus de faire une place à la mémoire d'une guerre s'exprimant de manière quasi spatiale[14]. Contrairement aux effets bien visibles de la Seconde Guerre mondiale sur la ville de Boulogne, le film ne montre l'Algérie que sur des photos et dans une

---

10   *Cf.* Ernstpeter Ruhe : « Centre vide, cadre plein ». In : Alfred Hornung/Ernstpeter Ruhe (dir.) : *Autobiographie & Avantgarde*. Tübingen : Gunter Narr 1992, 29-52.

11   Sontag 2009, 235. Sontag trouve que le conflit de Resnais, tiraillé entre le formalisme et l'engagement politique, mène à « a palpable strain and diffuseness in the structure, as if Resnais did not know where the center of his film really was » (*ibid.*, 238). À mon avis, cette recherche qui est, si l'on veut, aussi celle d'une synthèse entre art et politique, est au centre du film même, de sorte que l'ambivalence structurelle correspond parfaitement au conflit qu'il met en scène.

12   Cayrol/Resnais 1963, 13.

13   Silverman 2013, 56.

14   Il en est de même dans le film *Caché* de Michael Haneke, où l'absence de place pour la mémoire de la guerre d'Algérie est tout aussi frappante. L'exiguïté des appartements, mais aussi le fait que l'image filmique ne laisse jamais entrevoir le moindre espace vide, qui pourrait métaphoriquement être comblé par une nouvelle mémoire, en témoigne de manière remarquable, *cf. infra* 231sqq.

vidéo, où la guerre ne fait pas figure de guerre, car les images ne témoignent pas des affrontements, mais du loisir des soldats et du paysage. Comme ils n'offrent pas de preuves tangibles de leur vécu violent, on ne reconnaît pas à ceux qui sont revenus d'Algérie les mêmes droits, blessures et traumatismes qu'aux vétérans des guerres mondiales. La Seconde Guerre Mondiale fait littéralement écran à la guerre en Algérie et, au lieu de faciliter l'acceptation des traumatismes des recrues rentrés d'outre Méditerranée, les deux conflits et leurs victimes entrent dans « an ugly contest of comparative victimization »[15]. Alors que les blessures physiques et psychiques des vétérans de la Seconde Guerre mondiale auraient pu servir à aider ou du moins à comprendre celles des appelés rentrant d'Algérie, elles sont au contraire utilisées pour les nier en bloc. La tendance à compartimenter les mémoires fait qu'on ne se rend pas compte de leur similitude, ce qui facilite la formation de ce que Max Silverman appelle « palimpsestic memories »[16]. Un jeu complexe de visibilité et d'invisibilité, de dit et de non-dit s'installe. Les mémoires des deux guerres sont imperméables l'une à l'autre, ou, pour le dire avec Benjamin Stora, « une mémoire (de guerre) peut en cacher une autre (coloniale) »[17].

Selon Silverman, *Muriel* ainsi que *Nuit et brouillard* exploreraient ce qu'il appelle « concentrationary memory »[18] en référence au « romanesque concentrationnaire » de Jean Cayrol[19]. Cet « art concentrationnaire » se définirait par le fait qu'il

> transforms 'the image of man' into the living corpse, institutes a notion of memory as the haunting (and hence disturbance) of the present, a site of the in-between, of doublings and overlappings, of an uncanny superimposition of the visible and the invisible[20].

Et en effet, les personnages du film ont tous été traumatisés de différentes manières et par différentes guerres : Alphonse et Hélène par la Seconde Guerre mondiale, Bernard par celle-ci ainsi que par la guerre d'Algérie. Tous les trois sont incapables de se défaire d'un passé qu'ils refusent de s'avouer et qui les hante, ce qui les rend finalement incapables d'affronter leur présent. En même temps, aucun lien ne peut être établi entre les différents conflits, car le discours

---

15 Rothberg 2009, 7.
16 Silverman 2013.
17 Titre de l'article de Stora 2005.
18 Silverman 2013, chapitre 2.
19 Jean Cayrol : « D'un romanesque concentrationnaire ». In : *Esprit. Nouvelle série* 159, 9/1949, 340-357.
20 Silverman 2013, 41.

officiel les a déclarés comme étant fondamentalement dissemblables. Il devient ainsi impossible d'atténuer la souffrance de la guerre coloniale par les leçons qu'on aurait pu tirer d'un travail de mémoire réel effectué à la suite de la Seconde Guerre mondiale.

1.2   *Famille recomposée*

Les structures familiales ont elles aussi été profondément affectées par les guerres vécues et aucune des familles présentées dans le film n'est restée intacte : Hélène et Bernard ne sont pas mère et fils, comme on pourrait le penser, mais belle-mère et beau-fils, puisque Hélène était mariée au père de Bernard, depuis décédé. Alphonse, l'ancien amant qu'Hélène retrouve au début du film, vient à Boulogne-sur-Mer avec Françoise, une jeune femme qu'il introduit comme sa nièce, mais qui s'avère en réalité être son amante, pour laquelle il a abandonné sa femme Simone. La relation d'Alphonse et d'Hélène échoue à cause du souvenir, différent pour chacun, qu'ils ont gardé de leur histoire commune. Les structures familiales, qui correspondent moins à l'image traditionnelle qu'à ce que l'on appellerait aujourd'hui des familles recomposées, ne remplissent plus leur fonction primaire de fournir un abri et un appui pour l'individu. La guerre a radicalement changé l'aspect de la ville, mais aussi celui des familles. Alors que la reconstruction de l'une a été faite à la hâte, celle de l'autre reste à faire, idéalement sur la base d'un travail de mémoire.

Alain Resnais transpose l'état de ses personnages au niveau architectural : les bâtiments du nouveau centre de Boulogne-sur-Mer jurent étrangement avec les vestiges de la vieille ville. Pire, ils ont été bâtis sur des fondements hautement instables. L'image centrale du film visualisant le déni du passé est la « maison qui glisse », image qui revient à plusieurs reprises et sous différents angles dans le film et dont le personnage de Roland de Smoke raconte l'histoire :

> C'est comme cette histoire de maison qui glisse – vous la connaissez, bien sûr. C'est cet immeuble haut sur pattes en forme de boîte à outils. Il y a une esquisse, un avant-projet, des dessins d'exécution, 300 pages de quantitatif descriptif. Et enfin les travaux commencèrent avec les mille pages du cahier des charges et le contrôle du *veritas* ou du *securitas*. Bref, l'immeuble a poussé. [...] La maison est prête, les vitres sont posées, mais – elle glisse. Et la falaise recule. Alors, n'est-ce pas, on attend qu'elle tombe. Elle est neuve, elle est vide et on attend qu'elle tombe. Ça ne fera pas de belle ruine. Un grand tas de grumeaux et de pics de fer brouillés[21].

---

21   Cayrol/Resnais 1963, 102.

Au lieu de construire des fondements stables, de faire, au niveau figuré, le deuil nécessaire de la guerre qui a détruit la ville, on enfouit sommairement le passé pour tout de suite tenter de bâtir par-dessus. À l'image de la société, la maison ne peut que glisser, s'enliser comme la nouvelle vie fondée sur la mémoire de cette guerre ensevelie prématurément. Si l'on va jusqu'au bout de la déclaration de Roland, la société s'attendrait même à cet effondrement, qui fait écho à l'effondrement des familles traditionnelles, sans pour autant être capable de l'empêcher. Bien qu'il semble ne pas y avoir d'alternative au déni collectif de l'histoire douloureuse, cette pratique mine la capacité d'envisager un futur libre des contraintes du passé.

Avec les événements en Algérie surgit ensuite une autre guerre dont on refuse la mémoire, faute d'avoir assimilé celle de la précédente. Les habitants de Boulogne-sur-Mer ne semblent pas s'apercevoir que le support sur lequel ils érigent les nouveaux bâtiments n'est pas vierge, mais porte toujours les cicatrices profondes d'un passé inassumé qui viendra littéralement hanter le présent dont il prépare la ruine. En même temps, la maison qui glisse est un symbole de la structure palimpsestique de la ville que Resnais présente aux spectateurs, d'un palimpseste qui incarne « most completely the superimposition and productive interaction of different inscriptions and the spatialization of time »[22], tel que le conçoit Silverman. L'empilement des différentes couches architecturales ainsi que mémorielles ne sert pourtant pas à consolider les fondements – la maison qui glisse devient ainsi une métonymie pour désigner la société tout entière. L'interaction entre les différentes couches mémorielles ne sera productive que pour les spectateurs du film, ses protagonistes y restant insensibles.

L'incapacité de se pencher sur les blessures du passé ronge la société à la base, tandis que les protagonistes s'exclament avec Hélène : « Est-ce qu'on va en finir avec ce passé ? »[23] Les anciennes certitudes semblent être mises en doute, aussi bien dans la vie familiale des individus que dans la société en général. Cette société, qui ne se permet pas de trêve et qui ne parvient pas à organiser la réflexion nécessaire à un véritable renouveau, est littéralement bâtie sur le sable. Sa splendeur nouvelle restera pour toujours aussi vide et précaire que la maison qui glisse. Inhabitable, elle sera hantée par les spectres d'un passé inassumé.

Françoise, l'unique personnage qui ne semble pas rongé par les démons du passé, n'a quant à elle pas de mémoire, ce qu'elle explique au début du film, tout en méconnaissant le rôle néfaste que la mémoire joue pour la plupart

---

22   Silverman 2013, 4.
23   Cayrol/Resnais 1963, 119.

des personnes qui l'entoure : « J'envie ceux qui ont de la mémoire, la vie est simplifiée, je vous assure »[24]. Après avoir observé, désespérée, les ravages que le refoulement du passé cause chez Hélène, Alphonse et Bernard, elle résume bien l'état de la ville et de ses habitants : « J'en ai assez de ce patelin ravitaillé par les souvenirs »[25]. Le manque de mémoire qui semblait un problème pour Françoise au début du film s'avère finalement être un atout pour elle.

Les protagonistes de Resnais illustrent la thèse de Meyer et d'Assmann qui postulent qu'après une guerre, une phase d'oubli est nécessaire pour la reconstruction de la société : la société tel que Resnais la décrit souffre de ne pas avoir pu oublier la Seconde Guerre mondiale, au point de ne pouvoir assumer le fait qu'une autre guerre a déjà commencé. Les structures les plus fondamentales de la société s'en trouvent affectées – même les maisons, considérées pourtant comme des biens immeubles, se mettent à glisser, les familles à se décomposer. Bien qu'ayant disparu en apparence, la guerre continue d'ébranler la société de manière souterraine.

1.3   *Les revenants*

Ce que le sous-titre de son film, « le temps d'un retour », annonce dès le début, Resnais le représente de façon aussi déconcertante que subtile : le passé n'a de cesse de s'introduire dans la vie des personnages. Chaque personnage a affaire à un (ou même plusieurs) revenant(s) : Hélène tente de renouer avec son ancien amant Alphonse qui, lui, ment sur son passé qui est, en réalité, beaucoup moins aventureux qu'il ne le prétend. Bernard est hanté par un souvenir horrible du temps qu'il servait comme appelé en Algérie et par la présence d'un ancien camarade impliqué dans cette histoire, un camarade qui est maintenant engagé dans les actions de l'Organisation Armée Secrète (OAS), en France. Aucun d'eux n'est capable de vraiment assumer ses souvenirs, d'y faire face ; ceci d'autant plus que leurs vies se déroulent sous le signe du passé. Resnais traduit cela par un décalage léger entre la bande son et la bande image, ce qui fait que le son d'une scène se prolonge souvent dans la suivante et que les scènes se chevauchent.

Hélène, Bernard et Alphonse n'arrivent pas à laisser leur passé derrière eux, à se tourner réellement vers le présent. Le déni du passé, l'incapacité de vivre le présent mène à une fragmentation de leur monde que la mise en scène capte dans des close-ups déconcertants de parties du corps, qui semblent décomposer l'intégrité des personnages. En effet, Jean Cayrol voulait montrer

---

24   *Ibid.*, 59.
25   *Ibid.*, 120.

« comment on peut devenir un être éclaté qui survit »[26], ce que la caméra de Sacha Vierny et le montage de Kenout Peltier et Éric Pluet traduisent de manière aussi perturbante que concluante. En interrompant brutalement les scènes, en enchaînant des fragments de scènes, le montage souligne cette impression de désintégration des rapports entre les individus et de leur capacité à avoir une communication cohérente.

Hélène vend des meubles anciens depuis son propre appartement, ce qui fait qu'elle et Bernard ne vivent pas dans un domicile familial convivial et agréable, mais dans un amas hétérogène et toujours changeant de meubles et de bibelots. Comme Bernard le souligne, « on ne sait jamais quand on se réveille si c'est dans du Second Empire ou dans du rustique normand »[27]. L'époque même dans laquelle ils vivent et les différents styles du passé semblent être interchangeables. Leur appartement est soumis à des changements contingents et constants, ne permettant pas de se mettre à l'aise ou du moins de s'installer à long terme. À l'image des fantômes qui les hantent, les personnages refusent de prendre place, de s'établir; ils ne veulent ni être fixés ni se fixer, au sens propre comme au sens figuré.

Bernard, revenu d'Algérie huit mois plus tôt, est hanté par le souvenir d'une jeune femme algérienne que lui et ses camarades ont trouvée dans la caserne, qu'ils ont interrogée, torturée et, finalement, tuée. Ce souvenir est le paroxysme traumatique de « sa » guerre d'Algérie, l'événement clef qui empêche obstinément son véritable « retour »[28] : tout comme tant d'autres protagonistes de romans et de films de guerre – Kurtz et Willard dans *Apocalypse Now* (*Redux*) de Francis Ford Coppola, André Degorce de la trilogie corse et le protagoniste sans nom d'*Un Dieu un animal* de Jérôme Ferrari, Francis Mircović dans *Zone* de Mathias Énard, Assem Graïeb dans *Écoutez nos Défaites* de Laurent Gaudé –, il se voit incapable de se réinsérer dans une société civile, ne serait-ce qu'en apparence. La jeune femme que Bernard prénomme Muriel, faute de connaître son vrai nom, est le centre autour duquel gravite le film, bien qu'elle n'y apparaisse que sous une forme spectrale, sous le faux nom qui lui a été donné par l'un de ses bourreaux et par le biais de l'histoire de sa mise à mort. Bernard est hanté par cette torture à laquelle il a pourtant participé. L'idée de reconstruire cet événement, de lui accorder une place, l'obsède. Cela semble être possible

---

26   Jean Cayrol : « De *Muriel* au *Coup de grâce* », propos recueillis par Luce Sand. In : *Jeune Cinéma* 20/1967, 7-9, cité dans René Prédal : *L'Itinéraire d'Alain Resnais*. Paris : Lettres Modernes 1996, 139.
27   Cayrol/Resnais 1963, 44.
28   Silverman postule que « the other part of the title of the film – 'the time of a return' [...] – is, perhaps, an ironic gesture to what turns out to be the impossibility of a return », Silverman 2013, 59.

uniquement à l'aide de différents médias qui, de par leur présence, fourniraient des preuves à cet événement traumatisant non documenté qui risque d'échapper à la mémoire.

En même temps, l'emploi de différents modes d'enregistrement permet non seulement une distanciation d'avec le monde réel, mais aussi une extériorisation de la mémoire. Ainsi, Bernard introduit toujours au moins un médium entre lui et la réalité. Nous le voyons sans cesse filmer avec sa caméra super 8, enregistrer avec son magnétophone, feuilleter dans son journal. La « mediation of an image »[29] lui permet de se retirer dans une position de simple spectateur qui n'est ni impliqué dans ce qui se passe autour de lui, ni obligé d'en prendre responsabilité. Il cherche lui-même des preuves de la véracité de ce qui s'est passé avec Muriel – des photographies d'appelés, des lettres d'autres camarades, des fragments de films tournés en Algérie. Pourtant, le film n'établit jamais de rapport direct entre ces enregistrements divers et l'événement en lui-même. Le montage du film qui dissocie les différents registres suggère que la même dissociation taraude Bernard suite au traumatisme qu'il a subi en participant à la torture de Muriel : en tant que « psychotechnique qui permet de gérer des situations extrêmes au niveau émotionnel, pour permettre la survie »[30], la dissociation permet d'atténuer la souffrance en la fragmentant. La désintégration des différentes fonctions de la mémoire correspond aux fragments épars que Bernard collectionne, sans être capable de les assembler en une image cohérente.

Pourtant, ce n'est pas uniquement le traumatisme de Bernard qui semble à la base de cette désintégration d'image et de son, mais aussi le refus des médias de saisir les aspects cruels de cette guerre coloniale. La guerre d'Algérie, qui envoyait les jeunes recrues outre-Méditerranée pour les rapatrier quelque mois plus tard, pleins d'histoires cruelles dont la documentation écrite ou photographique faisait curieusement défaut, plaçait ainsi leur expérience sous le signe du doute. Les images officielles étaient celles d'une « guerre de propagande », faisant passer pour un processus de pacification ce qui était, en réalité, un conflit armé[31]. Aux images plutôt rares et d'autant plus emblématiques que diffusait la presse française s'opposaient les photographies privées des appelés eux-mêmes. Mais leurs images ne réussissent pas plus que les représentations officielles à communiquer la réalité de cette guerre ; au contraire, elles perpétuent plutôt certains stéréotypes :

---

29 Sontag 2003, 117.
30 Hüppauf 2013, 301.
31 Laurent Gervereau/Benjamin Stora : « La guerre inégalitaire ». In : *Idem* (dir.) : *Photographier la Guerre d'Algérie*. Paris : Marval 2004, 7-9, ici 8.

> [C]ette production se réduit à un certain nombre de clichés types, éléments d'un récit. […] on privilégie les images à caractère anecdotique : la chambrée, les copains, les bâtiments, les engins, les enfants, les animaux domestiques adoptés dans les casernements comme mascotte mais aussi et surtout les fêtes, souvent liées à l'attente de la quille, avec tous leurs excès. La photographie souvenir est bien la veine dominante[32].

Les images pacifiques qui ressemblent à celles prises lors de vacances ensoleillées jurent avec les expériences traumatisantes que bien des appelés ont vécues en Algérie. Le fait qu'ils aient ramené des clichés qui pourraient tout aussi bien provenir de « la cour de récréation »[33] met en doute leurs histoires. Ces « événements » qui restent si longtemps absents sur la plus grande partie du territoire de l'Hexagone, invisibles pour les Français civils, seront tus par les images mêmes qui sont censées les représenter, mais qui, obstinément, s'y refusent. Il en résulte que l'horreur de la guerre reste incommunicable, car les narrations ne peuvent être authentifiées par la preuve de photos.

C'est par un tel clivage profond entre ce qu'il a vécu et les représentations officielles que le Bernard de Resnais est hanté. Malgré son obstination, Bernard ne trouve pas d'image extérieure à sa propre mémoire qui représenterait de façon adéquate ce qu'il a vécu. Sa recherche de preuves concrètes est animée par un désir urgent de trouver cette image, qui serait à la fois une attestation de la réalité de ce qu'il a vécu et aussi, paradoxalement, un allègement pour sa mémoire personnelle.

Au centre chronologique du film, Bernard montre à son voisin d'atelier un film super 8 qui consiste en une multitude d'images plus aux moins anodines de la vie des soldats en Algérie. Au lieu d'une bande son, Bernard l'accompagne d'un récit qui jure atrocement avec les images paisibles de soldats en train de laver leur linge et de se baigner. Ce récit est l'histoire de la torture et de la mise à mort de Muriel. Un clivage profond s'installe entre les quelques images qui semblent exister des « événements » et la réalité vécue par des appelés comme Bernard. L'impossibilité d'illustrer leurs histoires renforce le traumatisme des anciens soldats et contribue à leur distanciation vis-à-vis d'une réalité qui ne laisse aucune place au souvenir. D'un côté, le centre du film est constitué par la narration du traumatisme de Bernard, d'un autre côté, la scène démontre l'impossible assimilation d'un passé invisible. En plaçant au centre de son film cet extrême clivage entre bande son et bande image, entre images médiatisées

---

32 Marie Chominot/Benjamin Stora : « Photographes sous l'uniforme : regards croisés sur la guerre d'Algérie ». In : Gervereau/Stora 2004, 3-71, ici 68.
33 Mauvignier 2009, 259.

et mémoires individuelles, Resnais en fait le problème crucial de l'œuvre, problème qui restera irrésolu. Le kaléidoscope avec lequel l'amie de Bernard joue et à travers lequel elle le regarde concrétise la décomposition d'une image cohérente[34] : symbole parfait du continuel réagencement de l'histoire par l'individu et par les institutions de la société, il révèle l'impossibilité de reconstituer un ensemble concluant à partir de simples fragments[35].

Incapable d'assumer son passé et sa culpabilité, Bernard décide de se venger sur son camarade Robert qui, selon lui, aurait été le véritable bourreau de Muriel. Le revolver avec lequel il tire sur Robert ressemble curieusement à la caméra qui, auparavant, lui servait de moyen de se distancer du monde. En extériorisant ainsi sa propre culpabilité, Bernard semble avoir trouvé un moyen d'assumer son passé. La caméra-revolver jetée à la mer suggère qu'il est maintenant prêt à affronter le monde sans intermédiaire. Resnais montre de façon subtile que cet acte, qui est la conséquence directe des « événements » en Algérie, met en question non seulement la base déjà glissante de la maison que forme la société[36], mais aussi son « toit », la couverture toujours trop petite constituée par les normes et les lois qu'elle s'est données :

Bernard s'est installé un atelier dans les ruines de ce qui était, avant la guerre, la maison de famille – maison dont le délabrement dû à la guerre témoigne aussi de la ruine de la famille qu'elle a causée. Dans cet endroit aménagé de façon provisoire qui, jusqu'ici, lui servait de refuge, le toit s'effondre après une explosion. Hélène, qui avait toujours craint que « les plafonds [de l'atelier] ne tiennent pas »[37], voit ses craintes se réaliser. L'origine de l'explosion n'est pas précisée, cela pourrait tout aussi bien être un attentat de l'OAS qu'un obus non éclaté de la dernière guerre – encore une fois, les guerres se trouvent entrelacées, de sorte qu'il devient impossible de distinguer les dégâts de l'une de ceux de l'autre. Les traumatismes se rejoignent une nouvelle fois : Bernard et Hélène, qui se retrouvent en contemplant les effets de l'explosion, se rappellent ensemble la bombe tombée sur leur maison – cette même maison – lors de la Seconde Guerre mondiale. Le toit arraché par la bombe permettait aux intempéries de s'introduire dans les chambres, de sorte que la neige – ou était-ce, comme le suggère Hélène, la pluie ? – tombait sur Bernard enfant, qui

---

34 Alain Resnais : *Muriel ou le temps du retour*. F 1963, 00 :59 :48.
35 *Cf.* au sujet du kaléidoscope capable de « créer de l'histoire avec les détritus mêmes de l'histoire » (W. Benjamin) Georges Didi-Huberman : « Connaissance par le kaléidoscope. Morale du joujou et dialectique de l'image selon Walter Benjamin ». In : *Études photographiques* 7/2005, par. 14sqq. (https://journals.openedition.org/etudesphotographiques/204, consulté le 15 février 2020).
36 *Cf. supra*, 37sq.
37 Cayrol/Resnais 1963, 75.

avait miraculeusement survécu à l'explosion. Le décalage entre les mémoires des deux survivants souligne de nouveau la relativité de toute expérience historique, de toute mémoire. En même temps, tout comme la maison qui glisse, cette maison dont le toit s'est effondré pour la deuxième fois en une douzaine d'années s'avère être un endroit où les mémoires se superposent de manière palimpsestique. Bombe britannique ou plasticage terroriste – le contexte est différent, mais les effets sont rigoureusement les mêmes.

Les guerres du XXe siècle ont soufflé le toit et déstabilisé la base de la société. Faute d'un travail de mémoire adéquat, elle vit dans des bâtiments dont la fragilité correspond à la précarité de la situation identitaire et familiale de ses habitants. Resnais réussit à mettre en images cette incapacité de gérer les blessures d'un passé immédiat, sous lequel apparaissent de manière palimpsestique les traces d'un autre passé, lui aussi inassimilable. Son portrait d'une société qui se voudrait d'après-guerre tout en refusant d'accepter qu'elle est de nouveau en état de guerre se cristallise autour du motif de la dissociation[38], qui est présent non seulement dans la fragmentation des corps que la caméra souligne, ou dans celle des différents registres médiatiques avec lesquels Bernard tente de recréer la situation traumatique, mais aussi au niveau de la dissociation de la bande son et de la bande image qui trouve son apogée dans le film que Bernard montre à son voisin tout en lui narrant la torture de Muriel.

La métaphore centrale du film est ainsi celle de la dissociation, voire de la déconnexion. En tant que mécanisme de défense inconscient, la dissociation qui coupe les liens entre divers niveaux de perception permet d'endurer des situations autrement invivables en instaurant une distanciation. Cependant, alors que la déconnexion de Bernard lui permet ne serait-ce qu'une distanciation minimale quant à la situation traumatique qu'il a vécue, elle fait aussi écho à la déconnexion entre les différents événements historiques pourtant étroitement liés. Resnais et son équipe transmettent ce processus par le cadrage, qui décompose l'intégrité du corps, ainsi que par le montage, qui laisse se chevaucher passé et présent sans que les personnages ne semblent en tenir compte. De la sorte, le film de Resnais montre à différents niveaux que la société française des années cinquante veille à ce que les mémoires des deux guerres soient rigoureusement séparées, compartimentées, déjà bien avant l'indépendance algérienne qui marque le début de la fracture coloniale.

---

38   Silverman est d'avis qu'au contraire, le film créerait un effet de « associational mobility, namely the creation of new connections » (Silverman 2013, 57). Cependant, bien que des associations s'imposent à l'esprit d'un spectateur contemporain conscient du processus de recherche mémorielle, je suis d'avis que ce que le film met en scène, ce sont surtout les ravages de la dissociation traumatique, à tous les niveaux.

2   *Des Hommes* (2009) de Laurent Mauvignier

> [L]a guerre apprend à tout perdre et à devenir ce qu'on n'était pas.
> ALBERT CAMUS[39]

2.1   *Le trauma des autres*

L'œuvre de Laurent Mauvignier, né en 1967, pivote souvent autour d'expériences traumatiques, qu'elles aient un caractère individuel, comme le suicide d'un fils dans le premier roman *Loin d'eux* (1999) et l'abus sexuel dans *Une légère Blessure* (2016), ou un caractère collectif, comme le drame du stade de Heysel dans *Dans la Foule* (2006), le tsunami en 2011 au Japon dans *Autour du Monde* (2014), ou alors la guerre d'Algérie dans *Des Hommes* (2009)[40]. Pour la mise en scène de cette dernière, il aurait non seulement puisé dans la mémoire ou plutôt le refoulement collectif de toute une génération, mais aussi dans celle de son propre père, dont le silence sur son expérience outre-Méditerranée ne fut brisé qu'après son suicide, par la mère de Laurent Mauvignier[41]. En tant que fils d'appelé, l'auteur fait ainsi partie de la génération de la postmémoire au sens strict, bien que le roman lui-même ne prenne pas l'allure d'une interrogation autobiographique.

Dans *Des Hommes*, presque un demi-siècle après le film d'Alain Resnais apparaît un Bernard littéraire qui fait écho au protagoniste de *Muriel*. Il est l'un des deux personnages principaux du roman de Mauvignier et ce n'est sans doute pas un hasard si l'auteur en fait, de par le choix de ce prénom, une version propre du Bernard de Resnais[42].

---

39   Albert Camus : *Carnets I : Mai 1935-février 1942*. Paris : Gallimard 1962, 168.
40   L'œuvre de Laurent Mauvignier a déjà souvent fait l'objet d'études critiques : la revue *Relief* lui a consacré un dossier (« Laurent Mauvignier et Tanguy Viel : deux auteurs d'aujourd'hui ». In : *Relief* 6,2/2012) ; la même année paraît le volume codirigé par Jacques Dürrenmatt et Cécile Narjoux, *La Langue de Laurent Mauvignier. Une langue qui court* (Dijon : Éditions universitaires de Dijon 2012) ; Michel Bertrand et Alberto Bramati ont codirigé l'ouvrage *Écrire le Contemporain : sur l'œuvre de Laurent Mauvignier* (Aix/Marseille : Presses universitaires de Provence 2018). Un important nombre d'articles dans ces volumes, mais aussi dans d'autres revues, portent sur *Des Hommes*.
41   *Cf.* Manet van Montfrans : « *Des Hommes* de Laurent Mauvignier : Un roman de filiation ? ». In : *Relief* 6, 2/2012, 15-/27, ici 16sq.
42   Les clins d'œil au film de Resnais sont multiples, ils vont du prénom et du maintien de la structure à la métaphore centrale de la dissociation. Le déclencheur du texte de Mauvignier, la broche que Bernard offre à sa sœur, est également un emprunt au film de Resnais, où il est question d'une broche qu'Hélène aurait donnée à Bernard pour qu'il la vende (Cayrol/Resnais 1963, 125).

Comme son prédécesseur chez Resnais, Bernard a été appelé en Algérie, il en est revenu traumatisé par des événements qu'il ne pourra jamais verbaliser une fois revenu en France. Le mariage de Bernard échoue, comme sa tentative de quitter définitivement le village dont il est issu. Son expérience traumatique le bannit de la société à laquelle il appartient pourtant : il s'installe dans une maison en état de ruine à la périphérie du village et embrasse sa vie d'exclu. Vers la fin des années 90, alors que sa sœur fête son anniversaire, il provoque un scandale puis agresse la famille de Chefraoui, unique habitant d'origine algérienne du village qui, contrairement à Bernard, y est bien intégré. Par la suite, la police interroge Rabut, le cousin de Bernard : ressurgissent alors pour celui-ci les souvenirs de leur passé commun en Algérie, passé depuis longtemps refoulé. Le roman est organisé en quatre épisodes intitulés « après-midi », « soir », « nuit » et « matin » et se présente ainsi, comme l'a fait remarquer Sylvie Ducas, sur le « mode d'une tragédie antique [...] ramassée sur les 24 heures du temps prescrit par le registre tragique »[43]. Le récit n'est pas linéaire, de sorte qu'on pourrait parler, comme dans le film d'Alain Resnais, « d'une manière décentrée »[44] de présenter les événements, qui ne semblent accessibles au narrateur qu'à travers des chemins sinueux.

Contrairement à son éponyme chez Resnais, le Bernard de Mauvignier ne prendra jamais lui-même la parole dans le roman. Son cousin Rabut en est le narrateur : d'autres voix se mêleront à la sienne, celles d'autres appelés et celles des policiers qui, eux, ne feront que répéter ce que d'autres témoins leur ont raconté[45]. Son discours est marqué par une « fluctuation » des pronoms, comme la recherche l'a observé à plusieurs reprises : en tant que narrateur, Rabut

> met deux pages à assumer un récit dont le lecteur pouvait penser, de prime abord, qu'il relevait d'un mode de narration extérieur, de par l'emploi récurrent du pronom personnel indéfini 'on'. Le recours soudain au 'nous', groupe dont Rabut se détache, de manière encore anonyme,

---

[43] Sylvie Ducas : « 'Refigurer le temps humain par le récit' : un espace d'invention auctoriale (à propos *Des Hommes* de Laurent Mauvignier ». In : *Etudes romanes de Brno* 33, 1/2012, 83-95, ici 84.

[44] Déborah Lévy-Bertherat : « Mensonge photographique et vérité romanesque. *Des Hommes* de Laurent Mauvignier ». In : Maria João Reynaud/Maria de Fátima Outeirinho/ José Domingues de Almeida (dir.) : *La Littérature va-t'en guerre*. Porto : FLUP 2013, 3-17, ici 5. – La formule de Lévy-Bertherat semble d'ailleurs faire écho à celle de Susan Sontag à propos du film de Resnais (citée plus haut), celle du « off-center conception of a scene » (Sontag 2009, 235).

[45] *Cf.* David Vrydaghs : « Polyphonie et dispositif narratif dans *Des Hommes* de Laurent Mauvignier ». In : Bertrand/Bramati 2018, 75-90.

quelques lignes plus bas, en disant 'moi' et 'je', ne manque pas de surprendre, tout comme la façon qu'a cet étrange narrateur de disparaître à nouveau, par intermittence, dans la foule des convives. Cette fluctuation de l'un des paramètres essentiels du récit suscite un malaise diffus et traduit peut-être l'inquiétude du personnage même, qui va bien au-delà de cette scène inaugurale où il éprouve un mélange de honte et de colère envers son cousin[46].

Même le récit direct des événements en Algérie, la partie centrale du roman, n'est pas à proprement parler narré à la première personne et, encore une fois, le lecteur mettra du temps à identifier le narrateur d'un récit dont les pronoms varient : le « on », qui implique de façon impersonnelle tout le groupe de soldats mais raconte surtout l'histoire de Bernard, laisse apparaître un « nous », pour finalement révéler qu'il s'agit de la voix de Février[47]. Le « je » ne prend le dessus qu'à la fin douloureuse du récit de Février qui, lui, est le seul à avoir le courage de parler de ce qu'ils ont vécu[48], même s'il n'ose que lentement se faire reconnaître comme individu dans l'histoire. Février a fait partie du même bataillon que Bernard, l'histoire qu'il raconte est donc aussi la sienne. Son choix de ne la raconter qu'à travers l'intermédiaire du « on » collectif accentue son désir de retrouver une mémoire collective, qu'il pourra partager avec d'autres. Cependant, le jaillissement du « je » à la fin de son récit témoigne aussi d'un besoin d'avouer son implication personnelle, de sortir de derrière l'écran protecteur du pronom collectif.

Le même glissement d'un pronom à l'autre se trouve dans *Nuit et Brouillard*, et c'est dans son analyse de ce film que Silverman en fait un signe de ce qu'il appelle « concentrationary memory » :

> As we float between the pronouns *on*, *ils*, *nous* and *je* in the film (caught up in what Lindeperg has called 'a slippage of meaning'), and as vision fragments across different regimes of point of view, each fixed demarcation of identity is decentred through its confusion with the others, and individual psychology and collective memory are revealed as categories

---

46   Florence Bernard : « *Des Hommes* de Laurent Mauvignier, un voyage au bout de la nuit ». In : *Elseneur* 2014, 51-64, ici 52sq. ; *cf.* aussi Stéphane Bikialo : « Laurent Mauvignier et l'ON ». In : Dürrenmatt/Narjoux 2012, 81-92, ici 87 ; Carine Capone : « À qui parler des silences ? Une étude de *Des Hommes*, de Laurent Mauvignier ». In : *Revue critique de Fixxion française contemporaine* 2/2011, 39-51, ici 48.
47   Mauvignier 2009, 228.
48   *Ibid.*, 250sq.

(like life and death, the human and the inhuman, and so on) ill-equipped to meet the challenge of the non-binary, post-concentrationary world[49].

Effectivement, tout comme Rabut et Bernard, Février a d'abord du mal à se démarquer du collectif. Le « je » individuel, qu'il admet être à la fin du livre, marque l'admission d'une culpabilité particulière, qui le fait ressortir du groupe en même temps que Bernard. De plus, c'est en prenant finalement la responsabilité individuelle de son histoire qu'il prend conscience de la subjectivité du vécu en Algérie : tout comme la société française s'est longtemps refusée à donner une image homogène des « événements », les différents souvenirs des appelés et leurs façons de les gérer ne formeront jamais un ensemble cohérent.

Ce manque de cohérence intersubjective de la mémoire se traduit en « phrases pas finies »[50] que l'on pourrait voir comme autant de symptômes du « unfinished business » que représente pour ces soldats la guerre d'Algérie. Cécile Narjoux y voit le signe d'une « disjonction 'schizophrénique', d'une expérience du sujet perceptif désaccordé à lui-même »[51]. Tout comme le Bernard de Resnais, les protagonistes de Mauvignier sont ainsi en désaccord avec eux-mêmes et souffrent d'une « déprise »[52] qui ne leur permet pas de se concevoir comme entièrement intégrés dans le temps et l'espace – une partie d'eux-mêmes est restée en Algérie. Le roman donne à voir ce décalage par un embrouillement des temps employés par les narrateurs, qui vivent moins dans le présent que dans un passé traumatique, comme le remarque fort pertinemment Florence Bernard :

> Après un incipit où le futur simple de l'indicatif lui est un moment préféré, le passé marque la narration des épisodes qui se déroulent dans les années deux mille, alors que le récit des événements vécus en Algérie est traité au présent, comme pour mieux attester l'actualité de cette guerre, dont le fantôme hante encore les esprits quarante ans après les faits[53].

Ce n'est qu'à la fin du roman qu'apparaît « une congruence entre le temps vécu par le personnage et le temps employé pour en parler »[54], ce qui semble té-

---

49 Silverman 2013, 47.
50 Cécile Narjoux : « 'Une phrase pas finie' ou la phrase en question dans l'œuvre romanesque de Laurent Mauvignier ». In : Dürrenmatt/Narjoux 2012, 151-166, ici 152.
51 Narjoux 2012, 166.
52 Carine Capone : « Laurent Mauvignier, pour une redéfinition de l'écrivain engagé ? ». In : *Relief* 6, 2/2012, 45-58, ici 54.
53 Bernard 2014, 53.
54 *Ibid.*, 55.

moigner d'un apaisement du traumatisme grâce à la nuit cathartique suivant l'intrusion de Bernard à la fête de sa sœur.

Rabut, le cousin de Bernard, est à première vue mieux intégré dans le village, bien que son nom laisse supposer que cette intégration n'est qu'apparente : « Une seule lettre distingue son nom du mot rebut, faisant de lui une autre figure de marginal, moins immédiatement repérable »[55]. En tant que narrateur, Rabut choisit de ne pas raconter son histoire à lui – histoire qui préluderait peut-être à son exclusion de la société, suite à celle de son cousin plus expansif à ce sujet –, mais celle de Bernard. Ainsi, il réfléchit longuement aux traumatismes de Bernard et les raconte de façon fort précise en cédant provisoirement sa place de narrateur à Février. Cependant, Rabut ne fera jamais que de très petites références à ce que lui-même a vécu en Algérie[56]. Ses propres traumatismes restent inaccessibles, seuls ceux des autres peuvent être racontés. Ce n'est qu'en extériorisant l'expérience d'un autre qu'il réussit à rompre le silence. Parler des expériences d'un tiers lui évite de faire face aux siennes, comme il le souligne d'ailleurs :

> Et ça m'avait aidé, c'est vrai, de fixer mon attention sur lui [Bernard] et sur ce que chacun pouvait dire de lui [...]. Alors, parler de lui, de Feu-de-Bois, Bernard, c'était déjà ça pour ne pas avoir à parler du tout[57].

Il va sans dire que « ce que chacun pouvait dire » de Bernard n'a pas été la vérité sur ce que Rabut et lui ont vécu en Algérie, mais c'est en évoquant Bernard, dont la vie a été durablement bouleversée par les événements en Algérie, qu'il lui devient possible d'y faire au moins allusion.

2.2　*La médiation d'une image*

La guerre d'Algérie n'a pas de place dans la France rurale dans laquelle se déroule le roman. Pour ceux qui sont restés à la maison et n'en connaissent que ce qu'en disent les médias, elle se résume à la simple phrase « C'était pas Verdun, votre affaire »[58], phrase qui limite nettement toute tentative de description de ce que les soldats ont vécu. Contrairement au film de Resnais, ce n'est donc pas seulement que la Seconde Guerre mondiale fait écran à la guerre vécue par les appelés en Algérie, mais c'est aussi que la Grande Guerre impose son ombre, comme pour souligner que les vraies guerres se sont jouées sur le territoire

---

55　*Ibid.*, 54.
56　*Cf.* Mauvignier 2009, 269.
57　*Ibid.*, 112sq.
58　*Ibid.*, 112.

européen, étaient « mondiales » et portaient le nom de guerre. Différente de la société décrite par Resnais une quarantaine d'année plus tôt, la société que Mauvignier met en scène conçoit les mémoires des différentes guerres comme étant en concurrence, mémoires compétitives au sens de Michael Rothberg[59], comme si l'acceptation de la souffrance causée par l'une soustrayait de la compassion aux victimes de l'autre. Le dédain pour la guerre en Algérie qu'implique la comparaison avec Verdun éteint toute tentative de tenir compte des dégâts qu'elle a causés.

Comme tous les soldats, Rabut et Bernard ont ramené des photos de cette guerre, ainsi que des souvenirs – « des roses de sables, un service à caoua et puis une croix d'Agadès »[60]. Alors que déjà les souvenirs ne se distinguent pas de ceux que ramènent les touristes, la négation de cette guerre qui, à l'époque, n'est pas reconnue comme telle dans le discours officiel, se renforce par le fait que les photos qui la représentent ressemblent obstinément à des photos de vacances :

> Et je me souviens de la honte que j'avais lorsque j'étais rentré de là-bas et qu'on était revenus, les uns après les autres, sauf Bernard – il se sera au moins évité l'humiliation de ça, revenir ici et faire comme on a fait, de se taire, de montrer les photos, oui, du soleil, beaux paysages, la mer, les habits folkloriques et des paysages de vacances pour garder un coin de soleil dans sa tête, mais la guerre, non, pas de guerre, il n'y a pas eu de guerre ; et les photos, j'ai eu beau les regarder encore et en chercher au moins une seule, une seule qui aurait pu me dire,
>
> C'est ça, la guerre, ça ressemble à ça, aux images qu'on voit à la télévision ou dans les journaux et non pas à ces colonies de vacances [...][61].

Puisque les « événements » en Algérie ne sont officiellement que des « opérations de maintien de l'ordre », il ne peut y avoir d'images qui les dénonceraient comme guerre[62]. Qui plus est, en comparaison avec les guerres mondiales dont la France et ses habitants se souvenaient si bien, la guerre d'Algérie en tant que guerre de guérilla ne faisait pas figure de guerre véritable, ce n'était « pas Verdun »[63], comme les gens du village le répètent à Bernard et Rabut, puisqu'il

---

59   « [C]ompetitive memories », Rothberg 2009, 3.
60   Mauvignier 2009, 112.
61   *Ibid.*, 261.
62   Lévy-Bertherat remarque que les appelés suivaient là une injonction officielle : leurs photos « doivent donner du cadre algérien une image pacifique. L'autocensure des appelés participe au refoulement qui occulte la violence », Lévy-Bertherat 2013, 11.
63   Mauvignier 2009, 112.

n'y avait pas d'affrontements directs ni de guerre des tranchées. L'ennemi était aussi redoutable qu'invisible et la photographie comme médium de prise de conscience ne faisait que fixer cette absence. Les guerres se superposent mais, comme dans le film de Resnais, pas pour que l'une bénéficie de l'expérience de l'autre – du moins pour ce qu'il en est de l'après-guerre –, mais pour occulter celle à laquelle le discours officiel refusera son vrai nom pendant des décennies.

Les photos restent d'ailleurs invisibles jusque dans les pages du roman même. Au lieu d'insérer des clichés d'appelés véritables, tels que les ont par exemple rassemblés Stora et Gervereau pour leur volume *Photographier la guerre d'Algérie*, Mauvignier choisit (de même que Jérôme Ferrari dans *À son Image*[64]) « l'ekphrasis substitutive, qui remplace une photo »[65]. Alors que Lévy-Bertherat y voit une manière de donner « plus de poids émotionnel »[66] aux photos décrites, l'on pourrait tout aussi bien y voir un geste paradoxal de refoulement au cœur même d'un texte qui se dédie au dévoilement.

Pendant son séjour en Algérie, Rabut a pris des photos grâce à un appareil-photo qu'il a gagné lors d'un concours organisé par le journal *Le Bled*[67], « le principal organe de propagande à destination des appelés »[68]. Depuis, Rabut a choisi de ne regarder la réalité autour de lui qu'à travers son appareil photo, qui devient l'« écran protecteur à interposer entre le regard et le réel insoutenable »[69]. À l'aide de son instrument, « il mitraille les copains et les paysages quand ils vont au-dehors »[70]. Tout comme la caméra-revolver de son prédécesseur chez Resnais, le choix des mots suggère que Rabut tournerait son « arme » contre ses camarades. Et effectivement, comme le lecteur ne l'apprendra que plus tard, Rabut et Bernard sont partiellement responsables de leur mort.

Le protagoniste de Resnais ne choisit l'intermédiaire de la caméra qu'après son retour en France. Rabut, quant à lui, se sert de l'appareil dès qu'il arrive en sa possession :

---

64 *Cf. infra*, 128sqq.
65 Lévy-Bertherat 2013, 7.
66 *Ibid.*, 7.
67 Mauvignier 2009, 169.
68 Lévy-Bertherat 2013, 11.
69 Jean-Yves Laurichesse : « Écrire/sentir la guerre dans *Des Hommes* de Laurent Mauvignier ». In : Bertrand/Bramati 2018, 43-52, ici 51.
70 Mauvignier 2009, 169.

> [E]n Algérie j'avais porté l'appareil photo devant mes yeux seulement pour m'empêcher de voir, ou seulement pour me dire que je faisais quelque chose de – peut-être, disons – utile.
> Après, je n'ai plus jamais fait de photographies[71].

L'objectif de l'appareil est censé lui permettre de prendre une distance face au monde insoutenable qui l'entoure, de l'objectiver au lieu de s'en sentir partie, cela lui permet « the standing back from the aggressiveness of the world which frees us for observation and for elective attention »[72]. Pourtant, de même que les preuves que le Bernard de Resnais essaie de rassembler ne suffisent pas, les photos de Rabut ne prouvent pas l'existence de cette guerre qui le marquera à jamais. Au contraire, elles soulignent son inexistence désolante :

> Je suis resté comme ça et je n'ai pas vraiment vu les minutes, et bientôt plus d'une heure a passé, que je n'ai pas vue, parce que j'étais resté devant les photos. Et contrairement à ce que j'avais pensé en me disant à quoi bon les regarder, à quoi bon, je les connais toutes, je sais qu'aucune ne va m'apporter de réponses, qu'il n'y a pas de réponse et. Si.
> Elles disaient des choses.
> Elles disent des choses. Quelles choses. Derrière les visages d'abord.
> [...]
> La peur au ventre. Mais elle est où, la peur au ventre ? Pas sur les photos.
> Aucune d'elles ne parle de ça[73].

Toutefois, ce ne sont pas, comme chez Marguerite Duras, des photos qui manquent parce qu'elles n'ont pas été prises. Lévy-Bertherat soutient que « [l]'appareil-photo, au lieu de porter témoignage, est décrit comme une sorte de masque ou d'écran protecteur »[74]. Dans ce cas, l'écran n'est pas fait pour occulter la guerre en tant que telle, mais plutôt pour la rendre supportable : or, une représentation directe est impossible, car même les situations anodines fixées sur le papier photographique sont presque trop douloureuses pour Rabut, qui retrouve dans ses images les spectres qui le hantent.

De manière significative, la seule photo décrite dans le roman qui montre directement l'horreur de la guerre – celle qui témoigne de la torture et de la

---

71 *Ibid.*, 258.
72 Sontag 2003, 118.
73 Mauvignier 2009, 259.
74 Lévy-Bertherat 2013, 12.

mise à mort du docteur –, est une photo prise non pas par les appelés français, mais par les forces algériennes[75]. Contrairement aux autres images, elle « ne sert pas à masquer la guerre, elle la brandit au contraire, elle devient l'arme de la terreur »[76]. En même temps, la description de cette photo fictive évoque une photo réelle, « a photograph taken in China in 1910 of a prisoner undergoing 'the death of a hundred cuts' »[77], une photographie chère à Georges Bataille, à laquelle Susan Sontag consacre un passage de sa réflexion sur la photographie. Alors que pour Bataille, la contemplation de la photo prise en Chine « is both a mortification of the feelings and a liberation of tabooed erotic knowledge », Sontag souligne que « [f]or most, the image is simply unbearable »[78], comme l'est la photographie du docteur torturé, que les Algériens utilisent comme outil de propagande contre les Français.

2.3 Famille spectrale

Après avoir longuement regardé les photos, pourtant paisibles, qu'il avait prises pendant la guerre, Rabut, qui avait jusque-là et comme tant d'autres réussi à enfouir souvenirs et culpabilité, qui était même parvenu à se construire une vie bourgeoise et stable sur la base fragile du refoulement, sent soudain son équilibre basculer :

> [À] ce moment-là, j'ai ressenti en moi s'affaisser, s'enliser, s'écraser toute une part de moi, seulement cachée ou calfeutrée, je ne sais pas, endormie, et cette fois comme dans un sursaut elle s'était réveillée, les yeux grands ouverts et le front soucieux, la tête lourde, cette vieille carcasse endormie dans ma tête […][79].

Son cousin Bernard, lui, avait déjà osé affronter les photographies et l'« accusation »[80] qui semblait émaner d'elles. D'ailleurs, pour ne pas cesser de porter le poids de sa culpabilité et pour ne pas oublier l'inadmissible, il s'y exposait continûment. Rabut n'arrive pas à comprendre l'importance de ces photos pour Bernard, qui « avait osé mettre ces photos dans des cadres et puis […] il les a […] accrochées au mur quand il n'en avait pas une seule de sa femme et de ses enfants »[81]. Alors que son mariage a échoué à cause de ses

---

75   Mauvignier 2009, 181sq.
76   Lévy-Bertherat 2013, 15.
77   Sontag 2003, 98.
78   *Ibid.*, 98.
79   Mauvignier 2009, 77.
80   *Ibid.*, 256.
81   *Ibid.*, 99.

traumatismes, Bernard s'est choisi une autre famille, en relation étroite avec son trauma, comme le remarque Lévy-Bertherat :

> Usurpant la place de la famille réelle de Bernard, Idir et la fillette sont tous deux l'objet d'une sorte d'adoption symbolique. Marginalisé par sa famille, Bernard semble s'être trouvé là une famille de substitution[82].

Tout comme dans le film de Resnais, la guerre a détruit les familles. Alors qu'à Boulogne-sur-Mer, il était encore possible de se construire une nouvelle famille recomposée, cela ne semble plus envisageable pour le Bernard de Mauvignier, qui choisit des spectres pour constituer sa nouvelle famille : « Bernard le marginal, rejeté par les siens, s'est choisi une drôle de famille adoptive : une fille et un frère arabes, morts. Il a choisi de vivre en éternel coupable, sous leur regard accusateur »[83].

En s'exposant à ces photos, Bernard se laisse hanter, tout en objectivant par là le passé douloureux, si l'on en croit Susan Sontag :

> Photographs objectify: they turn an event or a person into something that can be possessed. And photographs are a species of alchemy, for all that they are prized as a transparent account of reality[84].

Les photos encadrées ne témoignent pas des horreurs qu'il a vécues mais en sont une réminiscence d'autant plus redoutable qu'elles sont pacifiques et que la mort n'y est présente que par association, en tant que « hors-champ insaisissable »[85]. En ravivant encore et toujours la mémoire douloureuse, il se refuse au refoulement tout en menant une existence quasi fantomatique à l'écart de la société, remplissant de fait la même fonction que les personnages sur les photos[86].

Dans la radicalité avec laquelle Bernard refuse de refouler ce passé qu'il « possède » et qui l'obsède, il est aussi une radicalisation du personnage du film de Resnais qui, lui, tente de reconstituer un passé rendu fragmentaire. Mais tandis que le Bernard filmique met huit mois à « revenir » d'Algérie avant de pouvoir jeter sa caméra-revolver à la mer et affronter la vie d'après-guerre,

---

82   Lévy-Bertherat 2013, 8.
83   *Ibid.*, 14.
84   Sontag 2003, 81.
85   Ducas 2012, 89.
86   *Cf.* Mauvignier 2009, 267.

le Bernard littéraire et son cousin n'en « reviendront » que plus de 30 ans plus tard.

Pour Rabut qui raconte sa propre histoire à travers celle de Bernard, le problème de la guerre d'Algérie n'est pas de ne pouvoir être comparée aux guerres mondiales sur le plan des méthodes employées, mais au contraire de leur ressembler en bien d'autres points : tandis que l'on se sentait victime face aux Allemands, en Algérie, on se découvre soudain bourreau : « Il pense à ce qu'on lui a dit de l'Occupation, il a beau faire, il ne peut pas s'empêcher d'y penser, de se dire qu'ici on est comme les Allemands chez nous, et qu'on ne vaut pas mieux »[87]. Cette conscience de s'être transformé bien malgré lui de victime en bourreau lie le protagoniste de Laurent Mauvignier à celui d'André Degorce dans *Où j'ai laissé mon âme* de Jérôme Ferrari, mais aussi à celui de Victorien Salagnon dans *L'Art français de la guerre* d'Alexis Jenni, ou encore aux protagonistes de Laurent Gaudé[88].

Cette culpabilité incommunicable, due au choix de la référence aux guerres mondiales, ne trouve pas sa place dans une France qui se voit toujours comme un peuple résistant face à l'agresseur. Dans un pays qui a encore du mal à gérer le phénomène de la collaboration, comment concevoir que le service militaire au nom de la France puisse assimiler les soldats aux occupants allemands ? Le refoulement semble donc l'unique solution pour éviter d'avoir à remettre en question une certaine idée de la France, afin aussi de se garantir une vie normale.

Mauvignier garde la structure métaphorique du film de Resnais : pour Rabut, la confrontation avec la mémoire douloureuse de la guerre mène non seulement à l'effondrement intérieur mentionné plus haut, mais aussi à un glissement concret. Il s'en veut de ne pas avoir choisi la voie radicale de Bernard, celle du refus et de l'oubli. En roulant vers la maison de son cousin pour y rejoindre les gendarmes, sa voiture dérape :

> La voiture a glissé. J'ai senti qu'elle glissait – mais lentement, doucement, j'ai pensé à ne pas freiner, ralentir, laisser la voiture glisser.
> Et puis elle a versé dans un fossé[89].

La voiture reste coincée et Rabut ressent cet arrêt forcé comme un événement symbolique, comme la trêve qu'il ne s'est jamais accordée.

---

87 Mauvignier 2009, 202 ; *cf.* aussi Lévy-Bertherat 2013, 16.
88 *Cf. infra*, 180sqq.
89 Mauvignier 2009, 275.

Le désir de Bernard d'extérioriser sa culpabilité, de se venger sur quelqu'un du malheur vécu en Algérie, le mène à choisir comme bouc émissaire Chefraoui, l'unique homme d'origine maghrébine du village. Contrairement au Bernard de Resnais, il ne le tue pas, mais le texte reste ouvert et peut laisser penser qu'il a assouvi sa rage contre lui-même d'une autre manière. La maison qu'il habite, celle du grand-oncle, se trouve dans un état de délabrement tel que non seulement les murs et le plafond doivent sans cesse être consolidés, mais aussi que « le toit entier [...] risque de s'effondrer »[90]. De même que le Bernard de Resnais, celui de Mauvignier ne réussit pas à se trouver un logement stable et capable de le protéger de façon appropriée, lui et sa famille spectrale adoptive. Le toit en tant que protection est tout aussi instable que son moi qui s'écroule au bout de trente ans.

Contrairement au film de Resnais, dont l'action se déroule avant l'indépendance de l'Algérie, le roman de Mauvignier montre qu'encore bien après la guerre, les traumatismes n'ont toujours pas trouvé leur place dans l'imaginaire collectif, dans une société qui rejette ce passé. Toutefois, au début des années 1960, parmi autant de personnages traumatisés par différentes guerres, le fait de perdre pied et de ne pas se sentir capable d'affronter les démons de son propre passé semblait plutôt normal puisqu'il concernait une partie considérable de la société. Le glissement et l'effondrement, présents comme métaphores dans le film ainsi que dans le roman, sont pourtant strictement individuels chez Mauvignier, dont le texte souligne que

> on ne sait pas ce que c'est qu'une histoire tant qu'on n'a pas soulevé celles qui sont dessous et qui sont les seules à compter, comme les fantômes, nos fantômes qui s'accumulent et forment les pierres d'une drôle de maison dans laquelle on s'enferme tout seul [...][91].

La guerre est présente, mais uniquement de manière palimpsestique. Même plus de trente ans après l'indépendance de l'Algérie, le conflit reste un tabou que l'« histoire collective vise à occulter et [à] recouvr[ir] de son discours officiel et mensonger »[92]. Bien que toujours vivants, les protagonistes de Mauvignier se voient transformés en revenants par une société qui continue de les rejeter.

La dissociation est la métaphore centrale du film de Resnais. Le roman de Mauvignier met lui aussi en scène la perte de tout repère, de tout centre ou de tout noyau identitaire. Ce que Dominique Rabaté dit à propos du récit en

---

90   *Ibid.*, 101.
91   *Ibid.*, 272.
92   Ducas 2012, 89.

général se prête fort bien à la description du roman de Mauvignier qui, dans un mouvement de « circularité vicieuse [...] tourne[...] autour d'un centre qui se dérobe »[93], ce qui illustre le résultat de l'expérience traumatique. La disjonction des personnages et le désaccord avec eux-mêmes sont tout aussi présents que dans le film d'Alain Resnais. La photographie sert, d'un côté, à se garder de la désintégration psychique pendant la guerre, à déconnecter l'objet ou l'événement pris en photo du vécu traumatisant. Les photographies anodines qui en résultent permettront un cloisonnement entre la guerre coloniale et les guerres mondiales qui la précèdent, celles-ci ayant produit des images prototypiques. Le fait de ne pas y correspondre délégitime celle-là, la déconnectant ainsi de toute une grille de lecture qui permettrait d'en atténuer la douleur.

Film et roman, à trente ans de distance, mettent en scène le cloisonnement soigneusement effectué entre les mémoires des différentes guerres qui contamine la société entière et mène à une déconnexion entre les différentes expériences de guerre. En même temps, les deux œuvres montrent qu'une nouvelle jonction devient possible grâce au support médiatique, notamment à celui de la photographie. C'est son potentiel associatif qui permet de renouer avec le passé et d'outrepasser le traumatisme en déchiffrant la structure palimpsestique et connectée de la mémoire.

---

93 Dominique Rabaté: « À l'ombre du roman. Propositions pour introduire à la notion de récit ». In: Bruno Blanckeman/Jean-Christophe Millois (dir.): *Le Roman français aujourd'hui. Transformations, perceptions, mythologies*. Paris: Prétexte 2004, 37-51, ici 43.

CHAPITRE 3

Bleu, blanc, noir : La trilogie policière de Maurice Attia (2006-2009)

> [C]e qu'on appelle la paix, [...] l'intervalle entre deux guerres.
> JEAN GIRAUDOUX[1]

∴

1   Palimpseste et violence

Maurice Attia, psychanalyste et auteur, est né en 1949 à Bab-el-Oued, où il vécut une enfance marquée par la guerre en Algérie. Après l'indépendance, sa famille émigre en France et Marseille devient sa ville d'accueil. Entre 2006 et 2009, Attia publie sa trilogie de romans policiers noirs : *Alger la Noire*, *Pointe Rouge* et *Paris blues*, autour de l'inspecteur franco-algérien d'origine espagnole Paco Martinez[2]. En 2012, le dessinateur Jacques Ferrandez a tiré un roman graphique du premier volume[3]. *Alger la Noire* remporte le prix du roman policier francophone (Prix Michel-Lebrun) et le Prix Jean-Amila Meckert, qui récompense chaque année « le meilleur livre d'expression populaire et de critique sociale »[4]. L'objectif divers de ces deux prix témoigne déjà du fait que, comme beaucoup de polars, les romans d'Attia ne sont pas seulement centrés autour d'une action policière captivante, mais adressent aussi les problèmes sociaux pressants.

La trilogie d'Attia peut être considérée comme un texte exemplaire de la mémoire connectée, en ce qu'il dévoile à travers trois volumes un réseau qui relie la plupart des grands conflits européens depuis les guerres napoléoniennes. Il montre que l'histoire française en sa totalité n'est pas seulement

---

1   Jean Giraudoux : *Amphitryon. Comédie en trois actes* (1929). Paris : Larousse 2015, 34.
2   Attia 2006 ; Attia 2007 ; Attia 2009. En 2017, avec *La blanche Caraïbe* paraît un quatrième volume autour de Paco Martinez, cette fois situé dans l'île de la Guadeloupe et qui amorce « une nouvelle série d'enquêtes, une nouvelle trilogie qui débute en 1976 et se terminera en 1981 » (http://www.polarlens.fr/wordpress/attia-maurice/, consulté le 15 février 2020).
3   Ferrandez 2012.
4   *Cf.* http://www.prix-litteraires.net/prix/670,prix-jean-amila-meckert.html (consulté le 15 février 2020).

étroitement liée à celle des pays qu'elle a colonisés, mais aussi à celle des autres pays européens – et, dans la majorité des cas, cela est dû à des conflits. La particularité des textes d'Attia – particularité que nous retrouverons chez Ferrari et Mouawad – est que la généalogie des guerres n'est pas qu'historique, mais va de pair avec la généalogie familiale. Ce que Silverman remarque sur l'un des textes-phares de la mémoire connectée, *Meurtre pour mémoire* de Didier Daeninckx de 1983, est vrai aussi pour la trilogie d'Attia : l'auteur se sert du genre du roman policier

> to uncover interwoven strands of French history [and to] reveal [...] a tangled web of oppressive state power and racialized violence never far from the surface of everyday life in a rapidly modernizing France[5].

En montrant à quel point l'histoire se répète et que, bien que les raisons données pour l'usage de la violence diffèrent parfois, son caractère n'en est pas fondamentalement transformé, Attia exhibe la futilité d'une compartimentalisation entre les différentes 'histoires'. En même temps, il montre que ce n'est pas seulement durant les périodes de paix que les mémoires violentes hantent les personnages : depuis la fin du XIXe siècle, les guerres s'enchaînent sans relâche. Dans ces conditions, un travail de mémoire est presque impossible, de sorte que les traumatismes mal gérés d'une guerre empiètent sur la génération qui subit – ou mène – la suivante.

Cette superposition continuelle peut être vue comme une version exemplaire de ce que Silverman conçoit comme « mémoire palimpsestique » (« palimpsestic memory ») :

> [T]he present is shown to be shadowed or haunted by a past which is not immediately visible but is progressively brought into view. The relationship between present and past therefore takes the form of a superimposition and interaction of different temporal traces to constitute a sort of composite structure, like a palimpsest, so that one layer can be seen through, and is transformed by, another[6].

L'enquête de l'inspecteur Paco Martinez permet le dégagement successif des différentes couches. La trame policière passe au second plan dans les trois volumes. Ce que l'inspecteur cherche à dévoiler, plus que les assassins d'un jeune couple franco-algérien, d'un vieux militant CGT d'origine arménienne ou d'un projectionniste de cinéma universitaire, ce sont les enchevêtrements des

---

5 Silverman 2008, 420.
6 Silverman 2013, 3.

histoires européenne et orientale. Tout en ayant une importance immédiate pour l'avancement de l'enquête, les éléments qu'il découvre en se plongeant dans les bas-fonds des histoires familiales des victimes ont aussi une dimension collective qui les relie à l'Histoire avec un grand H. L'enquête policière qui rend progressivement lisible un passé qui ne l'est pas immédiatement (« a past which is not immediately visible but is progressively brought into view ») dévoile les attaches d'une histoire sur le point d'être tranchée. Bien qu'il y ait superposition de différentes couches d'une mémoire violente, la fragmentation de l'histoire française en rend l'interaction impossible, contrairement à ce que prévoit Silverman. La trilogie d'Attia montre de façon paradigmatique que la « chain of signification » rompue par la guerre devra être restituée par le protagoniste, à force de recherches laborieuses usant, bien souvent, de méthodes peu orthodoxes.

2   Une nouvelle tricolore

> Quoi ! des cohortes étrangères
> Feraient la loi dans nos foyers !
> Quoi ! ces phalanges mercenaires
> Terrasseraient nos fiers guerriers !
> LA MARSEILLAISE, COUPLET 3

Les titres des trois romans sont révélateurs en ce qu'ils mettent en exergue la tonalité de la trilogie : tout en situant clairement le texte à Alger, le titre du premier volume reprend le surnom classique d'Alger, « la blanche », pour le transformer en « Alger la noire », ce qui convient fort bien aux événements des derniers mois de la guerre d'indépendance décrits dans le texte. Le blanc traditionnel a été sali par la guerre d'Algérie, au point de tourner d'un blanc virginal et innocent au noir du deuil et de la culpabilité face à la violence exercée par tous les partis concernés.

La *Pointe Rouge* du deuxième tome situe l'action du roman dans le sud de la France, en reprenant le nom du quartier et de la plage marseillaise, tout en évoquant avec le rouge la couleur du sang qui coulera amplement dans ce volume. Le titre du dernier tome, *Paris blues*, n'est pas seulement une révérence au film éponyme de Martin Ritt de 1961 ; le « blues » du titre renvoie, lui aussi, à une couleur, le bleu[7].

---

7   Une remarque dans le dernier roman rassemble les trois couleurs et les trois villes, sans pour autant faire allusion au drapeau français : « Si nous étions les personnages d'un roman, ce serait une trilogie. Alger la Noire, Marseille la Rouge, Paris la Bleue ... », Attia 2009, 478.

C'est dans ce contexte qu'il devient évident que les titres des trois tomes de la trilogie rassemblent les couleurs d'un drapeau français changé de manière significative : ce n'est pas uniquement la ville d'Alger dont la blancheur a été souillée, mais c'est la France entière qui, en trahissant en Algérie ses principes républicains, en portera désormais la tache indélébile sur le symbole même de la nation ; tache pourtant rendue invisible par le discours officiel, qui cloisonne cette partie de l'histoire française.

Les titres illustrent dans le même temps le mouvement de Paco Martinez allant de la périphérie française que constituait encore dans le premier volume la capitale algérienne vers le centre de l'Hexagone, en passant par Marseille. Le « blues » du dernier titre qualifie l'atmosphère de la France des débuts de la Ve république. Caractérisée par les affrontements entre les forces de l'ordre et les mouvements gauchistes, la France d'avant les événements de mai 68, telle qu'Attia la décrit, aurait souffert d'un coup de blues dû aux répercussions de la guerre. La cause de cette mélancolie n'est pourtant pas directement adressée, l'amnésie de la guerre prend même des formes tristement ironiques : un célèbre article de Pierre Viansson-Ponté, publié le 15 mars 1968 dans *Le Monde* et dont une partie est insérée dans le roman, porte le titre « Quand la France s'ennuie ». Viansson-Ponté accuse cet « ennui » et l'absence même de conflits guerriers actuels d'être responsable de la « mélancolie » dont le pays souffre :

> Ce qui caractérise actuellement notre vie publique, c'est l'ennui. Les Français s'ennuient. Ils ne participent ni de près ni de loin aux grandes convulsions qui secouent le monde, la guerre du Vietnam les émeut, certes, mais elle ne les touche pas vraiment. [...]
>
> La réplique, bien sûr, est facile : c'est peut-être cela qu'on appelle, pour un peuple, le bonheur. Devrait-on regretter les guerres, les crises, les grèves ? Seuls ceux qui ne rêvent que plaies et bosses, bouleversements et désordres, se plaignent de la paix, de la stabilité, du calme social.
>
> L'argument est fort. Aux pires moments des drames d'Indochine et d'Algérie, à l'époque des gouvernements à secousses qui défilaient comme les images du kaléidoscope, au temps où la classe ouvrière devait arracher la moindre concession par la menace et la force, il n'y avait pas lieu d'être particulièrement fier de la France. Mais n'y a-t-il vraiment pas d'autre choix qu'entre l'apathie et l'incohérence, entre l'immobilité et la tempête ? Et puis, de toute façon, les bons sentiments ne dissipent pas l'ennui, ils contribueraient plutôt à l'accroître[8].

---

8   Pierre Viansson-Ponté : « Quand la France s'ennuie ». In : *Le Monde* du 15 mars 1968. Le premier paragraphe de cet article se trouve aussi dans Attia 2007, 438sq.

La trilogie d'Attia montre le paradoxe d'une telle prise de position au moment même où, en partant de la périphérie, la gangrène de la guerre et de ses séquelles refoulées atteint, à la fin de la trilogie et donc seulement quelques deux ans après la parution de l'article, le cœur même du pays. Les barricades qui s'élèvent dans le centre de Paris, les affrontements entre les gauchistes et les forces de l'ordre en 1970 démontrent que la paix peut parfois ressembler à la guerre de manière inquiétante.

3 La généalogie des familles et des conflits

> L'oubli est un monstre stupide qui a dévoré trop de générations.
> GEORGE SAND[9]

Comme dans le film de Resnais, la guerre d'indépendance algérienne n'est pas un événement isolé dans la trilogie d'Attia, mais au contraire est présentée comme le centre d'un réseau, lié à bien d'autres conflits européens. Chez Attia, la guerre s'est depuis longtemps introduite dans les histoires familiales et, telle que d'autres traditions, y est transmise de génération en génération. Les conflits guerriers et violents deviennent des affaires de famille. Il ne s'agit cependant pas de simples « postmémoires » que les parents transmettent à leurs enfants, mais les guerres du XIXe et XXe siècle se suivent de si près que chaque membre de la famille chez Attia est sujet de et à une nouvelle guerre. Les traumatismes transmis par voie familiale s'ajoutent à ceux vécus par les protagonistes. Dans ces conditions, l'histoire aussi bien familiale que nationale ne peut que se répéter. Faire la guerre devient chez Attia une tradition familiale spécifiquement européenne ; en cela, sa trilogie donne raison à la remarque de Javier Cercas que « le sport européen par excellence est la guerre »[10].

L'action de la trilogie recouvre huit années d'une histoire française mouvementée, débutant par les derniers mois de l'Algérie française dans *Alger la Noire*, en passant par Mai 68 dans *Pointe Rouge*, pour arriver finalement aux affrontements entre les forces de l'ordre et les mouvements gauchistes en 1970 et à la mort de Charles de Gaulle en novembre de la même année dans *Paris Blues*, marquant ainsi la « fin d'une époque »[11]. Attia prend soin de montrer à quel point ces conflits sont connectés entre eux et à bien d'autres conflits qui leur

---

9   George Sand : *Histoire de ma vie*. In : *Idem* : *Œuvres autobiographiques*. Tome I. Paris : Gallimard (Bibliothèque de la Pléiade) 1970, 29.
10 « [E]l deporte europeo por excelencia es la Guerra », Cercas 2014, 443.
11 Attia 2009, 539.

sont antérieurs. Sa trilogie atteste du fait que la continuité des personnages se voyant impliqués dans les différentes guerres caractérise l'histoire de l'Europe.

Le héros de la trilogie, Paco Martinez, a réussi son examen d'entrée dans la police en 1954, « après avoir obtenu [s]a licence de lettres »[12]. Son histoire personnelle et familiale est caractérisée par « la guerre et la mort avec lesquelles [il] cohabitai[t] depuis ma petite enfance »[13], bien qu'il dise « ne [...] rien [connaître] à l'art de la guerre »[14]. De fait, sa vie est caractérisée par une suite presque incessante de conflits armés : comme beaucoup d'habitants de Bab-el-Oued, Paco est d'origine espagnole. Il a passé sa petite enfance dans l'Espagne des années 30, à l'aube et au début de la guerre civile. Son père, d'après ce que lui raconte sa grand-mère avec laquelle il vit pendant que se déroule l'action du premier volume, est un héros de la guerre civile espagnole. Après la mort du père, sa mère l'aurait abandonné, ensuite sa grand-mère se serait exilée avec lui en Algérie, où éclatera bientôt la guerre d'indépendance. Paco, quant à lui, a refoulé tout souvenir relatif à son temps en Espagne,

> [l]es images mais aussi les mots et les sentiments avaient déserté ma mémoire. À moins qu'ils n'y soient toujours au milieu des horreurs, des terreurs que mon esprit avait soigneusement planquées pour me protéger d'une trop grande douleur au souvenir de cette époque. *No pasarán !* continuait de proclamer mon esprit aux velléités du souvenir[15].

Le refoulement et l'oubli le préservent de la douleur de la perte. L'histoire de ses parents et sa petite enfance restent pour Paco des lacunes que sa grand-mère comble à sa façon, bien qu'il ait depuis longtemps cessé de croire à ses légendes, conscient qu'elle « refait l'histoire, façon cyclope, de son seul point de vue »[16]. Quelques jours avant sa mort en 1962, la grand-mère de Paco lui avoue que son père avait en fait quitté sa mère pour une autre femme, Irena, et n'était

---

12   Attia 2006, 15. – Les connaissances littéraires de l'inspecteur, mais aussi sa passion pour le cinéma, permettent à Attia de truffer ses textes de références littéraires et cinématographiques. Il prête à Paco une prédilection pour le western, mais aussi pour le film noir, dont l'atmosphère imprègne sa perspective sur le monde. L'influence d'une esthétique de film noir se trouve aussi dans le roman et le film éponyme *El embrujo de Shanghai* ; elle procure le filtre à travers lequel les protagonistes perçoivent leur réalité imprégnée par la guerre civile. Vers la fin du troisième volume de la trilogie d'Attia, Paco voit au cinéma *Shanghai Express* de Joseph von Sternberg, film dont le titre espagnol, *El embrujo de Shanghai*, donna le titre au roman de Juan Marsé et au film de Fernando Trueba.
13   Attia 2006, 115.
14   Attia 2009, 329.
15   *Ibid.*, 272.
16   Attia 2006, 73.

pas mort en héros mais avait été tué par le mari jaloux de celle-ci[17]. Il est plus que cohérent qu'Attia fasse basculer cette protagoniste faiseuse de légendes dans la sénilité : après avoir manipulé les souvenirs et l'histoire de son petit-fils et ainsi agencé le refoulement de sa mémoire, la grand-mère de Paco sombre avant sa mort « dans cet entre-deux, entre conscience et inconscience, entre mémoire et amnésie »[18], à l'image des deux pays qu'elle a habité, l'Espagne et l'Algérie française[19].

Pour Paco, l'image de l'Espagne et surtout de la guerre civile ne sera plus composée des « souvenirs » bien trop personnels de sa grand-mère, mais constituée à travers les photographies emblématiques de Robert Capa. Cette substitution de la mémoire par une iconographie devenue depuis quasi officielle lui évite « la confrontation à une réalité trop insupportable »[20]. Bien qu'appartenant à une guerre historique, quoique trop proche pour être déjà oubliée, les photos de Capa, en devenant des représentations paradigmatiques de la guerre, se superposent aussi à la réalité vécue à Alger jusqu'à devenir de sombres prémonitions : alors que Paco et sa compagne Irène sortent dans les rues d'Alger dans les derniers jours des affrontements, il se souvient d'une photo de Capa :

> J'ai pris la main d'Irène. Son pouce caressait le dos de la mienne comme pour rassurer le petit garçon qui s'effrayait en moi. J'avais le souvenir d'une photo de Capa prise, je crois, lors d'un bombardement aérien de Barcelone : les passants couraient en tous sens et deux enfants, un garçon et une fille, main dans la main, arrêtés au milieu de la chaussée, levaient les yeux au ciel. On devinait les avions invisibles à travers les regards, à la fois fascinés et terrifiés, de ces deux gamins. Que s'était-il passé ensuite ? Les bombes les avaient-elles détruits ? Alger allait-elle nous détruire aussi[21] ?

---

17 *Ibid.*, 237sq. – Le choix du prénom presque identique à celui d'Irène, la compagne de Paco, est une coïncidence fortuite. Bien que la trilogie ne laisse rien présager de tel, Attia suggère ainsi que l'histoire pourrait se répéter aussi au niveau des rapports amoureux, surtout lorsqu'il s'avère dans le troisième volume de la trilogie que sa mère et Irène, toutes deux rousses et s'appuyant sur une canne, se ressemblent étrangement (Attia 2009, 275).
18 Attia 2006, 308.
19 Dans le film *Soldados de Salamina* de David Trueba (2003), librement adapté du roman éponyme de Javier Cercas (Barcelona : Tusquets 2001), le père de la protagoniste, porteur de la mémoire de la guerre civile dont il ne parle pourtant pas à sa fille, est également atteint d'Alzheimer.
20 Attia 2009, 273.
21 Attia 2006, 353sq.

Bien qu'Alger ne soit pas détruite par les bombes, Attia démontre par une telle scène la continuité des conflits jusque dans leur iconographie. Les guerres mêmes se superposent au point de devenir presque indiscernables. En même temps, Paco, qui est « sans trace visuelle de [s]on histoire algéroise »[22], se voit obligé pour la représenter de recourir aux images d'un autre contexte et d'un autre conflit, celui-là amplement couvert par les médias internationaux.

Les légendes familiales ne se dissolvent vraiment qu'au cours du troisième volume de la trilogie. Paco, qui a oublié jusqu'à sa langue maternelle, retrouve sa mère qu'il croyait morte depuis longtemps, pour constater la lourde implication de cette « revenant[e] »[23] – au sens tout à fait derridéen – non seulement dans la guerre d'Espagne, mais dans bien d'autres conflits : effectivement, le grand-père maternel de Paco entretenait d'excellents rapports avec Franco lui-même[24] ; après avoir quitté le père de Paco qui luttait pour les républicains, sa mère a refait sa vie dans l'Argentine péroniste qu'elle voit maintenant « cour[ir] à la guerre civile »[25].

La guerre d'Algérie est pour Paco la deuxième guerre civile dans laquelle il est impliqué ; l'exil en France métropolitaine qui s'ensuit est, après celui en Algérie, son deuxième exil. L'effondrement de l'Espagne républicaine et celui de l'Algérie française lui causent d'importantes pertes personnelles : alors que la guerre d'Espagne lui a pris son père, sa terre natale et le coupe de sa mère pendant presque une génération, Paco perd sa grand-mère dans la guerre d'indépendance algérienne et se voit obligé de quitter pour toujours une terre d'adoption qu'il considérait comme sienne. Dans le troisième volume, dans l'Espagne du *tardofranquismo* en prise avec l'ETA, les retrouvailles avec sa mère, après tant d'années, tournent mal. Jusqu'à la fin du dernier volume, Paco sera incapable d'exorciser durablement les fantômes d'un passé marqué par tant de conflits.

Son exil en France, tout en le coupant définitivement de l'Algérie qui lui est chère, lui fait découvrir que les luttes dans lesquelles il se voyait impliqué n'ont pas pris fin avec l'indépendance de l'Algérie. Dans le premier volume, il se voit confronté à l'Organisation Armée Secrète, l'OAS, dont la fondation en 1961 se fait à Madrid, car les officiers insurgés bénéficient de la protection du régime franquiste. La guerre d'Espagne et la guerre d'Algérie sont donc liées, au point de suggérer que les franquistes et l'OAS seraient faits de la même étoffe.

---

22 *Ibid.*, 144.
23 Attia 2009, 283.
24 *Ibid.*, 263.
25 *Ibid.*, 279.

La ville d'Alger où vit et travaille Paco se voit agitée par les luttes implacables entre l'OAS, le FLN et les forces paramilitaires françaises, chargés de la lutte contre l'OAS. Les trois mouvements, pourtant ennemis intimes, se réclament de l'héritage de la résistance française contre les nazis, ou se sont du moins, selon Maurice Attia, « emparé[s] de la liturgie gaulliste de la Seconde Guerre mondiale »[26]. Là aussi, il y aurait paradoxalement plus de continuité que de différence.

Les combats entre les trois groupements font d'Alger pendant les derniers mois de la lutte d'indépendance algérienne une ville hors-la-loi, où « [l]e lynchage et la barbarie étaient universels »[27]. Les trois groupes mènent leur combat en utilisant les mêmes moyens, qu'ils puisent dans l'expérience commune de la lutte contre les nazis et, pour certains, également de la guerre en Indochine, mais ils se retrouvent maintenant dans différents camps. Après la drôle de guerre et Điện Biên Phủ, la crise du canal de Suez vient ajouter à ce que l'armée ressent – malgré « la liturgie gaulliste » déjà mentionnée – comme une suite de défaites – aspect que développe aussi Jacques Ferrandez dans la deuxième partie de ses *Carnets d'Orient*[28]. L'amertume ne fait qu'augmenter l'agressivité avec laquelle le combat est mené, mais l'expérience vécue accroît aussi les connaissances méthodiques : les protagonistes de toutes ces guerres étant finalement les mêmes, cela leur confère des capacités particulières : le fait d'avoir été sujet à la torture pendant la Seconde Guerre mondiale ou pendant la guerre en Indochine fait des soldats et officiers qui, par la suite, participent à la Guerre d'Algérie, des tortionnaires idéaux – une continuité que Jérôme Ferrari explore dans *Où j'ai laissé mon âme* à travers le personnage d'André Degorce, mais que l'on retrouve aussi dans le personnage d'Octave du deuxième cycle des *Carnets d'Orient* de Ferrandez[29].

Attia, cependant, souligne que la transmission des méthodes ne s'arrête pas à l'indépendance de l'Algérie : après la dissolution officielle de l'OAS et des « barbouzes », ces derniers, revenus en France, adhèrent en grand nombre au Service d'Action Civique, le SAC, un groupe historique qui jouera un rôle important dans le deuxième volume de la trilogie. Cette police parallèle au service du général de Gaulle reprend les méthodes illégales employées en Algérie pour en faire profiter le président et son parti[30]. Les anciens de l'OAS ont, quant à eux, négocié « l'amnistie de leurs chefs en échange d'un soutien

---

26 *Ibid.*, 97.
27 Attia 2006, 153.
28 *Cf.* Ferrandez 2011, 86.
29 *Cf. ibid.*, 51 et surtout 112.
30 Attia 2007, 56, 92.

au SAC et au mouvement gaulliste »[31], si l'on en croit le narrateur d'Attia. Paco, devenu inspecteur à Marseille, se voit ainsi confronté à un milieu qui lui est familier depuis Alger, désormais mélangé à la pègre marseillaise[32]. Impliqué dans les luttes sanglantes entre le SAC à Marseille et à Paris et les mouvements gauchistes, qui mènent la France au seuil d'une nouvelle guerre civile à la fin des années 60, le personnage devient témoin des violentes émeutes de Mai 68 à Paris, dont les images lui rappellent la semaine des barricades à Alger[33].

Maurice Choukroun et Tigran Khoupiguian, les partenaires de Paco dans les deux premiers volumes, sont des sosies des deux côtés de la Méditerranée. La mémoire étant connectée non seulement au niveau de l'histoire, mais aussi au niveau de la cuisine, les deux partenaires peuvent même partager leurs préférences culinaires, bien que le plat à base de farine de pois chiches qu'ils affectionnent s'appelle Calentita à Alger et Panisse à Marseille[34]. Leurs histoires familiales respectivement juive et arménienne, marquées par l'extrême violence génocidaire, s'ajoutent aux conflits. Tandis que l'histoire de Choukroun, juif séfarade dont la famille est originaire de Ghardaïa, n'entretient pas de liens directs avec l'extermination des juifs par les nazis[35], celle de la famille de Khoupiguian porte tout le poids du génocide arménien[36]. C'est à travers l'histoire de ce personnage, mais aussi à travers l'assassinat sauvage de Michel Agopian, un autre membre de la communauté arménienne de Marseille, dans le deuxième volume de la trilogie, qu'Attia souligne encore une fois la transmission des méthodes d'un conflit à l'autre :

> Dachau, Auschwitz, en brouillon turc. Agopian avait griffonné ces lignes : 'les nazis avaient tiré les leçons de ce génocide et de cette occasion perdue de juger les coupables ... Qui se souvient encore de l'extermination des Arméniens ?' aurait lancé Hitler en 1939, à la veille de massacrer les

---

31   *Ibid.*, 428.
32   L'assassinat de la famille du frère de Khoupiguian est calqué sur la « tuerie d'Auriol », événement qui a eu lieu quelques treize ans plus tard et qui entraîna la dissolution du SAC. Les enquêtes de Paco et les notes du journaliste François Nessim sur le thème « politique et pègre », qui rythment la narration de *Pointe Rouge*, dévoilent les liens étroits entre les deux milieux (Attia 2007, 173sqq., 198sq., 223sqq., 248sq.).
33   *Ibid.*, 557, 561.
34   Attia 2006, 46, 51 ; Attia 2007, 41sq.
35   Attia 2006, 75sqq. – Il s'avèrera au cours du troisième volume que la famille de la mère de Paco est une famille de « conversos », c'est-à-dire de juifs convertis pendant le *Siglo de Oro* (Attia 2009, 264).
36   Attia 2006, 212, 226 ; Attia 2007, 140sqq., 30.

handicapés de son pays. Deux ans plus tard commençait l'extermination des juifs[37].

Le génocide arménien en tant que modèle pour l'Holocauste : Attia réussit à montrer combien et à tous niveaux la continuité entre les différents conflits est grande. Alors que les affrontements entre la gauche prolétarienne et les forces de l'ordre dans le troisième volume n'atteignent pas le niveau de violence des volumes précédents, les réseaux issus de la guerre d'Algérie y restent en vigueur, surtout ceux des anciens membres de l'OAS. L'objectif de l'OAS de « porter la guerre en métropole »[38] a atteint son but, même longtemps après la fin de la guerre en Algérie.

En Espagne se forme entretemps un autre groupement terroriste, cette fois non pas avec l'accord des franquistes, mais contre eux : l'ETA, dont les débuts et premiers actes terroristes sont décrits dans les passages évoquant le voyage de Paco en Espagne franquiste dans le troisième volume. L'attentat, durant lequel Max, le nouveau compagnon d'Irène, entre autres, trouve la mort, prend pour exemple l'assassinat du franquiste Luis Carrero Blanco par l'ETA le 20 décembre 1973, bien qu'Attia l'avance de quelques années pour pouvoir l'intégrer à l'action de son roman[39].

Mais ce ne sont pas uniquement les familles de Paco et de ses partenaires qui sont affectées par la guerre : toutes les histoires familiales introduites dans le cadre de la trilogie ont été bouleversées par des guerres qui, parfois, remontent loin dans l'histoire de l'Europe et de ses colonies. La famille Thévenot, dont l'assassinat de la fille Estelle fait l'objet d'une enquête dans le premier volume de la trilogie, en est selon la « légende familiale »[40] racontée par le père un exemple particulièrement significatif[41] : le grand-père Thévenot, un ancien

---

37　Attia 2007, 144.
38　*OAS parle*. Paris : Gallimard 1964, 226.
39　Le cinéma rapproche d'ailleurs cet événement de la bataille d'Alger pendant la guerre d'Algérie, avec le metteur en scène italien Gillo Pontecorvo, qui a tiré des films des deux événements : *La Bataille d'Alger* en 1966 et *Opération Ogre* en 1979. *La Bataille d'Alger* déclencha un scandale lors du Festival de Film de Venise l'année de sa sortie, où il obtint le Lion d'Or malgré l'opposition de la France (dont la délégation n'assista pas à la projection du film). Malgré l'intention de son réalisateur d'attirer l'attention du monde sur les exactions en Algérie, le film servit ensuite à l'instruction des forces de régimes répressifs en Argentine et au Chili, avant de faire l'objet d'une projection au Pentagone en 2003, dans l'objectif d'enseigner aux spectateurs comment mener la « war against terror ». *Cf.* Ruhe 2014.
40　Attia 2006, 73.
41　Un autre exemple est celui de la famille d'Outremont, qui joue un rôle important dans le troisième volume. L'aïeul est militaire et impliqué dans la conquête de l'Algérie. La mère

communard, a échappé au peloton en choisissant l'exil en Algérie. Là, il a fait fortune avec une entreprise de balances[42], joli clin d'œil à la justice qui, pourtant, importe peu à ce qui deviendra une famille de riches colons. Son fils, le père Thévenot, se marie avec une femme beaucoup plus jeune, Hélène, issue « d'une noblesse d'opérette, de ces aristocrates fabriqués par Napoléon, tous officiers »[43], donc liée à des conflits européens bien antérieurs à la Commune, et dont la famille prend part à la conquête de l'Algérie. Délaissant tôt son mari et ses enfants, cette femme prendra des amants lourdement impliqués dans la collaboration avec les nazis[44]. Paul Thévenot, le fils, rejoint les cercles d'extrême droite autour de Pierre Lagaillarde, l'un des fondateurs de l'OAS. Pendant la semaine des barricades à Alger, Paul se retrouve sur les barricades, rejoignant de ce fait, à travers les siècles, son ancêtre communard.

Bien que cette famille prenne part de son plein gré aux différentes guerres, elle est loin d'être épargnée par la haine et la violence, qui empirent de génération en génération. Le père Thévenot abuse sexuellement de sa fille Estelle et organise l'assassinat de son amoureux Mouloud, au cours duquel Estelle est tuée par mégarde. Paul, le frère, est présumé avoir tiré sur ce père qu'il déteste durant la semaine des barricades, laissant celui-ci paralysé et en fauteuil roulant. Tous les membres de la famille sont morts assassinés à la fin d'*Alger la Noire*, exceptée la mère, Hélène, qui commence une nouvelle vie en métropole. Mais la menace persiste, puisqu'il n'est pas exclu que la tradition familiale se poursuive[45]. L'action du roman rejoint l'Histoire avec un grand H lorsque Paco mène l'enquête sur l'assassinat d'Estelle. En effet, il est suggéré qu'au cours de l'élucidation du meurtre, Paco aurait accidentellement déclenché la fusillade historique de la rue d'Isly qui, selon le bilan officiel, aurait tué quarante-six personnes[46]. Il est significatif qu'Attia rapproche ce massacre d'un conflit familial : « Ces morts consommaient le divorce entre les Français d'Algérie et de Gaulle »[47].

---

    d'Isabelle, avec laquelle Paco entretient une brève relation, catholique croyante, se sacrifie pour sa fille lorsqu'un cancer du sein est diagnostiqué pendant sa grossesse. Son frère, l'oncle d'Isabelle, rejoint les rangs de l'OAS et est condamné à mort par contumace pour sa participation à l'attentat du Petit-Clamart. Le père d'Isabelle, sympathisant de l'OAS, cache et soigne son gendre jusqu'à sa mort et se décide ensuite à une nouvelle tentative d'attentat désespérée, pour achever la tâche entamée par l'OAS.

42   Attia 2006, 66.
43   *Ibid.*, 67.
44   *Ibid.*, 70.
45   Jacques Ferrandez, dans sa version BD du roman, prépare un destin plus sombre à Hélène Thévenot, qui se suicide à la suite de la perte de son amant (Ferrandez 2006, 128).
46   Attia 2006, 368.
47   *Ibid.*, 369.

En déployant le catalogue de ses personnages et de leur histoire, Attia parvient à passer en revue l'histoire violente d'un continent jamais en paix. Les imbrications des différentes guerres ne concernent pas seulement les méthodes, mais démontrent que la continuité de la guerre est aussi liée au fait que ses protagonistes sont souvent les mêmes ou alors issus de familles aux solides traditions guerrières[48].

Le premier volet de la trilogie trouve une métaphore frappante pour signifier cette continuité, mais aussi pour marquer l'étanchéité totale entre les différentes mémoires : le tueur à gages responsable du meurtre de la jeune Estelle et de son amoureux est un certain Boris Spangenberg, « ancien légionnaire, d'origine allemande »[49]. Comme d'autres protagonistes d'Alexis Jenni, de Jérôme Ferrari ou de Laurent Gaudé, il s'est engagé après la Seconde Guerre mondiale, dans la Légion dans son cas, qui l'a envoyé d'abord en Indochine puis en Algérie. Lorsqu'il refuse de suivre l'ordre de son officier et le tue, il est condamné à mort par un tribunal militaire. Les balles du peloton d'exécution le touchent mais ne le tuent pas, il est donc gracié[50], bien que sérieusement blessé :

> [L]a balle qui avait traversé son cerveau avait séparé les deux hémisphères cérébraux en lésant les passerelles entre eux. Il avait désormais deux cerveaux indépendants[51].

Le personnage, touché par ce qui s'appelle aussi un « *split-brain* »[52], est une métaphore de l'état de la France vis-à-vis de son histoire coloniale : alors que Spangenberg a combattu dans tous les conflits auxquels la France a participé entre 1940 et 1962, il n'en garde que très peu de souvenirs et ne peut surtout pas relier les événements entre eux. Son amnésie le prédestine au travail de tueur à gages, car « il oubliait aussitôt victime et commanditaire. Une garantie de service après-vente »[53]. Suivant la logique de cette interprétation, elle est aussi une mise en garde pour le pays entier : en refoulant ses échecs historiques, en refusant d'assumer le passé, la France risque de se jeter aveuglément dans des conflits futurs.

---

48   La tradition guerrière est transmise de la même manière dans la trilogie corse de Jérôme Ferrari ; chez Alexis Jenni, c'est un protagoniste ayant fait la Deuxième Guerre mondiale, la guerre d'Indochine et celle d'Algérie, qui relie les guerres entre elles. *Cf. infra*, 146sq.
49   Attia 2006, 138.
50   *Ibid.*, 185.
51   *Ibid.*, 187.
52   *Ibid.*, 247, en italique dans le texte.
53   *Ibid.*, 276.

L'amnésie de ces traditions, la coupure nette des liens entre les différents mondes est mise en œuvre dès les derniers jours de la guerre, comme le montre Attia : *Alger la Noire* s'ouvre sur le départ de Paco pour la France, départ qu'un détail permet de dater avec exactitude :

> Du cœur de la ville s'élève un nuage noir, de papier brûlé, la fumée des soixante mille volumes de la bibliothèque d'Alger. De la terre brûlée aux livres incendiés, la culture a toujours été victime de l'extrême droite …[54]

Attia apparente l'événement non seulement à la politique de la terre brûlée, mais aussi aux autodafés de livres sous l'Allemagne nazie. L'incendie de la bibliothèque que Paco voit depuis le pont du bateau n'est pas une invention d'Attia. Le 7 juin 1962, quelques semaines avant que l'indépendance du pays ne soit effective, l'OAS fait détoner trois bombes à la faculté d'Alger. L'explosion et l'incendie qui s'ensuit détruiront les 60 000 volumes de la bibliothèque[55], ce que l'Agence de Presse Algérienne considère, plus de quarante ans plus tard, comme un « mémoricide […] contre le peuple algérien »[56]. Vu à la lumière du concept de Silverman, cet acte terroriste constitue le prélude à un nouveau chapitre de l'histoire, qui pourra, grâce à la destruction d'un des symboles d'une mémoire commune, profiter d'un parchemin vierge de toute inscription antérieure. La production de la mémoire palimpsestique peut commencer.

4 La douleur fantôme

Maurice Attia ne fait pas que montrer les liens étroits entre les différents conflits qui ont marqué la France du XXe siècle. Il utilise aussi une métaphore concluante afin d'illustrer son diagnostic selon lequel la France ressent la réduction de l'empire colonial à son étendue hexagonale comme une mutilation : Irène, l'amante du protagoniste, belle et sûre d'elle-même, compte parmi les victimes de l'attentat (historique) du FLN sur le Casino de la corniche à Alger. Les médecins sont obligés de lui amputer une partie de la jambe gauche. La prothèse qui vient la remplacer redonne à la silhouette de la jeune femme

---

54 *Ibid.*, 8.
55 Un article de l'édition maghrébine du *Huffington Post* parle même de 600 000 volumes (HuffPost Algérie : « Bibliothèque de la Faculté d'Alger : l'autre crime oublié de la colonisation française ». In : *Huffington Post* du 6 juin 2015, https://www.algerie360.com/destruction-de-la-bibliotheque-de-la-faculte-dalger-lautre-crime-oublie-de-la-colonisation-francaise/, consulté le 15 février 2020).
56 Cité dans HuffPost Algérie 2015.

l'illusion de l'intégralité. Grâce à cette prothèse, Irène continue de faire rêver hommes et femmes, tout en étant consciente d'avoir « un corps incomplet »[57].

Désormais, sa canne est le seul signe extérieur de sa mutilation. Pourtant, Irène souffre de douleurs fantômes, « comme si la jambe, en continuant de faire mal, ne pouvait pas se résigner à sa disparition »[58]. La perte d'un membre ne s'oublie donc jamais, car même absent, il reste douloureusement présent. Il est possible d'étendre cette image de manière métonymique à la France. Après la perte d'un membre de son corps national, la France souffrirait de douleurs fantômes, bien que, vu de l'extérieur et après des efforts considérables, elle ait réussi à se reconstituer une apparence d'intégralité[59]. En dépit de la fracture coloniale, la France aurait toujours « mal à son Algérie »[60].

Ce qu'Attia met en scène dans sa trilogie, les conflits internes des années 60, refléterait l'époque de la douloureuse convalescence d'Irène :

> [L]es essayages de la prothèse, les pertes d'équilibre, la canne. J'ai découvert avec stupéfaction que la marche n'était pas naturelle. Réapprendre à me déplacer comme une enfant de deux ans [...][61].

Il est donc attendu que le deuxième tome de la trilogie continue d'explorer cette allégorie, car c'est sur le corps d'Irène, qui ne fait que revendiquer son « image de solidité »[62], que le conflit entre les policiers honnêtes et les membres du SAC se déchaîne. Le viol qui fait suite à l'amputation la détruit presque et elle se sépare de Paco, qui lui semble être la source de ses malheurs. Tout comme

---

57 Attia 2006, 174.
58 *Ibid.*, 196.
59 Dans son analyse de la production littéraire des Pieds-Noirs après l'indépendance de l'Algérie, Amy L. Hubbell consacre un chapitre à l'imagerie de l'amputation. Selon elle, l'écriture constitue pour les Pieds-Noirs « a prothesis to reconnect to the past » (Amy L. Hubbell : *Remembering French Algeria. Pieds-Noirs, Identity, and Exile*. Lincoln/London : University of Nebraska Press 2015, 205). Le rattachement littéraire au pays perdu rendrait l'oubli impossible, alors qu'une vie sans nécessité de prothèse serait souhaitable surtout pour les générations ultérieures. – Dans le roman *Passé sous silence*, Alice Ferney oppose la figure du général Grandberger, sous laquelle se cache le général de Gaulle et Paul Donadieu, un militant de l'OAS, qui est une version fictionnalisée de Jean Bastien-Thierry, l'auteur de l'attentat du Petit-Clamart. La voix narrative, qui soutient la cause de l'OAS, emploie le terme d'« amputation » en parlant de l'indépendance de l'Algérie. Elle y voit « l'amputation du territoire » (Ferney 2010, 136), soulignant ainsi le fait que l'Algérie était considérée comme une partie essentielle de la France, mais également que « la guerre amputait les familles » (*ibid.*, 42 ; *cf.* 121, 129).
60 Attia 2009, 540.
61 Attia 2006, 196.
62 Attia 2007, 320.

la France qu'elle symbolise, Irène aura du mal à se remettre des ravages causés à son corps. Ce ne sera qu'à la suite d'une longue psychanalyse et après avoir trouvé un nouveau compagnon (qu'elle perdra dans un attentat de l'ETA lors d'un voyage d'affaire en Espagne) qu'Irène et Paco seront de nouveau réunis à la fin du troisième volume. On ne peut pas en dire autant de la France qui, au lieu d'une psychanalyse, a choisi de refouler ce pan de son histoire – la trilogie suggère qu'un avenir libre de conflits ne sera possible qu'après un travail de mémoire sans ménagements.

Paco et Irène, quant à eux, réussiront à se sortir de « l'impasse généalogique […] liés à la transmission »[63] des conflits pour, dès lors, former non pas une famille « normale », dont l'impossibilité est maintes fois évoquée dans les trois volumes, mais une famille recomposée : Irène porte un enfant qui n'est pas de Paco mais de son compagnon Max ; Paco a définitivement quitté la police ; Irène accepte sa proposition de mariage ainsi que celle d'adopter l'enfant. La fin de la trilogie suggère que les deux représentants d'une généalogie de la violence qui s'est inscrite dans leur histoire, mais aussi dans leur corps, affronteront désormais un avenir dont l'enfant qu'ils élèveront ensemble sera le symbole, un futur pacifique qui rompt avec « l'impasse généalogique ». Au lieu de transmettre par la voix du sang son histoire lourde de plusieurs guerres, ce qui risquerait d'assombrir une nouvelle génération, Paco opte pour une famille adoptive, recomposée, qui ne coupe pas les liens avec les générations antérieures, mais entretient un rapport plus réfléchi avec elles.

Il est significatif qu'Irène scelle le début d'une nouvelle vie avec les fantômes apaisés par l'acquisition d'une « nouvelle prothèse, révolutionnaire et hors de prix, qui, dit mon orthopédiste, me changera la vie »[64]. Ce que la trilogie laisse en suspens, c'est la perspective finale sur la France : s'est elle également remise ? Et en quoi consiste sa nouvelle prothèse ?

---

63   Attia 2009, 239.
64   *Ibid.*, 483.

CHAPITRE 4

En perpétuel état de guerre : *Zone* (2008) de Mathias Énard

> Literature is the only available tool for the cognition of phenomena whose size otherwise numbs your senses and eludes human grasp.
> JOZEF BRODSKI[1]

∴

1 Transgression et persuasion

Depuis ses débuts, Mathias Énard connaît grâce à ses textes un succès presque unanime auprès de la presse et du public. Son premier roman, *La Perfection du tir*, en 2003, a remporté d'emblée deux prix littéraires (dont le prestigieux Prix des cinq continents de la francophonie). *Remonter l'Orénoque*[2], publié deux ans plus tard, a été porté à l'écran par Marion Laine sous le titre *À cœur ouvert* en 2012. Le roman *Zone*, publié en 2008, a été couronné de nombreux prix[3] mais curieusement ignoré par toutes les listes du Goncourt[4]. Enfin, le jury du Prix Goncourt, qui veille à consacrer le « meilleur ouvrage d'imagination en prose »[5], a sélectionné en 2015 le roman *Boussole*, dans lequel l'« imagination » romanesque a pour support une époustouflante érudition portant sur l'Orient

---

[1] Jozef Brodski : « Introduction ». In : Danilo Kiš : *A Tomb for Boris Davidovich*. Champaign, Ill. : Dalkey Archive 2001, p. xvii.
[2] Mathias Énard : *Remonter l'Orénoque*. Arles : Actes Sud 2005.
[3] Prix Décembre 2008, prix Cadmous 2008, prix Candide 2008, prix du Livre Inter 2009, prix Initiales 2009, Bourse Thyde-Monnier 2008.
[4] *Parle-leur de batailles, de rois et d'éléphants* de 2010 a remporté, quant à lui, le Prix Goncourt des Lycéens la même année (Arles : Actes Sud 2010). *Rue des voleurs* se voit décerner le prix Liste Goncourt/prix Choix de l'Orient en 2012 (Arles : Actes Sud 2012). Au très beau roman graphique *Tout sera oublié*, dans lequel le texte d'Énard s'accompagne de dessins de Pierre Marquès, s'ajoute depuis la rentrée 2018 un second *graphic novel*, *Prendre refuge*, réalisé en collaboration avec Zeïna Abirached (Paris : Casterman 2018).
[5] Testament d'Edmond de Goncourt, in : https://www.academiegoncourt.com/le-testament-d-edmond-goncourt (consulté le 15 février 2020).

dans le contexte de ses échanges avec l'histoire et la littérature européennes dès la fin du dix-huitième siècle[6].

Les textes de Mathias Énard déploient des connaissances érudites d'une étendue parfois presque vertigineuse ; ils foisonnent de références à l'histoire et à la culture, tant européenne qu'orientale. L'histoire sanglante de l'Europe et du bassin méditerranéen, une histoire « malade de la mémoire »[7], en est la matière principale. Selon Énard, les pays limitrophes de la Méditerranée se caractérisent par une prédisposition à la violence qui remonte plus loin que l'époque coloniale. Différents conflits s'y superposent non seulement au sens figuré dans la mémoire culturelle, mais aussi au sens littéral : comme la plupart des textes et films discutés dans le présent volume, Énard montre que les paysages méditerranéens, qu'ils soient ruraux ou urbains, ne recouvrent et n'effacent que trop souvent les traces de guerres anciennes, avant que de nouveaux conflits n'y imposent les leurs. Ces nouvelles traces, à leur tour, sont gommées par la nature ou, plus souvent, prises en charge par une architecture qui vise à en occulter la violence. Le processus d'oubli imposé ou forcé que le roman *Zone* met à nu de façon exemplaire correspond à la notion de mémoire palimpsestique telle que je l'ai élaborée plus haut à partir du concept de Max Silverman[8]. La tendance à l'effacement de traces de conflits violents et au lissage de la surface est un phénomène sur lequel la plupart des textes analysés ici attirent l'attention, tout en dévoilant ce que le discours officiel voudrait escamoter. Ce qui donne son cachet particulier au roman d'Énard est le fait qu'il ne se concentre pas uniquement sur des événements du XXe siècle, mais qu'il prend en considération les palimpsestes créés par l'histoire de la région depuis ses tout débuts.

Le roman *Zone* ne rend pas la vie facile au lecteur. Ses plus de 500 pages constituent une seule phrase, uniquement interrompue par les trois chapitres du récit de l'auteur fictif Raphaël Kahla, que le lecteur découvre avec le protagoniste-narrateur. Par sa phrase quasi interminable, *Zone* transgresse les règles du genre romanesque et sans doute aussi, pour certains lecteurs, celles du tolérable. De plus, le monologue intérieur du protagoniste, dont la seule continuité thématique est la violence, enfreint à plusieurs reprises les limites du supportable, par la description et l'accumulation de scènes se révélant parfois d'une brutalité extrême.

---

6 Deux ans plus tard, la traduction allemande du roman est couronnée du Prix pour la compréhension européenne de la foire du livre de Leipzig.
7 Énard 2013, 29.
8 *Cf. supra*, 17sqq.

Le narrateur, Francis Servain Mircović, dont le nom n'apparaît qu'au bout de 200 pages, est un vétéran de la guerre de Croatie reconverti en « espion au service de la République [française] »[9]. Fils d'une pianiste croate et d'un père français qui, lui, est « fils de résistant »[10] et fut « affecté aux 'interrogatoires spéciaux' du renseignement militaire »[11] pendant la guerre d'Algérie, Francis a participé à la guerre de Croatie entre avril 1992 et février 1993. Contrairement à la plupart des protagonistes des autres textes et films analysés dans le présent volume, Francis ne semble plus être en contact avec sa famille d'origine et n'a pas su s'en recomposer une nouvelle. L'expérience de la guerre, pendant laquelle il a perdu l'unique personne qui semblait compter pour lui, a durablement altéré sa capacité d'entrer en relation avec l'autre. Le diagnostic que le roman d'Énard fait de la famille est sombre, la « cellule primaire de la culture » a complètement éclaté.

Pendant la guerre en Croatie, Francis faisait partie de l'armée croate en Bosnie (HVO), présumée responsable de la torture et de la mise à mort de nombreux civils et dont le commandant, Tihomir Blaškić, sera plus tard accusé, devant le Tribunal pénal international pour l'Ex-Yougoslavie à La Haye[12], de « violations graves du droit international humanitaire contre des musulmans de Bosnie ». Francis, qui se nomme lui-même « le boucher de Bosnie »[13], ne dévoile qu'au bout d'un certain temps dans le roman avoir participé aux exactions et avoir commis des crimes de guerre, notamment la décapitation d'un prisonnier de guerre[14].

Le roman suggère que c'est pour expier ses crimes que Francis commence une « collection de fantômes »[15], dresse les listes des bourreaux, mais aussi des victimes des différentes guerres, rassemble des preuves de leurs actes dans une petite valise, dans le but d'« enterr[er] les morts de la mallette dans les archives du Vatican »[16]. Cet acte d'apparence expiatoire, que rend possible son travail d'espion et d'« historien[...] de l'ombre »[17] et dont l'exécution est mise en doute à la fin du roman[18], n'est pas altruiste : il devrait lui rapporter l'argent néces-

---

9 Énard 2008, 282.
10 *Ibid.*, 462.
11 *Ibid.*, 175.
12 *Ibid.*, 79.
13 *Ibid.*, 276.
14 *Ibid.*, 500. – Cette décapitation fait écho aux « têtes coupées des moines de Tibhirine » (*ibid.*, 6) « qui fu[ren]t le début de mes deux années algériennes au boulevard Mortier » (*ibid.*, 125).
15 *Ibid.*, 355.
16 *Ibid.*, 446.
17 *Ibid.*, 182.
18 *Ibid.*, 516.

saire pour commencer une nouvelle vie, tout en lui procurant une absolution cynique, puisque sa liste de bourreaux[19] serait vendue aux « spécialistes de l'éternité » du Vatican[20]. Son intention n'est pas, comme on pourrait le croire dans un premier temps, d'honorer la mémoire des victimes ou de rappeler des crimes refoulés. Au contraire, elle est, finalement et simplement, purement égoïste.

Francis Mircović, qui représente « la furie guerrière du bassin méditerranéen »[21], porte un nom paradoxal : malgré la violence qui imprègne son histoire, celle de sa famille tout comme celle du continent européen, c'est par « mir/мир » – le mot croate aussi bien que serbe pour « paix » – que commence son nom. Peu paisible pourtant, ce Francis passe une nuit blanche dans un train entre Milan et Rome – où il compte remettre sa valise au Vatican –, à se remémorer les pires excès de violence de l'histoire des pays méditerranéens, à travers un immense flux monologique de 512 pages, auquel seul met fin le point après le dernier mot du roman. Alors que les protagonistes de la plupart des autres textes et films analysés ici ont au moins une maison ou un foyer dans lequel ils peuvent retourner après la guerre, le narrateur de *Zone*, lui, est littéralement apatride : le train qui le mène d'un pays à l'autre rappelle l'« hétérotopie sans repères géographiques » de Michel Foucault, soit un lieu qui « a le pouvoir de juxtaposer en un seul lieu réel plusieurs espaces, plusieurs emplacements qui sont en eux-mêmes incompatibles »[22]. À l'image de son récit qui englobe tout le bassin méditerranéen, Francis est partout et nulle part en même temps. De plus, toujours selon Foucault, le train est

> un extraordinaire faisceau de relations […], puisque c'est quelque chose à travers quoi on passe, c'est quelque chose également par quoi on peut passer d'un point à un autre et puis c'est quelque chose également qui passe[23].

---

19 « [P]our donner un sens à mon existence peut-être, qui sait, pour partir en beauté, pour me faire pardonner mes morts, mais par qui, obtenir la bénédiction du Saint-Père, ou tout simplement de l'argent qui vaut tous les pardons », *ibid.*, 211.
20 *Ibid.*, 382.
21 « [D]er 'Kriegswahnsinn' des Mittelmeerraums », Beate Burtscher-Bechter : « Von bereichernden Begegnungen, spielerischen (Re-)Konstruktionen und zerstörerischer Auflösung. Mittelmeeridentitäten und Raumvorstellungen bei Amin Maalouf, Malika Mokeddem und Mathias Énard ». In : Gilles Reckinger/Nadja Neuner-Schatz (dir.) : *Von der Odyssee zum europäischen Grenzregime. Kulturelle Begegnungen im Mittelmeerraum*. Würzburg : Königshausen & Neumann 2018, 47-65, ici 60 (ma traduction).
22 Michel Foucault : « Des espaces autres ». In : *Idem : Dits et Écrits 1954-1988*. Paris : Gallimard 1994, t. IV : *1980-1988*, 752-762, ici 757sq.
23 Foucault 1994, 755.

À l'absence de relations humaines durables se substituent les relations établies par le moyen de transport choisi, qui est lui-même un lieu de passage par excellence et accentue le fait que Francis n'a pas de domicile. L'« extraordinaire faisceau de relations » que le train établit selon Foucault correspond fort bien à la structure associative du texte.

Selon le narrateur d'Énard, la prédisposition de l'Europe à la guerre ne se limite pas aux temps modernes, mais serait particulière à la région méditerranéenne depuis des millénaires. Les pays limitrophes ne partageraient pas seulement une mer qui, de par son nom latin *Mare nostrum*, semblerait les unir, mais ils se ressembleraient surtout en ce qu'ils seraient depuis la nuit des temps des pays en guerre. Comme le protagoniste du roman tente de le démontrer, dès le départ, toute l'histoire des pays méditerranéens est imprégnée de guerres et de batailles qui transgressent les frontières que les conflits auxquels ils participent mettent en question. Pour le narrateur du roman, ces guerres ne sont pas autant d'événements exceptionnels dans une région autrement pacifique, mais assurent au contraire sa continuité. Ils lient l'histoire des différents pays de la région entre eux et montrent de la sorte à quel point la compartimentalisation nationale de l'histoire de ces pays empêche l'établissement d'un tableau plus complet tenant compte de la complexité du réseau de relations. En même temps, les liens entre les différents conflits qui ont marqué plusieurs millénaires et que le roman accumule ne rétablissent pas ce réseau de manière méthodique, mais font parfois plutôt preuve d'un « délire de relations » (« Beziehungswahn »[24]), dû à l'état psychique du protagoniste : selon lui, la violence et la guerre sont omniprésentes sur le vaste territoire de la région méditerranéenne et elles sont toutes liées entre elles. Le choix stylistique d'Énard crée un lien entre tous les conflits évoqués ici. En remplaçant par la virgule tous les autres signes de ponctuation, le roman reconnecte par la syntaxe une histoire artificiellement cloisonnée. Le manque de cadre systématique est remplacé par une frénésie de collectionneur qui frôle le délire.

La multitude des mémoires concurrentes qui se bousculent et se disputent littéralement un même espace – dans le cas du roman, celui de la tête du protagoniste – crée un amas de strates superposées qui empêchent une rétrospection visant à tirer des leçons des conflits du passé. Dans le film de Resnais analysé plus haut, le kaléidoscope devenait un symbole du réagencement continuel de l'histoire qui, tout en livrant tous les fragments, ne permet pas de former une image convaincante : on pourrait reprendre ce symbole à propos du roman d'Énard, bien que cette fois-ci, le réagencement ne soit pas mis en

---

24 Renate Lachmann : « Exkurs : Anmerkungen zur Phantastik ». In : Miltos Pechlivanos/ Stefan Rieger/Wolfgang Struck/Michael Weitz (dir.) : *Einführung in die Literaturwissenschaft*. Stuttgart/Weimar : Metzler 1995, 224-229, ici 226 (ma traduction).

œuvre par un instrument optique mais par le récit du protagoniste. En effet, celui-ci contribue par la mobilité de ses associations à créer de nouvelles connections[25] dont les points de fuite restent ceux de la guerre et de la violence et qui se reconstituent continuellement en de nouveaux tableaux plus effrayants les uns que les autres.

Selon le protagoniste d'Énard, les guerres modernes se dérouleraient sur des territoires jamais vierges car déjà marqués par d'autres conflits qui les auraient précédés et les surpasseraient en cruauté. L'espace même serait continuellement transformé par différentes couches d'inscriptions palimpsestiques de la violence, attestant – pour reprendre la remarque de Harald Weinrich citée plus haut – que « la superposition […] ne se fait pas de manière lisse et harmonieuse, mais porte les traces des déformations psychiques qui témoignent du fait qu'une histoire ancienne était en lutte agitée avec un message nouveau »[26]. Toutefois, le roman d'Énard montre que les tentatives d'occultation des traces de ces déformations sont multiples et s'effectuent à travers la reconstruction de l'espace aussi bien qu'à travers la réorganisation du discours mémoriel. Elles contribuent à ce que la mémoire, dont le protagoniste se fait pourtant porteur, s'efface ou s'enjolive à l'image des nouvelles surfaces et des nouveaux modèles.

Dans la vision de l'histoire irrémédiablement pessimiste de Francis, l'individu ne tient qu'un rôle mineur d'exécutant remplaçable, simple rouage dans la machine de l'Histoire à laquelle ni les guerriers, ni même les auteurs cités n'échappent : tout comme le soldat Cervantès, prenant part à la bataille de Lépante, « la plus importante bataille navale depuis Actium en 31 avant Jésus-Christ »[27], « aurait [s'il avait été touché par une balle] sans doute été remplacé, […] il y a toujours quelqu'un pour reprendre un canon ». Le narrateur est d'avis que l'auteur Cervantès aurait, lui aussi, pu être remplacé, car « il y aura bien un homme pour reprendre une plume et un chevalier à la triste figure »[28]. Cependant, contrairement à l'histoire, qui est faite par des « soldats […] pour la plupart inconnus » dont la mort n'en perturbe pas le cours, même Francis est d'avis que la mort prématurée de Cervantès lors de la bataille navale aurait « chang[é] le cours de la littérature occidentale »[29]. Plus encore que les personnages, ce sont les événements de l'histoire européenne, sinon mondiale, qui, sous d'autres perspectives, sont considérés comme majeurs, qui ne constituent pour la narration de Francis que d'autres étapes, quelques pas de plus vers la montée de la violence qui semble pour lui l'unique but de l'histoire. La bataille

---

25 Je me sers ici de la terminologie de Silverman qui parle de « associational mobility » et de « creation of new connections », Silverman 2013, 57.
26 Weinrich 2006, 8 (ma traduction).
27 Énard 2008, 105.
28 *Ibid.*, 104.
29 *Ibid.*, 104.

de Lépante[30], l'assassinat de l'archiduc François-Ferdinand qui déclencha la Première Guerre Mondiale[31], les camps nazis[32], le 11 septembre 2001[33], ne sont toujours que le reflet d'autres batailles, d'autres assassinats, d'autres camps ou attaques. Avant que le travail de mémoire d'un conflit puisse être entamé surgit déjà un autre conflit qui le couvre et fait barrage à son dépassement.

On pourrait critiquer cette logique du narrateur qu'aucune autre voix ne vient mettre en doute, car l'intégration immédiate dans une longue liste de faits semblables tend à relativiser l'atrocité du crime ou de la guerre en soi. Les listes se présentent comme preuve de la continuité (et même de la superposition palimpsestique) des conflits suggèrent qu'il s'agit là d'une constante anthropologique faisant partie intégrante de la région méditerranéenne, une logique à laquelle ni la région ni les individus qui l'habitent ne peuvent échapper – j'y reviendrai[34]. Le monologue fiévreux de Francis qui constitue la trame du roman ne laisse entrevoir aucune issue au déclin irrémédiable de l'histoire qu'il postule – l'individu n'a donc aucune chance d'échapper à son sort de victime ou de bourreau. Le fait que le « boucher de Bosnie » Francis « parle » au lecteur pendant plus de 500 pages, encadrant et commentant même les parties insérées, confère une grande autorité à son discours, à sa version monomane de la région. Bien qu'il s'avère de plus en plus répugnant et pathétique en tant que personnage, en avouant ses crimes et en relativisant la guerre comme étant « un sport comme un autre finalement »[35] – une remarque qui renvoie à

---

30   *Ibid.*, 100sqq.
31   *Ibid.*, 118sq.
32   *Ibid.*, 335sq.
33   Dont seules les conséquences sont mentionnées dans le roman (*ibid.*, 285).
34   À cette critique vient s'en ajouter une autre : l'absence de figures féminines autres que dans le rôle de victimes de la concupiscence et de la cruauté masculine. Mathias Énard dit avoir introduit, avec le récit fictif de Raphaël Kahla que le lecteur lit avec le protagoniste dans les chapitres IV, XIII et XX de *Zone*, une version féminine de la combattante : « je voulais parler d'une femme combattante, montrer que la guerre n'est plus, au XXe siècle, uniquement une affaire d'hommes. J'avais le personnage d'Intissar, mais il me semblait que c'était un récit que Francis ne pouvait pas assumer, il ne peut pas non plus tout connaître. Il me fallait donc trouver un moyen de raconter la triste histoire d'Intissar sans passer par Francis » (« Entretien avec Mathias Énard ». In : *D-Fiction* du 1 juillet 2010, http://d-fiction.fr/2010/07/entretien-avec-mathias-enard/, consulté le 15 février 2020). Cependant, le personnage d'Intissar n'est pas présenté en tant que combattante dans les chapitres mentionnés, mais comme une femme – certes courageuse – qui récupère le corps de son mari mort au combat et qui est victime des agressions sexuelles d'un autre combattant. Elle intègre donc la (longue) liste des figures féminines qui, dans les romans d'Énard, ne sont définies qu'à travers leur relation aux hommes ; définition à laquelle seul le personnage de Sarah, dans *Boussole*, semble échapper.
35   Énard 2008, 333.

celle de Javier Cercas citée plus haut, glorifiant l'amitié masculine scellée par l'expérience commune dans l'armée[36] –, sa version de l'histoire de la violence propre à la Méditerranée comporte pour les lecteurs un potentiel notable de persuasion. Le narrateur leur octroie finalement le rôle de confesseur : le lecteur se voit substitué aux représentants du Vatican et, lisant le monologue de Francis, rend finalement superflue l'absolution de la part de l'Église.

2 Un nouvel Achille[37]

> L'humanité, qui jadis avec Homère avait été objet de contemplation pour les dieux olympiens, l'est maintenant devenue pour elle-même. Son aliénation d'elle-même par elle-même a atteint ce degré qui lui fait vivre sa propre destruction comme une sensation esthétique de tout premier ordre.
> WALTER BENJAMIN[38]

Le long voyage de Milan à Rome[39] – les 512 pages du roman correspondent aux 512 kilomètres qui séparent les deux villes –, avec ses étapes jusqu'à la *stazione Termini* de Rome, prévue comme étant aussi la dernière station de sa vie en tant que Francis Mircović, provoque un revirement d'opinion chez ce dernier quant à l'usage qui sera fait de sa mallette. Non sans rappeler *La Modification* de Michel Butor[40] et tout en faisant passer son protagoniste par une « modification » semblable, « cet immense palimpseste de références littéraires qu'est *Zone* »[41] met pourtant en avant d'autres références intertextuelles[42].

---

36 *Ibid.*, 246.
37 *Cf.*, pour une première version des pages 81 à 88, Cornelia Ruhe : «L'espace de la guerre et de la violence. La Méditerranée selon *Zone* de Mathias Énard». In: Lena Seauve/Vanessa de Senarclens (dir.) : *Grenzen des Zumutbaren – Aux frontières du tolérable*. Berlin/Bern: Peter Lang 2019, 154sqq.
38 Walter Benjamin : « L'œuvre d'art à l'époque de sa reproduction mécanisée ». In : *Idem* : *Œuvres III*. Paris : Gallimard 2000, 40-68, ici 66.
39 Bien que le protagoniste effectue le voyage bien plus long de Paris à Rome, la narration ne commence que lorsqu'il a atteint la ville de Milan.
40 Michel Butor : *La Modification*. Paris : Minuit 1957.
41 Élodie Coutier : « Un mémoriel romanesque pour l'épopée. Fonctions de la référence homérique dans *Zone* de Mathias Énard ». In : *Revue critique de Fixxion française contemporaine* 14/2017, 106-115, ici 107.
42 Bien que Claude Simon ne soit pas explicitement nommé dans le texte, le lien intertextuel de ce roman de Mathias Énard à cet autre auteur du nouveau roman resterait à creuser : pour Simon, la guerre n'a pas seulement détruit l'ordre social établi, mais aussi rendu obsolète la forme jusqu'alors consacrée du roman. Avec *La Route des Flandres* (Paris : Minuit 1960), il propose une nouvelle forme, où la décomposition à tout niveau (de la narration linéaire, de la chronologie, de l'instance narrative, de la capacité de la littérature à rendre fidèlement une réalité donnée) réfléchit un monde en dissolution. Simon propose la littérature

Les « poètes maudits » tels Ezra Pound, William Burroughs, Jean Genet, Malcolm Lowry et Robert Brasillach, mais aussi des auteurs comme Miguel de Cervantès, peuplent le roman non pas des protagonistes ou histoires de leurs propres textes, mais plutôt de leurs propres biographies tendant à la violence, qu'une vie mouvementée, agitée par des batailles et des conflits, mena d'un bout à l'autre de la Méditerranée[43]. Ce n'est pas par hasard que l'archive littéraire de Francis, le narrateur criminel et assassin, est peuplée d'auteurs assassins et criminels.

Comme nombre d'autres romans français contemporains, *Zone* affiche des liens intertextuels avec les textes d'Homère, que Theodor W. Adorno et Max Horkheimer appellent des « texte[s] fondamenta[ux] de la civilisation européenne » et qui témoigneraient, selon eux, « des imbrications de la Raison et du mythe »[44]. La relation intertextuelle surtout entre l'*Iliade* et *Zone* suggère que le roman est (aussi) une réflexion sur l'importance fondamentale de la guerre pour la région méditerranéenne. Le texte antique, sa conception de la guerre, mais aussi son esthétique des combats servent d'autant de prismes pour rendre lisibles et compréhensibles les conflits du XXe siècle. Énard subdivise son texte en « vingt-quatre chapitres qui répondent à la structure du poème homérique tel que nous le connaissons »[45]. Il utilise les références à Homère pour donner de la profondeur à l'idée de son narrateur selon laquelle la « zone » serait et aurait toujours été un espace de violence, en ce que l'*Iliade* met en scène une guerre dévastatrice : « [t]he description of the exact fashion in which bodies are injured and killed in combat is a recurring climax »[46]. La naissance de la Méditerranée à la littérature se fait sous le signe de la guerre.

---

    comme seul moyen positif capable d'en rendre compte. Vu la forme du roman d'Énard, qui comporte beaucoup de parallèles avec celle des romans de Simon, il faut constater que même un demi-siècle après la publication de *La Route des Flandres*, ni le roman ni le monde dont il rend compte ne se sont consolidés. *Cf.* aussi Dominique Viart dans Wolfgang Asholt/ Dominique Viart : « L'œuvre de Mathias Énard, les Incultes et le roman contemporain. Regard croisés ». In : Markus Messling/Cornelia Ruhe/Lena Seauve/Vanessa de Senarclens (dir.) : *Mathias Énard et l'érudition du roman*. Leiden/Boston : Brill/Rodopi 2020, 4-30, ici 7.

43   La relation intertextuelle au poème éponyme de Guillaume Apollinaire est explorée par Niklas Bender (« Zones archaïques modifiées. Énard entre mythologie et avant-garde ». In : Messling/Ruhe/Seauve/de Senarclens 2020, 164-182) ainsi que par Claudia Jünke (« Soleil des cous coupés. La Zone selon Apollinaire et Énard ». In : Messling/Ruhe/ Seauve/de Senarclens 2020, 153-163).

44   Adorno/Horkheimer 1974, 60. – La relation du roman à la dialectique négative d'Adorno a été explorée par Markus Lenz dans son article « Zone : une 'dialectique négative' de la conscience ? ». In : Messling/Ruhe/Seauve/de Senarclens 2020, 183-199.

45   Coutier 2017, 1.

46   Sontag 2003, 74.

Énard n'est d'ailleurs pas le premier à utiliser la guerre de Troie comme texte de référence pour comprendre des conflits beaucoup plus récents : Simone Weil et Rachel Bespaloff ont chacune publié, respectivement en 1939 et 1943, un essai dans lequel l'*Iliade* sert de toile de fond pour parler de la Seconde Guerre Mondiale[47]. Weil lit l'épopée comme un poème de la force, d'une force qui

> soumet les hommes [... et] qui fait de quiconque lui est soumis une chose. Quand elle s'exerce jusqu'au bout, elle fait de l'homme une chose au sens le plus littéral, car elle en fait un cadavre[48].

Pour Weil, l'*Iliade* préfigure le sort des soldats des guerres modernes, qui ne conçoivent l'individu que comme chair à canon. Sa vision développée à travers la lecture du texte antique correspond fort bien à celle du narrateur d'Énard, qui n'a pourtant pas la distance critique pour comprendre que lui aussi n'est qu'un petit rouage du système et a déjà été soumis à « la force ».

Cinquante ans après Weil, le psychothérapeute américain Jonathan Shay publie en 1994 *Achilles in Vietnam : Combat Trauma and the Undoing of Character*[49]. Il étudie le texte de Homère comme modèle pour les guerres modernes, qui aiderait à expliquer le phénomène du trouble de stress post-traumatique des vétérans :

> When a leader destroys the legitimacy of the army's moral order by betraying 'what's right', he inflicts manifold injuries on his men. The *Iliad* is a story of these immediate and devastating consequences[50].

Le fait qu'il soit possible d'utiliser le prisme du texte antique pour élucider un enjeu qui semblerait paradigmatiquement moderne en dit long sur l'intemporalité de l'œuvre de Homère. En même temps, on pourrait juger alarmant qu'une problématique dont on peut tracer les sources jusque dans l'une des premières œuvres de la littérature occidentale se soit perpétuée de manière

---

47   Simone Weil : *L'Iliade ou le poème de la force et autres essais sur la guerre*. Paris : Payot & Rivages 2014 ; Rachel Bespaloff : *De l'Iliade*. Paris : Allia 2004 ; *cf.* aussi Simone Weil/Rachel Bespaloff : *War and the Iliad*. Introduction by Christopher Benfey. New York : New York Review Books 2005.
48   Weil 2014, 73.
49   Jonathan Shay : *Achilles in Vietnam : Combat Trauma and the Undoing of Character*. New York : Atheneum 1994. Le livre sera suivi par *Odysseus in America : Combat Trauma and the Trials of Homecoming* du même auteur (New York : Scribner 2002).
50   Shay 1994, 6.

presque inchangée jusqu'à aujourd'hui – en effet, cela en dirait long sur l'incapacité des hommes à tirer des leçons de leur(s) histoire(s).

Dans le roman d'Énard, l'*Iliade* sert de toile de fond, une toile sur laquelle les événements de l'histoire de la Méditerranée ne se détachent pas mais, au contraire, s'intègrent. Le narrateur d'Énard ne semble voir sa « réalité » qu'à travers le prisme du texte de Homère. Cela tient aussi au fait que Francis, qui a fait Science-Po[51], a une approche problématique de la littérature : plus penché vers l'histoire[52] que vers les textes littéraires, il lit ces derniers avec ses yeux d'historien et traite les protagonistes comme autant de personnages réels. Cela devient flagrant lorsqu'il commente les chapitres qui suivent les extraits du « roman inséré » de Raphaël Kahla. Bien qu'après les deux premières parties de ce récit, le narrateur se « demande si elle est vraie [l'histoire] »[53], Francis poursuit en parlant des protagonistes comme s'ils existaient réellement :

> Intissar lave le corps de Marwan [les deux protagonistes] [...], j'aurais aimé laver le corps d'Andrija le caresser avec une éponge une dernière fois, les récits se recoupent, les vêtements de Marwan brûlent dans l'évier beyrouthin comme mes treillis dans ma salle de bain vénitienne, une coïncidence de plus[54]

Francis se compare aux protagonistes et donne ainsi aux lecteurs l'impression qu'ils bénéficient du même statut ontologique que les autres personnages « réels » dont il raconte les histoires au cours du roman.

Toutefois, ce ne sont pas seulement les protagonistes du récit que lit le narrateur qui lui semblent aussi réels que ses compagnons de guerre. Son utilisation des références à l'*Iliade* témoigne de cette incapacité générale qu'il a à distinguer : Francis évoque les héros antiques comme autant de contemporains, il voit « des policiers montés sur des chars électriques à deux roues façon Achille ou Hector sans cheval », considère « Bonaparte [comme ...] le sombre Corse aimé de Zeus », s'auto-désigne comme le « rejeton d'Arès » et offre à son amante Marianne la même bague et les mêmes boucles d'oreilles « que celles d'Hélène de Lacédémone »[55].

De plus, les dieux responsables de la fortune des héros épiques lui semblent présents jusqu'à aujourd'hui, orientant le destin des individus autant que

---

51 Énard 2008, 290.
52 *Ibid.*, 42.
53 *Ibid.*, 73 et 315.
54 *Ibid.*, 315.
55 *Ibid.*, 15, 29, 41, 50.

des guerres de tout temps, ce qui rend les actes des hommes vains et futiles : lors de la bataille de Gallipoli 1915, « Héphaïstos lui-même soufflait sur sa forge » ; pendant la guerre en Yougoslavie, « Apollon protégeait les Serbes et les Bosniaques ; Athéna aux yeux pers veillait sur nous comme elle pouvait » ; alors que Gavrilo Princip, le nationaliste yougoslave qui tua l'archiduc François-Ferdinand « est aimé d'Héra, la déesse rusée »[56]. Le fatalisme qui découle d'une vision du monde où l'homme n'est que le jouet des dieux et n'a aucune influence propre sur son destin imprègne le discours du protagoniste et double son relativisme historique d'une justification mythologique. En rejetant la responsabilité des actes guerriers sur les dieux de la mythologie, Francis fait un pas de plus vers sa déresponsabilisation vis à vis de ses crimes en tant que « boucher de Bosnie ». Si, comme tous les autres, il n'est que le jouet des dieux, il ne peut être tenu responsable (ou coupable). L'absolution mythologique que son usage habile des références au « poème de guerre »[57] qu'est l'*Iliade* semble lui conférer, est bien plus totale que celle que le Vatican ou le lecteur-confesseur pourrait lui donner.

À la fin du roman, avant d'être arrivé à Rome, Francis se conçoit comme un « Achille calmé »[58]. La rage d'Achille lui semble être passée, toutefois il s'identifie toujours au protagoniste peut-être le plus ambivalent du texte d'Homère. Achille, homme préparé à la guerre depuis son plus jeune âge, deviendra à travers la guerre de Troie « le symbole de la destruction morale de l'homme par la guerre »[59], ce qui en fait un modèle idéal pour le narrateur d'Énard.

Chez Homère, la mort de son ami Patrocle plonge Achille dans une rage noire, il ne songe plus qu'à venger son compagnon d'arme. Pendant sa furie dévastatrice, le sang des victimes de sa rage teint les eaux du Scamandre et ce n'est qu'avec la mort de Hector, surtout avec la profanation de son cadavre, qu'elle s'atténue. Chez Énard, Francis tombe dans un état de rage comparable après la mort de son compagnon d'arme Andrija, bien qu'elle soit encore plus problématique que celle du héros antique :

---

56 *Ibid.*, 48, 47, 119.
57 « Kriegsgedicht », Uvo Hölscher : *Das nächste Fremde. Von Texten der griechischen Frühzeit und ihrem Reflex in der Moderne*. München : Beck 1994, 392.
58 Énard 2008, 517. Déjà dans l'un des premiers chapitres du texte, l'identification de Francis à Achille est évidente : « j'ai fait mes valises dans l'ombre du parfum disparu de Marianne, Achille le guerrier orgueilleux rassemble ses dépouilles » (*ibid.*, 94).
59 « [Z]um Symbol der sittlichen Zerstörung eines Menschen durch den Krieg », Ernst A. Schmidt : « Achill ». In : Heinz Hofmann (dir.) : *Antike Mythen in der europäischen Tradition*. Attempto : Tübingen 1999, 91-125, 116.

> la vengeance est douce sur le moment, ma furie après la mort d'Andi, le cataclysme que je déclenchai, que nous déclenchâmes, dans les villages autour de Vitez, les maisons qui brûlaient, les cris, le malheur, et ce groupe de civils face à moi, [...] j'ai pensé à Andi mort dans sa propre merde son corps perdu enlevé sans que nous puissions lutter pour le conserver j'ai pensé à Vlaho au bras coupé au sergent Mile abattu d'une balle en plein front, vengeance, un des prisonniers souriait, il souriait le salaud, il nous trouvait drôles, nous le faisions rire avec notre rage, pourquoi souriait-il, pourquoi, il n'a pas le droit de sourire je l'ai cueilli d'une baffe gigantesque, il a ri, son visage était sali, ses yeux à demi fermés par les ecchymoses il a continué à rire et m'a tiré sa grosse langue noire, les autres types le regardaient, effrayés, ce fou allait attirer sur eux la vengeance divine, il se moquait de moi, le mongolien se moquait de moi, se moquait de moi d'Andi de Vlaho de Mile de tous nos morts et même des siens Athéna m'a insufflé une force immense, tous les dieux étaient derrière mon bras droit quand j'ai tiré de son fourreau la baïonnette d'Andi, retrouvée derrière son grabat, derrière moi comme derrière Seyit Havranli l'artilleur turc et son obus de quatre cents livres, comme derrière Diomède fils de Tydée quand il blesse Arès lui-même, j'ai poussé un hurlement digne d'Andrija le furieux j'ai abattu la longue lame sur le musulman rieur, avec la puissance divine, la puissance qui vient du ventre, des pieds dans la terre, une vague de pure colère un mouvement parfait de droite à gauche qui ne s'arrête pas sur les obstacles de la chair un geste qui se poursuit jusqu'au ciel où monte mon cri de rage et le sang de la victime colonne rouge inexplicable, son corps sursaute ses épaules se redressent sa tête monstrueuse rigole encore par terre les yeux clignotant avant que son buste ne s'effondre, accompagné du murmure incrédule des témoins éclaboussés, j'ai encore la force d'envoyer bouler le chef immonde d'un coup de pied gigantesque, pas même surpris de ma propre puissance, hors de moi, hors de moi hors du monde déjà dans l'Hadès paradis des guerriers [...] nous passons à autre chose, à un autre incendie d'autres viols d'autres pillages d'autres carnages jusqu'à l'aube[60]

Le narrateur développe le récit de sa rage vengeresse en référence au récit de la fureur sauvage d'Achille, et la toile de fond de l'*Iliade* ne fait que mieux ressortir les différences : Patrocle était un ami fidèle d'Achille, il prend les armes d'Achille pour rentrer dans la lutte avec les Troyens où les siens risquent de périr. Le texte d'Homère le décrit comme combattant pour une cause noble,

---

60   Énard 2008, 500-502.

de sorte que le désir d'Achille de venger son ami n'en est, au début, pas moins noble – avant que ne commence sa fureur sauvage. Contrairement à Patrocle, Andrija que Francis venge n'est qu'un autre « furieux »[61], qu'un criminel de guerre pour qui le viol fait partie des passe-temps[62] et qui égorge les prisonniers sans la moindre pitié[63].

En construisant son récit sur le modèle antique et en lui empruntant la cause de sa propre « furie » – la mort de son compagnon d'armes[64] –, Francis confère un caractère de noblesse à ses actes. Alors que le bon caractère d'Achille est fragilisé et détruit par la perte de Briséis, ses actes après la mort de Patrocle témoignent, selon Schmidt et Shay, du fait qu'il a « perdu son humanité »[65] : « he goes berserk and commits atrocities against the living and the dead »[66]. Toutefois, aussi atroces soient-ils, les actes d'Achille sont motivés par le tort qui lui a été fait et par la douleur qu'il éprouve. Il n'en est pas de même de son soi-disant successeur Francis, qui ne tue pas un autre héros, égal en force et armé, mais assassine sauvagement un prisonnier de guerre apparemment mentalement handicapé. Achille attache le cadavre de son ennemi vaincu, Hector, à son char et le profane en le traînant autour du tombeau de Patrocle pour venger la mort de son ami. Le coup de pied dans la tête de sa victime décapitée est une profanation que Francis commet, fidèle à son modèle. Elle ne sert pourtant pas à honorer la mémoire de son ami Andrija, mais n'est que le signe de la frustration de Francis et de son abrutissement le plus complet[67].

Contrairement à son modèle dans la littérature grecque, Francis ne s'accorde aucune possibilité concrète de rédemption. Shay et Schmidt considèrent *L'Iliade* comme un poème qui décrit ce qu'il faut faire pour « revenir » de la guerre, pour guérir des traumas qu'elle cause : Achille se réconcilie avec Priam, venu lui demander le corps de son fils pour pouvoir l'enterrer, et guérit ainsi

---

61 *Ibid.*, 161. – Le narrateur évoque différentes causes de la fureur d'Andrija : la chute de Vukovar (*ibid.*, 176), une scène particulièrement cruelle à laquelle ils sont obligés d'assister dans un village croate (*ibid.*, 159-160), etc.
62 *Ibid.*, 248.
63 *Ibid.*, 279.
64 Le récit de David Diop, *Frère d'Âme* (Paris : Seuil 2018), couronné par le Prix Goncourt des Lycéens, met en scène une furie fort semblable dans laquelle le protagoniste, un tirailleur sénégalais combattant dans les tranchées de la Première Guerre mondiale, entre après la mort de son frère d'â(r)me.
65 « Verlust seiner Menschlichkeit », Schmidt 1999, 115.
66 Shay 1994, xxi.
67 Coutier soutient fort pertinemment que certains autres épisodes du texte d'Énard renvoient également à l'*Iliade*, comme par exemple celui de la « Dolonie » (Coutier 2017, 4) et celui d'une excursion nocturne d'Andrija et de Francis (Énard 2008, 276sqq.).

de sa rage[68]. Personne ne viendra réclamer le corps de sa victime à Francis, qui serait d'ailleurs bien embarrassé de devoir le restituer à la famille. Juste avant l'arrivée à la *stazione Termini*, Francis se retrouve seul dans son « monde des morts-vivants »[69], exclu de la société des vivants comme de celle des morts. Le vétéran Francis doit ainsi être compris comme un proche des vétérans des textes de Mauvignier, de Ferrari, de Jenni, de Gaudé et des films de Resnais et de Delpy, qui ne reviendront jamais vraiment de la guerre et que l'on abandonne à leur sort sans se préoccuper de leur santé psychique. Dans le cadre de différentes guerres modernes, ces hommes, pour la plupart, ont été confrontés à des situations insoutenables qu'ils n'ont pu surmonter autrement que par le recours à un état de rage dévastateur. La violence subie et exercée a détruit leur capacité à maîtriser leur affect, mais contrairement à l'Achille de Homère, qui peut se réconcilier avec Priam et ainsi être guéri du trauma causé par sa furie[70], aucun moyen ne leur est offert pour réapprendre à se calmer et à contrôler leurs pulsions. Francis qui, lui aussi, entre dans une rage noire, qui « goes berserk », se croit apaisé, alors que son texte même, dans son flux monomane, devient le témoignage de son trouble persistant. Au lieu de produire

> a fully realized narrative that brings together the shattered knowledge of what happened, the emotions that were aroused by the meanings of the events, and the bodily sensations that the physical events created[71]

qui lui permettrait de « piece[...] back together the fragmentation of consciousness that trauma has caused »[72], Francis génère un texte qui se refuse à la cohérence et à une causalité autre qu'associative. Alors que le protagoniste du film de Resnais dissociait les différents niveaux de perception pour atténuer sa douleur, Francis, lui, choisit de ne pas organiser son récit par des conjonctions ou des constructions causales, ce qui lui permet une certaine prise de distance. Le roman de Laurent Mauvignier analysé plus haut se caractérisait par des phrases inachevées en tant que symboles du « unfinished business » de la guerre qui avait traumatisé les protagonistes. La phrase interminable de Francis témoigne de son incapacité d'en finir avec une guerre qui l'a traumatisé et qui continue de le hanter, sans qu'il soit à même d'en faire sens en la

---

68   *Cf.* Schmidt 1999, 115sq.
69   Énard 2008, 516.
70   *Cf.* Schmidt 1999, 115sq.
71   Shay 1994, 188.
72   *Ibid.*, 188.

transposant dans un récit cohérent. Finalement, il ne maîtrise pas plus son discours que ses passions.

Selon Horkheimer et Adorno, Ulysse, le héros de l'autre épopée d'Homère, est « le prototype de l'individu bourgeois »[73] et « la ruse [en tant que] moyen dont dispose le soi aventureux » lui permet de se différencier de ses pairs[74]. Achille, quant à lui, dédaigne la ruse, il est un homme de guerre. Le recours à la violence qu'il propose pour prendre la ville de Troie s'avère pourtant désuet comparé à la ruse d'Ulysse ; le temps du guerrier est passé. Contrairement à Ulysse, Achille, toujours selon Horkheimer et Adorno, croirait à une conception cyclique du temps suivant laquelle à une guerre dévastatrice succèderait impérativement une autre. Francis bénéficie de cette interprétation moderne du mythe, comme j'aimerais l'illustrer en me référant à une citation de Horkheimer et d'Adorno :

> Dans le mythe, tout moment du cycle est l'acquittement du moment précédent et contribue ainsi à établir comme loi tout ce qui se rapporte à la culpabilité. Ulysse refuse cette situation. Le soi représente l'universalité rationnelle opposée à la fatalité du destin[75].

En nouvel Achille, Francis s'approprie la cyclicité qui régit le monde selon les philosophes allemands pour en faire un dernier moyen d'amnistier sa conscience accablée. En tant que descendant du héros mythologique, il se conçoit comme sujet d'un monde cyclique à l'intérieur duquel la suite interminable de guerres constituerait un destin inévitable auquel il ne pourrait pas plus échapper qu'Achille – « le motif épique du combat n'apparaît plus comme une résolution des conflits, mais comme un état permanent et irrémédiable des sociétés contemporaines »[76]. Une guerre prochaine l'acquittera nécessairement de toute culpabilité individuelle qui, de toute façon, doit plutôt être comprise comme une fatalité que comme un démérite personnel. Francis refuse l'ordre linéaire d'un monde tel qu'il a été conçu par les Lumières et se tourne vers des conceptions prémodernes et prérationalistes du monde (n'oubliant pas que « la puissance [de sa rage] vient du ventre »[77]) qui s'en tiennent à une vision cyclique qui dispense l'homme de toute responsabilité – comme le feront les protagonistes de Jérôme Ferrari après lui. En même temps, cette

---

73   Horkheimer/Adorno 1974, 58.
74   *Ibid.*, 63.
75   *Ibid.*, 72.
76   Dominique Combe/Thomas Conrad : « Avant-propos ». In : *Revue critique de Fixxion française contemporaine* 14/2017, idem : *L'Époque épique/The Epic Era*, 1-3, ici 3.
77   Énard 2008, 501.

conception du monde fait preuve d'un pessimisme fondamental quant à la perfectibilité du monde ou de l'homme.

Il est d'ailleurs intéressant de noter que Francis se nourrit surtout de références à l'*Iliade*. La différence la plus notable entre celle-ci et l'*Odyssée* est le fait que cette dernière est un texte d'après-guerre, alors que l'*Iliade* décrit un monde en guerre. *L'Art français de la guerre*[78], le roman d'Alexis Jenni, qui traite des difficultés de retrouver la paix après une guerre de vingt ans – roman dont il sera question dans l'un des chapitres suivants –, fait de l'*Odyssée* son intertexte central et synchronise ainsi les sujets de l'épopée et du roman. Dans le cas de *Zone*, on pourrait parler d'un décalage entre texte et intertexte qui en dit long sur l'état du protagoniste : alors que Francis est un vétéran depuis longtemps, revenu de la guerre il y a une quinzaine d'années, sa référence intertextuelle préférée reste un texte qui décrit la destruction d'un monde par la guerre, l'*Iliade*. Tout comme Achille n'a pas su remplacer la violence par la ruse et effectuer le passage à l'homme moderne, « l'individu bourgeois », Francis n'arrive pas à quitter l'état de guerre[79].

Le mélange de faits et de fictions auquel le lecteur se voit confronté dans le roman d'Énard apparente le texte à la métafiction historique critiquée par Hayden White, parce qu'elle mettrait en doute la distinction entre réel et imaginaire en les présentant « as if [they] were of the same ontological order, both real and imaginary – realistically imaginary or imaginarily real, with the result that the referential function of the images of events is etiolated »[80]. La métafiction historique estomperait les distinctions entre fait et fiction. Le protagoniste-narrateur, dont l'obsession de la guerre et de la violence est renforcée par une « gueule de bois gigantesque de deux années de balles d'obus d'alcool et de drogue »[81], semble effectivement avoir du mal à distinguer réalité et fiction. La structure particulière du roman permet à Francis de traduire ce problème au lecteur : l'unique phrase interminable qui compose le roman suggère que tous les événements du texte ont lieu sur le même plan,

---

78 Jenni 2012.

79 Un autre aspect unit les deux « héros » : alors que dans l'*Iliade*, aucune femme ne deviendra durablement la compagne d'Achille – « elles servent comme objets de désir soit perdus, quittés ou inaccessibles dans ce monde-ci (Deidameia, Iphigénie, Polyxena, Penthesileia), soit comme compagne fantomatique dans l'outre-monde (Medea, Hélène) » (Susanne Gödde : « Achilleus ». In : Maria Moog-Grünewald [dir.] : *Mythenrezeption. Die antike Mythologie in Literatur, Musik und Kunst von den Anfängen bis zur Gegenwart*. Stuttgart/Weimar : Wissenschaftliche Buchgesellschaft 2008, 1-14, ici 1, ma traduction) –, il en est de même de Francis, dont les relations avec différentes femmes ont tendance à n'aboutir à rien.

80 White 1999, 67sq.

81 Énard 2008, 90.

semblant « to blur the distinction between fact and fiction »[82]. Entrecoupées uniquement par quelques virgules – qui, elles aussi, ne manquent que trop souvent dans le texte –, les parataxes n'introduisent aucune hiérarchie dans le texte, faisant preuve de l'incapacité du narrateur à mettre de l'ordre dans ses idées, mais aussi à distinguer le réel de la fiction. Cette (non-)structure favorise des coq-à-l'âne qui perturbent la capacité du lecteur à faire la différence entre les détails biographiques, les histoires des autres que Francis rapporte et les références mythologiques. Seuls les chapitres tirés du récit fictif de l'auteur fictif Raphaël Kahla viennent interrompre le flux des paroles du narrateur. Ces chapitres ont une structure concentrée, ils racontent une seule histoire sur un mode réaliste, par des phrases courtes, sans digressions, avec un nombre réduit de protagonistes.

Le contraste entre les deux manières de narrer accentue encore une fois l'incapacité de Francis à prendre de la distance avec ce qu'il a vécu : un texte comme celui de Raphaël Kahla apporte ainsi une structure à ce qui, au moment même de l'événement, est rendu incompréhensible par l'absence même de structure. Francis, quant à lui, ne cherche en aucun cas à structurer son discours ; au contraire, il l'alourdit de tant d'autres récits d'atrocités que ses propres actes en deviennent indiscernables.

3   Thanatographie européenne[83]

> The earliest uses of writing were list-making and account-keeping.
> DAVID SHIELDS[84]

Bien que le protagoniste de *Zone* sillonne tous les pays limitrophes de la Méditerranée en tant qu'espion, son texte se focalise surtout sur l'ex-Yougoslavie, dont les conflits et leurs conséquences historiques pour le continent forment un rhizome qui caractérise la région comme étant le « cœur de l'Europe » ou bien, selon un autre texte de Mathias Énard, comme étant « son foie »[85].

Dans ce contexte, il n'est pas étonnant qu'Énard choisisse un auteur de la région comme intertexte central : en faisant référence, surtout au niveau de

---

82   White 1999, 68.
83   *Cf.* Cornelia Ruhe : « Un cénotaphe littéraire pour les morts sans sépultures. Mathias Énard en thanatographe ». In : Messling/Ruhe/Seauve/de Senarclens 2020, 200-216.
84   David Shields : *Reality Hunger. A Manifesto*. London : Hamish Hamilton 2010, 7.
85   Énard 2013, 29. – La péninsule balkanique aurait ainsi une fonction antitoxique pour l'Europe, elle servirait de catalyseur pour ses crises de foi(e).

la forme, à Danilo Kiš, un auteur yougoslave qu'il admire[86], l'écrivain s'inscrit dans une tradition que Renate Lachmann, spécialiste des littératures slaves, a appelée la « thanatographie ». Selon Lachmann, la thanatographie « est l'écriture du XXe siècle [et du XXIe, pourrait-on ajouter] qui touche à l'expérience de la mort violente qui a supplanté la mort normale, la mort humaine »[87]. Tout comme celle de Kiš, la thanatographie d'Énard prépare la résurrection non pas religieuse mais littéraire des victimes évoquées, en les dotant d'un corps de prose.

Pour ne pas verser dans l'épouvante, Kiš, et Énard à sa suite ont su soumettre leurs récits de la violence de l'histoire européenne à ce que Danilo Kiš, appelle la « grâce de la mise-en-forme »[88] : leurs textes trouvent non seulement les mots, mais aussi la forme adéquate pour dire l'indicible en ayant recours, entre autres, à une stratégie élaborée de l'abréviation et de l'énumération, qui déplace l'évocation de l'horreur du niveau manifeste du texte au niveau latent[89].

Pour ce faire, le texte d'Énard s'écarte de la forme et de la structure classique du roman plus encore que son modèle. La structure paratactique n'instaure pas de lien fort entre les différents éléments, mais leur prête ce que Bernard Sève dans son ouvrage sur les listes appelle une « allure de liste » :

> Je parlerai donc d'"allure de liste" pour désigner non pas les effets [...] qu'une vraie liste peut susciter chez son lecteur, mais le sentiment de se trouver en présence d'une liste [...][90].
>
> Il y a 'allure de liste' quand une sorte d'émiettement ou de fragmentation du monde des objets familiers se produit[91].

---

86   C'est par exemple dans un entretien avec le blogueur espagnol Antón Castro que Mathias Énard évoque l'influence de Danilo Kiš, : Antón Castro : « Mathias Énard : un diálogo ». In : http://antoncastro.blogia.com/2011/051702-mathias-enard-un-dialogo.php (consulté le 15 février 2020).

87   « Thanatographie [...] erscheint als die Schreibweise des 20. Jahrhunderts, die der Erfahrung der gewaltsamen Tode, die den gewöhnlichen, den menschlichen Tod verdrängt haben », Renate Lachmann : « Danilo Kišs Thanatographien. Non omnis moriar ». In : *Wiener Slawistischer Almanach* 60/2007, 433-454, ici 433 (ma traduction).

88   « Gnade der Form », Mark Thompson : *Geburtsurkunde. Die Geschichte von Danilo Kiš*. München : Hanser 2015, 26.

89   Le roman *14* de Jean Echenoz (Paris : Minuit 2012) a également recours à l'énumération et à la liste, *cf.* à ce propos Michael Schwarze : « Un champ de bataille on ne peut plus réel. Zur Referentialität von Distanz und Nähe in *14* von Jean Echenoz ». In : *Romanistisches Jahrbuch* 68,1/2017, 232-256, ici 241sqq.

90   Bernard Sève : *De haut en bas. Philosophie des listes*. Paris : Seuil 2010, 65sq. Le volume *Liste et Effet liste en littérature* (dir. par Sophie Milcent-Lawson/Michelle Lecolle/Raymond Michel, Paris : Classiques Garnier 2013) appelle le même phénomène un « effet liste ».

91   Sève 2010, 67.

Cette « allure de liste » s'installe rapidement pour le lecteur de *Zone* : le texte d'Énard a recours, presque à chaque page, à des énumérations plus ou moins longues tels que

> entre Bolzano et Birkenau, entre Trieste et Klagenfurt ou entre Zagreb et Rome[92]
>
> la vie peut ressembler à un mauvais prospectus d'agence de voyage, Paris Zagreb Venise Alexandrie Trieste Le Caire Beyrouth Barcelone Alger Rome, ou à un manuel d'histoire militaire, des conflits, des guerres, la mienne, celle du Duce, celle de Millán Astray[93]
>
> des mois à crapahuter dans les montagnes, esprit de corps chansons armes marches commandos nocturnes grenades artillerie légère un dur bonheur partagé avec les camarades[94]

Je voudrais soutenir dans ce qui suit que ces énumérations forment des listes qui, entrecoupées par des virgules ou simplement enfilées, « tourn[ent] le dos au syntagme pour privilégier le paradigme »[95]. En mettant « à l'épreuve les limites de la cohérence narrative »[96], elles interrompent la narration tout en en constituant l'élément formel central : les différentes listes du texte forment un ensemble qui est lui-même un catalogue de la violence de l'Occident[97]. Elles constituent aussi, comme Élodie Coutier l'a déjà fait remarquer, un autre « homérisme »[98] du texte d'Énard.

L'un des effets de ce choix de la liste est celui de la relativisation de tout événement violent : le geste bureaucratique de l'intégration immédiate dans une longue liste de faits semblables minimise l'atrocité du crime ou de la

---

92   Énard 2008, 14.
93   *Ibid.*, 32.
94   *Ibid.*, 41.
95   Laurent Demanze : *Les Fictions encyclopédiques de Gustave Flaubert à Pierre Senges*. Paris : Corti 2015, 91. *Cf.* aussi Françoise Sammarcelli : « Entre vestige et émergence. Poétique de l'effet-liste dans *The Invention of Solitude* de Paul Auster ». In : Milcent-Lawson/Lecolle/Michel 2013, 519-530, ici 524sq.
96   Demanze 2015, 91.
97   Dans ce contexte, il est important de noter que la pratique de la liste en littérature commence avec Homère et le catalogue des vaisseaux – la tradition dans laquelle s'inscrit Énard pourrait donc avoir pris source aussi bien chez Homère que chez Kiš (*cf.* Sylvie Perceau : *La Parole vive. Communiquer en catalogue dans l'épopée homérique*. Louvain/Paris : Peeters 2002 et Perceau : « Pour une réévaluation pragmatique du 'catalogue' homérique : énonciation en catalogue et performance poétique ». In : *Textuel* 56/2008 : E. Vallette [dir.] : *L'Énonciation en catalogue*, 19-50 ainsi que les références à Homère chez Umberto Eco : *Vertige de la liste*, traduit par Myriem Bouzaher. Paris : Flammarion 2009).
98   Coutier 2017, 3.

guerre individuelle, parfois jusqu'à générer, à force d'exemples, l'indifférence ou même l'ennui du lecteur. Intégrée à une logique sérielle, l'acte violent est dépouillé de sa brutalité spécifique[99]. Séparés uniquement par des virgules « qui conjuguent les éléments comme des parties équivalentes d'une séquence »[100], les événements ne peuvent plus être considérés comme sortant de l'ordinaire, bien au contraire : c'est l'ordinaire de la violence et de la mort que les listes font saillir. De plus, en se présentant comme preuves accablantes de la continuité de l'état de conflit, elles suggèrent qu'il s'agit là d'une constante anthropologique faisant partie intégrante de la région méditerranéenne, une logique à laquelle ni la région, ni les individus qui l'habitent ne peuvent échapper[101].

Un autre effet, pour ne pas dire un atout de la liste, est sa capacité à dire l'indicible, comme l'explique Bernard Sève en référence à Umberto Eco :

> On peut penser avec Umberto Eco, que la liste est dans certains cas une 'manière de dire l'indicible' : elle offre alors un échantillon de l'indénombrable, elle vaut moins par ce qu'elle dit que par ce qu'elle suggère ; elle devient un procédé narratif indirect, elle narre ce qui ne peut pas être narré[102].

L'ellipse inhérente à l'énumération et au catalogue produit des lacunes et permet ainsi de faire l'impasse sur l'inexprimable, de le reléguer à l'imagination du lecteur. Contrairement au récit, la liste présuppose un lecteur actif qui soit à même « de dégager les significations multiples de la liste »[103]. Elliptiques en soi, les listes font preuve de la « grâce de la mise-en-forme » évoquée par Kiš. Au lieu de l'effacer, c'est, comme le souligne Renate Lachmann, « l'énumération qui donne la parole à l'indicible, à l'Holocauste et au goulag »[104]. La

---

99 *Cf.* à ce sujet Sabine Mainberger : *Die Kunst des Aufzählens. Elemente zu einer Poetik des Enumerativen*. Berlin/New York : De Gruyter 2003, 7sq.
100 « Es ist das Komma, das die Elemente als gleichgültige Teile einer Sequenz kopuliert », Renate Lachmann : « Zur Poetik der Kataloge bei Danilo Kiš ». In : *Welt der Slaven* 30/2008, 296-309, ici 307 (ma traduction).
101 C'est de cet « infini » potentiel de la liste que parle Umberto Eco (Eco 2009, 15). Pour le narrateur, mais aussi pour le lecteur d'Énard, la liste des actes violents génère cette même angoisse du caractère infini non seulement de la liste, mais aussi de la violence.
102 Sève 2010, 112, *cf.* Eco 2009, 49.
103 Alain Rabatel : « Listes et effets-listes. Enumération, répétition, accumulation ». In : *Poétique* 167/2011, 259-272, ici 270.
104 « [D]ie Aufzählung, die das Unsagbare (Holocaust und Gulag) zu Worte kommen lässt », Lachmann 2008, 296sq.

mise-en-liste de l'insoutenable serait ainsi une manière oblique de faire face aux traumas que le narrateur a subis[105].

Dans *Zone*, nombreuses sont les listes qui ont pour fonction de dire ou plutôt de taire l'indicible, de charger le lecteur de combler les lacunes :

> [*à propos de la guerre civile en Algérie*] à quelques centaines de mètres d'un poste de l'armée algérienne une bande de terroristes s'est introduite dans le quartier a commencé systématiquement le massacre de la population les femmes les hommes les hommes les femmes les enfants les nouveau-nés égorgés éventrés brûlés fusillés jetés contre les murs les têtes éclatées les bijoux arrachés des doigts des poignets à la hache[106]
>
> [*à propos de la guerre de Yougoslavie*] je l'observe il [Andrija] pleure comme une fontaine silencieuse sans se cacher, pourquoi, des cadavres il en a vu des quantités, des jeunes, des vieux, des mâles, des femelles, des brûlés noircis, des découpés, des mitraillés, nus, habillés ou même déshabillés par une explosion[107]
>
> [*à propos de la guerre de Yougoslavie*] on a oublié la brûlure de la violence la rage qui lève le bras sur un ennemi sa femme son enfant en voulant la vengeance en leur souhaitant la douleur la souffrance à leur tour, en détruisant leurs maisons en déterrant leurs morts à coups d'obus en mettant notre semence dans leurs femelles et nos baïonnettes dans leurs yeux en les accablant d'injures et de coups de pied parce que moi-même j'avais pleuré en voyant le corps solitaire d'un gamin étêté serrer un jouet dans un fossé, une grand-mère éventrée avec un crucifix, un camarade torturé énucléé grillé à l'essence comme une sauterelle recroquevillée[108]

Parfois, les virgules mêmes disparaissent et, avec elles, disparaît le dernier repère pour diviser le texte en syntagmes syntactiques et sémantiques ; s'y

---

105 Dans son article sur *Zone*, Claudia Jünke remarque que cette dialectique de « reluctance and excess » serait caractéristique du traumatisme : « On the one hand, Francis is a very reluctant narrator because he avoids as much as possible the confrontation with his own wartime experiences, particularly with those acts that made him a perpetrator and led to a feeling of guilt. On the other hand, he is at the same time an excessive narrator as he accumulates, in his extensive flow of thoughts, a huge amount of historical knowledge. This narrative dialectics can be interpreted as a reflection of the psychological dialectics of reluctance and excess characteristic for the traumatic (non-)experience and the related 'incompletion in knowing' », Claudia Jünke : « Trauma and Memory in Mathias Énard's *Zone* ». In : *Journal of Romance Studies* 17,1/2017, 71-88, ici 76.

106 Énard 2008, 133.
107 *Ibid.*, 161.
108 *Ibid.*, 456.

substitue une liste de mots « agrammaticale [... qui] implique la discontinuité de ses éléments »[109], si ce n'était, comme dans le dernier exemple, le « en » qui acquiert le caractère d'un « marqueur de liste »[110] et permet ainsi de structurer un peu ce texte d'apparence chaotique. Ce refus de lier les mots pour en faire des récits produit des lacunes :

> [T]he omission of links which 'normally' function as organizing factors in narrative structures[,] produces blanks which can (and must) be filled. The blanks themselves imply the omitted plot ; the omission works as an enthymematic device[111].

Les listes de *Zone* ont beau être effrayantes, leur potentiel d'épouvante est atténué par leur logique antinarrative. La vraie horreur dans ce roman n'a le plus souvent lieu qu'entre les lignes.

Pour se distraire du retour involontaire de sa mémoire sur la violence, Francis lit – et avec lui, le lecteur – un roman de l'auteur fictif Rafaël Kahla, acheté la veille de son départ. Avec les parties du roman inséré, Mathias Énard contraste les deux manières de présenter l'irreprésentable. La narration classique et linéaire du roman inséré traite d'un épisode de la guerre du Liban, ce qui en fait un bien piètre moyen de distraction, comme le narrateur commente laconiquement[112]. Cependant, les parties insérées servent de toile de fond sur laquelle se détache la narration en forme de liste du reste du texte. Dans le texte du fictif Rafaël Kahla, le lecteur se voit confronté à l'horreur narrée de façon directe. Les images évoquées y gagnent en puissance :

> Elle revoit malgré elle le plus horrible cadavre du siège – à Khaldé, un combattant écrasé par un char sur la route, aussi facilement qu'un rat ou un oiseau. Sa tête sans visage était une flaque plate de cheveux rougis. Les secouristes du Croissant-Rouge avaient dû le décoller en raclant l'asphalte à la pelle. Autour du corps, une mare circulaire de viscères et de sang, comme si on avait marché sur une tomate[113].

La comparaison avec la forme que Mathias Énard a donnée au reste du texte permet d'en mesurer l'effet. D'abord, c'est l'implication du lecteur qui diffère

---

109 Sève 2010, 25sq.
110 *Ibid.*, 77.
111 Renate Lachmann : « Danilo Kiš : Factography and Thanatography ». In : *Journal of Literature and the History of Ideas* 4/2006, 219-238, ici 230.
112 Énard 2008, 53.
113 *Ibid.*, 66.

dans ces deux manières de narrer l'insoutenable : alors que la narration classique du roman inséré ne requiert qu'un lecteur passif qui accepte qu'il s'agit là « du plus horrible cadavre du siège » et se laisse entraîner par le récit, il n'en est pas de même pour la liste : elle exige un lecteur actif prêt à combler les lacunes.

Mais il y a plus : bien que le lecteur ne puisse complètement se dérober à la violence qui lie les éléments des listes d'Énard, leur caractère antinarratif permet une certaine « maîtrise de la passion » (« Affektregulierung »), selon Renate Lachmann[114]. La liste étant « le contraire d'une structure, ou plutôt le degré zéro de la structure »[115], c'est au lecteur de la structurer et de lui donner une cohérence, de transformer en narration ce qui n'en constitue que l'amorce et de décider de sa charge pathétique. Contrairement à la narration classique, qui agence ses différents éléments pour moduler les passions, pour produire un effet de pathos, la liste tenterait d'échapper au pathétique et à la grandiloquence[116]. Le vétéran Francis, qui a perdu sa capacité à contrôler ses passions pendant la guerre et qui est obsédé par ses terribles souvenirs, trouve finalement, dans la forme donnée à son texte, forme qui au final est plus cohérente qu'elle n'y paraît, une structure qui lui permet non seulement de maîtriser ses sentiments, mais aussi d'éviter qu'ils ne le submergent – comme, finalement, ses lecteurs à l'évocation de ces événements. En s'attachant à cette manière de narrer, Francis cherche à dévier la douleur, tout en l'épargnant aux lecteurs.

4 Un cénotaphe en forme de roman

> Des noms d'or sur des plaques, c'est ce qui reste de ces hommes dont nous héritons tous, des espoirs de leurs mères, de leurs enfants anéantis, c'est-à-dire presque rien.
> MATHIEU RIBOULET[117]

Alors que *Zone* est truffé de listes, le contenu de la liste centrale, que Francis compte vendre au Vatican, reste opaque. Comme le roman de Mauvignier, celui d'Énard tourne ainsi « autour d'un centre qui se dérobe », dans un mouvement

---

114   Renate Lachmann : « Danilo Kiš, Affekttherapie durch die Form ». In : Ricardo Nicolosi/Tanja Zimmermann (dir.) : *Ethos und Pathos. Mediale Wirkungsästhetik im 20. Jahrhundert in Ost und West*. Köln : Böhlau 2017, 241-268, ici 264.
115   Sève 2010, 59.
116   Kiš cité chez Lachmann 2017, 264.
117   Riboulet 2012, 27.

d'une « circularité vicieuse »[118] qui renvoie à la conception cyclique du protagoniste. Selon Claudia Jünke, la valise et son contenu seraient « [the] enigmatic core »[119] du texte, ce qui semble pertinent pour une lecture traumatologique. Néanmoins, j'aimerais explorer plutôt son caractère de MacGuffin. Selon Alfred Hitchcock, à l'origine du terme, le MacGuffin est un objet matériel, souvent un document, prétexte au développement des histoires d'espionnage. Mathias Énard, dans son roman, fait donc une révérence à Hitchcock lorsqu'il fait d'une collection de documents, que l'espion Francis appelle toujours « la liste »[120], l'élément moteur du texte : comme tout bon MacGuffin, le contenu de la valise n'est jamais précisé, il ne sert que de déclencheur de l'intrigue, puisque c'est pour le vendre que le narrateur prend le train pour Rome. Conforme à la définition du cinéaste, le MacGuffin devient de moins en moins important au fur et à mesure du texte, jusqu'à ce que le narrateur avoue ne plus en avoir besoin, ni vouloir le vendre : « je n'ai plus besoin de cette valise, plus besoin des deniers du Vatican, je vais tout balancer dans l'eau »[121].

Pour Francis, une motivation de constituer sa liste semble avoir été le désir de sortir de leur anonymat ceux qui y figurent : sa « mallette [est] remplie de morts et de bourreaux sans espoir de sortir au grand jour jamais »[122]. Ceux qui figurent dans son « répertoire de morts »[123] partagent avec nombre de victimes nommées dans le roman le fait de ne pas avoir été proprement enterrés. Dispersés dans toute l'étendue du roman, ils forment une liste à part : les deux mille corps de Croates victimes des troupes napoléoniennes « du 21 floréal 1796 an IV de la Révolution »[124], ceux de la bataille de Gallipoli, à l'honneur desquels fut érigé un « monument aux soldats sans tombes »[125], ceux de la bataille de Lépante[126], ceux des troupes d'Hannibal, auxquels se superposent ceux « d'une des premières batailles de Bonaparte en Italie »[127], ceux du campo de la Bota à Barcelone[128], ceux des Juifs européens assassinés dans les camps[129], ceux du bombardement français de Damas en mai 1945[130], ceux des « massacrés de la

---

118   Rabaté 2004, 43.
119   Jünke 2017, 79.
120   Énard 2008, 39 et passim.
121   *Ibid.*, 516.
122   *Ibid.*, 210.
123   *Ibid.*, 58.
124   *Ibid.*, 30.
125   *Ibid.*, 47.
126   *Ibid.*, 101sq.
127   *Ibid.*, 105sq.
128   *Ibid.*, 238.
129   *Ibid.*, 179.
130   *Ibid.*, 206sq.

Quarantaine » à Beyrouth[131], ceux des « massacrés de Vukovar »[132], ceux des moines de Tibhirine[133] et, peut-être le plus important de tous pour Francis, le corps d'Andrija, son compagnon et frère d'armes en Croatie[134] – tous sont des morts sans sépultures, parfois seulement honorés d'une simple plaque, d'un monument ou d'une stèle.

La nature même de ces commémorations n'est pourtant pas pour plaire au narrateur du roman. À Beyrouth, il se retrouve dans une boîte de nuit « au nom étrange de BO18 », dont on lui explique qu'elle se trouve

> à l'endroit précis [... de l']un des premiers massacres de la guerre civile, en janvier 1976 les phalangistes avaient passé par les armes les Palestiniens d'Intissar et les Kurdes qui habitaient ce camp putrescent coincé entre les conteneurs des docks et la décharge municipale[135]

La mémoire de cette « boucherie » semble avoir complètement disparu pour laisser place à un lieu de liesse où « de jeunes femmes magnifiques dansaient debout sur les tables rectangulaires, sur le bar interminable »[136] dans l'éclairage intermittent de la discothèque. Ce n'est qu'après une nuit de fête que la lueur du jour permet au narrateur de saisir le cynisme mémoriel du lieu :

> j'ai regardé la disposition des tables, en rangs parallèles, des blocs en bois, deux mètres de long environ tous alignés comme dans un cimetière, des tombes, j'ai pensé dans mon ivrognerie, les tombes des massacrés de la Quarantaine, j'ai regardé de plus près et effectivement chaque table portait sur le côté une petite plaque en bronze, invisible dans le noir, avec une liste de noms en arabe, les clients dansaient sur les cercueils figurés des morts de la Quarantaine [...], Beyrouth dansait sur des cadavres et j'ignore s'il s'agissait d'un hommage posthume ou d'une vengeance, [...] un cimetière musical pour ceux qui n'avaient pas de tombeau[137]

L'usage habituel du lieu en tant que discothèque obscure empêche les visiteurs, trop jeunes pour garder le souvenir de la guerre, de se rendre compte du fait qu'ils dansent littéralement sur des cadavres. Leur danse en acquiert le caractère ambivalent d'un hommage qui pourrait tout aussi bien être lu comme

---

131 *Ibid.*, 231.
132 *Ibid.*, 180.
133 *Ibid.*, p. ex. 125.
134 « Andrija me reprochait d'avoir abandonné son corps », *ibid.*, 80.
135 *Ibid.*, 230.
136 *Ibid.*, 230.
137 *Ibid.*, 231.

une profanation, sans que les danseurs ne soient conscients ni de l'un ni de l'autre.

Alors qu'à Beyrouth, les plaques avec les noms des victimes, bien qu'illisibles pendant les heures d'activité de la discothèque, témoignent encore de la volonté de commémorer – ce, toutefois, de manière douteuse, voire cynique –, à Barcelone, le narrateur se voit confronté à une autre tentative d'amnésie architecturale. Là où l'Avenue Diagonale rejoint la mer, se situe un énorme chantier,

> un terrain vague semé de bulldozers et de bétonneuses, au bas d'immeubles élégants, avec vue, parmi les plus chers et les plus modernes de la ville, ce terrain vague fourmillant d'ouvriers s'appelait autrefois campo de la Bota, le camp de la Botte, et les phalangistes l'avaient choisi comme lieu d'exécution par balle, deux mille innocents, anarchistes, syndicalistes, ouvriers, intellectuels, avaient été massacrés sous les fenêtres des appartements de luxe d'aujourd'hui [...] : à la place du charnier aux deux mille cadavres la mairie de Barcelone construisait son Forum des Cultures, Forum de la Paix et de la Multiculturalité, en lieu et place de la boucherie franquiste on élevait un monument au loisir et à la modernité, à la fiesta, [... pour] enterrer de nouveau à jamais les pauvres vaincus de 1939, les sans-grade, ceux qui n'ont rien à opposer aux excavatrices et aux pelleteuses[138]

Alors que le terrain vague était une plaie non encore cicatrisée dans le paysage urbain, son comblement architectural témoigne du désir d'en finir avec les traumatismes transmis de manière intergénérationnelle, de les remplacer par des bâtiments aux usages bien définis, où la mémoire sera tout au plus reléguée à une place périphérique. En exposant les restes de son ancien usage, la friche gardait les traces de ses anciens habitants pour ceux qui s'intéressaient à leur histoire. En tant que zone « sans signification déterminée »[139], elle suscitait l'imagination du flâneur, pour lequel son absence de structure évidente était aussi ambivalente qu'évocatrice. Mieux que dans tout mémorial, c'était dans ce terrain vague que s'incarnait, pour le dire avec les mots de Jacqueline Broich et de Daniel Ritter, « spatialement un moment historique ; il est le symptôme de bouleversements sociaux, économiques ou politiques »[140].

---

138 *Ibid.*, 238.
139 Jacqueline Broich/Daniel Ritter : « Essai sur la topologie et la poétique de la friche urbaine ». In : Philippe Antoine/Wolfram Nitsch (dir.) : *Le Mouvement des frontières. Déplacement, brouillage, effacement*. Clermont-Ferrand : Presses universitaires Blaise Pascal 2015, 163-181, 174.
140 *Ibid.*, 166.

L'« indétermination essentielle »[141] qui régnait dans la friche urbaine découverte par le protagoniste invitait ceux qui la découvraient à une réflexion sur le passé récent de la ville. Tandis que le terrain vague, ouvert à la réflexion, activait la mémoire, son comblement architectural favorise l'oubli.

Furieux, le narrateur d'Énard constate le cynisme d'une urbanisation qui limite la mémoire à un minimum, « un architecte brillant trouvera bien un moyen de dissimuler un vibrant hommage dans son œuvre, quitte à mettre quelques fausses traces de balles dans un mur de béton »[142]. Il suggère que ce n'est pas le fruit du hasard si les traces du passé sont rendues illisibles, effacées. Or, pour lui, effacer les traces participerait à construire une mémoire culturelle qui serait politiquement et artistiquement exploitable. Bien dosée, palliée, elle deviendrait ainsi purement ornementale. Le fait de ne laisser aucune place à l'imagination reviendrait de fait à encourager un oubli généralisé.

L'élimination du terrain vague et de son potentiel d'association, de son ouverture sémantique, son remplacement par des bâtiments à usage spécifique et univoque, n'accorde même pas une place restreinte et contrôlée aux traumatismes du passé. La ville refaite à neuf ne prévoit plus de place pour les fantômes du passé, comme le narrateur doit le constater :

> les fantômes n'existent malheureusement pas, ils ne viennent pas tarabuster les locataires des HLM de Drancy, les nouveaux habitants des ghettos vidés de leurs juifs ou les touristes qui visitent Troie, ils n'entendent plus les pleurs des enfants brûlés dans les ruines de la ville[143]

Le changement radical de la physionomie des villes tel qu'Énard le décrit, qui ne laisse plus de place aux blessures infligées par les violences du passé, s'apparente à la reconstruction de Boulogne dans le film d'Alain Resnais. Cependant, alors que dans *Muriel*, les bâtiments construits à la hâte et sur des fondements instables glissaient ou s'effondraient et restaient par conséquent vides, même quinze ans après la guerre, les édifices dans *Zone* recouvrant les traces d'un passé violent, planifié et exécuté plus récemment, ne sont ni instables ni inhabités : au lieu de devenir des symboles de l'échec d'une reconstruction trop hâtive, ils deviennent des lieux populaires de la culture et du divertissement. La nature palimpsestique du terrain, l'effacement incomplet des traces du passé apparaissait dans le glissement de la maison chez Resnais et la rendait inapte à l'usage. Ni les listes de noms à Beyrouth ni les « fausses traces de balle » à Barcelone n'ont cet effet : l'oubli voulu et affirmé semble s'être répandu. Si,

---
141 *Ibid.*, 164.
142 Énard 2008, 238sq.
143 *Ibid.*, 239.

comme Jacques Derrida l'avance, « la hantise marquerait l'existence même de l'Europe »[144], alors le refus de céder une place aux spectres et aux fantômes mettrait en question les fondements culturels de l'Europe[145].

Sous les architectures modernes et postmodernes des grandes villes de la Méditerranée, le narrateur d'Énard exhume une architecture de la violence et de la mort. Amèrement, il doit constater que les surfaces lisses et lissées de nombreux ensembles ne sont d'aucun soutien à la mémoire, que celle-ci est reléguée aux seuls espaces destinés à cet usage, aux musées et aux mémoriaux. Ce processus de relégation de la mémoire dans des lieux spécialement aménagés pour le recueillement montre combien s'est rétrécie la place qu'on lui accorde et témoigne de la volonté d'organiser non seulement l'espace, mais aussi les formes que prendront la mémoire – et l'oubli[146]. De plus, Francis suppose que même les monuments moins problématiques que ceux de Beyrouth ou de Barcelone n'aident pas à préserver les fantômes, encore moins à les apaiser, car ils

> n'émeuvent plus personne, ils trônent sur des ronds-points fleuris dans des squares en face d'églises solennelles [...] une curiosité un décor ainsi la colonne de Marathon ne serre plus la poitrine d'aucun touriste[147]

Aux monuments que leur présence quotidienne à rendu ordinaires jusqu'à les dépouiller de leur fonction mnémotechnique[148], Mathias Énard oppose une

---

144 Jacques Derrida : *Spectres de Marx. L'état de la dette, le travail du deuil et la nouvelle internationale*. Paris : Galilée 1993, 23

145 *Cf.* aussi Cornelia Ruhe : « L'archéologie urbaine. La disparition du terrain vague dans la fiction française contemporaine ». In : Jacqueline Broich/Wolfram Nitsch/Daniel Ritter (dir.) : *Terrains vagues. Les friches urbaines dans la littérature, la photographie et le cinéma français*. Clermont-Ferrand : Presses universitaires Blaise Pascal 2019, 131-144.

146 Le protagoniste du court roman *Terrain vague* d'Oliver Rohe est, lui aussi, témoin d'une activité de construction frénétique. Dans la maison où il passe ses journées et qui semble être son ancien lieu de travail en tant qu'ex-*sniper* et ex-bourreau, il se voit encerclé par un immense chantier. « Son » bâtiment est le seul vestige de la ville telle qu'elle était avant. La reconstruction fait suite à un conflit dévastateur dont il fut l'un des acteurs ; elle tend donc à littéralement reconstruire un pays pour faire oublier un conflit dont le protagoniste reste l'un des seuls survivants n'ayant pas encore abandonné la mémoire : « Ils finiront bien par raser mon immeuble encombrant. C'est dans leur plan. Je ne suis pas dupe. Il est même prévu que sur les cendres de mon refuge ils construisent une Place des Martyrs. Une place bien propre pour qu'on n'en parle plus » (*ibid.*, 56). Le protagoniste-narrateur voit disparaître le monde de la violence auquel il appartenait pour que surgissent des monuments commémoratifs si efficaces qu'ils feront tarir la mémoire.

147 Énard 2008, 240.

148 La bande dessinée *Tout sera oublié* que Mathias Énard a publiée avec Pierre Marquès, et dont le titre fait écho à une citation de l'essai *L'Hêtre et le Bouleau* (Paris : Seuil 2009) de Camille de Toledo, imagine le terrain vague comme prédestiné à devenir un lieu de mémoire : « Un endroit où chacun pourrait venir ajouter un mot sur les murs en ruine,

pratique de la mémoire plus active : *Zone* est sa thanatographie, sa tentative de garder vive la mémoire de tous ses morts sans sépulture, de leur élever un cénotaphe non pas de marbre ou de béton, mais de mots[149].

Comme tout cénotaphe, le roman consacre la mémoire des défunts en l'immortalisant en littérature. Contrairement à la pratique funéraire commune de n'afficher que noms et dates, le roman est de surcroît capable de préserver jusqu'à l'histoire de la mort violente des victimes, bien qu'elle soit le plus souvent moins individuelle que collective. C'est à la littérature qu'il revient de préserver une culture de la hantise, d'évoquer les spectres qu'un discours officiel renie, de rendre lisible et visible ce que d'autres voudraient escamoter.

Son cénotaphe de prose pour les victimes de tant de guerres est l'hommage ultime que Mathias Énard rend à Danilo Kiš et à son recueil de nouvelles *Un tombeau pour Boris Davidovitch*. La nouvelle éponyme de Kiš est, elle aussi, un cénotaphe pour une victime fictive du goulag, puisque son protagoniste Boris Davidovitch se jette dans un chaudron bouillant de scories liquides pour échapper à ses bourreaux, de sorte qu'il ne reste de lui que « quelques cigarettes et une brosse à dent »[150]. Kiš évoque la tradition des cénotaphes dès le début de son texte :

> Les Grecs anciens avaient une coutume digne de respect : à ceux qui avaient brûlé, que les cratères des volcans avaient engloutis, que la lave avait ensevelis, à ceux que les bêtes sauvages avaient lacérés ou que les requins avaient dévorés, à ceux que les vautours avaient déchiquetés dans le désert, ils édifiaient dans leur patrie ce qu'on appelle des *cénotaphes*,

---

un signe, un commentaire. Un endroit laissé à l'état sauvage. [...] je commence à être persuadé qu'il ne faut rien faire [...]. Je crois que ce sont les habitants eux-mêmes qui doivent porter cette histoire. Un monument s'impose de l'extérieur, à mon avis ça ne sert à rien. Il suffit de signaler le lieu, et de laisser les gens se l'approprier » (Énard 2013, 103sqq.). L'ouverture à l'imagination et l'indétermination prédisposent le terrain vague à l'interprétation. Contrairement aux solutions officielles, qui réduisent les possibilités offertes par l'espace en y superposant des bâtiments qui effacent toute trace du passé ou en la figeant de manière unilatérale, la friche telle qu'Énard et de Toledo la comprennent s'ouvre vers l'avenir sans pour autant effacer les traces du passé.

149 Coutier (2017, 3) établit là encore un lien entre *Zone* et l'*Iliade* en rappelant les catalogues de mort dans le texte d'Homère. Mathias Énard poursuit ses réflexions sur les monuments commémoratifs dans *Tout sera oublié*, analysés par Lena Seauve dans son article « À la recherche d'un monument – mémoire et oubli dans *Tout sera oublié* de Mathias Énard et Pierre Marquès ». In : Messling/Ruhe/Seauve/de Senarclens 2020, 266-282.

150 Danilo Kiš : « Tombeau pour Boris Davidovitch ». In : Danilo Kiš : *Tombeau pour Boris Davidovitch. Sept chapitres d'une même histoire*, traduit du serbo-croate par Pascale Delpech. Paris : Gallimard 1979, 90.

des tombeaux vides, car le corps est feu, eau ou terre, mais 'l'âme est l'alpha et l'oméga, c'est à elle qu'il faut élever un sanctuaire'[151].

C'est de manière ironique que le texte de Kiš, tout comme après lui celui d'Énard, évoque non pas les victimes de cataclysmes naturels, mais de catastrophes causées par l'homme, car « l'histoire est décidément partout celle de la violence et de la guerre »[152]. À défaut de pouvoir être des sanctuaires, leurs textes sont autant de tombeaux vides, ce sont les lacunes que leur prose ciselée fait naître entre les éléments des listes qui reconstituent les destins des victimes et leur rendent leur dignité.

En ce qui concerne le texte de Danilo Kiš, Lachmann signale que l'évocation littéraire des victimes du goulag, leur sépulture symbolique, prépare la résurrection, pour laquelle non seulement un tombeau, mais surtout un corps est nécessaire dans la tradition chrétienne. À défaut de corps véritables, le texte de Kiš et dans sa lignée celui d'Énard les revêtent de prose :

> Avec son texte-monument, Kiš prend le rôle du constructeur de cénotaphe grec. La formule de Kiš correspond à la définition classique de cénotaphe [...]. C'est l'absence d'ossements ou la sépulture loin du pays d'origine qui peut être remédiée grâce à l'érection d'un simulacre, d'un simulacre qui suggère l'idée d'une âme qui pourrait y élire domicile[153].

Comme le postule Renate Lachmann à propos du texte de Kiš, le cénotaphe ainsi créé aurait fonction de restitution : « l'ordre [étant] troublé, il réconcilie les mânes par un rituel mnémotechnique qui gratifie les morts de l'honneur qui leur est dû »[154]. Bien que le narrateur Francis décide à la fin du texte de jeter la mallette dans les eaux du Tibre, qui devient ainsi fleuve de la mort et de l'oubli, le texte d'Énard se fait, lui-aussi, rituel mnémotechnique, en intégrant les morts non pas aux archives du Vatican, mais à celles de la littérature, ce qui est un moyen plus sûr de les préserver de l'oubli[155].

---

151 Kiš 1979, 90.
152 Énard 2013, 81.
153 « Kiš übernimmt mit seinem Textmonument [...] die Rolle der griechischen Kenotaph-Erbauer. Kišs Formulierung entspricht der klassischen Definition des 'Scheingrabs', wie eine deutsche Bezeichnung lautet. Es ist die Abwesenheit der Gebeine oder die von der Heimat entfernte Grablegung eines Toten, denen durch die Errichtung eines Simulakrums begegnet wird, eines Simulakrums, das die Vorstellung einer Seele nahe legt, die darin Wohnung nehmen kann », Lachmann 2007, 436sq. (ma traduction).
154 « Zugleich aber stellt der Kenotaph die gestörte Ordnung wieder her, versöhnt die Manen durch ein mnemotechnisches Ritual, das den Toten die Ehre zuteil werden lässt, die ihnen als Toten gebührt », Lachmann 2007, 437 (ma traduction).
155 *Boussole*, couronné par le Prix Goncourt en 2016, peut être lu comme un autre cénotaphe, cette fois-ci non pas pour les morts des différentes guerres, mais pour un monde perdu : la

5 La mémoire de l'oubli

> La mémoire est une faculté, non une vertu.
> RUTH KLÜGER[156]

Alors que la capacité mnémotechnique des monuments aux morts faiblit avec les années, cela n'est pas le cas pour une mémoire mise en liste, comme l'explique Laurent Demanze :

> Si le récit épouse le cours du temps, tendu entre ressouvenir et attente, la liste s'oppose au temps dans un geste de résistance à la consécution : elle est plutôt le lieu d'un impossible deuil qui est semblable au geste du collectionneur par ce désir de constituer une arche de Noé qui préserve le monde, avec l'angoisse folle d'oublier quelque chose. [...] Non pas la continuité de la narration, ni l'éparpillement des fragments, mais la cohésion fragile d'un monde que l'on égrène avec angoisse, comme un chapelet[157].

Le geste obsessionnel du narrateur-collectionneur de *Zone* cherche effectivement à constituer un monde « marqué par les massacres »[158], celui de l'Europe en guerre depuis la nuit des temps, et à lui redonner sa cohésion, fût-elle négative.

Cependant, il ne me semble pas que l'objectif du roman de Mathias Énard soit de ressusciter les fantômes pour déstabiliser la projection d'un avenir paisible de l'Europe ; il faut évoquer la mémoire, faire le deuil, compter avec les fantômes[159], pour « sertir et [... pour] cerner un oubli essentiel »[160], pour arriver à ce que Giorgio Agamben appelle la « mémoire de l'oubli » :

> Ce que le perdu exige, c'est non pas d'être rappelé et commémoré, mais de rester en nous et parmi nous en tant qu'oublié, en tant que perdu – et seulement dans cette mesure, en tant qu'inoubliable. De là l'insuffisance de toute relation à l'oublié qui chercherait simplement à le renvoyer à la

---

Syrie et son histoire millénaire sur laquelle l'État Islamique s'est acharné. Reste à explorer comment, dans ce roman, Mathias Énard a recours non pas à la liste, mais plutôt à une narration encyclopédique qui ressuscite un monde désormais disparu.

156 « Das Erinnerungsvermögen ist eine Fähigkeit, keine Tugend », Ruth Klüger : *Von hoher und niedriger Literatur*. Göttingen : Wallstein ²1996, 29.
157 Demanze 2015, 92.
158 Thomas Bleton : « L'épopée à la croisée des mondes. Une lecture de Charif Majdalani et de Mathias Énard à la lumière du collectif d'auteurs italiens WU MING ». In : *Revue critique de Fixxion française contemporaine* 14/2017, 61-69, ici 65.
159 Derrida 1993, 18.
160 Demanze 2015, 115.

mémoire, à l'inscrire dans les archives ou les monuments de l'histoire, – ou à la limite, à construire pour celle-ci une autre tradition et une autre histoire, celle des opprimés et des vaincus, qui s'écrit avec des instruments différents de ceux qui sont employés par l'histoire dominante, mais qui ne diffère pas substantiellement d'elle[161].

C'est en référence à la théorie d'Agamben que le projet de Francis de vendre sa liste dévoile son caractère ambivalent : à part la perspective d'un enrichissement personnel, le roman n'explique pas pourquoi Francis voudrait vendre sa liste au Vatican, ni ce qui pourrait motiver le Vatican à l'acheter. Roman-liste qui pivote autour d'une liste dont la nature exacte n'est jamais dévoilée, il devient pourtant probable que l'enterrement bureaucratique de cette liste de noms dans des archives n'aurait qu'un effet : Francis pourra se vanter de l'officialisation de ces morts violentes qui donnerait enfin aux victimes sans nom la sépulture dont l'histoire les a privées jusqu'ici. En même temps, cela signifierait leur anéantissement définitif car, en hommage à « La lettre volée » d'Edgar Allen Poe, quel meilleur endroit pourrait-on trouver pour cacher une liste que parmi d'autres listes, endroit où elle ne serait accessible qu'à travers un catalogue, qui est en soi une autre liste ?

L'« inscri[ption] » des morts oubliés de l'histoire « dans les archives » ne les tirerait qu'en apparence de l'anéantissement mémoriel ; au contraire, cela ne reviendrait qu'à les soumettre à une nouvelle forme d'oubli[162]. C'est en reconstituant patiemment leur destin en thanatographe, en le soumettant à la « grâce de la mise-en-forme » pour provoquer un lecteur actif, qu'un texte comme *Zone* réussit à élever un cénotaphe capable d'apaiser les morts oubliés de l'histoire européenne. En leur donnant la paix par son geste ultime, Francis Mircović fera finalement honneur à son nom.

---

161   Giorgio Agamben : *Le Temps qui reste. Un commentaire de l'Épître aux Romains*, traduit par J. Revel. Paris : Rivages 2000, 69.
162   Aleida Assmann appelle cette forme d'oubli « Verwahrensvergessen » : « La dynamique de la mémoire culturelle repose sur un échange entre le canon et l'archive. Le matériel archivé se trouve dans un purgatoire entre l'enfer de l'oubli et le paradis de la mémoire. Il existe dans un état de latence » (« Die Dynamik des kulturellen Gedächtnisses beruht auf dem Austausch zwischen den beiden Institutionen Kanon und Archiv. Die Archiv-Materialien befinden sich sozuagen in einem Purgatorium zwischen dem Inferno des Vergessens und dem Paradiso des Erinnerns. Sie existieren in einem Zustand der Latenz », Assmann 2016, 41, ma traduction).

CHAPITRE 5

La lâcheté, l'obscène et le sacré : Représenter et transmettre la violence chez Jérôme Ferrari

> À notre naissance, le monde est déjà là pour nous donner le sens de ce que nous voyons et, le plus souvent, il nous survit. Mais les mondes sont mortels, comme les hommes, et parfois, le monde meurt, nous léguant la tâche d'apprendre à réformer nos regards dans un monde tout neuf. C'est une tâche incroyablement lourde qui réclame plus que notre courage.
>
> JÉRÔME FERRARI[1]

∴

1 La fabrication de la mémoire

Jérôme Ferrari est devenu depuis quelques années une présence incontournable de la littérature française contemporaine. Le prix Goncourt pour *Le Sermon sur la chute de Rome*[2], en novembre 2012, n'a fait que confirmer ce constat pour les connaisseurs ; il a cependant permis d'attirer l'attention du grand public sur l'œuvre d'un écrivain qui avait déjà, à l'époque, six romans et un recueil de nouvelles à son actif[3].

Depuis ce premier couronnement de sa carrière, l'œuvre s'est enrichie de plusieurs autres livres : en février 2015, son roman *Le Principe* est sorti simultanément en France et en Allemagne[4]. En octobre 2015 a été publié *À fendre le*

---

[1] Jérôme Ferrari : « La nuit d'Anaximandre ». In : Collectif Inculte : *Le Ciel vu de la terre. Figures du ciel*. Paris : Inculte 2011, 5-11, ici 7.
[2] Arles : Actes Sud 2012.
[3] Avant que le Goncourt ne lui soit décerné, Jérôme Ferrari avait obtenu le Prix Landerneau 2009 pour *Un Dieu un animal* et le Grand Prix Poncetton SGDL, ainsi que le Prix Roman France Télévisions 2010 pour *Où j'ai laissé mon âme*.
[4] Jérôme Ferrari : *Le Principe*. Arles : Actes Sud 2015 ; Jérôme Ferrari : *Das Prinzip*, trad. par Christian Ruziscka et Paul Sourzac. Zürich/Berlin : Secession Verlag 2015.

cœur le plus dur, un essai écrit à quatre mains avec l'auteur Oliver Rohe[5]. Pour la rentrée littéraire 2018 est paru son nouveau roman *À son Image*[6].

L'œuvre de Jérôme Ferrari se prête particulièrement bien à une analyse dans le contexte de l'histoire connectée et de la mémoire palimpsestique, et ceci pour différentes raisons. La première est d'ordre spatial : il n'y a pas un roman de Jérôme Ferrari dans lequel la Corse ne tienne pas une place de choix, de sorte qu'aucun article de presse n'oublie de faire référence à la Corse et que certains critiques le considèrent comme un auteur corse[7]. Ce classement dans une sous-catégorie d'une littérature française qui ne souffre que trop souvent de compartimentation (tout comme l'histoire nationale) me semble cependant marginal pour comprendre l'œuvre de Jérôme Ferrari, qui s'insère plutôt dans un courant de la littérature française aux prises avec l'histoire. Il se peut que la Corse ait sa place dans les textes de Ferrari pour des raisons biographiques, mais ce qui me semble bien plus important, c'est que l'Île de Beauté est traitée dans ses romans comme un microcosme à l'intérieur duquel certains problèmes se développent comme dans un incubateur. L'île sert de terrain d'expérimentation, car les fils de l'histoire française récente et de ses contradictions s'y trouvent entrelacés de manière plus directe que dans d'autres régions de l'Hexagone. Dans l'espace réduit de l'île, l'histoire est littéralement « connectée ». Si l'on excepte une courte période d'indépendance, l'île a été italienne, française et même, dans un bref intervalle historique, anglaise. La Corse a été l'une des premières « colonies » de la France ou du moins l'un des premiers territoires à être conquis et à être soumis à sa « mission civilisatrice ». Le rapport à la France est resté ambivalent. Bien que le territoire corse n'ait pas eu à subir directement les ravages des différentes guerres dans lesquelles la France a été impliquée au XXe siècle, la pauvreté parfois extrême de sa population a poussé un taux élevé d'hommes corses à s'engager dans

---

5   Ferrari/Rohe 2015. Entre janvier et juillet 2016 paraissent ses chroniques hebdomadaires pour le journal *La Croix*, textes qui soulèvent bien souvent de vives discussions et qui sont publiés en volume en mars 2017 (Jérôme Ferrari : *Il se passe quelque chose*. Paris : Flammarion 2017). – Lors de la foire du livre de Francfort 2017, Ferrari fait partie de la délégation officielle de la France : il y est présent non seulement en tant qu'écrivain, mais aussi en tant que coéditeur d'une anthologie de la littérature française contemporaine à laquelle ont contribué 38 auteur(e)s, avec des textes pour la plupart inédits en allemand (Jérôme Ferrari/Cornelia Ruhe [dir.] : *Den gegenwärtigen Zustand der Dinge festhalten. Zeitgenössische Literatur aus Frankreich*. Göttingen : Wallstein 2017 [*die horen* 267]).

6   Ferrari 2018.

7   *Cf.* à ce sujet le dossier de la revue littéraire *Le Matricule des Anges*, consacré à Jérôme Ferrari et intitulé « Une âme corse » (Thierry Guichard : « Dossier Jérôme Ferrari ». In : *Le Matricule des Anges*, mars 2015, n° 161, 16-26), ou l'entretien avec Sandra Kegel : « Eine Bar auf Korsika ist ideal für den Roman ». In : *Frankfurter Allgemeine Zeitung* du 10 mai 2013.

l'armée. C'est ainsi que les guerres et les diverses étapes de la colonisation ont laissé de profondes empreintes dans la société de l'île, sans qu'en demeurent des traces visibles.

Les romans de Ferrari montrent de quelle manière l'Histoire fait son entrée dans une société close dont elle ne bouscule que trop souvent les traditions, car c'est une région « où les traces d'archaïsme familial sont plus importantes que dans d'autres régions de la France, où la conception de la famille reste archaïque », comme le souligne l'auteur lui-même[8]. Le clivage créé par le tourisme ne fera qu'aggraver l'affrontement des différentes cultures ; Ferrari l'illustre dans *Le Sermon sur la chute de Rome* et dans *À son Image*[9]. En donnant aux personnages de ses romans une base corse, Ferrari les ancre dans une culture où les ambivalences avec lesquelles lutte la France entière s'opposent dans l'espace réduit d'une île que la « Welthaltigkeit[10] » de son histoire particulière semble prédestiner à la fictionnalisation. La Corse telle que Ferrari la décrit est un univers clos, mais ouvert sur le monde. C'est ici que les différentes couches de la mémoire se superposent et parfois s'emmêlent de manière exemplaire.

La deuxième raison pour laquelle l'œuvre de Ferrari s'insère dans le courant des textes français contemporains proposant une réflexion sur l'histoire connectée est que l'auteur y explore la naissance et l'effondrement, voire l'anéantissement, des « mondes » à différents niveaux et dans différents contextes. En se fondant sur les intertextes centraux du sermon éponyme de Saint Augustin et de la théorie de Leibniz sur le meilleur des mondes possibles, cette problématique est discutée au sein du texte du *Sermon sur la chute de Rome* et sondée à d'autres époques historiques et sur d'autres modes dans les deux premiers volets de la trilogie corse, comme dans *Le Principe* et *À son Image*. Cet aspect est souligné par la présence intertextuelle de la philosophie quantique, qui fait son entrée dans le premier roman, *Aleph zéro*[11], pour finalement tenir, si l'on peut dire, le rôle de protagoniste dans *Le Principe*[12]. Il devient évident qu'au moins

---

8   « Entretien avec Jérôme Ferrari ». In : Sarah Burnautzki/Cornelia Ruhe (dir.) : *Chutes, ruptures et philosophie. Les romans de Jérôme Ferrari*. Paris : Classiques Garnier 2018, 233–254, ici 245.

9   L'influence du tourisme sur la vie en Corse est aussi un sujet du roman *Murtoriu – ballade des Innocents* de Marcu Biancarelli, que Jérôme Ferrari a traduit du corse au français avec Marc-Olivier Ferrari et Jean-François Rosecchi (Arles : Actes Sud 2012).

10 Bernd Blaschke : « Im Brennglas der Peripherie. Jérôme Ferraris Korsika-Trilogie verflicht Kolonial- und Familiengeschichten des blutigen 20. Jahrhunderts ». In : *literaturkritik.de* du 25 janvier 2016.

11 Jérôme Ferrari : *Aleph zéro*. Arles : Actes Sud 2002.

12 *Cf.* à propos de ce roman, Ursula Hennigfeld : « Le principe d'incertitude chez Houellebecq, Volpi et Ferrari ». In : Burnautzki/Ruhe 2018, 197-214, ainsi que Cornelia

depuis la chute de Rome, les empires politiques tout aussi bien que les systèmes philosophiques, après des débuts prometteurs, finissent par s'effondrer, puisqu'ils n'ont pas su tirer des leçons de l'histoire et de ses conflits. Le projet de Jérôme Ferrari vise la déconstruction graduelle de « mondes » qui va de pair avec la déconstruction des systèmes d'idées censés donner un sens au monde et à l'existence – qu'ils soient religieux, philosophiques ou bien idéologiques[13]. Cette déconstruction s'accompagne de la mise-à-nu de la structure répétitive et palimpsestique de l'histoire où, trop souvent, un événement en cache un autre.

Dans les romans de Ferrari, un rôle prépondérant revient aux questions éthiques, une particularité certes pas inattendue chez un professeur de philosophie[14]. Ce n'est pas uniquement au niveau de l'action des romans que sont posées des questions de responsabilité et de culpabilité, elles sont aussi présentes à travers différents intertextes qui vont de la Bible, omniprésente, à Mikhaïl Boulgakov, en passant par Fédor Dostoïevski, Jorge Luis Borges et Susan Sontag[15]. De manière significative, ces questions sont reliées – chez Ferrari tout comme dans les intertextes – à celles de la mémoire et de l'oubli, de la fabrication de la mémoire individuelle aussi bien que collective.

Le caractère précaire de la mémoire qui déclenchera l'effondrement non seulement de « mondes », mais aussi de familles, hante ainsi les textes de Jérôme Ferrari dès son premier roman. Cette hantise se fait plus persistante encore à partir du deuxième roman, *Dans le Secret*[16], pour finalement tenir un rôle central dans la trilogie corse, constituée par les romans *Balco Atlantico* (2008), *Où j'ai laissé mon âme* (2010) et *Le Sermon sur la chute de Rome* (2012)[17]. Alors que toute l'œuvre de Jérôme Ferrari est parcourue par des personnages récurrents,

---

Ruhe : « 'Le venin de la subjectivité'. Narration et ambiguïté dans les romans de Jérôme Ferrari ». In : Burnautzki/Ruhe 2018, 215-232.

13   Dans *La Littérature française au présent* (17), Dominique Viart soutient que depuis la fin des années 1970, il y aurait eu une tendance générale de la littérature à signaler la perte des repères, un diagnostic déjà posé par Jean-François Lyotard dans *La Condition postmoderne. Rapport sur le savoir* (Paris : Minuit 1979). La radicalité du projet de Ferrari me semble pourtant faire de lui une voix bien particulière de la littérature française.

14   Toutefois, l'auteur lui-même dit n'avoir « jamais eu beaucoup de goût pour les questions morales » (Guichard 2015, 20).

15   La référence à Boulgakov et Borges témoigne non seulement de l'intérêt de Ferrari pour les questions éthiques, mais rappelle aussi que ces auteurs ont également mis en scène la possibilité de l'existence de mondes parallèles.

16   Jérôme Ferrari : *Dans le Secret*. Arles : Actes Sud 2007.

17   Christian Ruzicska, l'éditeur allemand de Jérôme Ferrari et aussi son traducteur, est le premier à avoir publié les trois romans sous forme de trilogie (Jérôme Ferrari : *Die Korsika-Trilogie*. Berlin/Zürich : Secession 2014).

ces trois romans sont reliés plus étroitement encore, car ils racontent l'histoire d'un même village et d'une même famille corse.

2 Une histoire de lâcheté et de violence – la trilogie corse (2008-2012)

> Les idéals se succèdent, on les dépasse, ils tombent en ruines, et puisqu'il n'y a pas d'autre vie, c'est sur ces ruines encore qu'il faut fonder un idéal dernier.
>
> FÉDOR DOSTOÏEVSKI[18]

2.1 *Transmission générationnelle et cyclicité*

Un objectif central de l'œuvre de Ferrari, surtout depuis *Balco Atlantico*, est de démontrer que l'histoire de la Corse est liée à celle des grands conflits européens depuis l'époque des Romains. La trilogie corse en constitue la démonstration la plus ample, en ce qu'elle montre que, dû à l'exiguïté de l'île, c'est bien souvent une même famille qui se voit touchée, génération après génération, par les différentes guerres ; bien que ce soit plus par pauvreté que par tradition familiale, comme chez Maurice Attia, que les hommes s'engagent[19].

Dans mon analyse de la trilogie, je me concentrerai sur l'aspect de la déconstruction, de l'effondrement des mondes, des systèmes de signification et de la famille. Mon approche à travers le prisme d'intertextes littéraires ainsi que philosophiques tente d'approfondir ce sujet et permet ainsi d'accéder à de nouveaux niveaux de lecture.

L'exploration littéraire de la Corse par Jérôme Ferrari passe de petites histoires personnelles ou familiales à l'histoire de la violence corse que le nationalisme fera basculer dans *Balco Atlantico*[20], pour en arriver au conflit franco-algérien, bien que sur le mode de la pièce de chambre, dans *Où j'ai laissé mon âme*[21], roman qui, certes, met en scène la chute de l'empire colonial français, mais plus encore celle des valeurs fondamentales de la République. Le *Sermon*, dernier volet de la trilogie, se déroule sur un ton plus ironique et, à première vue, dans l'espace plus restreint encore d'un bar corse[22], bien

---

18 Fédor Dostoïevski : *Les Nuits blanches*, traduit par André Markowicz. Arles : Actes Sud (Babel) 1992, 51.
19 *Cf. supra*, 62sqq.
20 Ferrari 2008.
21 Ferrari 2010.
22 *Cf.*, pour une analyse du bar en tant que lieu central dans les textes de Ferrari, Daniela Kuschel : « Le bar du village corse. Un portrait du 'meilleur des mondes possibles' ». In : Burnautzki/Ruhe 2018, 149-164.

qu'englobant toute l'histoire française du XXᵉ siècle (à travers celle de la chute de l'empire romain), présentée comme une suite de défaites collectives autant qu'individuelles[23].

La trilogie s'ouvre et se clôt sur un meurtre : dans la première scène de *Balco Atlantico*, Virginie pleure penchée sur le corps de son amant Stéphane Campana, que son compagnon d'arme dans le mouvement nationaliste corse, Vincent Leandri, a assassiné (comme nous l'apprend la dernière scène du roman) en lui tirant « deux balles de fusils de chasse »[24] dans le ventre. L'avant-dernière scène du *Sermon sur la chute de Rome* se termine sur la mort de Virgile Ordioni, que Libero a tué en lui tirant un coup de pistolet dans la tête[25]. Dans le *Sermon*, les références bibliques de cette mort violente sont explicites :

> À nouveau, la voix du sang montait vers Dieu depuis le sol, dans la jubilation des os brisés, car nul homme n'est le gardien de son frère, et le silence fut bientôt suffisant pour qu'on pût entendre le hululement mélancolique de la chouette dans la nuit d'été[26].

Dans *Balco Atlantico*, Virginie se lamente sur le mort, duquel se dégage une « épouvantable odeur de merde »[27] (effet ironique, car il a marché dans une crotte de chien juste avant de rejoindre Virginie[28], comme le lecteur ne le comprendra que bien plus tard), de « ses hurlements, [...] ses larmes et [...] sa nudité »[29]. Face à l'odeur écœurante et à la réaction théâtrale de Virginie, les témoins de la scène ont du mal à « réprim[er] des fous rires et des haut-le-cœur »[30]. Dans le *Sermon*, la « voix du sang » est couverte par les

---

23   *Cf.* pour une analyse du rôle de l'histoire dans deux romans ferrariens, Claudia Jünke : « Continuités et ruptures. Passé violent et conception de l'histoire dans *Où j'ai laissé mon âme* et *Le Sermon sur la chute de Rome* de Jérôme Ferrari ». In : Burnautzki/Ruhe 2018, 51-62.
24   Ferrari 2008, 16.
25   Ferrari 2012, 190.
26   *Ibid.*, 190.
27   Ferrari 2008, 13.
28   *Ibid.*, 167.
29   *Ibid.*, 16.
30   *Ibid.*, 17. – La fin du roman, qui revient sur le moment qui suit le meurtre de Stéphane, couvre encore une fois d'ironie la réaction de Virginie et donne ainsi à toute la scène un caractère de farce : « Dans sa chambre, purifiée par le malheur et les larmes, Virginie s'endormait aussi, rêvant à la majesté de reines blanches en deuil. Des ombres s'inclinaient respectueusement devant la sainteté de son chagrin et elle marchait sur un lit de fleurs, le long d'un chemin pétrifié de jeunesse éternelle. Stéphane lui-même venait d'entrer dans

« hululements » qui font écho de manière quasi onomatopéique aux « hurlements » dans le roman antérieur.

La référence biblique au premier meurtre se retrouve aussi au cœur d'*Où j'ai laissé mon âme* : le roman est divisé en trois chapitres (qui correspondent aux 27, 28 et 29 mars 1957, dates de la bataille d'Alger) ; chaque chapitre est composé de deux parties. Les premières parties se focalisent sur André Degorce, tandis que les secondes, plus courtes, laissent parler Horace[31] Andreani qui, dans une sorte de prologue, ouvre aussi le roman. Chaque chapitre porte en épigraphe une référence à la Bible, dont le texte n'est pourtant repris qu'à la fin de chaque partie dédiée à Degorce, qui lira le passage correspondant dans sa Bible qu'il feuillette chaque soir. Le premier chapitre tourne ainsi autour de l'histoire de Caïn et Abel (Gen. IV, 10), à laquelle le passage cité plus haut, tiré du *Sermon*, fait aussi allusion : « Et Dieu dit : qu'as tu fait ? La voix du sang de ton frère crie de la terre jusqu'à moi ».

La chronologie complexe de la trilogie place l'implication d'André Degorce dans les crimes de guerre de la guerre en Algérie au début de l'histoire de sa famille et de son village. En laissant l'histoire d'André Degorce se développer sur le fond du fratricide biblique, le lecteur est amené à la considérer comme la chute originelle de cette famille et de son village, avant qu'il ne comprenne, en lisant le *Sermon* qui la contextualise dans l'histoire française du XXe siècle, que ce n'est qu'un autre maillon d'une chaîne de meurtres qui se prolonge depuis au moins le début du XXe siècle, si ce n'est depuis son origine biblique. Gianfranco, le spectre qui hante Théodore, l'un des narrateurs de *Balco Atlantico*, y avait déjà ajouté un autre chapitre de l'histoire de violence de la Corse, celui de sa lutte sanglante contre les troupes françaises en 1769[32].

Tous ces meurtres prennent leur origine dans un petit village de la région de la Rocca Alta ; la transmission de la violence y est intergénérationnelle. André Degorce est impliqué dans la torture et dans l'assassinat d'une quantité non précisée d'hommes et de femmes pendant la bataille d'Alger. Surtout, il est coupable de ne pas avoir protesté contre la mise à mort illégale d'un certain Tahar (derrière lequel se cache le leader FLN Larbi Ben M'hidi), qu'il surveillait : il devient, de fait, coupable par omission de la mort de ce prisonnier, puisque comme son ancêtre biblique Caïn, qui envie son frère, Degorce

---

le jardin lumineux des martyrs dont les parfums célébraient le couronnement d'une vie parfaite », *ibid.*, 185sq.

31 Certains protagonistes de Ferrari portent des noms lourds d'implications antiques : « Horace » et « Virgile » ne sont pas uniquement des prénoms courants d'une certaine génération d'hommes corses, ils renvoient aussi aux auteurs de l'antiquité latine.

32 *Cf.* Ferrari 2008, 88sq.

considère Tahar « avec une vague rancœur envieuse »[33]. Bien qu'il ne le tue pas lui-même, sa passivité, son aveuglement face au destin que ses supérieurs réservent à Tahar, le rendent coupable[34]. Comme lui, son petit-fils Matthieu, copropriétaire du bar au centre de l'action du *Sermon* avec son ami Libero, sera, des décennies plus tard, « incapable de bouger »[35], « immobile »[36] face à la lutte entre Pierre-Emmanuel et Virgile qu'il « regardait [...] avec des yeux de statue »[37]. En n'aidant pas son ami Libero à maîtriser Virgile, il devient, lui aussi, coupable de meurtre par omission, bien qu'innocent aux yeux de la justice – c'est Libero qui ira en prison pour le meurtre de Virgile, qui lui était un ami paternel.

Une nouvelle fois, l'histoire se répète : dans *Où j'ai laissé mon âme*, c'est Horace qui accomplira le meurtre que son ami André Degorce n'a su ni commettre ni empêcher. Tous les deux profiteront de l'amnistie qui fera suite aux accords d'Évian mettant fin à la guerre d'indépendance algérienne. Toutefois, Horace sera jugé pour son implication dans les activités de l'OAS et c'est lors de ce procès qu'André servira comme témoin, bien qu'il ne proférera pourtant que des « mots convenus »[38]. Dans *Balco Atlantico*, Vincent, quant à lui, ne sera jamais accusé ou jugé pour le meurtre de Stéphane, ni pour tous les autres qu'il a commis. Tout comme son grand-père André Degorce, Matthieu dans le *Sermon* n'a pas essayé d'empêcher la mort d'un homme, alors que cela aurait été nettement plus facile pour lui que pour son ancêtre. Libero tue Virgile, et Matthieu ne retournera en Corse que pour « témoigner au procès »[39].

2.2 *L'ordre violent des choses*

Si dans chaque roman de la trilogie, le protagoniste sort indemne de son implication dans un ou plusieurs meurtres, c'est aussi grâce au silence individuel et collectif qui pèse sur les actes des ancêtres respectifs. La justice ne peut pas les atteindre, ce qui ajoute à leur sentiment de culpabilité. Mais ils ajoutent eux-mêmes à l'amnésie : André Degorce ne peut dire son désaccord avec la

---

33   Ferrari 2010, 50.
34   C'est en cela que Degorce se distingue le plus nettement du protagoniste du roman de Jenni qui, lui, ne se considère point impliqué dans la torture même après avoir signalé à son sous-officier Mariani, qu'il sait moins scrupuleux que lui, de « prendre soin » d'un prisonnier (qu'il connaissait, de plus, depuis la Deuxième Guerre mondiale), sachant que cela implique qu'il sera jeté d'un hélicoptère en plein vol pour se noyer dans la Méditerranée (Jenni 2011, 548sqq.).
35   Ferrari 2012, 189.
36   *Ibid.*, 190, 191.
37   *Ibid.*, 189.
38   Ferrari 2010, 115.
39   Ferrari 2008, 195.

guerre en Algérie qu'à Tahar, tout en sachant que la mort assurée de celui-ci fera tomber ses mots dans l'oubli certain. Incapable de communiquer la vérité sur cette guerre à sa famille, guerre qui l'a transformé de victime en bourreau, Degorce ne pourra que « persister à lui écrire les mêmes phrases toutes faites, les seules, apparemment, que son esprit est désormais capable de produire »[40]. En dépit des lettres insignifiantes et mensongères qu'il adresse à sa femme, à son gendre et à ses parents – « Mes chers parents, prenez soin de votre santé, surtout toi, papa. Ici tout va pour le mieux. Votre fils, André »[41] –, il croit toujours que « [l]es mots reviendront »[42]. La fin du roman prouve pourtant que ce ne sera pas le cas, car même s'il y « met tout son amour » et peut-être aussi son désespoir, cela ne donnera qu'« un gribouillis illisible »[43], voué à l'oubli.

Marcel, le grand-père de Matthieu, dont la correspondance avec son gendre André Degorce est citée dans *Où j'ai laissé mon âme*, représente la mémoire dans les deux derniers volumes de la trilogie. Une mémoire qu'il sera incapable de transmettre, car au moment de sa mort, il prendra avec lui « le monde qui ne vit plus qu'en lui »[44]. Seule sa petite-fille Aurélie, de son état maître de conférences en archéologie, s'intéresse au « monde » de Marcel. Mais la futilité de ses intérêts privés comme professionnels devient évidente par l'échec des fouilles auxquelles elle participe pour retrouver « la cathédrale d'Augustin »[45] sur le « site d'Hippone »[46]. Le silence de tous ceux qui auraient été en mesure de transmettre la mémoire et leur incapacité à s'opposer à l'oubli permettront que le cercle de la violence se referme sur leur village et sur leur famille.

Marcel, né juste après la Grande Guerre, ce premier effondrement du monde au XXe siècle, sera témoin des exploits du colonialisme français[47] mais restera, contrairement à Degorce, toujours en marge des grands événements et surtout des guerres coloniales. Sa « mission harassante » consiste à veiller à la mémoire de la famille et à porter « les siens en terre » dans « l'ordre fixé »[48] que la mort prématurée de son fils Jacques viendra troubler. Autre grand passif de la trilogie, Marcel croit en un « ordre des choses »[49] où la mort – naturelle ! – touche

---

40   Ferrari 2010, 78.
41   *Ibid.*, 110. – D'autres lettres de la même envergure se trouvent aux pages 50 et 78.
42   *Ibid.*, 110.
43   *Ibid.*, 150.
44   Ferrari 2012, 196.
45   *Ibid.*, 165.
46   *Ibid.*, 90.
47   Les lettres qu'il écrit des colonies à sa famille en Corse semblent être un clin d'œil aux cartes postales que le père du protagoniste, en tant que fonctionnaire colonial, envoie à la famille en France dans *L'Acacia* de Claude Simon (Paris : Minuit 1989, 125sq., 217).
48   Ferrari 2012, 146.
49   *Ibid.*, 150, 167.

la génération des pères avant celle des fils, ce qui implique du moins une certaine normalité. La mort de son fils le perturbe dans sa foi, sans que les tueries entre différents groupuscules de nationalistes corses dans son village ne l'aient affecté auparavant.

Dans sa trilogie, Ferrari décrit un monde où l'ordre des choses suit une logique nettement moins téléologique que Marcel ne le voudrait : les meurtres de Stéphane Campana et de Virgile Ordioni, qui servent de cadre aux trois romans, donnent seulement l'impression de clôture à la trilogie et aux événements qu'elle décrit. Vu sous un angle différent, on pourrait y voir une version de la phrase de Marx qui, paraphrasant Hegel, assurait que « tous les grands événements [...] historiques se répètent [...] deux fois. [...] la première fois comme tragédie, la deuxième fois comme farce »[50]. Jérôme Ferrari fait commencer sa trilogie par la version « farce » du meurtre, qui n'est pourtant pas le premier qui a lieu dans l'histoire de la famille et du village corse que ses trois romans mettent en scène. Cette répétition souligne que ce qui prédomine n'est pas la clôture, mais la répétition : en sondant, chacun à sa manière, les vicissitudes de la mémoire et de l'oubli, chaque tome représente l'effondrement et le renouvellement d'un monde en accomplissant un mouvement cyclique qui trouve son apogée dans un meurtre, alors que la trilogie, vue et lue comme un ensemble, réalise un cycle plus large, qui dénonce la répétition inlassable de la violence. J'avance donc la thèse que l'histoire de cette famille et de ce village corse, si symptomatiques dans l'histoire de la France du XXe siècle, ne suit pas une évolution linéaire mais cyclique et essentiellement pessimiste quant à la faculté humaine de comprendre les enseignements de l'histoire et d'en tirer des leçons.

L'histoire n'a de cesse de se répéter : lorsqu'un monde s'est effondré de manière violente, il en renaîtra un nouveau tout aussi violent, car la violence réside dans la nature même de l'homme, comme le suggère la citation de Saint Augustin placée en exergue au *Sermon* : « Le monde est comme un homme : il naît, il grandit et il meurt »[51]. À la fin du premier chapitre du roman, cette citation est reprise par le narrateur, qui fait de la mort d'un monde la condition préalable à la naissance d'un nouveau monde – « nous savons ceci : pour qu'un monde nouveau surgisse, il faut d'abord que meure un monde ancien »[52] –, mort qui ne se fait pas sans violence. Le narrateur du *Sermon* fait sienne cette attitude fataliste lorsqu'il constate, juste après la mort de Virgile Ordioni et toujours en référence au premier meurtre de la Bible : « À nouveau, le monde était

---

50   Karl Marx : *Le 18 Brumaire de Louis Bonaparte*. Paris : Les Éditions sociales 1969, 13.
51   Ferrari 2012, 7.
52   *Ibid.*, 20.

vaincu par les ténèbres, et il n'en restait rien, pas un seul vestige. À nouveau, la voix du sang montait vers Dieu depuis le sol »[53]. Il y a une subtile contradiction entre ces deux phrases : alors qu'il ne reste « pas un seul vestige » du monde qui vient de s'effondrer, le meurtre et la violence y ont à nouveau leur place. Ce qui subsiste à chaque effondrement d'un monde est la violence, qui est transmise de génération en génération[54].

La phrase citée est centrale pour comprendre que ce qui permet la répétition cyclique de la violence est non pas un effet de l'oubli involontaire, mais témoigne du fait que « les ténèbres » qui détruisent les traces des défaites historiques pour ne pas épargner « un seul vestige » sont l'effet d'une volonté collective d'oublier et d'effacer le passé. Cet effacement par l'amnésie n'est pourtant pas complet puisqu'il laisse subsister une faible trace qui permet à la « voix du sang » de s'élever à nouveau à chaque génération. Ce que Ferrari décrit par là tient de la logique du palimpseste : bien que chaque génération essaie de faire disparaître les traces des défaites, tant individuelles que collectives – dans *Le Sermon*, le narrateur souligne que « Matthieu se comportait comme s'il lui fallait s'amputer de son passé »[55] –, l'effacement reste incomplet et permet ainsi la continuité de ce que l'histoire a de pire à transmettre.

Les trois meurtres, celui de Stéphane Campana, de Tahar et de Virgile Ordioni ne rythment pas seulement la trilogie, ils closent aussi, à la fin de chaque roman, le dernier acte d'un monde qui, né plein d'espoir, est corrompu par la violence pour finalement s'effondrer. Le fait que les mondes se renouvellent à chaque nouvel épisode pourrait donner de l'espoir, mais la répétition des meurtres l'anéantit – aucun membre des familles corses dont Ferrari écrit les destins entrelacés n'est capable de renoncer à la violence et de prouver ainsi qu'il sait tirer des leçons de l'histoire de la famille et du village.

La violence semble d'une fatalité inexorable et sa répétition cyclique inéluctable. Les narrateurs de Ferrari l'attribuent aux problèmes de mémoire. En s'adressant à André Degorce, Horace Andreani l'évoque en des termes qui dénoncent la cyclicité, sans pour autant en proposer de remède :

> [L]e monde est vieux [...] et les hommes ont si peu de mémoire. Ce qui s'est joué dans votre vie a déjà été joué sur des scènes semblables, un

---

53   *Ibid.*, 191.
54   *Cf.* pour la logique palimpsestique de certains romans de Ferrari, Timo Obergöker : « *Le Sermon sur la chute de Rome* et la question de l'identité nationale ». In : Burnautzki/Ruhe 2018, 133-147.
55   Ferrari 2012, 89.

nombre incalculable de fois, et le millénaire qui s'annonce ne proposera rien de nouveau. [...] Nous avons si peu de mémoire[56].

Les différentes guerres auxquelles Horace et surtout André ont participé, la Résistance et le camp de concentration allemand, la guerre d'Indochine et le camp de rééducation vietnamien – tout se répète et s'enchaîne. Et paradoxalement, tout cela ne semble pas avoir averti les deux hommes des dangers qu'ils encourent, mais semble au contraire les avoir préparés pour leurs rôles de bourreaux pendant la guerre d'Algérie. Ce n'est pas d'un manque de mémoire que le roman les tient coupables, mais plutôt d'un manque de capacité à tirer des conséquences de leurs actes et, dans le cas de Degorce, à veiller à ce que ses enfants ne répètent pas ses défaillances.

Le monde dans lequel ils sont nés et qui leur semble naturel, celui de l'empire colonial français, n'arrête pas de s'effondrer au cours des guerres auxquelles ils participent, jusqu'à trahir et même perdre ses principes les plus chers. En évoquant la guerre de l'indépendance algérienne, l'historiographie des deux pays suit différents cours : en parlant de ceux qui sont morts pendant la guerre d'indépendance, l'un des narrateurs du roman commente de manière pertinente que « leur hagiographie [celle de l'Algérie] les a fait disparaître à jamais, plus sûrement que ne l'aurait pu le silence »[57], silence qui s'installe en France suite à cette même guerre. Il y a donc toujours plusieurs manières de raconter ou de taire une même histoire.

2.3   *La lâcheté héréditaire – Fédor Dostoïevski et Mikhaïl Boulgakov*

Dans la trilogie, le sujet de la transmission intergénérationnelle et de l'hérédité est présent de manière intertextuelle à différents niveaux. L'histoire de Marie-Angèle, propriétaire du bar que géreront plus tard Matthieu et Libero et la mère de Virginie – qui entretient une liaison très particulière et à la limite de la pédophilie avec Stéphane Campana –, ou plutôt celle de sa mère, comporte un fond intertextuel qui introduit une perspective intéressante au sujet de l'hérédité : le narrateur Théodore nous raconte que la mère de Marie-Angèle était « une débile profonde »[58], tombée enceinte plusieurs fois de pères inconnus. Marie-Angèle est la seule enfant a avoir survécu, tandis que sa mère est morte durant sa cinquième grossesse. Marie Angèle reste ainsi, pour sa famille, « une incarnation de la honte »[59].

---

56 Ferrari 2010, 23.
57 *Ibid.*, 20.
58 Ferrari 2008, 19.
59 *Ibid.*, 21.

L'histoire honteuse de sa mère et de sa naissance renvoie au sort d'un modèle célèbre, celui de Lizaveta Smerdiachtchaïa dans *Les frères Karamasov* de Fédor Dostoïevski. Tout comme la mère de Marie Angèle, Lizaveta est une « idiote »[60], « une innocente de village »[61] qui sait à peine parler et qui traîne dans les rues. Un jour, elle tombe enceinte, fait qui inspire de l'horreur à tous. On soupçonne le père Karamasov d'avoir « outrag[é] la pauvre créature »[62] et d'être le père de son enfant. Lizaveta meurt en donnant naissance à son fils, Smerdiakov. Celui-ci grandit dans la famille du servant du père Karamasov et commet, adulte, le parricide dont son demi-frère Dimitri sera jugé coupable. Ni Marie-Angèle ni sa fille Virginie n'« héritent » de cette tendance au meurtre, qu'elles laissent à d'autres habitants de leur village corse. En incluant ce renvoi au dernier roman de Dostoïevski, Ferrari approfondit les questions d'hérédité, de fatalité et de la défaillance de toute foi chrétienne, tout en se référant à la fameuse phrase d'Ivan Karamzov selon laquelle « Si Dieu n'existe pas, tout est permis »[63].

En l'absence de Dieu, la déchéance morale des habitants du village des romans de Ferrari ne connaît plus de bornes. Différents protagonistes entretiennent des relations dépassant les limites de ce qui est considéré comme socialement ou même juridiquement acceptable : alors que les grossesses de la mère de Marie-Angèle ne semblent pas résulter de viols (comme cela était probablement le cas pour Lisaveta Smerdiachtchaïa), les relations sexuelles avec une femme mentalement handicapée restent tabouisées. La liaison que Stéphane Campana entretient avec Virginie commence lorsqu'elle n'a que treize ans : les débuts de leur histoire commune relèvent ainsi de la pédophilie, au moins d'un point de vue juridique. Bien que leurs relation reste non-pénétrative – « Ils ne font pas l'amour. Ce qu'ils font attend d'être nommé »[64] –, la mère de Virginie est sûre que la relation a un caractère « scandaleusement lubrique »[65], car quand Stéphane est chez sa fille, elle entend « les rumeurs innommables et sauvages d'accouplements bestiaux »[66]. Virginie assiste par la suite aux relations sexuelles de Stéphane avec d'autres femmes, d'abord les yeux fermés, puis les yeux ouverts[67]. Une génération avant Virginie, l'inceste

---

60 Fédor Dostoïevski : *Les Frères Karamazov*, traduit du russe par André Markowicz. Arles : Actes Sud 2017, 180.
61 Dostoïevski 2017, 181.
62 *Ibid.*, 282.
63 *Ibid.*, 238.
64 Ferrari 2008, 124.
65 *Ibid.*, 16.
66 *Ibid.*, 18.
67 *Ibid.*, 138.

annonçait déjà la débauche sexuelle : Jacques, le fils de Marcel, se liait de manière incestueuse à sa cousine germaine Claudie et leur « détermination incestueuse »[68] était si inébranlable qu'André Degorce, le père de Claudie, « qui n'en [était] plus à une défaite près »[69], se voyait obligé de donner son accord à leur mariage. Matthieu, le fruit de cette union incestueuse, n'est pas passé à l'acte, mais pensait à son amante Izaskun comme à « sa tendre sœur incestueuse »[70] : d'une certaine manière, avec Matthieu se répète en farce ce qui, pour la génération précédente, était un drame familial, bien qu'à l'issue heureuse. Alors que tout semble permis, dans un sens religieux mais aussi dans la perspective d'une juridiction séculaire, la transgression de tant de tabous place le destin du village corse et la succession générationnelle de ses habitants sous le signe du péché et du crime.

Avec Virginie, personnage présent dans *Balco Atlantico* et *Le Sermon sur la chute de Rome*, Ferrari met en scène une sorte de négatif de l'un des symboles les plus prominents pour la Corse : la tête de Maure au bandeau blanc qui figure sur le drapeau de l'île est transposée dans l'image de la blanche Virginie qui porte, pendant ses rencontres intimes avec Stéphane, « un bandeau de soie noire qu'elle garde noué autour de sa tête »[71]. Sur le drapeau corse, le bandeau couvrait initialement les yeux du Maure en signe d'esclavage, du temps du règne aragonais sur l'île. Il est relevé par Pascal Paoli, premier chef d'une nation corse indépendante, qui fera du drapeau à la tête de Maure au bandeau relevé l'emblème de la Corse libre. Paoli aurait déclaré à ce sujet que « les Corses veulent y voir clair, la liberté doit marcher au flambeau de la philosophie, ne dirait-on pas que nous craignons la lumière ? »[72] Virginie devient ainsi le symbole négatif – au sens propre comme au sens photographique du terme – d'une nouvelle Corse qui aurait oublié son histoire d'oppression et qui fermerait volontiers les yeux devant la débauche morale (dont les meurtres au sein du mouvement nationaliste que Virginie couvre), pour les ouvrir non pas « au flambeau de la philosophie », mais aux banals ébats sexuels de Stéphane avec des femmes interchangeables.

Toutefois, il n'y a pas que la succession et l'hérédité qui soient problématisées à travers des liens intertextuels. Un autre motif renvoie au sujet de la mémoire et des problèmes que sa transmission peut poser : en épigraphe d'*Où j'ai laissé mon âme* se trouve une citation du roman *Le maître et Marguerite*

---

68   Ferrari 2012, 145.
69   *Ibid.*, 145.
70   *Ibid.*, 124.
71   Ferrari 2008, 123.
72   Arrigo Arrighi : *Histoire de Pascal Paoli. La dernière guerre d'indépendance (1755-1807)*. Paris : Librairie Charles Gosselin 1843, t. 2, 389.

de Mikhaïl Boulgakov. La citation choisie par Ferrari provient des parties du roman qui, à première vue, sont sans lien apparent avec le reste du texte. Elles présentent une version parallèle de la rencontre entre Ponce Pilate et Jésus-Christ, ainsi que du jugement et de la mort de Jésus, ici appelé Yeshoua Ha-Nozri. Dans cette version alternative dénuée de toute signification surnaturelle, le sujet de la falsification hagiographique de la mémoire, évoqué à propos de l'historiographie algérienne, se voit doublé. En effet, le récit de la rencontre entre Yeshoua et Ponce Pilate serait l'invention du « maître », qui dans son récit même raconte que la vie et les mots de Yeshoua auraient été falsifiés par la transmission de Matthieu Lévi, qui aurait passé son temps à suivre Yeshoua et à noter ses actes et paroles ; pourtant, « [d]e tout ce qui était écrit là, je n'ai rigoureusement pas dit un mot »[73], avouera Yeshoua à Pilate. Il s'avère ainsi que les épigraphes bibliques dans le roman de Ferrari se voient confrontées à l'épigraphe d'une partie du roman russe consacré à la réécriture hautement ambiguë d'une partie centrale de la Bible. La concurrence qui règne entre les deux voix du texte, celles d'André Degorce et d'Horace Andreani, se répète dans l'opposition des épigraphes. La Bible dans laquelle Degorce se plonge chaque soir est mise en doute – l'érosion subtile des bases de sa foi, d'une vision du monde qu'il partage avec bien d'autres, arrive à son point culminant avec la fin de l'empire colonial français.

Mais ce n'est pas le seul parallèle : dans les chapitres sur Yeshoua, Boulgakov approfondit un problème central de son roman : celui de la lâcheté. Les derniers mots de son protagoniste sont rapportés par un légionnaire romain : « La seule chose qu'il a dite, c'est que, parmi tous les défauts humains, il considérait que l'un des plus graves était la lâcheté »[74]. Ce constat est repris et renforcé plusieurs fois dans la dernière partie du texte de Boulgakov[75]. Son antagoniste Ponce Pilate est conscient de se rendre coupable de ce crime, tout en étant incapable de remédier à son vice :

---

[73] Mikhaïl Boulgakov : *Le Maître et Marguerite*, traduit du russe par Claude Ligny. Paris : Robert Laffont 1968, 63sq.
[74] Boulgakov 1968, 417.
[75] « La lâcheté, incontestablement, était l'un des pires défauts. Ainsi parlait Yeshoua Ha-Nozri. Non, philosophe, je ne suis pas d'accord : la lâcheté est le pire de tous les défauts ! », Boulgakov 1968, 432 ; « Les derniers mots qu'il déchiffra au bas du parchemin étaient : '… plus grand défaut … lâcheté …' », *ibid.*, 442 ; « S'il est exact que la lâcheté est le plus grave des défauts », *ibid.*, 504.

> Dans la journée, c'était évident, il avait laissé échapper quelque chose sans retour, et maintenant il voulait rattraper cette perte par des actions médiocres, insignifiantes et, surtout, trop tardives[76].

Pilate se souvient pourtant avoir été courageux dans le passé[77], tout comme Degorce qui a l'impression de faillir, en Algérie, à l'image héroïque qu'il avait toujours nourrie de lui-même. Tourmenté par de terribles accès de migraine – maladie que Ferrari ne prêtera pas à Degorce, mais à Stéphane Campana dans *Balco Atlantico*[78] –, Ponce Pilate éprouve beaucoup de sympathie pour Yeshoua Ha-Nozri, qu'il voudrait gracier à la place du criminel War-Rawwan. Mais il est trop lâche pour en affronter les conséquences (tout comme les autres protagonistes du roman sont trop lâches pour s'opposer au « diable » Voland et à sa troupe, qui finira par soumettre Moscou à son régime de violence arbitraire).

Le sous-texte de Boulgakov – comme celui de Dostoïevski – fait ressortir la lâcheté des protagonistes non seulement d'*Où j'ai laissé mon âme*, mais de toute l'œuvre de Ferrari. Aucun d'eux ne s'oppose à l'injustice ou au meurtre, ni Théodore, ni André Degorce, ni son petit-fils Matthieu, ni le Heisenberg du *Principe*. Leur lâcheté semble héréditaire, inévitable : l'absence d'une transmission familiale ou collective de la mémoire fait que les mêmes fautes se répètent à chaque génération.

De plus, en calquant Degorce sur le Ponce Pilate de Boulgakov et Tahar sur Yeshoua, Ferrari charge Tahar d'un potentiel christologique qui fait de sa mise à mort par Andreani non pas la promesse de l'expiation de tout péché, mais au contraire une nouvelle chute originelle, qui sera suivie par bien d'autres chutes encore, incarnées dans les meurtres qui suivront chronologiquement dans les tomes un et trois de la trilogie. Par ailleurs, il est intéressant de noter que dans sa relation intertextuelle au texte de Boulgakov – et, à travers lui, à la Bible –, le roman de Ferrari opère un glissement quant à l'appartenance religieuse des antagonistes : ce n'est plus le personnage de la victime, mais au contraire celui du bourreau qui se définit comme chrétien (et catholique).

C'est avec les « yeux brillants des loups »[79], des « yeux de loups luisant dans les ténèbres »[80], que les protagonistes de Ferrari observent un monde duquel

---

76 Boulgakov 1968, 421.
77 *Ibid.*, 432.
78 Ainsi, Ferrari attire l'attention sur la parenté de ces deux personnages, qui se font, chacun à sa manière, les bourreaux d'autres hommes : Stéphane exécute Dominique Guérini pour qu'il n'empêche pas son ascension dans la hiérarchie du mouvement nationaliste, alors qu'André Degorce ne s'oppose pas au meurtre de Tahar, tué par Horace Andreani.
79 Ferrari 2010, 123.
80 *Ibid.*, 153.

ils ont participé à chasser toute trace de pureté et d'innocence, en trahissant leurs principes et ceux de la république dont ils portent l'uniforme. Ce sont ces mêmes « yeux de loups »[81], un « regard de loup »[82], que Boulgakov prête à Ponce Pilate, le bourreau de son roman qui se voudrait innocent. Toutefois, cette référence est ambivalente, car la même expression renvoie à un autre texte intertextuellement présent dans le roman de Ferrari : le *Homo Sacer* de Giorgio Agamben.

2.4 L'homme nu et le loup-garou – Giorgio Agamben

Giorgio Agamben développe le personnage du *homo sacer*, de l'homme exclu, selon le droit romain, et qui ne possède plus que « la vie nue », « la vie *tuable et insacrifiable* », tout en conservant une fonction importante au sein de la vie politique moderne[83] : c'est à « la vie nue » que revient, selon Agamben, « ce privilège singulier d'être ce dont l'exclusion fonde la cité des hommes »[84]. « La production de la vie nue devient, en ce sens, la prestation originaire de la souveraineté »[85]. L'État moderne produirait des *homines sacri* en légitimant leur état ou les lieux dans lesquels ils se retrouvent : des prisons, des camps, des espaces qui suspendent les lois et où le *homo sacer* mènerait une existence ambivalente, son statut de hors-la-loi le conduisant à n'appartenir « ni au monde des vivants ni au monde des morts. C'est un mort vivant »[86]. Dans le même temps, « la relation politique originaire est le ban (l'état d'exception en tant que zone d'indifférence entre extérieur et intérieur, exclusion et inclusion) »[87]. Selon Agamben, le bannissement crée une version de l'homme nu, qui est le loup-garou :

---

81 Boulgakov 1968, 433.
82 *Ibid.*, 440, traduit en français par « regards sauvages ».
83 Giorgio Agamben : *Homo sacer. Le pouvoir souverain et la vie nue*, traduit de l'italien par Marilène Raiola. Paris : Seuil 1997, 16. – En Allemagne, le volume d'Agamben paraît d'ailleurs dans une série intitulée « Erbschaft unserer Zeit », « héritage de notre époque ». Gary Smith, l'éditeur de la série, souligne que « le XXe siècle, dont cette série mettra à l'épreuve l'héritage intellectuel, se caractérise par une incroyable perte d'éthique » (« Das 20. Jahrhundert, dessen geistiges Erbe in dieser Buchreihe geprüft werden soll, hat durch einen unvorstellbaren Verlust an Ethik Geschichte gemacht », Giorgio Agamben : *Homo sacer. Die souveräne Macht und das nackte Leben*, traduit de l'italien par Hubert Thüring. Frankfurt/Main : Suhrkamp 2002, 5). Les romans de Ferrari, en ce qu'ils explorent également la perte d'éthique au moyen de la littérature, s'inscrivent dans une démarche similaire à celle d'Agamben.
84 Agamben 1997, 15.
85 *Ibid.*, 93.
86 *Ibid.*, 109.
87 *Ibid.*, 195.

> La vie du bandit – pas plus que celle de l'homme sacré – n'est un bout de nature sauvage sans lien aucun avec le droit et la cité : c'est, au contraire, un seuil d'indifférence et le passage entre l'animal et l'homme, la *physis* et le *nomos*, l'exclusion et l'inclusion : loup-garou précisément, ni homme ni bête, qui habite paradoxalement dans ces deux mondes sans appartenir à aucun d'eux[88].

Pour le philosophe, le loup-garou s'incarne en la personne du souverain, qui est le *homo homini lupus* de tous les autres hommes, dont il fait des hommes nus. Il souligne que « le paradigme biopolitique de l'Occident est aujourd'hui le camp et non pas la cité »[89], car le camp est le lieu où l'état d'exception est instauré à perpétuité.

« L'homme nu » est une expression qui revient à deux reprises dans *Où j'ai laissé mon âme* de Ferrari[90], chaque fois dans les parties narrées par Horace Andreani. Degorce lui-même s'est retrouvé par deux fois à l'état d'« homme nu », d'abord en se retrouvant interné dans le camp de concentration de Buchenwald puis, en tant que prisonnier de guerre du Viêt-Cong, dans un camp vietnamien de rééducation. Ayant ensuite franchi la ligne distinguant la victime du bourreau, Degorce dirige, avec la Villa Sésini, le centre clandestin de torture à Alger. Dans ce « camp » bien français où règne le même état d'exception que dans les deux autres, Degorce, transformé en loup-garou, participe à créer des « hommes nus », des hommes auxquels il ne restera, comme à lui-même quand il était dans les camps, que leur « corps mystérieux et répugnant de victime »[91]. En croyant s'être par deux fois relevé de l'état de victime, lui, qu'on avait décrit à Andreani comme un « héros antique »[92], croit s'être élevé au-dessus de ceux qui seront ses propres victimes. À présent, c'est à lui de les réduire à un état hors de toute loi, de sorte que leur mort ne constitue ni un crime pour lequel il pourra être jugé, ni un sacrifice qui fera d'eux des martyrs. La disparition complète, l'anéantissement même auxquels ces morts sont voués les marque déjà avant leur mise à mort, faisant d'eux des morts-vivants, des revenants.

C'est dans les camps, qu'ils soient allemands, vietnamiens ou français, que l'homme semble retomber dans un état naturel, présenté par Agamben comme aucunement naturel, pur produit de la société. Là, l'État se dissout[93] et

---

88   *Ibid.*, 116.
89   *Ibid.*, 195.
90   Ferrari 2010, 24, 62.
91   *Ibid.*, 142.
92   *Ibid.*, 53.
93   Agamben 1997, 119.

s'affirme dans un mouvement paradoxal ; c'est ici, comme le montre le roman de Ferrari, que la république française trahit ses principes. Mais cela ne mène pas à sa dissolution. De la seule menace de dissolution est tirée une narration qui affirme sa légitimité : alors que Degorce, en tant qu'homme nu, pourrait témoigner de la chute de l'État dont il porte l'uniforme, il est incapable de prendre la parole et d'élever la voix pour lui-même ou pour un autre. Andreani, dont l'implication dans l'OAS va jusqu'à transgresser les limites de l'état d'exception, usurpe la parole et justifie ses actes par ce même état d'exception. Les « yeux de loups » que l'auteur prête aux deux hommes les marquent pourtant d'un signe de Caïn bien particulier : l'homme-loup, le loup-garou, est pour Agamben l'autre exemplification de celui qui a été banni de la société et qui, ainsi, est apparenté et s'apparente aux bêtes. En torturant et en créant des « hommes nus », Degorce et Andreani croyaient pouvoir se réinsérer dans une société qui n'avait pas empêché leur transformation en hommes nus dans les camps. Ce que le prisme du texte de Giorgio Agamben laisse apparaître, c'est qu'ils se voient ainsi exclus de la même manière que leurs victimes, tout en y ayant « laissé leur âme », comme l'indique le titre du roman de Ferrari.

2.5 *Excès de mémoire – Jorge Luis Borges*

De nombreux protagonistes de Ferrari partagent le fait d'avoir une mémoire défective : Théodore, l'un des narrateurs de *Balco Atlantico*, est atteint d'un « excès de mémoire »[94] à plusieurs niveaux. Cette expression renvoie ironiquement à la nouvelle « Funes el memorioso » (1944)[95] de Jorge Luis Borges, auteur cher à Jérôme Ferrari[96], qui traite du problème inverse : suite à un accident, Funes souffre d'une mémoire excessivement détaillée et se voit incapable d'oublier le plus infime détail de ce qu'il a jamais vu ou entendu. Christophe Pradeau lit cette nouvelle de Borges comme une « critique du genre romanesque »[97], car

> [p]our Borges, le genre romanesque participe d'un excès de mémoire ; il y a en lui trop de pages, trop de souvenirs, il est à l'image de l'ère de surabondance dans laquelle nous vivons, menacés d'asphyxie sous la masse des archives. Une mémoire prodigieuse comme celle de Funes interdit de s'orienter sur la netteté de l'abstraction[98].

---

94 C'est le titre des parties du roman consacrées à l'histoire de Théodore.
95 Jorge Luis Borges : *Ficciones*. Buenos Aires : Emecé Editores 1944.
96 *Cf.* Ruhe 2017.
97 Christophe Pradeau : « La résonance ». In : Collectif Inculte : *Devenirs du roman II* : *Écriture et matériaux*. Paris : Inculte 2014, 125-136, ici 129sq.
98 Pradeau 2014, 131.

Ferrari, dont les textes ne souffrent pas d'un trop de pages ou de souvenirs mais sont plutôt orientés vers l'abstraction, fait sienne cette critique en se référant au texte de Borges – créant de fait, avec Théodore, un protagoniste qui souffre lui aussi d'une mémoire excessive.

Son protagoniste Théodore sait aussi tirer profit de l'oubli. En tant qu'ethnologue, il a bâti sa carrière d'universitaire sur « un tissu de mensonges »[99] en falsifiant les résultats de ses enquêtes de terrain[100]. En choisissant comme domicile une maison de Corte, il se voit confronté au « fantôme d'un épouvantable colonel paoliste mort en 1769 », qui n'est peut-être que « la matérialisation bavarde de [s]es culpabilités »[101]. En tant que directeur de thèse, il encadre la thèse du leader nationaliste Stéphane Campana, dont le travail, qui s'inscrit dans la prolongation des brochures de propagande qu'il écrit pour le mouvement nationaliste corse, lui permettrait de se « consacrer à la construction d'un passé dont tous pourraient être fiers »[102]. La falsification de l'histoire jusqu'au sein de la recherche universitaire, son instrumentalisation au nom de causes plus au moins égoïstes faussent, comme le suggère Ferrari, la perception de la réalité historique, de sorte qu'il devient impossible d'en tirer des conclusions cohérentes – ce qui renvoie à « l'hagiographie » de la guerre d'Algérie évoquée par l'un des narrateurs d'*Où j'ai laissé mon âme*[103], mais aussi à la réécriture de l'histoire par le général de Gaulle, critiqué notamment dans le roman d'Alexis Jenni[104].

Les excès de mémoire de Théodore, que les médecins attribuent à une schizophrénie, font de lui un héritier d'autres narrateurs infidèles comme l'Oskar Matzerath du roman *Le Tambour* de Günter Grass. Bien que Théodore, dans le temps du roman, ne soit plus comme celui-ci « pensionnaire d'une maison de santé »[105], sa maladie mentale et son manque d'ethos professionnel ne le prédestinent pas à rendre fidèlement la réalité corse. Ses « excès », ses incertitudes face à son histoire personnelle, renvoient à la mémoire changeante de la Corse, dont les nationalistes tentent de s'emparer à des fins propres. Leur version de l'histoire fait naître un monde que détruira l'apothéose de la

---

99   Ferrari 2008, 25sq.
100 *Ibid.*, 25sq.
101 *Ibid.*, 25.
102 *Ibid.*, 119.
103 Une telle réécriture de la mémoire par le discours officiel, notamment la transformation de la défaite de la France lors de la drôle de guerre par l'influent personnage qu'est le Général de Gaulle, se retrouve dans le roman *L'Art français de la guerre* d'Alexis Jenni, ainsi que dans *Passé sous silence* d'Alice Ferney.
104 *Cf. infra*, 155sqq.
105 Günter Grass : *Le Tambour*. Paris : Seuil 1997, 1.

violence qui s'impose à l'intérieur du mouvement et qui sera reprise par l'auteur dans *À son Image*. Ce qui semblait légitimé par une historiographie glorifiante s'avère cacher autant de préoccupations mesquines que d'autres crimes. Tout comme la foi en Dieu à la fin du deuxième volume, l'idéologie nationaliste, vision du monde partagée par bon nombre de protagonistes, s'effondre – momentanément, du moins – à la fin de *Balco Atlantico*.

Le dernier tome de la trilogie explore la question des mondes et de leur (dé-)construction à différents niveaux : l'action du roman reprend quelques années seulement après la fin de *Balco Atlantico*. L'effondrement du mouvement nationaliste, consacré par le meurtre de Stéphane Campana – non pour des raisons politiques, mais par vengeance personnelle –, a donné lieu à un autre monde, dont Matthieu et Libero sont les démiurges, comme le narrateur le répète à plusieurs reprises[106].

Après avoir suivi des études de philosophie, Matthieu écrit son mémoire de master sur Leibniz, tandis que Libero travaille sur Saint Augustin[107]. Ce choix d'une vision particulière du monde les caractérisera tout au long du volume. Matthieu, qui évoque pour les lecteurs informés le traitement parodique de Leibniz par Voltaire, croit fermement que le monde du bar qu'il construit en démiurge est « le meilleur des mondes possibles ». Son ami Libero, quant à lui, perd tout espoir dans le monde dès la préparation de son mémoire de master[108], de sorte que la gérance du bar n'est pour lui que la reconnaissance de « sa défaite » ainsi que son « assentiment douloureux, total, désespéré, à la stupidité du monde »[109]. Lorsque le bar se développe de manière négative et que Matthieu et Libero se rendent coupables de la mort de Virgile Ordioni, le monde qui s'effondre pour eux est double : le monde concret qu'ils ont façonné en démiurge d'une part, la vision philosophique qu'ils se sont choisie d'autre part.

Les trois volumes de la trilogie sont traversés par une série de défaites, historiques et collectives quand il s'agit de celles de la France dans la drôle de guerre ou les guerres coloniales, personnelles et familiales quand il s'agit par exemple de celle d'André Degorce face à l'inceste de sa fille et de son neveu, ou encore de celle de Libero quand il choisit de reprendre le bar. Les mondes, bien que connectés, rétrécissent de plus en plus pour les protagonistes de Ferrari – de l'empire colonial français à l'aspiration à une Corse indépendante, jusqu'au monde du bar dans un petit village corse et au contexte familial – et

---

106   Ferrari 2012, 99, 126, 177.
107   *Ibid.*, 60.
108   *Ibid.*, 60sq.
109   *Ibid.*, 64.

les idéologies rétrécissent avec eux. En parallèle, les cycles de la violence se font de plus en plus courts.

3 L'obscène et le sacré – *À son Image* (2018)

> [L]es fictions comblent les lacunes inévitablement laissées par la photographie, tout ce que celle-ci ne dit pas, n'épuise pas, échoue à dire. Et ce qu'elle fait avec la photographie, la littérature le fait avec l'Histoire.
> OLIVER ROHE[110]

3.1 *Taire ou représenter*

La photographie a toujours eu une place de choix dans l'œuvre de Jérôme Ferrari. Dans le premier volet de sa trilogie corse, Stéphane Campana prend en photo la victime de son meurtre, ce qui le condamnera[111], tandis que le dernier volume s'ouvre sur la contemplation et, partant, de la description, d'une photographie de famille historique[112]. Par ailleurs, le récit de la vie de Werner Heisenberg revient souvent sur des photos emblématiques – et réelles – du fameux physicien.

C'est pourtant dans son dernier roman en date, *À son Image*, publié en 2018, que Jérôme Ferrari développe ses considérations sur la photographie, en résonance avec *À fendre le cœur le plus dur*, l'essai qu'il a écrit à quatre mains avec Oliver Rohe, trois ans plus tôt. Pourtant, le roman n'est pas simplement la mise en narration du travail documentaire effectué sur l'archive du photographe historique Gaston Chérau, qui a couvert le conflit italo-ottoman en Libye en 1911 et 1912. C'est aussi une réflexion élaborée à propos des divers moyens de représenter ou de taire la violence[113]. La figure du photographe y est triplée : au photographe historique Gaston Chérau, qui faisait partie de la machine à propagande italienne en Libye mais qui, selon Ferrari, refusa « de [la] servir totalement »[114], se joint son contemporain, le photographe serbe Rista

---

110 Oliver Rohe : « Résistance au matériau ». In : Collectif Inculte 2014, 145-162, ici 161.
111 *Cf.* Ferrari 2008, 163 et 178sqq.
112 Ferrari 2012, 11.
113 L'archive de Gaston Chérau a donné lieu à une exposition et à différentes interventions de la part d'historiens et d'artistes, dont *À fendre le cœur le plus dur* de Ferrari et Rohe. Toutes les photographies, la correspondance du photographe ainsi que des articles de l'éditeur Pierre Schill et de différents historiens et artistes sont réunis dans le volume *Réveiller l'archive d'une guerre coloniale. Photographie et écrits de Gaston Chérau, correspondant de guerre lors du conflit italo-turc pour la Libye (1911-1912)*. Paris : Creaphis 2018.
114 Ferrari 2018, 61.

Marjanović ; les deux secondent la protagoniste fictive du livre, la photographe corse Antonia. Le livre est structuré suivant le rituel de la messe de funérailles célébrée à la mémoire d'Antonia, morte dans un accident de voiture raconté en début de livre. Les différents chapitres du roman portent les noms des parties du requiem célébré pour elle par son parrain, qui est prêtre.

Sous le titre des chapitres est placé, entre parenthèses, ce que le lecteur apprendra à reconnaître comme étant la légende d'une photographie qui, elle, est systématiquement omise, rejoignant ainsi les photos manquantes de textes de Roland Barthes[115] ou de Marguerite Duras[116]. Cela fait d'abord penser à une pratique semblable dans *Des Hommes* de Laurent Mauvignier où, bien qu'il soit souvent question de photos (fictives), elles ne sont jamais montrées mais uniquement décrites[117].

Dans le roman de Ferrari, la plupart des photographies mises en exergue des chapitres sont aussi fictives. La protagoniste Antonia les prend à des moments clés de sa carrière de photographe, dont il sera question dans le chapitre correspondant. Cependant, dans *À son Image*, certaines photographies mentionnées sont historiques et accessibles sur internet : celle des « Arabes pendus sur la place du Marché-au-Pain, Tripoli, 1911 »[118], placée en exergue du quatrième chapitre, qui est de Gaston Chérau et dont l'histoire sera résumée dans les pages qui suivent. La photo du « Soldat agonisant auprès de son médecin, Corfou, 1915 »[119], qui précède le septième chapitre, a été prise par Rista Marjanović, qui se trouve au cœur de ce chapitre. Finalement, la photographie des « Gardes-frontières est-allemands ouvrant une brèche dans le mur, Berlin, 1989 »[120], qui introduit le chapitre huit, est l'un des célèbres clichés pris juste après la chute du mur, dans ce cas par le photographe français Gérard Malie. Deux autres photos réelles et emblématiques sont mentionnées dans le roman : celle que Ron Haviv a prise en 1992 de l'un des hommes de la milice serbe des Tigres d'Arkan en train de donner un coup de pied au cadavre d'une femme bosniaque[121], ainsi que celle de Kevin Carter d'une enfant soudanaise

---

115   *Cf.* pour la « Photo du Jardin d'Hiver » Barthes 1980, 115.
116   *Cf.* Marguerite Duras : *L'Amant*. Paris : Minuit 1984, 16sq. : « C'est au cours de ce voyage que l'image se serait détachée, qu'elle aurait été enlevée à la somme. Elle aurait pu exister, une photographie aurait pu être prise, comme une autre, ailleurs, dans d'autres circonstances. [...] C'est pourquoi, cette image, et il ne pouvait pas en être autrement, elle n'existe pas. Elle a été omise. Elle a été oubliée ».
117   *Cf. supra*, 51.
118   Ferrari 2018, 49.
119   *Ibid.*, 111.
120   *Ibid.*, 127.
121   *Ibid.*, 179. – Cette photo a été reprise dans différents contextes, comme le souligne Tania Zimmermann (« Ein Kriegsfoto aus Bosnien : Beglaubigungen und Verweigerungen durch

squelettique guettée par un vautour, intitulée « The vulture and the little girl »[122].

Mise à part la photo de la chute du mur, qui témoigne du fait qu'un moment de liesse quasi générale peut être un moment solennel et étrange pour d'autres, toutes ces photos ont en commun de représenter des actes de violence ou les conséquences de ces actes. Elles représentent des scènes de souffrance et obligent le spectateur à prendre position « devant la douleur des autres », pour citer le titre français de l'essai de Susan Sontag. De fait, on pourrait voir dans le roman de Ferrari, qui entretient une relation étroite avec le texte de l'auteure américaine, la mise en œuvre de l'argument de Sontag selon lequel « a narrative seems likely to be more effective than an image »[123] : l'ekphrasis ne remplacerait pas seulement la photographie elle-même, mais livrerait en même temps le contexte que la légende de celle-ci résumerait de manière beaucoup plus brève. Bien que le lecteur doive combler la lacune laissée par l'omission de la photo, le texte donne ainsi plus d'informations que par sa simple reproduction.

De la sorte, le roman va au-delà de la simple transposition narrative de l'essai. Le mélange de photos et de photographes réels et fictifs annonce déjà ce que sera le propre du texte : au récit de la vie et de la mort de la photographe fictive Antonia et de ses équivalents historiques s'ajoute celui de la montée et de la chute du mouvement indépendantiste corse pendant les années 1980 et 1990. Ce récit, bien qu'écrit dans un ton hautement sarcastique, s'en tient aux faits, ce que suggère d'emblée la dédicace à Jean Vesperini, le cousin de l'auteur impliqué dans l'assassinat de deux membres du FLNC à la prison d'Ajaccio en 1984. L'auteur a consacré à cette affaire, qui jouera un rôle dans le roman, un bref essai dans un autre contexte[124].

Cependant, c'est surtout l'introduction du second protagoniste, le parrain (sans nom) d'Antonia, qui est aussi le curé chargé de la messe funèbre, qui permet à Ferrari d'approfondir considérablement les réflexions sur la problématique de la représentation de la souffrance.

Ron Haviv, Susan Sontag und Jean-Luc Godard ». In : Natalia Borissova [dir.] : *Zwischen Apokalypse und Alltag*. Bielefeld : Transcript 2009, 237-261, ici 239). Jean-Luc Godard en a tiré le court-métrage *Je vous salue, Sarajevo* (F 1993), commenté par Haviv dans sa monographie *Blood and Honey* (New York : TV Books 2000) et mentionné par Susan Sontag dans *Regarding the Pain of Others*.

122 Ferrari 2018, 194.
123 Sontag 2003, 122. L'essai de Sontag n'inclut pas non plus les photographies dont il parle.
124 Jérôme Ferrari : « Procès de la prison d'Ajaccio, juillet 1985 ». In : Collectif Inculte : *En procès*. Paris : Inculte 2016, 109-114.

3.2 Mort et résurrection

Les trois citations mises en exergue du roman témoignent de ses références intertextuelles diverses. Elles le placent – avec les vers de l'Exode – dans un contexte religieux, avec l'extrait du roman *Elizabeth Costello* de J. M. Coetzee, qui invite à une réflexion sur la représentation littéraire du mal. La citation des *Œuvres de miséricorde* de Mathieu Riboulet permet finalement d'ouvrir une nouvelle perspective sur le rapport entre peinture et photographie : « La mort est passée. La photo arrive après qui, contrairement à la peinture, ne suspend pas le temps, mais le fixe »[125]. Ces trois citations touchent à la représentation, tout en suggérant un ordre qui va de la peinture à la photographie, en passant par la littérature. La photographie, telle qu'elle est conçue dans la dernière citation ainsi que par le narrateur du roman, est du côté de la mort, d'une mort définitive et sans espoir de résurrection, alors que la peinture, même la plus maladroite, serait

> une porte ouverte sur l'éternité. Mais la photographie ne dit rien de l'éternité, elle se complaît dans l'éphémère, atteste de l'irréversible et renvoie tout au néant. Si elle avait existé à l'époque de Jésus, le christianisme ne se serait pas développé ou n'aurait été, au mieux, qu'une atroce religion du désespoir. C'est alors qu'il aurait fallu être iconoclaste et ne rien laisser subsister. Les représentations picturales les plus réalistes de la crucifixion laissent toujours entrevoir dans les blessures de la chair martyrisée, comme en négatif, le miracle de la résurrection. S'il avait pu exister une photo de la mort du Christ, elle n'aurait rien montré d'autre qu'un cadavre supplicié livré à la mort éternelle. Sur les photographies, les vivants mêmes sont transformés en cadavres parce qu'à chaque fois que se déclenche l'obturateur, la mort est déjà passée[126].

Contrairement à la peinture, la photographie serait donc un médium foncièrement séculaire. Dans un texte dont les oppositions de base sont celles de l'espoir et du désespoir, de la mort et de la résurrection, elle renvoie à une absence flagrante de toute métaphysique. Les dichotomies mentionnées, qui témoignent de ce déchirement constant, sont véhiculées dans le roman par l'entremise de la peinture ou de la photographie, mais aussi par la parole et par la musique liturgique. Ferrari confronte ainsi deux manières différentes d'affronter et de gérer la souffrance : celle que propose l'église avec le rite

---

125 Riboulet 2012, 81 ainsi que Ferrari 2018, 7.
126 Ferrari 2018, 108sq. – L'expression de Ferrari entre en résonance avec celle de Barthes, qui annonce que « la photographie me dit la mort au futur », Barthes 1980, 150.

catholique, épaulée par la peinture, et celle que peut offrir un monde sécularisé et rationaliste, secondée par la photographie.

La structure du requiem qui sous-tend le roman est celle du rituel que l'église catholique prévoit dans le cas d'un décès pour atténuer la douleur de l'assistance[127]. Il semble immuable et intemporel, destiné à donner un cadre au deuil qui est à la fois conventionnalisé et commun à tous. De la sorte, l'église accorde au deuil une place précise, tout en le canalisant. Malgré l'espoir de la résurrection que permet la foi catholique, le deuil reste un élément important, une étape à travers laquelle toute personne ayant perdu un proche devra passer pour pouvoir passer outre. Il n'est pas supprimé ou refoulé, mais fait partie intégrante des rites de l'église.

Cependant, dans la deuxième moitié du XXe siècle, une importante réforme liturgique s'opère avec l'ouverture du concile Vatican II. La réforme vise à une simplification et à un abrègement du rite en en excluant certains passages. Ceux-ci ne sont toutefois pas choisis par hasard : par exemple dans la messe des funérailles, les suppressions concernent des passages qui semblent par trop mettre l'accent sur la mort et la souffrance, au lieu de pointer vers l'issue optimiste, la résurrection. Cela peut sembler étrange, comme le souligne une critique religieuse de la nouvelle liturgie des obsèques :

> De fait, les obsèques se situent dans le premier moment du 'mystère pascal', la mort. Mais on préfère aujourd'hui ne porter l'accent que sur son terme, la résurrection, quitte à évacuer la juste crainte du jugement particulier et du jugement dernier. D'où cette tendance à donner un caractère 'festif' à la célébration des funérailles. Qui assiste aujourd'hui à des obsèques chrétiennes en retire généralement l'impression que c'est l'entrée au paradis du défunt que l'on fête, que l'on célèbre plus un 'enciellement' qu'un enterrement[128] !

En tentant de rendre la cérémonie plus optimiste et légère, son sens premier – celui de donner en premier lieu une place marquée au deuil, avant d'indiquer la possibilité (et non la certitude !) de la résurrection – se trouve altéré. La

---

127 L'auteure prépare une publication à propos de la présence du catholicisme dans les romans de Ferrari, publication qui portera aussi sur les relations intertextuelles de ses romans à l'œuvre de Georges Bernanos.
128 « Les carences de la nouvelle liturgie des obsèques et pourquoi les fidèles sont attachés à la forme extraordinaire de la liturgie des funérailles ». In : *La revue Item*, Lettre 440 du 20 Mai 2014, s. p. (http://www.revue-item.com/9348/les-carences-de-la-nouvelle-liturgie-des-obseques-et-pourquoi-les-fideles-sont-attaches-a-la-forme-extraordinaire-de-la-liturgie-des-funerailles/, consulté le 15 février 2020).

souffrance et la mort occupent de moins en moins de place dans un rituel qui, pendant des siècles, permettait aux croyants d'y faire face et de les surmonter. Le prêtre-protagoniste de Ferrari exprime clairement son point de vue quant à la transformation de la messe :

> Pendant toutes ces années de sacerdoce, il a vu la messe se transformer inexorablement en une cellule de soutien psychologique et il a entendu des prêtres rivaliser de niaiserie dans leurs homélies, transformer par un tour de passe-passe honteux le malheur en bonheur, comme si la mort pouvait être traitée avec légèreté sans être purement et simplement niée, comme s'il y avait là matière à se réjouir[129].

Le refoulement des aspects peu réjouissants, certes, mais inévitables de la vie, même dans le contexte religieux, le peu de place légitime qu'on leur concède, rend leur dépassement plus difficile encore, car l'individu se retrouve seul face à son deuil. Incomplet, il peut cependant mener à la création de fantômes qu'il sera d'autant plus difficile d'apaiser que le cadre religieux et commun dans lequel on pouvait longtemps les affronter se réduit constamment.

Il est significatif que le prêtre et parrain de la défunte Antonia se refuse à cette réduction du rite. Il insiste au contraire pour que la messe soit célébrée selon le rite extraordinaire, tridentin, et pour que toutes les parties accentuant « les vérités dérangeantes »[130] de la mort soient incluses, bien que les chanteurs venus accompagner la messe lui proposent timidement de s'en tenir au rite ordinaire, moins cruel :

> Mais nous voulions vous demander, vous souhaitez que nous chantions tout, le *Dies irae*, le *Libera me*, parce que certains prêtres ne …
> Tout, dit-il en coupant la parole à son interlocuteur. Chantez tout ce que vous pouvez. Et tous les couplets du *Dies irae*[131].

Il est clair pour lui qu'« [i]l ne fallait pas fuir le spectacle de la mort. Il ne fallait pas l'embellir »[132]. Il veille ainsi à ce que toutes les parties du rite soient célébrées, afin que lui et sa famille puissent se recueillir ensemble sans brûler les étapes, car ce n'est qu'à ces conditions que le rite produira son effet cathartique.

---

129 Ferrari 2018, 92sq.
130 « Les carences de la nouvelle liturgie », s. p.
131 Ferrari 2018, 34.
132 *Ibid.*, 32.

Le prêtre explicite ce déroulé qu'il juge nécessaire dans sa lecture de l'Évangile. Ce n'est pas l'annonce de la résurrection de Lazare que le parrain d'Antonia aborde dans son homélie ; il s'intéresse plutôt aux larmes de Jésus qui précèdent cette ressuscitation, événement qu'il sait pourtant imminent : « [p]uisqu'il va le ressusciter, pourquoi pleure-t-il ? »[133] C'est la question que le prêtre développe. Selon lui, le Christ subirait « le déchirement et qu'aurait-il eu d'humain s'il s'était épargné l'expérience de l'angoisse et du désespoir ? »[134] Ceux qui assistent à la messe funèbre partagent, grâce à l'orchestration du rite extraordinaire, le même déchirement, en équilibre entre la certitude de la mort et l'espoir de la résurrection. Pour que l'espoir puisse surgir, il faut passer par le deuil et ne pas « présente[r] la mort comme une aimable plaisanterie »[135], souligne le prêtre, en référence à la version écourtée du rite qu'il a rejetée.

Il peut paraître surprenant qu'un auteur qui se dit athéiste insiste autant sur la fonction salutaire du rite catholique. Le philosophe Tristan Garcia propose, et ce d'une manière générale, de voir dans cet embrassement paradoxal du langage religieux, à l'intérieur d'une forme aussi séculaire que le roman, l'une des singularités de ce genre :

> Le roman semble attester à la fois que la religion est pour part fictive, et que la fiction est pour part religieuse. Je crois donc que le roman n'est pas un produit culturel de la sécularisation, d'un monde abandonné par les dieux et par les religions, mais plutôt un produit contradictoire de la culture humaine, un analogon de monde religieux dans son contenu, un antilogon de monde religieux dans sa forme de fiction. Les dieux peuvent mourir, les dieux peuvent revenir : le roman reste le même. Ni laïc ni désécularisé, il est notre façon de demeurer très religieux dans notre irréligion, très irréligieux dans notre religion, de rester confusément fidèle et infidèle[136].

Le roman de Ferrari offre ainsi un commentaire non seulement sur la fonction de la religion en soi, mais aussi sur le caractère consolatoire de ses rites. En empruntant la forme du requiem, le roman lui-même se fait rite, au point d'offrir un apaisement de la douleur au personnage du prêtre. En donnant à son texte la structure rigide du rite extraordinaire, censé allouer un lieu au deuil et à la mort, Ferrari rejoint d'autres auteurs contemporains comme Mathias

---

133   *Ibid.*, 94.
134   *Ibid.*, 95.
135   *Ibid.*, 93.
136   Tristan Garcia : « La religion du roman ». In : Collectif Inculte 2014, 299-326, ici 324sq.

Énard et Wajdi Mouawad qui, eux aussi, se chargent de la sépulture narrative des morts[137].

Le recul devant la mort, devant les aspects déplaisants de la vie qui transparaissent dans le bannissement des parties de la liturgie qui y font trop explicitement référence, est un refus de voir et de réagir à la souffrance de l'autre, refus que le roman critique. Cette attitude d'aveuglement volontaire fait écho à la position de la protagoniste, qui recule devant la représentation de ce qu'elle appelle « obscène ».

3.3   *L'obscénité du mal*

Dès les citations mises en exergue du texte, le sujet de l'obscène, voire de la représentation du mal, est introduit. L'extrait du roman *Elizabeth Costello* de J. M. Coetzee exprime clairement un avis sur la représentation du mal :

> C'est obscène ! avait-elle envie de crier […]. Obscène parce que de telles choses ne devraient pas se produire, mais obscène aussi parce que, une fois qu'elles se sont produites, elles ne devraient pas être mise à la lumière du jour, mais devraient être étouffées, rester cachées à jamais dans les entrailles de la terre[138].

La position de la protagoniste de Coetzee rejoint celle des autorités catholiques qui, pour ne pas offusquer outre mesure lecteurs ou spectateurs, voudraient supprimer la description de ce qui pour eux est obscène. Bien qu'Antonia, chez Ferrari, effectue un voyage de recherche en Serbie pour se documenter sur la guerre et en faire un reportage, elle prendra plus tard la décision de ne pas utiliser ces photographies, de ne pas même les développer, car « [i]l y a tant de façons de se montrer obscène »[139] et elle voudrait justement se garder de l'obscénité.

Désillusionnée, elle est convaincue qu'il n'y a que

> deux catégories de photos professionnelles, celles qui n'auraient pas dû exister et celles qui méritaient de disparaître, si bien que l'existence de la photographie était évidemment injustifiable […][140].

---

137   *Cf. supra*, 97sqq. et *infra*, 223sqq.
138   J. M. Coetzee : *Elizabeth Costello. Eight Lessons*. London : Secker & Warburg 2003, cité dans Ferrari 2018, 7.
139   Ferrari 2018, 178.
140   *Ibid.*, 189.

Même après avoir décidé de ne pas publier les photos prises pendant son séjour en Serbie, qu'elle juge insoutenables, Antonia reste fascinée par la représentation de l'obscénité chez ses collègues, « [e]lle persistait à guetter l'apparition de ces photos qui ne devraient pas exister mais dont elle ne pouvait détourner le regard »[141]. « The vulture and the little girl », la photo (historique) de Kevin Carter qui remporte, en 1993, le Prix Pulitzer, lui sert d'exemple pour illustrer le fait que le photographe aurait été lui-même tellement affecté par « l'obscénité du monde dans lequel il consentait de vivre » qu'il se serait suicidé un an plus tard[142]. Incapable de se soustraire à une fascination voyeuriste pour ce genre de représentation de la souffrance, Antonia refuse néanmoins de continuer à produire ce genre d'images.

Ferrari prête à sa protagoniste une position répandue, qu'il ne partage pas lui-même, comme il le laisse entendre dans le dernier chapitre de *À fendre le cœur le plus dur*, coécrit avec Oliver Rohe et intitulé « Le problème du mal » (tout comme le chapitre chez Coetzee, dont la citation est tirée). Le problème particulier de ceux qui optent pour une représentation du mal – qu'elle soit littéraire ou photographique – serait qu'ils risquent de « s'en trouver définitivement contaminé[s] »[143], comme par exemple le photographe historique Kevin Carter mentionné dans *À son Image*. De plus, par la description qu'elles donnent du mal et de la souffrance, littérature et photographie les font « objectivement [...] exister à nouveau » et prennent donc « à chaque fois le risque de l'obscénité »[144]. Cependant, comme le soulignent Ferrari et Rohe, alors que le discours littéraire, comme tout discours,

> peut toujours enfouir les choses sous des couches rhétoriques jusqu'à les faire disparaître entièrement, les images ne peuvent que les montrer, fût-ce partiellement. Elles interdisent qu'on se réfugie plus longtemps dans une confortable abstraction[145].

Les écrivains en déduisent que bien qu'encourant le risque de la contamination, bien que faisant preuve d'obscénité, c'est justement la raison pour laquelle « il faut les montrer »[146]. La position de la protagoniste du roman de Ferrari, qui refuse de montrer et de dénoncer l'obscénité du monde, s'oppose donc à celle de l'auteur.

---

141 *Ibid.*, 194.
142 *Ibid.*, 194. – Kevin Carter s'est effectivement suicidé en 1994.
143 Ferrari/Rohe 2015, 69.
144 *Ibid.*, 70.
145 *Ibid.*, 72.
146 *Ibid.*, 72.

Tout comme les protagonistes de Resnais et de Mauvignier, Antonia se rend bien vite compte que le regard à travers l'objectif de la caméra permet de prendre de la distance et de ménager ses émotions. En prenant l'une de ses premières photos lors d'un incendie au village, « Antonia eut peur. Elle colla son œil au viseur et se sentit mieux »[147]. Lorsque des années plus tard, en Serbie, elle est témoin d'une scène où des porcs dévorent des cadavres de civils, « l'œil dans le viseur » lui permet de « se sent[ir] maintenant étonnamment calme et lucide »[148]. Le choix nécessaire d'un cadrage l'oblige à des réflexions qui lui font oublier sa peur ou son effroi. C'est avec soin qu'elle choisit une perspective esthétiquement favorable :

> Quatre ou cinq soldats se mettent en ligne et commencent à tirer en lançant des insultes, des prières ou des jurons. Antonia V. s'agenouille dans la neige. Elle les place dans le cadre, le canon des fusils d'assaut légèrement inclinés vers le sol, elle entend les hurlements des porcs blessés qui basculent lourdement dans la neige, elle voit le tissu d'une jupe.
> Elle prend encore des photos[149].

Ce faisant, elle ne prend pas uniquement de la distance face à un spectacle insoutenable, mais transforme aussi l'obscénité pure de la scène en une œuvre d'art savamment agencée, tout comme elle l'avait fait auparavant en photographiant les cadavres de déserteurs exécutés par leurs camarades :

> Elle voit qu'on leur a aussi tiré dans les mains et dans les pieds.
> *Comme les blessures du Christ*, écrit-elle à son parrain.
> Elle s'allonge dans l'herbe. Elle prend une photo en gros plan de cette paume ouverte vers le ciel, les doigts raidis, la plaie béante, la terre sous les ongles[150].

Son regard à travers le viseur permet non seulement à Antonia de se calmer, mais aussi de professionnaliser son regard, de transformer une scène d'une laideur réelle et morale extrême en une image saisissante de beauté – et exempte de compassion. Chez Resnais et Mauvignier, l'objectif de l'appareil-photo permettait de ménager des sentiments autrement insupportables, comme la peur et l'angoisse, dans des situations de danger imminent dans lesquelles les

---

147 Ferrari 2018, 46.
148 *Ibid.*, 176.
149 *Ibid.*, 176.
150 *Ibid.*, 168. Mis en évidence dans l'original.

protagonistes se retrouvaient contre leur gré. Antonia, quant à elle, entreprend le voyage en Serbie pour « rejoi[ndre] la guerre »[151] de son plein gré, le danger l'excitant plus qu'il ne l'effarouche. La distance qu'elle prend grâce à son travail devient de la sorte une immunisation non pas contre sa propre souffrance, mais contre celle des autres.

Susan Sontag, qui est d'avis qu'il est important de ne pas se dérober à la « douleur des autres », réfléchit à la transformation qu'un objet subit lorsqu'il est vu à travers l'objectif de la caméra : « Photographs tend to transform whatever their subject ; and as an image something may be beautiful – or terrifying, or unbearable, or quite bearable – as it is not in real life »[152]. Toujours selon Sontag, « [b]eautifiying is one classic operation of the camera, and it tends to bleach out a moral response to what is shown »[153]. Le cadrage savant, le souci de beauté d'Antonia fait oublier les sujets atroces de ses photographies, car l'esthétisation de l'objet oriente l'attention « toward the medium itself, thereby compromising the picture's status as a document »[154]. Pour être perçue comme réussie, une photographie de la souffrance et du mal devra correspondre à ce qu'en rhétorique on appelle la *dissimulatio artis*, la dissimulation de l'art, pour atteindre un aspect plus naturel et authentique.

Paradoxalement, ce n'est pas dans la représentation authentique de l'obscène qu'Antonia semble exceller, mais plutôt dans une représentation tellement esthétique de la souffrance qu'elle en fait oublier la douleur : « Toutes ces précautions, les subtilités de cadrage, la bonne conscience du hors-champ, les répugnantes pudeurs, la jouissance »[155]. En tant que photographe de mariage, le métier qu'Antonia choisit pour ne plus avoir à produire « que des images tout aussi éphémères que le papier journal sur lequel elles étaient quotidiennement imprimées »[156], elle se caractérise par son habileté à soumettre les couples à des poses et des « tortures »[157] aussi désagréables que douloureuses,

---

151   *Ibid.*, 170.
152   Sontag 2003, 76.
153   *Ibid.*, 81.
154   *Ibid.*, 77.
155   Ferrari 2018, 178. – Antonia semble confondre ce que Sontag, dans son premier texte sur la photographie, *On Photography* (New York : Penguin 1971), appelle les deux impératifs : « The history of photography could be recapitulated as the struggle between two different imperatives : beautification, which comes from the fine arts, and truth-telling, which is measured not only by a notion of value-free truth, a legacy from the sciences, but by a moralized ideal of truth-telling, adapted from the nineteenth century's literary models and from the (then) new profession of independent journalism », Sontag 1971, 86.
156   Ferrari 2018, 189.
157   *Ibid.*, 205.

qui restent invisibles sur les images[158]. De la sorte, il devient évident que la photographe se contente de produire des clichés qui sont aux antipodes des photos de famille qu'elle admirait, enfant, pour leur « simplicité » et leur « innocence impitoyable »[159]. Dénué de simplicité et d'innocence, le regard professionnel d'Antonia sur les scènes qu'elle voudrait documenter ne cache pas son art, mais l'accentue et en dissimule de la sorte la douleur et la souffrance.

Le rite religieux des obsèques donne un cadre au deuil et permet ainsi de le canaliser et de le surpasser plus facilement. Le cadrage photographique, quant à lui, n'a pas cet effet salutaire, mais tend à détourner notre attention de l'objet pour la diriger vers la parfaite expression de l'art.

3.4 *Le cycle de la violence*

La protagoniste de Ferrari se décide à ne pas développer ses photographies de la guerre en Serbie pour ne pas participer à la perpétuation du mal, pour ne pas en être contaminée. Le roman suggère pourtant qu'il pourrait y avoir une autre raison à son refus : après avoir été le témoin de la scène atroce des cadavres de civils dévorés par les cochons, Antonia est pour un bref moment persuadée que ses photos provoqueront un « choc ». Un correspondant de guerre français, plus expérimenté qu'elle,

> la détrompe[...] gentiment. Aucune photo, aucun article n'a jusqu'ici provoqué aucun choc si ce n'est peut-être le choc inutile et éphémère de l'horreur ou de la compassion. Les gens ne veulent pas voir ça et s'ils le voient, ils préfèrent l'oublier. Ce n'est pas qu'ils soient méchants, égoïstes ou indifférents. Pas seulement, du moins. Mais c'est impossible de regarder ces choses en sachant qu'on ne peut strictement rien y changer. On n'a pas le droit d'attendre ça d'eux. La seule chose qui est en leur pouvoir, c'est détourner le regard. Ils s'indignent. Et puis ils détournent le regard[160].

La futilité de la documentation de la guerre et de la violence suscite le refus d'Antonia de reproduire le mal. Elle embrasse cette attitude fataliste qui réduit finalement le métier de photographe à un voyeurisme malsain – « *ils aiment ça, ils adorent ça, tous, et moi aussi* »[161] – et choisit la photographie de mariage,

---

158 *Ibid.*, 13sq. ainsi que 205 et 216sq.
159 *Ibid.*, 217.
160 *Ibid.*, 177.
161 *Ibid.*, 178. Mis en évidence dans l'original.

où la disparition de la douleur infligée sur le produit final n'est pas obscène, mais voulue.

Que la photographie puisse, du moins brièvement, faire effet, le narrateur du roman le rend palpable lorsqu'il évoque les leçons que les Américains auraient tirées de la guerre en Irak et de la guerre du Viêtnam : désormais, « [l]a mort s'estompe et s'abolit dans l'espace inoffensif d'un monde virtuel »[162]. Ce ne sont pas les images, qui jusqu'il y a peu étaient encore capables de renverser un gouvernement, qui ont perdu leur capacité révélatrice et accusatrice ; elles ont simplement été apprivoisées par des autorités qui savent comment s'en servir et qui exploitent la résignation et l'abrutissement d'un public confronté à un excès de représentations d'atrocités.

En refusant de documenter l'obscénité du monde, Antonia exclut catégoriquement que l'exercice de son métier puisse avoir la plus infime influence sur l'ordre violent et obscène du monde. Elle embrasse plutôt un fatalisme résigné. Jeune, elle rêvait de « lutter [...] contre le confort de l'ignorance »[163] à l'aide de ses photographies ; ses années d'expérience professionnelle l'ont menée à croiser « le regard de la Gorgone »[164], qui l'a pétrifiée dans la fascination pour une violence qui la rebute, mais à laquelle elle croit ne pas pouvoir remédier. C'est à ce point de la narration que la raison pour laquelle Ferrari introduit les histoires des deux photographes historiques dans son roman devient évidente : ayant documenté des guerres parallèles mais sur différents rivages de la Méditerranée, Gaston Chérau et Rista Marjanović, en « rejoi[gnant la guerre »[165], se voient contaminés par la fascination qu'elle exerce sur eux, par « la puissance aveugle du désir »[166] qu'elle leur instille, tout en leur faisant comprendre que leur travail ne changera pas le cours des choses, qu'ils n'auront fait que documenter la mort inévitable dans ses aspects les plus atroces.

Comme les conflits et les guerres qui se répètent inexorablement et de manière cyclique, l'histoire des deux photographes se répète avec Antonia qui, elle, échouera plus lamentablement encore, car elle ne développera même pas les photos qu'elle a prises de la guerre en Serbie et ainsi, contrairement à eux, n'accomplira pas la tâche qui, selon le narrateur du roman, lui incombe pourtant en tant que photographe – de « conserve[r] la trace de tout ce qui s'est un jour passé ici »[167]. L'assentiment collectif donné à l'oubli du passé, le refus de

---

162 *Ibid.*, 169.
163 *Ibid.*, 75.
164 *Ibid.*, 25. – Les références à la Gorgone ou à la Méduse reviennent 107, 159 et 194.
165 *Ibid.*, 170.
166 *Ibid.*, 62. – Chérau comme Antonia après lui exultent lorsqu'ils essuient pour la première fois des coups de feu ennemis (*ibid.*, 55 et 171).
167 *Ibid.*, 124.

voir l'obscénité du monde même si l'on se tient face à elle, permet la répétition de la violence et alimente le cycle vicieux au lieu de le rompre :

> Mais il est clair que ça tourne mal, très mal, de plus en plus vite, et tout se mélange, 1912, 1934, 1943, le passé resté si longtemps coincé dans la gorge remonte et contamine le présent [...][168].

La capacité de remarquer le retour cyclique de la violence reste cependant le privilège du narrateur et, avec lui, du lecteur. Les protagonistes, eux, en sont incapables.

Antonia, dont le désir le plus ardent est de devenir journaliste intégrée dans une vraie guerre, ne se rend pas compte qu'elle l'est depuis toujours, car la lutte du FLNC, le mouvement indépendantiste corse, deviendra finalement une véritable « guerre »[169] – or, elle en fait partie. En cela, elle est aussi aveugle que ceux qui refusent de voir les photographies des ravages de la guerre, car elle ne perçoit les déchirements internes du mouvement nationaliste que comme « un jeu puéril où d'anciens amis d'enfance se déguisaient en guerriers et en journalistes sans même parvenir à prendre leurs rôles respectifs au sérieux »[170]. Elle est incapable d'y voir la réapparition, la répétition d'une violence qui, bien que ressemblant à la version « farce » d'événements plus grands ailleurs et apparemment plus importants, fait quand même un nombre considérable de victimes. À titre personnel, elle comprend que sa liaison avec Pascal B., membre du FLNC, l'engage « dans un cycle sans fin »[171], sans pour autant s'apercevoir du retour cyclique de la violence dans le monde qui l'entoure. D'une certaine manière, Antonia est victime des « competitive memories » dont parle Michael Rothberg : selon elle, comparée à la violence extrême ailleurs, qu'elle soit structurelle ou due à des guerres, la lutte du mouvement indépendantiste dont elle est témoin depuis son adolescence et qui dégénère de plus en plus ne fait pas figure de conflit véritable. En voyant les porcs dévorer les cadavres en Serbie, Antonia se « rappelle confusément un conte cruel qu'elle a peut-être entendu un jour, ou un mauvais rêve »[172], incapable de faire le lien avec l'histoire de Salvatore C., l'une des victimes de l'affaire de la prison d'Ajaccio qui,

---

168   *Ibid.*, 169sq.
169   *Ibid.*, 195.
170   *Ibid.*, 81sq.
171   *Ibid.*, 129.
172   *Ibid.*, 176.

« disait-on, [avait] l'habitude de donner les corps martyrisés de ses victimes en pâture aux cochons »[173].

Antonia, captée par la violence de laquelle « elle ne peut plus [...] détourner le regard », se trouve prise dans les rouages de l'histoire, « d'une histoire qui n'a pas commencé ici et ne finira pas ici parce qu'elle n'a ni début ni fin »[174]. Comme dans ses autres romans, Ferrari insiste sur le fait que

> rien ne changeait, rien ne cessait, rien ne commençait. C'était comme un virus, une forme indestructible de malaria, qui se manifestait par de fortes poussées de fièvre intermittentes, parfois mortelles, et qui, durant les périodes de rémission, demeurait simplement tapie en attendant de ressurgir et d'emporter de nouvelles victimes, au moment où elles se pensaient guéries[175].

Ce passage renvoie à la remarque de Michel Foucault que j'ai citée en introduction, où il est question du fait que « la paix, dans le moindre de ses rouages, fait sourdement la guerre. Autrement dit, il faut déchiffrer la guerre sous la paix : la guerre, c'est le chiffre même de la paix »[176]. En cela, *À son Image* s'intègre à l'œuvre de Jérôme Ferrari, où les protagonistes, optimistes au début quant à leur capacité à changer le monde pour le mieux, se voient confrontés à des défaites tant personnelles que professionnelles, pour se cantonner dans un fatalisme qui consent à l'inévitabilité de la violence et du mal.

Le seul personnage qui semble se révolter contre l'indifférence est celui du prêtre, ce que Ferrari illustre par une petite scène située exactement au milieu du roman : dans l'espace privé du confessionnal, un vieil homme vient confesser régulièrement, et avec maints détails, épier et désirer sa petite-nièce. Conscient de ne rien empêcher en l'absolvant chaque mois et écœuré par tant de persistance dans le péché, le parrain d'Antonia « finit par lui refuser l'absolution »[177]. Cependant, face aux pleurs du vieil homme qui souffre du refus, le prêtre se rappelle ce que le christianisme prescrit depuis l'Ancien Testament : l'amour du prochain « qu'il fallait aimer, avec les noirceurs de son âme douloureuse et non malgré elles »[178]. De même qu'il tient à célébrer la messe funèbre selon le rite extraordinaire, pour souligner que la mort et la souffrance qu'elle soulève

---

173   *Ibid.*, 83. – On pourrait y ajouter la représentation du saint sans nom dont les intestins sont dévorés par les porcs, que l'on trouve dans l'ancienne abbaye dominicaine à Constance.
174   *Ibid.*, 178.
175   *Ibid.*, 198.
176   Foucault 1997, 43.
177   Ferrari 2018, 106.
178   *Ibid.*, 107.

sont inextricablement liées à l'espoir de la résurrection, la réaction du vieil homme lui rappelle que la nature de l'homme est double, comme le titre d'un autre roman de Ferrari traité plus haut, *Un Dieu un animal*, le suggérait déjà. En ressentant « une vague de pure compassion » pour le vieil homme, il ne veut pas que « son cœur se pétrifie ». Il est le seul qui a su ne pas succomber au « visage hideux de la méduse »[179], le seul qui a su garder intacte sa capacité de compassion face à la souffrance de l'autre, aussi répugnant soit-il.

Ferrari fait suivre ce passage de réflexions sur le rapport de la photographie et de la peinture à la mort, question qui taraude le narrateur tout autant que ses protagonistes. Pour le parrain d'Antonia, « les images sont une porte ouverte sur l'éternité »[180]. C'est lui pourtant qui a déclenché chez sa nièce la fascination pour les photographies sur lesquelles « les vivants mêmes sont transformés en cadavres »[181]. La réponse à la question rhétorique qu'il se pose – « Mais qui donc a tendu la coupe à Antonia ? »[182] – le jette dans un désarroi profond. Suivant cette logique, il faut considérer le fait qu'« il n'y a pas de photo d'elle [d'Antonia] »[183], que la photographe elle-même a résisté « à la menace constante de […] l'objectif »[184] comme une consolation pour la famille. Ce qui subsiste d'elle, c'est le texte dont le lecteur vient d'achever la lecture, qui, comme la peinture – et contrairement à la photographie –, suspend le temps, du moins pour la durée de la lecture, lui rendant ainsi hommage.

---

179 *Ibid.*, 107.
180 *Ibid.*, 108.
181 *Ibid.*, 109.
182 *Ibid.*, 109.
183 *Ibid.*, 218.
184 *Ibid.*, 22.

CHAPITRE 6

Lisser la surface : *L'Art français de la guerre* (2011) d'Alexis Jenni

> L'homme est né pour la paix, et il ne respire que la guerre.
> BOSSUET, « Sermon sur la charité fraternelle »[1]

∴

1   Guerres et paix

Lorsqu'en 2011, le Prix Goncourt est décerné au roman *L'Art français de la guerre* d'Alexis Jenni, c'est une surprise pour la critique, pour laquelle il était encore un inconnu, mais aussi pour l'auteur lui-même, qui dit s'être considéré jusqu'alors comme un « écrivain du dimanche »[2]. Jenni, qui enseigne toujours les sciences naturelles au lycée, a dû consacrer bien des dimanches à l'écriture car plusieurs textes ont paru depuis. Le sujet de la guerre fournit la matière de bon nombre d'entre eux, notamment de *Jour de guerre, reliefs de 1914-18*[3], dans lequel son texte accompagne des plaques stéréoscopiques de la Première Guerre mondiale. *Les Mémoires dangereuses*[4], texte dont la première partie est issue d'un dialogue entre Jenni et l'historien Benjamin Stora, reprend la question du passé colonial déjà abordée dans son premier roman. Dans *La Conquête des îles de la Terre Ferme*[5], l'auteur se penche une nouvelle fois sur la violence colonisatrice, cette fois-ci de la conquête espagnole des Caraïbes et du Mexique. *Féroces infirmes*[6], paru au printemps 2019, reprend certains aspects de *L'Art français de la guerre* ; un premier roman qui, jusqu'à présent, a soulevé les réactions les plus enthousiastes de la part du public comme de la critique.

---

[1] Jacques Bénigne Bossuet : « Sermon sur la charité fraternelle ». In : Bossuet : *Chef-d'œuvre oratoire, ou choix de sermons panégyriques, et oraisons funèbres*. Tome III. Paris : Chez la veuve Nyon 1803, 392-427, ici 393.
[2] « Alexis Jenni remporte le Goncourt ». In : *Le Monde* du 2 novembre 2011.
[3] Alexis Jenni : *Jour de Guerre, reliefs de 1914-18*. Paris : Toucan 2014.
[4] Benjamin Stora, avec Alexis Jenni : *Les Mémoires dangereuses*, suivi d'une nouvelle édition de *Transfert d'une mémoire*. Paris : Albin Michel 2016.
[5] Alexis Jenni : *La Conquête des îles de la Terre Ferme*. Paris : Gallimard 2017.
[6] Alexis Jenni : *Féroces infirmes*. Paris : Gallimard 2019.

Le roman emprunte son titre au fameux traité de stratégie militaire chinois de Sun Tzu[7]. Il est respectivement qualifié de roman d'aventure[8], de « roman-fleuve »[9] ou d'« épopée nationale »[10]. Avec ses 630 pages, *L'Art français de la guerre* est effectivement d'une ampleur quasi épique. Sa structure est néanmoins nettement plus classique que celle de *Zone* de Mathias Énard, publié un an plus tôt. Le roman de Jenni se divise en deux parties alternantes : celles du « Roman », qui racontent à la troisième personne la vie de Victorien Salagnon, protagoniste de plusieurs guerres dont le narrateur anonyme relate l'histoire, et celles intitulées « Commentaires », situées dans le présent du narrateur, dans lesquelles il raconte à la première personne son histoire et ses rencontres avec Salagnon, tout en commentant le récit de celui-ci et les événements politiques contemporains. Le narrateur et Salagnon ont conclu le pacte de se faire réciproquement profiter de leurs talents artistiques : alors que Salagnon apprend à peindre au narrateur, celui-ci prêtera sa voix au vétéran pour lui permettre d'écrire les mémoires des guerres qu'il a vécues. Le narrateur, qui connaît son rôle – « je suis le narrateur : il faut bien que je narre »[11] – s'empare ainsi de ce qu'il nomme si bien le « pinceau de loup »[12] que Salagnon lui prête pour porter le masque de ce dernier dans la narration de ses aventures. Ce que le narrateur comprendra au fil de ses rencontres avec « son » protagoniste, c'est que le passé, certes, mais aussi le présent dans lequel il vit, portent le signe de la guerre.

Comparés aux textes d'Énard et de Ferrari, mais aussi à ceux de Gaudé ou de Mouawad, les conflits belliqueux que le roman de Jenni met en scène s'étendent sur une période bien plus brève. De plus, ils n'ont qu'une envergure nationale. L'histoire connectée telle que le roman la présente reste ainsi plus restreinte, tout en rétablissant les « entrecroisements et [les] points de contact »[13] entre l'histoire nationale et l'histoire coloniale, soigneusement cloisonnées pendant l'après-guerre.

---

7   Sun Tzu : *L'art de la guerre*, traduit du chinois par le père Amiot, postface par Gilles Tordjman. Paris : Mille et une nuits/Fayard 2000.
8   Par exemple par Dinah Assouline Stillman dans son entretien avec l'auteur, « All Things French (in Love and War). An Interview with Alexis Jenni ». In : *World Literature Today* 87,6/2013, 24-27, ici 24.
9   Dans différents blogs (http://genepi.blog.lemonde.fr/tag/alexis-jenni/, http://www.blog lagruyere.ch/2013/12/12/alexis-jenni-apres-le-goncourt/, consultés le 15 février 2020).
10 Par exemple par André Morello (« Histoires de soldats. Jérôme Ferrari et Alexis Jenni ». In : Burnautzki/Ruhe 2018, 183-195, ici 186).
11 Jenni 2011, 51.
12 *Ibid.*, 49.
13 Claudia Jünke : « Savoir historique et 'nœuds de mémoire' dans *L'Art français de la guerre* et *Le Sermon sur la chute de* Rome ». In : Asholt/Bähler 2016, 165-177, ici 166.

La concentration sur les guerres de la deuxième moitié du XXe siècle est notamment due au fait que la relation la plus forte que Jenni établit entre les différentes guerres passe par son protagoniste : à travers le personnage de Salagnon s'établit ce que Claudia Jünke a appelé une « conception métonymique de l'histoire ; ils [les liens] sont fondés sur les connections directes et réelles entre les différentes guerres françaises du XXe siècle »[14]. Comme le personnage d'André Degorce dans *Où j'ai laissé mon âme* de Jérôme Ferrari, roman dont la parution précède celui de Jenni de deux ans, Salagnon, le protagoniste de *L'Art français de la guerre*, a participé successivement à la Deuxième Guerre mondiale, à la guerre d'Indochine et à celle d'Algérie[15]. Jünke oppose la structure du roman de Jenni à celle utilisée par Ferrari car, selon elle, chez ce dernier, « [l]es relations [entre différentes guerres] se fondent plutôt sur leur analogie, c'est-à-dire sur la similitude de deux ou plusieurs événements »[16]. Toutefois, il me semble important de noter que Ferrari les relie lui aussi à travers son protagoniste, mais alors que le réseau mémoriel d'*Où j'ai laissé mon âme* reste aussi personnalisé que celui du roman de Jenni, Ferrari l'élargit dans les deux autres volets de sa trilogie corse : les connections avec d'autres conflits d'envergure régionale, nationale ou mondiale sont établies à travers d'autres membres de la famille de Degorce. Chez Ferrari, les guerres entretiennent donc, au sens littéral comme au figuré, des relations familiales qui s'étendent sur plusieurs siècles.

La France telle que *L'Art français de la guerre* la décrit n'est pas imprégnée de violence de toute éternité, comme le propose Énard, mais elle a subi dans un passé plus récent ce que le narrateur de Jenni appelle la « guerre de vingt ans »[17]. Après la fin de la Deuxième Guerre mondiale, la guerre d'Indochine prend le relais en 1946. Lorsqu'elle se conclut avec la défaite de Điện Biên Phủ en 1954, cette guerre coloniale cède la place à la guerre d'indépendance algérienne qui couve depuis 1945 et qui sévira jusqu'à l'indépendance du pays en 1962. Selon le narrateur, la longue phase de paix qui s'ensuit pour la France et pour l'Europe entière n'est rompue qu'en 1991, date qui marque le début du roman. C'est alors que, devant son poste de télévision, le narrateur assiste à la réinsertion de « l'armée [...] dans le corps social »[18]. L'invisibilité de l'armée

---

14   Jünke 2016, 169.
15   Les parallèles entre les deux textes sont aussi exploités par Morello 2018 et Zoubida Belaghoueg : « Mémoire d'emprunt et pratiques mémorielles : Alexis Jenni et Jérôme Ferrari, l'Histoire par la médiation ». In : *Littératures* 74/2016, Dossier : *Pratiques et enjeux de la réécriture/Écrire ou réécrire l'Histoire*, 91-102.
16   Jünke 2016, 173.
17   Jenni 2011, 45.
18   *Ibid.*, 16.

pendant la période de paix[19] fait de ses membres des revenants qui annoncent « les débuts de la troisième guerre mondiale »[20]. Pour le narrateur, la « scène fondatrice » de cette nouvelle guerre est le « départ pour le Golfe des spahis de Valence »[21], scène qui marquerait rien moins que « la fin du XXᵉ siècle où j'avais grandi »[22].

Un siècle de guerres dévastatrices se clôt sur les débuts d'une nouvelle guerre qui sera, quant à elle, menée loin de l'Hexagone et avec des moyens différents, comme le narrateur le propose : alors que pendant les guerres de Salagnon, le combat corps à corps, lutte dans laquelle le couteau ou le fusil obligeait le soldat à affronter directement ses victimes, était encore la norme, les armes à distance utilisées depuis la première Guerre du Golfe rendraient la mort abstraite :

> [A]ucun des acteurs de cette tuerie de masse ne vit qui il avait tué ni comment il le tuait. Les cadavres étaient loin, tout au bout de la trajectoire des missiles, tout en bas sous l'aile des avions qui déjà étaient partis. Ce fut une guerre propre qui ne laissa pas de taches sur les mains des tueurs[23].

Dans son long commentaire sur le film américain *Black Hawk Down*, notamment, le roman de Jenni problématise l'abstraction de la mort durant cette guerre moderne et surtout le fait qu'« on ne compte pas les morts adverses », qu'on ne les nomme pas non plus, contrairement aux morts américains dont « le générique donna le nombre et le nom »[24]. Au vu de cette critique, il est surprenant de constater que le roman aussi bute sur le même écueil – avec une seule exception[25] : aucun des morts adverses n'est nommé et ils ne sont pas non plus comptés, si ce n'est par le personnage secondaire (et historique) de Paul Teitgen[26].

---

19   *Cf. ibid.*, 13.
20   *Ibid.*, 13.
21   *Ibid.*, 14.
22   *Ibid.*, 20.
23   *Ibid.*, 23. – L'opposition que Jenni établit entre les guerres sales, mais en quelque sorte plus « honnêtes » du passé, et celles prétendument propres du présent sera mise en doute dans le roman de Laurent Gaudé, traité plus loin (*cf. infra*, 186sq.).
24   *Ibid.*, 25.
25   Celle d'Ahmed Ben Tobbal, qui fut l'infirmier du docteur pied-noir Kaloyannis (qui deviendra aussi le beau-père de Salagnon) et qui prendra le maquis au tout début de la guerre d'Algérie.
26   Teitgen apparaît à deux reprises dans le roman, d'abord pour illustrer la critique mentionnée de *Black Hawk Down* (*ibid.*, 26sqq.), puis dans le chapitre consacré à la guerre d'Algérie (*ibid.*, 512sqq.).

L'Art français de la guerre suggère que le fait que l'armée réapparaisse ne signale pas seulement qu'elle est à nouveau acceptée, mais aussi qu'elle est le signe d'une militarisation de la vie sociale en France. Avec les guerres menées au loin auxquelles la France participe, ce serait sur le territoire de l'Hexagone même que la violence s'installerait et deviendrait acceptable, une violence qui pourrait être comprise comme le présage d'une guerre civile.

La structure palimpsestique de ces guerres est mise à nu par Jenni, dont le narrateur souligne que

> la fonction de chaque guerre était d'éponger la précédente. Pour faire table rase à l'issue du festin de sang, il fallait passer l'éponge, que la table soit nette, que l'on puisse à nouveau servir et manger ensemble. Vingt ans durant, les guerres se succédèrent, et chacune épongeait la précédente, les assassins de chacune disparaissaient dans la suivante[27].

La succession rapide des conflits mène à leur superposition palimpsestique, de sorte que chaque guerre en occulte au moins une autre, comme je l'ai déjà démontré pour le film de Resnais et le roman de Mauvignier[28].

2   Les occultations du passé

> Mais j'étais bien trompé : car je le vois maintenant, la paix ne corrompt pas moins que la guerre ne dévaste.
> JOHN MILTON[29]

2.1   *Sous la surface*[30]

Après sa rencontre avec Salagnon, le narrateur de Jenni commence à mettre en question la longue paix qui règne depuis l'indépendance de l'Algérie en 1962, paix à laquelle il avait cru jusqu'alors. Le vétéran lui fait comprendre que, loin de marquer une césure historique, la cessation des combats n'a fait que rendre invisible la violence, sans toutefois en faire disparaître les effets : pour être affectée par la guerre, une génération ne doit pas nécessairement en avoir

---

27   *Ibid.*, 470sq.
28   *Cf. supra*, 33sqq.
29   John Milton : *Le Paradis perdu*. Traduction nouvelle, précédée d'une étude historique et littéraire sur Milton et son temps, par A.-F. de Chateaubriand. Paris : Librairie de Charles Gosselin 1841, 408.
30   Une première esquisse des deux parties qui suivent se trouve dans Ruhe 2016, 200sqq.

été le témoin direct, comme le confirment les études de Hirsch, Rothberg et Silverman.

Sous la surface de la société, la violence d'une ou de plusieurs guerres continue de couver. La force explosive d'un magma de traumatismes refoulés placerait notre époque sous le signe d'une guerre jamais finie, comme Salagnon l'explique au narrateur :

> La guerre sans fin, mal commencée et mal finie ; une guerre bégayante qui peut-être dure encore. La guerre était perpétuelle, s'infiltrait dans tous nos actes, mais personne ne le sait. Le début est flou : vers 40 ou 42, on peut hésiter. Mais la fin est nette : 62, pas une année de plus. Et aussitôt on a feint que rien ne se soit passé. [...] Le silence après la guerre est toujours la guerre. On ne peut pas oublier ce que l'on s'efforce d'oublier ; comme si l'on vous demandait de ne pas penser à un éléphant. Même né après, vous avez grandi entre les signes. [...] Vu votre âge, vos parents vous ont conçu sur un volcan. Le volcan tremblait, menaçait d'exploser, et de vaporiser tout le pays. [...] Les gens à ce moment-là préféraient ne plus rien savoir, ne plus rien entendre, préféraient vivre sans souci plutôt que de craindre que le volcan explose. Et puis non, il s'est rendormi. Le silence, l'aigreur et le temps ont eu raison des forces explosives. C'est pour ça que maintenant ça sent le soufre. C'est le magma, en dessous il reste chaud et passe dans les fissures. Il remonte tout doucement sous les volcans qui n'explosent pas[31].

Jenni soutient la thèse qu'aucune des guerres entre 1940 et 1962 n'a été soumise à un travail de mémoire adéquat, en raison d'un discours officiel autoritaire qui a imposé l'oubli, de sorte que la société (« les gens ») a tenté de les oublier. La guerre ne s'est jamais terminée pour de bon parce que tout le pays a gardé « le silence après la guerre », un silence qui prolonge la guerre sous le signe du refoulement. Selon le protagoniste de Jenni, l'oubli, pourtant, ne peut être une solution durable. Tout juste peut-il brièvement créer l'illusion de la paix, alors que s'annonce déjà la prochaine irruption de la mémoire traumatique : l'odeur qui précède l'explosion imminente devient ainsi une sorte de *leitmotiv* du roman de Jenni.

La première image à laquelle Jenni recourt pour décrire les effets traumatisants qu'exerce la guerre sur la vie de générations entières ressemble de façon frappante à celle que l'on trouve dans *Muriel ou le temps d'un retour* d'Alain Resnais et dans *Des Hommes* de Laurent Mauvignier. Resnais et Mauvignier

---

31   Jenni 2011, 45sq.

mettent en scène une société qui a bâti sur le fond fragile de conflits refoulés, comme sur du sable mouvant[32].

Dans le roman de Jenni, le signe extérieur, architectural, d'un discours officiel anesthésiant serait une activité de construction inlassable : « On ne faisait que ça : construire ; raser ; reconstruire ; creuser et recouvrir ; modifier »[33]. Comme dans le film de Resnais, dans lequel la reconstruction pendant l'après-guerre a rendu méconnaissable la ville de Boulogne-sur-Mer, les grandes villes françaises et surtout leurs banlieues changent radicalement, tant pour littéralement effacer les traces d'un passé qu'on voudrait taire que pour créer une image productive et moderne d'un pays qui est en pleine redéfinition : « Le paysage changeait, la banlieue est sans cesse rebâtie, rien ne s'y conserve sinon par l'oubli »[34].

Pour les enfants vivant dans les nouveaux quartiers, les chantiers et les terrains vagues qui accompagnent cette frénésie architecturale constituent autant de terrains de jeu idéaux. « [U]n talus terreux pas encore paysagé, qui était la terre vierge de tous nos chantiers »[35] que les enfants ont pris en possession devient ainsi le théâtre d'une scène que Jenni utilise pour parler de l'incapacité de la France à gérer son passé traumatique.

L'auteur recourt à l'image d'un vieux cimetière sur lequel on aurait bâti un nouveau quartier, sans pour autant juger nécessaire de transférer les ossements vers une autre demeure, comme c'était encore le cas pour l'aire Saint-Mittre dans *La fortune des Rougon* d'Émile Zola[36]. Avec une curiosité toujours grandissante, un groupe d'enfants déterre des « fragments d'os » et des « dents ». L'odeur pestilentielle qui se dégage des trous qu'ils creusent les répugne moins qu'elle ne les encourage à continuer : « L'odeur ignoble nous prouvait que nous touchions à la réalité. Cela puait tant que nous étions sûrs de faire quelque chose de vrai »[37]. L'odeur qui accompagne leur découverte annonce son potentiel menaçant. Sur l'ordre des adultes épouvantés, les enfants finissent par reboucher les trous qu'ils ont creusés avec leurs mains, conscients désormais de vivre sur un « cimetière caché » :

> Je dévalai le talus terreux, la terre que nous avions remise en place cédait sous mes pieds, je m'enfonçais. Nous l'avions retournée, elle était pleine d'os et de dents. [...] Nous ne creusâmes jamais plus si profond,

---

32 *Cf. supra*, 37sq.
33 *Ibid.*, 464.
34 *Ibid.*, 472.
35 *Ibid.*, 466.
36 Émile Zola : *La Fortune des Rougon*. Bibliothèque électronique du Québec s. d., 9sq.
37 Jenni 2011, 467.

nous restions en surface, nous nous contentâmes de travaux superficiels le long de la petite autostrade. Les plus grandes excavations nous les pratiquâmes en d'autres lieux, loin. J'ai grandi sur un cimetière caché ; quand on creusait le sol, il puait[38].

Avant de commencer leurs excavations, les enfants savent déjà inconsciemment que de leur monde ont été exclus certains éléments jugés déplaisants, qui ont été littéralement enfouis. L'usage imaginatif du terrain vague – « nous [y] creusions sans cesse, des routes, des garages, des pistes d'atterrissage »[39] – est interdit par les autorités parentales, non à cause des risques de santé qu'encourent les enfants, mais parce qu'il remue un passé qu'on voudrait tenir à l'écart, parce qu'il risquerait d'ouvrir des fissures d'où pourrait jaillir la lave du volcan souterrain difficilement contenu. L'odeur indique cependant aux enfants qu'ils s'approchent indubitablement de la « réalité », une réalité dans laquelle les sens fonctionneront tous ensemble et ne seront plus dissociés, comme Alain Resnais le met si bien en scène dans *Muriel*[40].

Cette réunion de tous les sens, de tous les niveaux sensuels, n'est pourtant pas souhaitée ; en tant que représentants des normes d'une société, les adultes insistent de façon autoritaire pour que se poursuive le refoulement du passé et que la surface reste intacte. Les risques pour la santé publique que pourraient entraîner les émanations des cadavres en putréfaction, enfouis directement sous le terrain même sur lequel a construit la société, sont écartés avec la même nonchalance que le sont les traumatismes de la guerre.

Mais il y a plus : ce qui, jusqu'ici, constituait un terrain de jeu, se transforme non seulement en un endroit qui empeste littéralement la réalité par des relents de l'Histoire, d'une histoire qui doit rester enterrée, mais sa mise à nu fait de surcroît apparaître l'un de ses protagonistes redoutables : alors que les enfants sont en train de reboucher le cimetière qu'ils ont accidentellement découvert, un homme les approche et les invite à se laver les mains chez lui. Dans son appartement mal éclairé et sentant le renfermé, il leur explique qu'il est familier avec l'odeur « des fosses » qui se dégage de leurs trous. Il leur montre un fusil et un couteau qui auraient « servi » et, surtout, « un gros os de cuisse, cassé, avec son extrémité bulbeuse si reconnaissable, entouré de viande toute sèche qui semblait carbonisé »[41]. Les enfants s'enfuient en réalisant que leurs jeux ont fait revenir au jour ce personnage inquiétant, que leur travail d'archéologue

---

38   *Ibid.*, 469.
39   *Ibid.*, 466.
40   *Cf. supra*, 44.
41   Jenni 2011, 468.

a déterré un spectre. Toutefois, la modification incessante de l'espace urbain telle que Jenni la décrit finira par venir à bout de ce terrain vague, comme de tant d'autres, et étouffera ainsi la « réalité » sous une architecture tout aussi provisoire que les quartiers que le roman décrit. En effet, le spectre entrevu ne réapparaîtra plus jamais[42].

2.2   *Sur la table*

La deuxième illustration du refoulement prédominant dans la société française que choisit Jenni est également caractérisée par des effets de l'odeur ainsi que par les aspects de la « réalité » ou du « réalisme ». Bien avant que ne commence l'action du roman, le narrateur et sa femme Océane organisent un dîner pour quelques amis. Cette scène riche en connotations et d'allure presque burlesque est une variante subversive du repas gastronomique qui fait la fierté de la nation, couronné même par l'Unesco[43].

Contrairement aux enfants, innocents en ce qui concerne les tueries du passé mais prêts à faire face aux vestiges malodorants laissés par leurs ancêtres, Océane, ainsi que les invités, refusent de se confronter à la violence qui se cache derrière leur style de vie – style qui, comme le montre Jenni, n'est pas sans rapport avec le passé colonial. Il se décide à ne présenter à ses hôtes que des mets qui rappellent leur origine, évitant ainsi les morceaux de viande soigneusement découpés « en cube souples bien orthogonaux »[44] qu'offrent les supermarchés, présentés de manière à ce qu'aucune trace de leur origine sanglante ne vienne troubler la propreté parfaite des grandes surfaces. Il se rend plutôt au marché, où le sol n'est pas « lessiv[é] en permanence »[45], où il manque de « dérap[er] sur les légumes jetés »[46] et retrouve les odeurs que la stérilité du supermarché avait étouffées. Il y achète des crêtes de coq chez « un Africain »[47] et des têtes de moutons rôties « chez un Kabyle », tous « reconnaiss[ables] comme des fragments de bêtes abattues »[48], ainsi que du « boudin » préparé dans une « marmite de sang »[49] et des « tripaillons laqués » qui n'occultent ni le fait d'être « d'horribles abats »[50], ni leur origine cruelle.

---

42   *Ibid.*, 470.
43   Le roman de Jenni n'est pas le seul à traiter le repas gastronomique avec ironie, cela est aussi le cas dans *La Carte et le Territoire* de Michel Houellebecq (Paris : Flammarion 2010) ainsi que dans *La Cheffe, roman d'une cuisinière* de Marie NDiaye (Paris : Gallimard 2017).
44   Jenni 2011, 117.
45   *Ibid.*, 119.
46   *Ibid.*, 120.
47   *Ibid.*, 123.
48   *Ibid.*, 125.
49   *Ibid.*, 123.
50   *Ibid.*, 121.

D'un côté, il rappelle ainsi à ses convives ce que prédispose la consommation d'un plat de la cuisine française de tous les jours, de l'autre, les marchands qui lui fournissent les ingrédients du repas, de par leur origine, montrent bien quelles sont les conséquences du colonialisme français : le Chinois, « l'Africain », « le Kabyle » chez lesquels il se ravitaille n'ont pas profité de l'intrusion colonialiste. Ils ne participent pas au raffinement de la cuisine du colonisateur, mais ils sont obligés de se contenter des restes que celui-ci méprise. Ils sont d'autre part bien conscients de la violence qu'on leur a faite et ne s'offrent pas le luxe d'occulter la violence qui transparaît dans leur cuisine comme dans leur vie.

Les ingrédients que le protagoniste présente à ses hôtes ont été exclus de la cuisine européenne car ils donnent à voir de manière bien trop explicite ce qu'elle doit à la mort d'animaux trop concrets[51]. Au lieu de nier leur rapport au sang et à la violence, comme le font les morceaux de viande rendus presque abstraits qui sont vendus dans les supermarchés, les composants du repas achetés par le narrateur ne font que le souligner. Leur préparation devient une vraie « cuisine alchimique » qui confrontera ensuite la femme du narrateur et ses invités à « un horrible amas d'odeurs fortes et de formes ensanglantées »[52] qui les choquera profondément :

> À l'aide de feuilles de chou vert, j'avais recréé un nid, et en son cœur, bien serré, j'avais mis la tripe rouge, trachée en l'air, disposée comme elle est quand elle est dedans. Je l'avais préservée de la découpe car sa forme intacte en était tout le sel.
>
> J'avais fait frire les crêtes de coq, juste un peu, et cela les avait regonflées et avait fait jaillir leur rouge. Je les servis ainsi, brûlantes et turgescentes, sur un plat noir qui offrait un terrible contraste, un plat lisse où elles glissaient, frémissaient, bougeaient encore. […]
>
> Enfin je plaçai au centre les têtes tranchées, les têtes de moutons laissées intactes posées sur un plat surélevé, disposées sur un lit de salade émincée, chacune regardant dans une direction différente, les yeux en

---

51   À moins que l'on ne veuille voir dans l'apparition soudaine d'une multitude de livres de cuisine traitant des abats une recrudescence de l'intérêt de la société pour les choses jusqu'alors enfouies (*cf.* Dominique Dumas : *La Cuisine des abats*. Bordeaux : Editions Sud Ouest 2008 ; Dominique Dumas/Hélène Imbertèche : *Ris, Cœurs, Foies & autres Abats*. Bordeaux : Editions Sud Ouest 2010 ; Stéphane Reynaud : *Le Livre de la tripe. Du cœur, des gésiers, des rognons, des pieds et du reste*. Paris : Marabout 2012.

52   Jenni 2011, 127.

l'air et la langue sortie, comme une parodie de ces trois singes qui ne voient rien, n'entendent rien, ne disent rien. Ces cons[53].

Contrairement aux singes de la tradition chinoise dont la sagesse consiste à fermer les yeux sur le mal, les invités du narrateur font leur l'interprétation occidentale du groupe et s'offusquent de voir ce qu'ils ont pourtant sous les yeux. « Mais c'est dégueulasse »[54], leur unique commentaire avant de prendre fuite, témoigne du fait qu'ils sont incapables de faire face à la réalité sanglante de la cuisine dont ils consomment les produits tous les jours. Alors que ce que le narrateur leur sert n'occulte pas son origine dans les abattoirs – les têtes de moutons personnifiant le bétail tué et les crêtes de coq semblant bouger encore –, les invités sont si peu habitués à faire le lien entre les plats qu'ils mangent et des animaux mis à mort qu'ils ressentent un « sentiment d'irréalité »[55]. Au lieu d'admettre leur refoulement, ils préfèrent croire à un accès de folie du narrateur[56].

La mort ainsi que la mise à mort sont refoulées de manière générale. Être forcé à y penser, comme le sont Océane et ses amis, n'est pas seulement une expérience désagréable : en découpant le boudin, une minuscule goutte de sang tombe sur « la robe d'Océane, sous la courbe de son sein gauche. Elle s'effondra comme frappée au cœur d'un très fin stylet »[57]. Même une souillure minime de la surface soigneusement travaillée s'avère être symboliquement létale.

Accepter les fondements de leur culture, ne serait-ce que de leur gastronomie, semble impossible aux invités, qui sont représentatifs d'une France en plein refoulement. Même quand la fusion d'influences culinaires dégustées chaque jour par des millions de jeunes Français est posée ouvertement sur la table, le tabou sur le carnage qui a rendu possible le dîner subsiste. Les invités s'enfuient du repas servi comme du lieu d'un crime. Ils sont littéralement incapables de se mettre à table, de s'avouer la violence fondamentale de leur propre culture. Le mélange de tripes asiatiques, de boudin français, de crêtes de coq subsahariennes et de têtes de mouton kabyles représente la diversité non seulement de la nouvelle cuisine française, mais aussi de ce que la société française a gardé de son héritage colonial. Néanmoins, cette dernière camoufle et refoule, par des recettes raffinées, le fait que ses racines baignent

---

53   *Ibid.*, 127sq.
54   *Ibid.*, 128.
55   *Ibid.*, 128.
56   Dans un entretien, Jenni commente la scène comme suit : « I think it is a kind of vengeance of the repressed on a sterilized society, which lives in denial about violence. Violence is horrible, but it is right there, and one must acknowledge it », Assouline Stillmann 2013, 27.
57   Jenni 2011, 130.

dans la violence, la mort, la colonisation et la guerre, pour arriver à créer une surface parfaitement lisse que nulle goutte de sang ne viendra troubler, tandis que l'hymne national chante ouvertement « l'étendard sanglant », mais aussi le « sang impur » qui « abreuve nos sillons ».

Par la mise à nu de la violence intrinsèque d'un repas festif qui est pourtant censé rassembler familles et amis autour d'une table, l'individu risque la résiliation des liens familiaux et sociaux. Cela est le cas pour le protagoniste de Jenni, pour qui le repas préparé avec tant de soins met un terme à son mariage avec Océane et, par conséquent, à la seule famille qu'il avait, et fait de lui un exclu de la société. Cependant, Jenni nous fait comprendre que cette éruption culinaire n'est ni une césure abrupte, ni un accès de folie du narrateur, mais plutôt une étape dans une évolution aussi logique que continuelle et qui mène inéluctablement à l'explosion de cette « galerie de mine juste sous nos pieds »[58] qui a toujours été présente – dans le mariage du protagoniste comme dans la société française en général.

Le fait que la génération des enfants aborde un passé qu'ils n'ont pas vécu, mais dont ils ont hérité les traumatismes et dont ils exhument littéralement les résidus des bas-fonds de la société, est nié de la même manière que ne le sont la décomposition et la destruction des fondements sociaux que Jenni met en scène comme une véritable boucherie. Même si cela ne cause pas la rupture définitive des liens familiaux et sociaux, cela avive la sensibilité pour la part sombre et refoulée du passé, un passé qui attire l'attention par des odeurs « réalistes » et des douleurs fantômes.

2.3 *Dans les livres d'histoire*

Pendant que dans tout le pays, la reconstruction progresse au niveau architectural pour couvrir les plaies que la guerre a laissées et pour créer une image prospère de la France, la réécriture de la mémoire – ce qu'Éric Conan et Henri Rousso appellent « la recomposition du tissu national, dans le corps social comme dans les esprits »[59] – est également prise en charge. Jenni, qui a déjà, comme l'a fait remarquer Jünke, personnalisé les liens entre les différents conflits, en fait de même pour ce processus de réécriture en l'attribuant exclusivement au général de Gaulle :

> De Gaulle est le plus grand menteur de tous les temps, mais menteur il l'était comme mentent les romanciers. Il construisit par la force de son verbe, pièce à pièce, tout ce dont nous avions besoin pour habiter le XXe

---

58 *Ibid.*, 114.
59 Conan/Rousso 2013, 111sq.

siècle. Il nous donna, parce qu'il les inventa, les raisons de vivre ensemble et d'être fiers de nous[60].

Le président-romancier, présent également dans le même rôle mais sous le pseudonyme parlant de « Grandberger », dans le roman *Passé sous silence* d'Alice Ferney, réécrit des pans entiers de l'histoire française pour créer un roman national qui transformera en victoires la suite de défaites allant de la drôle de guerre à la guerre d'Algérie, en passant par la crise de Suez et l'Indochine. C'est ainsi qu'en « narrateur omniscient [...] dans ce roman à cinquante millions de personnages »[61], le général

> nous fit croire par la seule plume, par le seul verbe, que nous étions vainqueurs alors que nous n'étions plus rien. Par un tour de force littéraire il transforma notre humiliation en héroïsme [...][62].

La construction et « invention » de la mémoire font écho à la reconstruction architecturale du pays, de sorte que, selon le narrateur de Jenni, « [n]ous vécûmes entre les pages des Mémoires du Général, dans un décor de papier qu'il écrivit de sa main »[63]. Ce que Conan et Rousso nomment « le récit gaulliste »[64] semble bien plus puissant que tous les autres modes de refoulement, « [a]utrement dit, celui qui gagne la guerre est d'abord celui qui sait la raconter, comme si la victoire militaire était, avant tout, une conquête historiographique »[65].

Tout comme la superficie du pays est transformée et lissée par les nouvelles constructions, la mémoire culturelle de la nation est transformée et défroissée. Les traumatismes de différentes guerres sont effacés par un narrateur autoritaire qui ne permet pas d'alternatives à sa fiction. Il est significatif que Jenni raconte le processus de réécriture comme un lavage de cerveau

---

60 Jenni 2011, 160sq. – Dans l'entretien avec Dinah Assouline Stillman, Jenni avoue avoir de l'admiration pour le général de Gaulle (Assouline Stillman 2013, 26).
61 *Ibid.*, 556sq.
62 *Ibid.*, 324sq.
63 *Ibid.*, 161. – Jenni introduit un autre personnage historique et historien en précurseur du général : avec *De bello Gallico*, César aurait, lui aussi, « cré[é] la fiction d'une Gaule, qu'il définissait et conquérait d'une même phrase, du même geste. César mentait comme mentent les historiens, décrivant par choix la réalité qui leur semble la meilleure », Jenni 2011, 59.
64 Conan/Rousso 2013, 218 et 309.
65 Paul Kompanietz : « *L'Art français de la guerre* ou les épreuves de la représentation ». In : *Revue Analyses* 8,1/2013, 228-244, ici 237.

collectif : « L'esprit des Français constitua l'œuvre du romancier : il les réécrivit, les Français furent son grand roman »[66].

Plus encore que d'être retapé, le pays a besoin qu'on lui remonte le moral en permettant « à la France de faire partie de la grande alliance victorieuse »[67]. Comme ses habitants-protagonistes ne sont dotés d'« aucune autonomie »[68], c'est le général qui sera chargé d'écrire, après un « premier tome »[69] qui « travestit ce qui gêne et passe sous silence ce qui dérange »[70] concernant la Deuxième Guerre mondiale, un second tome et de changer ainsi l'indépendance de l'Algérie en une narration non moins glorieuse. Il rassérène les Français frustrés par tant de guerres perdues en les transformant en des « personnages [...] fiers d'avoir vécu ce qu'il a dit »[71], sans questionner cette nouvelle version de l'histoire transformée en un tournemain en une suite de victoires.

Ce que Jenni met en scène à plusieurs niveaux, « c'est bien cette légende qui tient lieu d'histoire, ce qui n'est selon lui qu'une imposture »[72] : ce sont des processus d'occultation de vérités désagréables, de refoulement d'un passé douloureux. Que ce soit une gastronomie qui refuse d'admettre ses origines sanglantes, un territoire qui enfouit les vestiges d'un passé qui ne passe pas ou bien une histoire incapable d'assumer ses propres échecs et défaites, le diagnostic est à chaque fois le même. Si l'on en croit le narrateur de Jenni, tout ce qui constitue littéralement le patrimoine culturel de la France – ses particularités architecturales avec plusieurs sites classés par l'Unesco, le repas gastronomique des Français déclaré patrimoine culturel immatériel par la même organisation en 2010 –, tout ce qui fait, avec son Histoire, la culture d'un pays, tout ce qui la définit depuis l'étranger, aurait été façonné de manière à ce que les traces des violences du passé soient effacées. Toutefois, comme le remarque le narrateur, « lorsque le meurtre est sans trace le meurtre lui-même disparaît ; et les fantômes s'accumulent, que l'on est incapable de reconnaître »[73].

La réorganisation du pays, l'enfouissement de la mémoire traumatique, l'oubli programmé du « unfinished business »[74] de la guerre produit des fantômes qui finiront par mettre en danger la cohésion sociale, comme le montre le roman de Jenni. C'est ainsi que le narrateur conclut à la fin qu'« [i]l faut ré-

---

66 Jenni 2011, 556.
67 Conan/Rousso 2013, 21.
68 Jenni 2011, 557.
69 *Ibid.*, 556.
70 *Ibid.*, 604.
71 *Ibid.*, 605.
72 Morello 2018, 188.
73 Jenni 2011, 25.
74 Schwab 2010, 49.

écrire, maintenant, il faut agrandir le passé »[75], pour qu'y prennent place ceux qui, jusqu'ici, en ont été exclus.

3 Le narrateur au pinceau

> Je ne sais pas tenir une arme, ni tenir un pinceau, ni jouer de la musique, je sais tenir la plume mais ça ne suffit pas.
> MATHIEU RIBOULET[76]

Contrairement aux protagonistes de Resnais, Mauvignier et Ferrari, pour lesquels le regard à travers la caméra, emblème de la modernité, fournit le moyen de se distancier de la violence qui les entoure, le protagoniste de Jenni choisit d'entreposer entre lui et la réalité un médium plus traditionnel : le dessin. Depuis son plus jeune âge, Salagnon possède un don pour le dessin, ce n'est donc pas avec la guerre qu'il le découvre. Sa tentative de professionnaliser son art à « l'académie du dessin »[77] échoue à cause de l'intervention de son oncle, qui ne veut pas d'un destin d'artiste pour son neveu. En amateur, Salagnon continuera pourtant à dessiner, surtout pendant ses participations à diverses guerres. Selon lui, l'avantage de la pratique est que « les dessins trouvent de l'ordre là où les yeux n'en trouvent pas »[78]. Les événements belliqueux et traumatisants auxquels il assiste, dont certains pourraient être considérés comme des « modernist events » au sens de Hayden White[79], ne se présentent que trop souvent comme étant chaotiques, au point de se soustraire à la compréhension rationnelle. L'obligation de choisir une perspective et d'envisager les faits d'un certain angle, de les soumettre à ce que White appelle le « emplotment »[80], permet de « voir un peu mieux »[81], de reprendre activement le contrôle et d'ordonner les faits pour mieux pouvoir passer outre. Le caractère incompréhensible et accablant de la guerre est ainsi dompté par les moyens de l'art[82].

Alors que la photographie ne préserve pas complètement les protagonistes de Resnais et de Mauvignier des traumatismes de la guerre d'Algérie, le roman

---

75 Jenni 2011, 605.
76 Riboulet 2012, 146.
77 Jenni 2011, 92.
78 *Ibid.*, 54.
79 White 1999.
80 *Ibid.*, 74.
81 Jenni 2011, 452.
82 *Cf.* Hüppauf 2013, 185.

de Jenni suggère « que la peinture […] a sauvé » son protagoniste[83]. D'un côté, la nécessité d'organiser ses images lui a permis de « recoudre ce que les événements déchiraient »[84], d'un autre, « [l]'encre me cachait, l'encre me permettait de m'éloigner un peu, de voir un peu mieux »[85]. Grâce au dessin, il peut « réduire la pesanteur, se libérer de la douleur, et flotter »[86]. Contrairement aux autres soldats, il trouve ainsi une échappatoire qui lui permet de ne pas être entièrement englouti par les horreurs qui l'entourent. Et contrairement à André Degorce, qui a l'impression d'avoir laissé son âme en Algérie, ou au protagoniste de Wajdi Mouawad qui est, lui aussi, préoccupé par le salut de son âme, Salagnon pense avoir « sauv[é] [s]on âme » grâce à l'exercice de son art[87]. C'est d'autant plus surprenant qu'au fil des conflits, Salagnon se transforme, comme Degorce avant lui, de victime en bourreau[88]; un développement qui ne semble pas affecter le protagoniste et que le roman de Jenni ne problématise pas non plus.

En même temps, le roman suggère qu'il n'y aurait un rapport d'équivalence entre la réalité et sa représentation ni au niveau de l'historiographie, dominé par la figure du général de Gaulle, ni au niveau de la représentation visuelle. Il en est de même de l'ordre que laissent entrevoir les dessins, qui ne serait que trop souvent trompeur : il créerait une réalité alternative, séduisante par sa capacité à combler les expectatives. C'est ce que le roman illustre dans une scène qui pourrait sembler, de prime abord, anodine : d'Indochine, Salagnon continue à envoyer des lettres et des dessins à Eurydice, qui deviendra plus tard sa femme. Il l'avertit pourtant d'un décalage entre la réalité qu'il a sous les yeux et ses dessins :

> Je te dessine la forêt comme un velours énorme, comme un sofa profond, lui écrivait-il. Mais ne t'y trompe pas. Mon dessin est faux. Il reste en dehors, il s'adresse à ceux – les bienheureux – qui ne mettront jamais les pieds dans la jungle. Ce n'est pas si consistant, pas si profond, pas si dense, c'est même pauvre en son aspect, très désordonné dans sa composition. Mais si je la dessinais ainsi, personne ne croirait qu'il s'agit de

---

[83] Jenni 2011, 629.
[84] *Ibid.*, 245.
[85] *Ibid.*, 452.
[86] *Ibid.*, 432.
[87] *Ibid.*, 324. – En même temps, tout comme le roman de Mouawad, celui de Jenni suggère que l'« âme » serait plutôt gênante en temps de guerre : « le problème, ce sont nos états d'âme. Ce type que tu connais, cet Allemand, ce qu'il fait, il le fait sans états d'âme. Il nous faudrait un peu moins d'âme, une âme sans états pour faire comme eux », *ibid.*, 415.
[88] *Cf.* Jünke 2016, 170.

la jungle, on me penserait mélancolique. On trouverait mon dessin faux. Alors je le dessine faux, pour qu'on le croie vrai[89].

La jungle telle qu'il la voit ne répondrait pas à l'image que s'en fait un public qui ne l'a jamais vue, de sorte que Salagnon décide de falsifier la réalité pour qu'elle corresponde aux attentes. Tout comme les photographes de guerre qui façonnent l'image des conflits par les représentations qu'ils veulent bien en faire parvenir, Salagnon participe à la préservation d'une image conventionnalisée de la nature exotique. Le fait qu'il refuse de dessiner la jungle telle qu'elle est suggère qu'il en est de même pour ses autres dessins, qui ne serviraient qu'à perpétuer une image convenue et donc contrefaite de la nature, mais aussi de la guerre.

Effectivement, le talent de Salagnon n'est pas seulement exercé à titre strictement privé. À plusieurs reprises, il est mis au service des autorités militaires : pendant la Deuxième Guerre mondiale ainsi que pendant la guerre d'Algérie, les officiers chargent le jeune homme de faire des dessins des autres soldats pour leur remonter le moral[90]. En faisant de ces jeunes gens à peine issus de l'enfance « des portraits héroïques », il complaît au colonel, qui affiche les dessins « au mur du grangeon qui servait de poste de commandement »[91].

Cet effort de ripolinage au sein de l'autorité militaire officialise les images et participe à créer une idée mensongère de la guerre. Au lieu de dévoiler la détresse de ses camarades, de montrer à quel point la guerre les a abîmés pour toujours, Salagnon en fait de « jeunes héros simplifiés par le dessin »[92]. Les dessins commissionnés contribueront à la création d'une narration glorieuse et héroïque, en passant sous silence à quel prix sanglant cette « gloire » a été achetée. Pendant la Deuxième Guerre mondiale, ce sont mêmes les crayons que Salagnon utilise qui sont, sans qu'il en soit conscient, « payés de sang » par la torture d'un prisonnier[93]. En occultant les sacrifices humains qu'exige la guerre et en héroïsant les soldats français, Salagnon « contribuait à ce qu'ils soient heureux de vivre ensemble »[94]. Ce qui semble positif ressemble de manière inquiétante, si l'on y regarde de plus près, à ce que le narrateur

---

89   Jenni 2011, 433sq.
90   *Ibid.*, 149 et 515.
91   *Ibid.*, 150.
92   *Ibid.*, 150.
93   *Ibid.*, 150 : la « série complète de Faber-Castell [...] provenait de la serviette d'un officier allemand, volée à la préfecture avec les documents qu'elle contenait. Plusieurs suspects avaient été arrêtés, sans discernement, et tous torturés. Le responsable du vol fut dénoncé, puis exécuté ».
94   *Ibid.*, 151.

dit seulement quelques pages plus loin des activités d'historien du général de Gaulle, qui « nous donna, parce qu'il les inventa, les raisons de vivre ensemble et d'être fiers de nous »[95]. Au sein d'un récit qui semble pleinement embrasser la perspective de son protagoniste, la soumission du dessin aux intérêts de la guerre, son intégration à la création d'un discours officiel euphémique peuvent être lues comme une mise en abyme du récit, dont il faudrait alors mettre en question la fiabilité de manière plus générale.

Pendant la guerre d'Algérie, il devient encore plus clair que la mise au service de l'art de Salagnon contribue à justifier des actes autrement injustifiables : tout comme Degorce, le protagoniste d'*Où j'ai laissé mon âme* de Jérôme Ferrari, Salagnon est affecté à la troupe qui organise le quadrillage et la torture pendant la bataille d'Alger. Cependant, contrairement à Degorce, il refuse de participer activement à la torture. Son commandant lui intime alors l'ordre de « peindre [s]es gars », car

> [i]ls ont besoin de se voir. De se voir plus beaux qu'ils ne sont en ce moment. Parce que sinon avec ce que nous faisons là, nous allons les perdre. Rendez-leur un peu d'humanité[96].

Encore une fois, Salagnon et ses dessins sont mis au service des autorités militaires[97]. Alors que le protagoniste, le crayon à la main, croit pouvoir échapper à la participation aux crimes de guerre, il se rend coupable d'un autre crime : celui de la falsification de l'image de la guerre et de l'héroïsation de la torture. Au lieu de montrer les ravages que provoque en eux la participation à une torture qui trahit les principes républicains, Salagnon « peignit le portrait héroïque d'hommes qui ne pensaient pas plus loin que le projet d'attraper le prochain suspect »[98]. De la sorte, il encourage le refoulement, tout en se faisant complice de la purification mensongère de l'image de la France. Il aide à faire de la torture un acte digne « d'humanité ».

La guerre et ses protagonistes, tels que Salagnon les représente sur l'ordre des autorités, n'entretiennent qu'un rapport de contiguïté avec le conflit réel. En tenant à l'écart les réalités atroces et le désarroi des soldats, en se conformant à une représentation héroïque de la guerre à l'aide des dessins de Salagnon, le

---

95   Ibid., 160sq.
96   Ibid., 515.
97   Cette instrumentalisation de l'art de Salagnon fait penser à une scène du roman *L'Acacia* de Claude Simon : en tant que prisonnier de guerre interné dans un camp allemand, le protagoniste de Simon réalise d'abord des dessins pornographiques sur commande avant de passer aux portraits des officiers allemands (Simon 1989, 376).
98   Jenni 2011, 515.

discours officiel en impose une image généralement acceptable, voire positive. Alors que la narration du roman de Jenni montre que la guerre ne fait pas de héros, son protagoniste aide à en créer. Il participe ainsi à la dissociation traumatique de ses camarades, qui vivent l'enfer et se rendent coupables tout en se voyant représentés de manière héroïque[99].

Dans ce contexte, il est significatif que dans le discours du roman s'effectue au niveau des pronoms un mouvement contraire à celui observé plus haut dans le roman de Laurent Mauvignier : dans *Des Hommes*, le discours est caractérisé par une fluctuation des pronoms, qui passent du « on » impersonnel au « nous » pour, enfin, aboutir au « je », qui correspond à la reconnaissance douloureuse d'avoir été impliqué dans la violence de la guerre et de s'en être rendu coupable[100].

Dans *L'Art français de la guerre*, le protagoniste n'a aucun mal à raconter son histoire et à se distinguer du « nous » collectif par l'utilisation du « je ». Ce n'est qu'à la fin du roman, lorsque le narrateur lui demande s'il a lui-même torturé, que Salagnon détourne habilement la conversation en constatant que la torture « n'est pas le pire que nous ayons fait », mais surtout en opérant un glissement au niveau pronominal : le « je » qu'il énonce habituellement avec assurance disparaît soudain derrière un « nous » collectif duquel il ne se démarque plus :

> Nous avons manqué à l'humanité. Nous l'avons séparée, alors qu'elle n'a aucune raison de l'être. Nous avons créé un monde où selon la forme du visage, selon la façon de prononcer le nom, selon la manière de moduler une langue qui nous était commune, on était sujet ou citoyen. Chacun

---

99 Salagnon, dont l'activité artistique s'intègre au discours officiel, est ainsi l'opposé du protagoniste d'un roman qui, deux ans plus tard, remporta le Prix Goncourt : *Au Revoir là-haut*, de Pierre Lemaître, met en scène un protagoniste qui documente la guerre à laquelle il participe – la Première Guerre mondiale – à l'aide de dessins d'un réalisme difficilement supportable, surtout pour ceux qui n'ont pas vécu les tranchées. L'image officielle de cette guerre, en train de se constituer dans l'immédiat après-guerre, y substituera effectivement une imagerie acceptable et tolérable pour tous et qui, de plus, donnera une vision positive de la nation que la guerre a si fortement endommagée. Le protagoniste-dessinateur décide alors d'en tirer profit, en créant un catalogue de potentiels monuments aux morts dans lequel prédomine l'allégorisation de la guerre au caractère euphémique et mensonger. Contrairement à celle de Salagnon, l'adhésion du protagoniste de Lemaître au discours officiel n'est pourtant que feinte : c'est ainsi qu'il compte se venger d'une société qui voudrait ne pas s'embarrasser des conséquences de la guerre, mais aimerait au contraire reléguer les vétérans dont la présence obstinée gêne à une existence virtuelle dans la mémoire collective.

100 *Cf. supra*, 47sqq.

consigné à sa place, cette place s'héritait, et elle se lisait sur les visages. Ce monde, nous avons accepté de le défendre, il n'y a pas de saloperie que nous n'ayons faite pour le maintenir. Du moment que nous avions admis l'immense violence de la conquête, faire ceci ou cela n'était plus que des états d'âme[101].

Pour esquiver une question désagréable, Salagnon généralise le problème et, de plus, se cache derrière un pronom collectif pour ne pas avoir à admettre une éventuelle culpabilité individuelle. À l'image de ses camarades qu'il a dessinés pendant différentes guerres, Salagnon réussit ainsi, lui aussi, à achever son récit en héros. En même temps, il critique dans ce passage la dichotomisation de la société française, qui serait en vigueur jusqu'à aujourd'hui mais aurait été introduite, selon lui, par la colonisation – une dichotomie que le roman lui-même, pourtant, soutient plus qu'il n'aide à l'abolir. Comme le souligne Werner Winterstein, « the novel still remains rooted in that against which it rebels »[102].

Contrairement à la photographie qui dit, selon Roland Barthes, « la mort au futur »[103], la peinture et le dessin « suspend[raient] le temps », si l'on en croit la remarque de Mathieu Riboulet cité par Jérôme Ferrari. Les dessins de Salagnon permettent en effet aux soldats représentés de se voir en héros et de croire, ne serait-ce qu'un moment, qu'ils gardent leur humanité même en accomplissant au nom de la France les actes les plus atroces. Le narrateur du roman suit le récit du protagoniste en caractérisant ses peintures « humanitaires » comme des actes de pitié, comme un mécanisme de survie en milieu hostile. Cependant, les dessins de Salagnon en tant que mises en abyme de la narration participent aussi à l'occultation de crimes et au refoulement de la guerre, de la même manière que l'historiographie de de Gaulle, incriminée par le discours narratif.

Dans sa « Critique de la culture et de la société » de 1949, Adorno se demande quelles sont les possibilités de l'art face aux horreurs de la Deuxième Guerre mondiale. La réponse que le roman de Jenni offre est fort insatisfaisante (et égoïste) : l'art n'en aurait aucune, sauf celle qui permettrait de sauver âme et image au détriment de la vérité.

---

101 Jenni 2011, 599.
102 Werner Wintersteiner : « From a Violent Past towards a Global Ethics ? Twentieth Century Atrocities in Select Novels of the Twenty-First Century ». In : *Primerjalna knjizevnost* 40,2/2017, 33-51, ici 45 ; *cf.* Morello 2018, 191.
103 Barthes 1980, 150.

4   Les ruses du nouvel Ulysse

> [M]oi, je suis intact, et ça m'est égal.
> ARTHUR RIMBAUD[104]

Comme dans les autres textes et films analysés dans ce volume, l'essentiel de l'action de *L'Art français de la guerre* se déroule dans une période d'après-guerre. Semblable aux autres protagonistes, Salagnon est vétéran de plusieurs conflits qui, selon lui, n'en forment qu'un : celui de « la guerre de vingt ans ». Les différentes guerres se sont enchaînées à tel point qu'il n'a « pas eu le temps d'apprendre autre chose »[105] ; le retour à la vie civile lui semble inconcevable :

> 'Revenir' est le mot que l'on emploie, mais pour ceux qui n'ont jamais vécu civilement le retour peut apparaître comme un dénudement, un dépôt sur le bord du chemin, le renvoi vers une origine qu'on leur prête mais qui pour eux n'existe pas[106].

Salagnon partage cette difficulté d'envisager un autre métier que celui de soldat avec bon nombre de protagonistes d'autres romans contemporains, dont ceux de Ferrari et Gaudé. Il n'envisage le retour à la vie civile qu'au moment où Eurydice, la femme qu'il aime, consent à se marier avec lui, moment qui coïncide avec la fin de la guerre d'Algérie[107].

Pour la plupart des vétérans des différentes guerres, le retour est plus difficile, voire impossible, comme l'illustrent certains personnages de second plan dans le roman de Jenni : un camarade en Indochine qui a été instituteur a peur de se voir appliquer aux enfants les techniques apprises pendant la guerre[108] ; l'officier de la SS que Salagnon croise pendant la Deuxième Guerre mondiale et, en tant que membre de la légion, pendant la guerre d'Indochine, dit qu'il ne saurait même pas où aller :

> En Allemagne, tous les gens que je connaissais sont morts en une seule nuit. Les lieux où j'ai vécu ont disparu la même nuit. Que reste-t-il en

---

104   Arthur Rimbaud : « Mauvais sang ». In : *Idem* : *Une Saison en enfer/Illuminations et autres textes (1873-1875)*. Paris : Le livre de poche 1998, 49.
105   Jenni 2011, 288.
106   *Ibid.*, 274.
107   Contrairement à d'autres protagonistes qui se feront mercenaires, Salagnon « ne se voyait pas manœuvrer des chars à l'aveugle contre d'autres chars », *ibid.*, 573.
108   *Ibid.*, 382.

Allemagne de ce que je connaissais ? Pour quoi revenir ? [...] Qui me connaît encore, à part ceux qui font la guerre avec moi[109] ?

L'amer constat de ne pas avoir de lieu ou de métier vers lesquels se tourner n'est cependant pas le seul problème. Ceux qui ont appris le métier de la guerre au service de la France rentrent en « guerriers »[110], mais la vie civile n'a que faire d'eux. Comme les protagonistes de Resnais ou de Mauvignier, de Delpy ou de Ferrari, ils sont « revenus changés, l'âme froissée de plis affreux, impossibles à redresser »[111], marqués par ce qu'ils ont vécu, sans que l'État qu'ils ont servi ne leur ait offert une aide à la réinsertion. Dans une discussion entre le narrateur et Salagnon, celui-ci mentionne le film américain *Rambo*[112], qu'il lit comme un cas de réinsertion échouée :

> *Rambo* [...] montrait un homme que je pouvais comprendre. Il voulait la paix et le silence, mais on lui refusait sa place, alors il mettait une petite ville à feu et à sang car il ne savait rien faire d'autre. Ceci, que l'on apprend à la guerre, on ne peut pas l'oublier. On croit cet homme loin, en Amérique, mais je l'ai connu en France à des centaines d'exemplaires ; et avec tous ceux que je ne connais pas, ils sont des milliers[113].

Le film américain dans lequel le vétéran d'une troupe d'élite met « une petite ville à feu et à sang » avant de s'effondrer et de parler de ce qui l'a traumatisé peut effectivement être interprété comme une étude exemplaire d'un cas de trouble de stress post-traumatique[114]. Tout en inaugurant une série de films d'action de qualité plutôt douteuse, il a réussi à faire connaître à un grand public international la détresse des vétérans de la guerre américaine au Vietnam, et ce juste sept ans après la guerre. On a longtemps prêté bien moins d'attention à celle des vétérans français, surtout des guerres coloniales, un groupe que le protagoniste de Jenni caractérise comme une « armée zombie qui se répand sur la Terre et sème la destruction »[115].

---

109   *Ibid.*, 427.
110   *Ibid.*, 45.
111   *Ibid.*, 627.
112   Ted Kotcheff : *Rambo* (titre original : *First Blood*). USA 1982.
113   Jenni 2011, 46.
114   La seul personne capable de calmer Rambo s'avère être son ancien officier. Le vétéran s'effondre alors en pleurant et raconte la perte de tous ses amis au Vietnam et, plus particulièrement, un attentat-suicide qui tua son meilleur ami de manière terrible, ce qui le hante depuis.
115   Jenni 2011, 552.

Les difficultés du retour et de la réinsertion à la vie civile sont un sujet central du roman français contemporain, un sujet qui n'est pas uniquement abordé à travers l'intertexte du film américain, mais aussi à travers des références répétées à l'*Odyssée* d'Homère. Mathias Énard choisit l'*Iliade* comme intertexte central pour montrer que pour son protagoniste, même longtemps après la guerre, celle-ci n'est toujours pas finie : Francis, prisonnier d'une conception cyclique de l'histoire, s'identifie au personnage d'Achille, incapable de ménager ses affects – surtout sa rage.

Chez Jenni, après la Deuxième Guerre mondiale et avant de partir pour l'Indochine, Salagnon est lui-aussi montré en lisant l'*Iliade*. La leçon qu'il en retient est que « le héros peut n'être pas bon »[116]. Il comprend l'ambivalence du personnage d'Achille et que les règles de la guerre permettent des écarts sans que l'on perde pour autant « sa qualité de héros »[117]. Le personnage tel que le décrit le roman met en œuvre cette leçon. Le discours narratif lui réserve jusqu'à la fin du texte le rôle incontesté de héros, malgré les actes qu'il a commis. La synchronisation d'un roman qui parle surtout de l'après-guerre avec une épopée qui raconte le périple d'un guerrier rentrant de la guerre de Troie signale par ailleurs que, contrairement au Francis d'Énard, le protagoniste de Jenni aurait réussi à véritablement revenir de la guerre et à se trouver une place dans la vie civile, bien que le fait qu'il s'installe à la périphérie d'une grande ville suggère que lui aussi restera quelque peu en marge de la société. Il restera surtout là où « la continuation de la violence du passé [se fait jour] dans le présent »[118]. En croyant avoir définitivement échappé à la guerre, Salagnon se retrouvera à nouveau au centre de la violence.

Il semble approprié qu'un roman d'aventures comme celui de Jenni choisisse comme intertexte l'*Odyssée*, qu'Adorno et Horkheimer ont qualifié de « proche de la forme du roman d'aventures »[119]. La relation intertextuelle entre le texte de Jenni et l'épopée grecque est complexe : ce n'est pas à Salagnon lui-même qu'une prédilection pour le texte homérique est attribuée, mais à son oncle, personnage récurrent et vaguement inquiétant qui participe aux mêmes guerres que son neveu. Cet oncle qui se voit comme tant d'autres incapable de trouver le chemin du retour se reconnaît dans le héros antique :

---

116   *Ibid.*, 274.
117   *Ibid.*, 274.
118   Jünke 2016, 171.
119   « [D]er Form des Abenteuerromans näherstehs », Theodor Adorno/Max Horkheimer : *Dialektik der Aufklärung. Philosophische Fragmente*. Frankfurt/Main : S. Fischer 1969, 53. Il est surprenant de constater que la traduction française traduise par « proche de la forme du roman picaresque » (Adorno/Horkheimer 1974, 61).

> J'emporte avec moi l'*Odyssée*, qui raconte une errance, très longue, d'un homme qui essaie de rentrer chez lui mais n'en retrouve pas le chemin. Et pendant qu'il erre de par le monde à tâtons, dans son pays tout est livré aux ambitions sordides, au calcul avide, au pillage. Quand il rentre enfin, il fait le ménage, par l'athlétisme de la guerre. Il débarrasse, il nettoie, il met de l'ordre[120].

Le compte-rendu qu'il fait de l'épopée met en avant les exploits guerriers et l'ordre rétabli à Ithaque. Ainsi résumée, l'épopée comporte des parallèles alarmants avec le film *Rambo*. L'oncle, qui a décidé d'apprendre le texte de Homère par cœur, y arrivera finalement ; néanmoins, il ne trouvera jamais le chemin du retour, « cette fin d'apaisement et d'oubli »[121]. À travers le prisme de l'*Odyssée*, il comprend la situation en France pendant la guerre d'Algérie comme un désordre auquel il tente de remédier en rejoignant l'OAS[122]. Il sera exécuté pour haute trahison.

L'*Odyssée* ne parvient pas à montrer le chemin du retour à l'oncle de Salagnon, un chez-soi qui, dans son cas, s'est rétréci pendant les guerres au point de tenir dans « une caisse » : « Je peux tenir ma vie dans mes bras, je peux la porter sans trop de fatigue. [...] Me construire une maison ? Trop grand pour moi, je ne pourrais pas la soulever dans mes bras pour la déplacer »[123]. Comme tant d'autres, la guerre l'a coupé de ses racines et a fait de lui un patriote apatride. À la différence de son oncle, Salagnon, qui peut lui aussi être considéré comme un nouvel Ulysse, reviendra non seulement à la vie civile, mais réussira à se créer un foyer, bien qu'à la périphérie de la société. Tout comme Ulysse, il mettra vingt ans à rentrer ; mais tandis que le premier ne passe que dix ans en guerre et met dix ans de plus pour rentrer, Salagnon passera deux décennies sous les armes.

Contrairement à son prédécesseur Achille et conformément à l'interprétation de Horkheimer et Adorno, Ulysse ne recourt pas ou pas autant à la violence, mais, en tant que « prototype de l'individu bourgeois »[124], il se sert plutôt de « la ruse [en tant que] moyen dont dispose le soi aventureux »[125]. Achille ne sait pas contrôler ses passions et est sujet à des accès de rage. Ulysse, qui est un

---

120 Jenni 2011, 286.
121 *Ibid.*, 597.
122 En cela, l'oncle devient l'équivalent du lieutenant Andreani dans *Où j'ai laissé mon âme* de Jérôme Ferrari.
123 Jenni 2011, 285.
124 Horkheimer/Adorno 1974, 58.
125 *Ibid.*, 63.

« héros de la subjectivation »[126], est quant à lui « capable d'accepter les frustrations » et « de ménager ses affects »[127]. Toutefois, Horkheimer et Adorno considèrent cette capacité d'adaptation comme hautement problématique, ce qu'ils illustrent par l'épisode des Sirènes : Ulysse se fait attacher au mât tandis que ses compagnons se bouchent les oreilles avec de la cire et se bandent les yeux : de la sorte, il pourra écouter le chant des Sirènes sans pouvoir suivre leur appel, mais en se rendant en même temps « l'esclave de sa propre maîtrise »[128] :

> L'alternative entre vie et bonheur figure ici comme la castration constitutive de l'homme occidental qui, loin de se libérer de l'ordre mythique, n'aurait fait qu'intérioriser son rituel fondateur : le sacrifice[129].

Ce sacrifice « raisonnable » se fait au prix de la distance : en écoutant le chant tel un spectateur au concert, Ulysse brise la magie du mythe. Cependant, selon le philosophe Günter Figal, « l'on peut conclure, avec Horkheimer et Adorno, que ce qui était magie et sortilège devient art par l'instauration d'une distance. [...] Ulysse garde ses distances pour se conserver lui-même. Il arrive à rester sauf et à sauvegarder ses compagnons en n'écoutant le chant des sirènes qu'au prix de l'enchaînement »[130].

Si Jenni reprend cette scène dans *L'Art français de la guerre*, c'est pour lui donner un autre tournant. Ce n'est pas le mythe – d'ailleurs fort violent – des Sirènes représentées entourées par les « amas d'ossements et les chairs desséchées des hommes qu'elles ont fait périr »[131] qui devient art à travers l'instauration d'une distance. Chez Jenni, c'est la violence qui devient art grâce à la prise de distance. La ruse du nouvel Ulysse-Salagnon est une version détournée de celle du héros antique. Semblable en cela à Antonia, la protagoniste d'*À son*

---

126   Irving Wohlfarth : « Entendre l'inouï. *La Dialectique de la Raison* et ses sirènes ». In : *Tumultes* 17-18/2001, 57-89, ici 69.
127   « [M]it hoher Frustrationstoleranz », « Affektkontrolle », Gerald Wagner : « Drama Baby ! Was der Streit von Achilles und Odysseus uns heute sagen könnte ». In : *Frankfurter Allgemeine Zeitung* du 7 janvier 2019, 13.
128   Wohlfarth 2001, 76.
129   *Ibid.*, 74.
130   « Was Zauber, Magie war, so läßt sich mit Horkheimer und Adorno schließen, wird durch die Möglichkeit der Abstandswahrung zur Kunst. [...] In der Tat hat seine Abstandswahrung mit Selbsterhaltung zu tun. Er kann sich und seine Gefährten erhalten, indem er dem Sirenengesang nur um den Preis der Fesselung zuhört », Günter Figal : « Odysseus als Bürger. Horkheimer und Adorno lesen die *Odyssee* als Dialektik der Aufklärung ». In : *Zeitschrift für Ideengeschichte* 2/2008, 50-61, ici 53sq. (ma traduction).
131   Homère : *Odyssée*, traduit en français par Jean-Baptiste Dugas-Montbel (1818), chant XII, 50sq.

Image de Jérôme Ferrari, Salagnon est capable de tourner en art la douleur des autres, tout en se sauvant lui-même. Vu que la prise de distance, l'esprit rationnel et la ruse elle-même sont problématisées par Horkheimer et Adorno, ce sont les traits de caractère de l'« individu bourgeois » qui mèneront finalement au fascisme. Il est intéressant de constater que ces traits sont repris par Jenni, de manière quelque peu étrange néanmoins. Ulysse ne sauvera aucun des 636 marins sous sa protection, il reviendra seul à Ithaque. Salagnon ne sauvera l'âme d'aucun de ses camarades, même pas celle de Mariani[132]. Tel Ulysse, il est le seul à revenir « intact »[133] de toutes les guerres qu'il a menées.

Le roman cite la scène de l'*Odyssée* dans laquelle le devin Tirésias annonce à Ulysse, qui est venu le chercher jusqu'en enfer, le chemin du retour à Ithaque, mais aussi le fait qu'une fois qu'il aura tué les prétendants, il devra repartir avec une rame sur son épaule, jusqu'à ce qu'il arrive dans un pays où les habitants, ignorant la mer, la prennent pour une pelle à grains. Il devra alors la planter en terre, après quoi il pourra revenir à Ithaque pour y mourir en paix[134]. C'est l'oncle de Salagnon, qu'il a suivi sur un fleuve de la mort en Indochine[135] jusque dans l'enfer de la guerre d'Algérie[136], qui raconte la scène et l'interprète à sa façon : « Quand personne ne reconnaîtra plus les instruments de la guerre, ce sera fini »[137]. L'étendue de l'action dans l'espace, chez Homère, est remplacée par celle dans le temps chez Jenni.

Il reprend ce motif lorsque, à la fin du roman, le narrateur ne sait pas distinguer un « couteau suisse »[138] d'une arme que Salagnon avait appris à utiliser pendant la Deuxième Guerre mondiale : le « couteau à énuquer »[139]. Fidèle à la prophétie de Tirésias, le protagoniste interprète cette scène : « Je peux enfin disparaître si tu ne reconnais pas les outils de la guerre. Tu n'imagines pas combien ton ignorance me fait plaisir »[140].

Ce qui, pour le protagoniste, annonce une fin heureuse, une période de paix si longue qu'on en oublie les armes des guerres qui l'ont précédée, s'avèrera

---

132   Jenni 2011, 323sq.
133   *Ibid.*, 323.
134   Citée dans Jenni 2011, 527.
135   *Ibid.*, 377sq.
136   L'autre intertexte mythologique qui sous-tend le roman est celui du mythe d'Orphée et d'Eurydice, auquel renvoie surtout le nom de la femme de Salagnon. Salagnon dit qu'en la « ramen[ant] de l'enfer, je n'ai pas eu à regarder derrière moi pour vérifier qu'elle me suivait », parce qu'elle était « si forte » (*ibid.*, 49) – contrairement à son prédécesseur, il réussira ainsi à la sauver des ténèbres.
137   *Ibid.*, 527.
138   *Ibid.*, 595.
139   *Ibid.*, 596.
140   *Ibid.*, 596.

pourtant plus problématique pour le lecteur attentif : déjà au début du roman, mais aussi dans cette même scène, le narrateur souligne qu'avec les guerres, les armes changent. Alors que du temps de Salagnon, « [o]n se tuait au couteau, on s'éclaboussait du sang des autres », dans les guerres modernes, « on broie à distance, on utilise des machines »[141]. Le fait que les outils de la Deuxième Guerre mondiale ne soient plus reconnus n'est donc pas nécessairement un signe de paix, mais plutôt un indice que les méthodes militaires ont changé. De plus, le roman même fait état d'une présence constante d'armes de guerre révolues, des couteaux en particulier : le narrateur rapporte par exemple que « [s]on grand-père parlait sous un couteau » qui « pendait au mur [au-dessus de lui] »[142]. Dans l'appartement du personnage inquiétant qui surgit lorsque les enfants déterrent l'ancien cimetière se trouve aussi « un poignard dans sa gaine pendu à son clou »[143]. Bien que l'usage des armes leur soit devenu étranger, bien que les couteaux aient été remplacés par des armes à distance, leur présence, effrayante pour les enfants, fait obstacle à l'oubli. L'« histoire d'une transmission » que raconte le roman, « [t]ransmission d'une génération à l'autre, [...] mais pas dans le cadre familial »[144], celle de Salagnon qui transmet son histoire au narrateur, duquel il est séparé d'au moins une génération, serait plutôt une preuve de la continuité d'une mémoire que le roman aidera à garder vive – au prix, même, de ne pas permettre une « fin d'apaisement et d'oubli »[145].

C'est ainsi que s'ouvre une autre possibilité d'interpréter la présence obstinée d'armes devenues obsolètes dans le roman de Jenni : elle sert de rappel menaçant, qui garde vive la conscience du fait qu'une violence qu'on aimerait croire révolue peut revenir à tout instant. Le roman ne laisse effectivement pas beaucoup d'espoir à ce sujet – la militarisation de la vie quotidienne en France qu'il décrit, les émeutes dans les banlieues, semblent confirmer les sombres présages : « le magma [...] remonte tout doucement »[146].

---

141 *Ibid.*, 596.
142 *Ibid.*, 179.
143 *Ibid.*, 468.
144 Morello 2018, 184sq.
145 Jenni 2011, 597.
146 *Ibid.*, 47.

CHAPITRE 7

Palimpsestes et intertextes : Julie Delpy, Jérôme Ferrari et Laurent Gaudé aux prises avec Francis Ford Coppola

> [I]t was written I should be loyal to the nightmare of my choice.
> JOSEPH CONRAD[1]

∴

1   Retour impossible

Apocalypse Now de Francis Ford Coppola, sorti en 1979, est l'un des grands classiques du film de guerre américain. C'est aussi une adaptation libre et particulièrement réussie du roman de Joseph Conrad, *Heart of Darkness*, publié en 1899. La relation intertextuelle au roman de Conrad fait déjà de cette première version du film un exemple paradigmatique de la littérature et de l'histoire connectée : par le dialogue du texte et du film, des liens sont établis entre la littérature britannique et le film américain, entre la fin du XIXe siècle et celle des années 1970, entre l'histoire coloniale et les guerres de décolonisation, que cette histoire concerne la Grande-Bretagne et le Congo ou les États-Unis et le Vietnam.

Mais il y a plus : le Director's Cut du film, diffusé en 2001 sous le titre *Apoclapyse Now Redux*, connecte le conflit américain au Vietnam à la guerre d'Indochine, en incluant une séquence qui se déroule sur une plantation française. Ce film, qui pendant plus de vingt ans a été considéré comme évoquant exclusivement une guerre et un traumatisme américain, s'est ainsi révélé être un commentaire plus général sur les conflits coloniaux ou impérialistes. Le voyage au cœur des ténèbres de Coppola met en dialogue les grands acteurs de l'impérialisme français et anglais et ceux du néocolonialisme américain. S'y ajoute l'intertextualité, qui permet à un spectateur connaissant texte et adaptation de comprendre à quel point ces histoires sont liées depuis plusieurs siècles et influent sur les événements en Afrique et en Asie dont parlent le

---

1   Joseph Conrad : *Heart of Darkness*. London : Dover 1990, 59.

roman et le film. Si l'on considère que la littérature, comme l'histoire, est un instrument pour la constitution de la mémoire, il devient évident que ce qui se tisse ainsi dans un processus de « [u]ncovering and covering, unveiling and veiling »[2] est un réseau de mémoires connectées.

L'universalité du discours sur la guerre et la déchéance morale de ses protagonistes fait d'*Apocalypse Now Redux* un élément clef de la réflexion sur les conflits violents et, surtout, sur leurs conséquences pour les acteurs impliqués. Ce qui est censé être un bref intermède suite auquel ils retourneront chez eux et à leur quotidien les marque à un point tel que ce qui devrait être familier leur est rendu étranger :

> Someday this war's gonna end. That'd be just fine with the boys on the boat. They weren't looking for anything more than a way home. Trouble is, I'd been back there, and I knew that it just didn't exist anymore[3].

La guerre ne détruit pas uniquement les contrées lointaines où elle se passe, elle dévaste aussi bien les jeunes soldats, qu'elle aliène durablement à leur « home ». Ce sont les mécanismes de cette aliénation auxquels s'intéressent plusieurs textes (et films) français qui se réfèrent au modèle de Coppola.

2 Hypocrisie et refoulement – *Le Skylab* de Julie Delpy (2011)[4]

> Ce qu'il y a de pis, c'est que la guerre est un fléau inévitable.
> VOLTAIRE[5]

Le caractère des références diffère et il n'est pas toujours essentiel pour la compréhension de l'œuvre. Dans la comédie *Le Skylab* de Julie Delpy, sortie en 2011[6], les références servent d'abord de repère historique pour contextualiser l'action du film. Delpy rassemble les membres d'une (très) nombreuse famille française pour fêter l'anniversaire de la grand-mère dans sa maison en Bretagne. On boit et on se dispute, car les membres de la famille se situent idéologiquement d'un bout à l'autre de l'éventail politique. Les hommes se chargent de la préparation du festin et cuisinent un méchoui accompagné de couscous – une référence discrète au fait que les influences culinaires des anciennes colonies avaient

---

[2] Lachmann 1997, 19.
[3] Francis Ford Coppola : *Apocalypse Now Redux*. USA : Miramax Films 2001. 00 :50 :29-00 :50 :43.
[4] Une première version de cette partie sur *Le Skylab* de Julie Delpy a été publiée dans Ruhe 2016, 205sq.
[5] Voltaire : *Dictionnaire philosophique portatif*. Paris : Londres 1764, 212.
[6] Julie Delpy : *Le Skylab*. F : Mars Film/France 2 Cinéma 2011.

déjà trouvé leur place dans la cuisine française des années 1970. Les femmes s'affairent autour d'Albertine, qui a douze ans et que ses parents, des artistes de rue gauchistes, ont amenée au Festival de Cannes : Albertine y a vu *Apocalypse Now* de Francis Ford Coppola et l'on se demande si elle a pu être traumatisée par cette guerre qu'elle n'a pourtant vue que sur écran. La référence situe le film de Delpy à l'été 1979 et, par ailleurs, lui permet d'introduire comme en passant le sujet des guerres (néo-)coloniales et des vétérans changés par l'expérience qu'ils y ont faite, dans un film dans lequel on ne s'attendrait pas à ce que soit traité un thème aussi grave.

Après une suite de situations racontées sur un ton badin, une scène à la fin du film tranche avec le contexte comique : Roger, l'un des fils de la famille, vêtu uniquement d'un maillot de corps, entre en rampant dans la chambre où dorment son frère Frédo et sa femme. De sa main, il ferme la bouche de la femme, visiblement dans l'intention de la violer. Frédo se réveille et lui demande des explications, Roger prétend avoir mal dormi. Malgré cette explication inappropriée, Frédo renvoie simplement son frère se coucher et répond à sa femme qui lui fait des reproches :

> Dans la famille, il y a des choses qui ne fonctionnent pas, il faut l'accepter telle qu'elle est. [...] Et puis il a été soldat. On doit être solidaire. C'est comme ça[7].

Il ne précise pas ce qu'il faut accepter et avec quoi il faut se montrer solidaire. Le fait que son frère, en tant que soldat, a servi la nation, semble suffire à justifier son comportement. Même si la société ou l'un de ses membres risque d'être blessé, il n'est pas permis de parler ouvertement du problème, car sa famille, pourtant vive et querelleuse, serait incapable de gérer le traumatisme de Roger et les répercussions sur son entourage – le zèle avec lequel les femmes s'animent autour d'Albertine, possiblement traumatisée par le film, révèle une action écran dont l'objet est de couvrir un traumatisme plus réel, bien que cela ne soit perceptible que pour les spectateurs.

Les guerres au cinéma font plus parler d'elles, sont plus inquiétantes que les guerres invisibles, parce que lointaines, qui ont pourtant des conséquences plus dangereuses pour la cohésion sociale. La référence au film de Coppola permet de dévoiler l'hypocrisie de la société française, qui ne voudrait pas s'encombrer des traumatismes des guerres auxquelles elle a participé elle-même, loin de l'Hexagone. Pour pouvoir garder intacte l'image d'une société qui se veut stable et qui est depuis des décennies en état d'après-guerre, il faut tout de suite remettre Roger à sa place et oublier l'incident. Il en est de même pour les

---

7   Delpy 2011, 01 :32 :30.

« victimes » : la femme de Frédo est priée de ne pas faire « le coup de la femme traumatisée »[8].

Frédo, quant à lui, ne retourne pas se coucher, mais entraîne son frère dans la cuisine prendre un verre avec lui. Il s'avère que Roger est un ancien para qui, suite à des engagements en Algérie et dans le Tchad, a été réformé à cause d'un dérapage que le film ne précisera pas. Les propos de Roger ne montrent que trop bien qu'il a perdu, comme Kurtz dans *Apocalypse Now*, toutes les normes civilisatrices pendant les guerres qu'il a faites :

> Roger : Tu sais comment j'en ai bouffé du nègre ou pas ? Comment je leurs faisais avaler leurs couilles, à ces salauds ? Tu vois, j'arrivais dans un village et tout ce que je voulais, c'était à moi. Maintenant j'arrive ici et je m'emmerde. Mon vieux, je m'emmerde. J'étais bien là-bas, il faisait beau. Il pleut jamais.
> Frédo : Oui. Mais là, t'exagères[9].

La scène montre que ce ne sont pas tellement ses agissements qui mettent en danger sa réintégration dans la société – cela, « il faut l'accepter » –, mais bien le besoin de Roger d'en parler. Après avoir provoqué son exclusion de l'armée, cela compromet maintenant sa position dans la famille et, potentiellement, dans la société française. Sa femme menace de divorcer ; son frère insiste sur la distance entre lui en tant que médecin militaire et Roger en tant que simple soldat et refuse de faire valoir son influence dans l'armée pour réhabiliter son frère.

Dans le même temps, le renvoi au film de Coppola accentue une différence significative : alors que les services secrets américains prennent en charge les militaires ayant dérapé, au pire en les faisant neutraliser, du moins dans le cas d'un simple soldat, l'armée française a recours à des méthodes moins extrêmes : elle réforme les militaires en question et les renvoie simplement à la maison, où leurs familles se voient obligées de gérer les traumatismes. Bien qu'en apparence, l'armée française se comporte de manière plus humaine que l'américaine, elle fait bien peu de cas de la réintégration de ces individus dans la société. Les familles, quant à elles, sont souvent bien embarrassées lorsqu'il s'agit de contenir le potentiel explosif des vétérans, comme le film de Delpy le fait ressortir par son agencement topographique.

Les conversations qui tournent autour de la guerre et de ses séquelles sont reléguées dans un lieu à part : même par temps instable, la famille fête l'anniversaire de la grand-mère dans le jardin, qui est présenté comme un lieu ouvert et accueillant. La scène entre Roger, Frédo et leurs femmes respectives,

---

8 *Ibid.*, 01 :32 :43
9 *Ibid.*, 01 :34 :04sq.

PALIMPSESTES ET INTERTEXTES 175

en revanche, se passe dans l'intérieur sombre et encombré de la maison. Les deux frères se retrouvent ainsi dans un lieu sûr, qui empêche qu'aucun des comportements déviants de Roger ne dépasse du cadre de la famille et ne filtre au-dehors. Le brave citoyen, parent et vétéran qu'est Roger peut montrer son côté sombre dans l'espace, triplement clos, de la famille, de la maison et de la nuit. Ainsi, ce n'est pas seulement le danger qu'il représente pour la société qui est conjuré lorsque l'effondrement de Roger est limité à l'espace familial ; relégué à l'intérieur de la solidarité de cet espace, le vétéran est mis à distance de la société pour ne pas mettre en danger la cohésion apparente et pour ne pas entacher l'image prospère et saine que la France s'est construite depuis la fin de la Seconde Guerre mondiale.

Malgré tous ces dispositifs, malgré la résistance tenace avec laquelle la famille se refuse à reconnaître des vérités pénibles, le traumatisme ne manquera pas de marquer la génération des enfants de Frédo et de Roger : la caméra quitte la cuisine où les frères se disputent pour passer par la fenêtre ouverte ; elle s'arrête sur le jeune fils de Roger qui, dehors, a assisté à la crise de son père et qui en est visiblement bouleversé. Les murs de la maison familiale ne sont pas assez épais pour étouffer le conflit que l'on tente si désespérément de contenir. Le message est clair : la désintégration de la structure familiale, pourtant si exemplaire dans son unité, n'attend pas d'être provoquée de l'extérieur, mais couve à l'intérieur même et ne manquera pas d'affecter la société entière.

3 L'absence de l'autre – *Un Dieu un animal* de Jérôme Ferrari (2009)

> Morgen sind wir doch
> Was Tote sind
> Ein Samen im Wind
> Ein Spinnweb im Dorn
> Aber heute noch
> Ein Verlangen ein Zorn
> Ein Verdruß eine Gier
> Ein Stück Gott ein Stück Tier
> Ein Schritt in den Straßen
> Ein Schluchzen ein Schrei
> Getrieben verlassen
> Zu lieben frei.
>   MARIE LUISE KASCHNITZ[10]

---

10 Marie Luise Kaschnitz : *Liebesgedichte*. Frankfurt am Main/Leipzig : Insel 2005, 115. Je remercie Ursula Hennigfeld de m'avoir indiqué ce poème.

Dans le roman *Un Dieu un animal* de Jérôme Ferrari, paru en 2009, la référence au film de Coppola est tout aussi explicite, mais bien plus importante pour la compréhension du texte. Le film de Coppola y est un élément clef. Le titre du roman même est une citation d'*Apocalpyse Now Redux* : le protagoniste, un mercenaire d'origine corse récemment revenu de la guerre en Irak où son meilleur ami a été tué lors d'un attentat, voit le film de Coppola sous l'influence d'un cachet d'ecstasy :

> Tu as regardé la jungle brûler pendant que Martin Sheen fumait une cigarette et tu as remonté le fleuve à ses côtés jusqu'à ce qu'il s'estompe et disparaisse pour te laisser prendre sa place. C'était à toi qu'Aurore Clément tendait une pipe d'opium en te caressant la joue, et c'était à toi qu'elle parlait de son mari défunt et des incurables blessures de son cœur, c'était à toi qu'elle confiait qu'il ne savait plus s'il était un animal ou un dieu et tu as ouvert des yeux immenses quand elle s'est penchée vers toi pour te confier, mais vous êtes les deux, capitaine, vous êtes les deux, et tu as tendu les doigts pour toucher ses seins à travers les voiles transparents et tu t'es retrouvé, seul et halluciné, dans les rues où passaient encore quelques touristes, avec ta colère intacte au milieu des débris de toutes les promesses trahies[11].

La relation qu'entretient le texte de Ferrari avec le film de Coppola a été analysé par Sarah Burnautzki[12]. Elle a démontré que le roman reprend le motif de l'apocalypse et du renversement des valeurs. Les protagonistes de Coppola et de Ferrari accompliraient

---

11   Ferrari 2009, 83sq. – Dans son *Achilles in Vietnam*, Jonathan Shay intitule les chapitres dans lesquels il traite la furie d'Achille « A beast » et « A god » (Shay 1994, 82sqq.), ce qui semble être une référence au film de Coppola auquel se réfère Ferrari. – Dans un entretien avec l'auteur, Ferrari souligne qu'il était plutôt exceptionnel à l'époque de pouvoir voir un film comme celui de Coppola en Corse et que lui aussi avait été fortement impressionné par le film et surtout par les scènes ajoutées : « J'avais été le voir au cinéma, ce qui ne paraît pas extraordinaire, mais en Corse, ce n'était pas évident. Il y a eu une projection à Porto-Vecchio. Il y a maintenant une cinémathèque à Porto-Vecchio, mais à l'époque, c'était quand même compliqué d'aller voir autre chose que *Piège de Cristal* au cinéma, et c'est encore le cas aujourd'hui. J'avais déjà vu le film, mais ce sont les scènes nouvelles qui m'ont vraiment beaucoup marqué, par exemple celle où joue Aurore Clément, et qui est magnifique en dépit de son épouvantable accent français quand elle parle anglais. J'ai trouvé ça d'une grande beauté », Ferrari, « Entretien avec Jérôme Ferrari », 236.
12   Sarah Burnautzki : « Le motif de l'apocalypse dans *Un Dieu un animal* ». In : Burnautzki/Ruhe 2018, 165-181.

un périple à la fois réel et symbolique dont les significations se déploient sur trois niveaux : celui du voyage historique au cœur de la guerre [...], un voyage psychologique qui conduit les protagonistes jusque dans leur for intérieur et, enfin, un voyage mystique derrière lequel nous pouvons identifier l'ossature de l'ancienne quête mythique du Saint Graal, de la recherche de vérité absolue et de certitude transcendantale[13].

Leurs missions respectives – celle d'agent des services secrets pour Willard chez Coppola et de mercenaire pour le protagoniste anonyme de Ferrari, qui l'entreprend surtout par esprit d'aventure – tournent rapidement et doublement à une descente au cœur des ténèbres, tandis que leur quête mystique reste inaboutie.

Au lieu de trouver une certitude transcendantale, Willard se voit confronté à Kurtz, un individu qui lui ressemble en tous points mais qui n'a pas su résister à la tentation du mal et, pourtant, qui croit avoir accédé à la vérité absolue. Ce renversement fatal est déclenché pour Kurtz par un acte d'abord inexplicable des troupes vietnamiennes : alors que les soldats américains viennent de vacciner des enfants, une unité ennemie surgit et tranche les bras des enfants vaccinés. C'est alors que Kurtz croit comprendre que cet acte, qu'il a d'abord considéré comme inhumain et plein de haine, est en fait une preuve de la force supérieure des Vietnamiens dans leur combat contre les américains :

> And I thought, My God, the genius of that! The genius. The will to do that. Perfect, genuine, complete, crystalline, pure. And then I realized, they were stronger than us. Because they could stand it. These were not monsters. These were men, trained cadres. These men who fought with their hearts, who have families, who have children, who are filled with love ... that they had the strength, the strength to do that. If I had ten divisions of those men, then our troubles here would be over very quickly. You have to have men who are moral, and at the same time, who are able to utilize their primordial instincts to kill without feeling, without passion. Without judgment. Without judgment. Because it's judgment that defeats us[14].

Kurtz pense, d'une part, que la détermination des Vietnamiens, capables de tels actes, est supérieure à celle des Américains, d'autre part, que leur force morale est également supérieure, puisqu'ils ne jugent pas et ne sont pas jugés.

---

13   Burnautzki 2018, 174.
14   Coppola 2001, 02 :52 :18-02 :54 :40.

Cette attitude lui semble exemplaire et, après sa défection, il se croit lui aussi au-delà de toute morale et de tout jugement.

Alors qu'il travaille pour une entreprise de sécurité dans l'Irak en guerre, le protagoniste sans nom de Ferrari devient le témoin d'une scène qui fait écho à celle du film américain : il vient de donner des chewing-gums à un petit garçon irakien lorsque son père surgit, gifle l'enfant et lui brise ensuite les deux jambes. Le protagoniste croit comprendre que cet homme

> était si parfaitement empli de haine et d'amour et qu'il n'y avait plus de place en lui pour quoi que ce soit d'autre et il te regardait depuis un monde perdu au-delà du châtiment et du jugement où ton désir de le punir ne pourrait jamais l'atteindre[15].

La ressemblance entre les deux scènes est frappante, non pas uniquement parce qu'il s'agit, dans les deux cas, de violences exercées sur des enfants, mais aussi sur le plan du langage utilisé. Les protagonistes de Coppola et de Ferrari voient en ces deux actes atroces des preuves d'amour qui placent les bourreaux « au-delà du châtiment et du jugement », donc en dehors de la société civile et religieuse.

L'« acte autodéterminé »[16] des Vietnamiens auquel Kurtz assiste lui apparaît ainsi comme la « vérité absolue » et la « certitude transcendantale » desquelles il était en quête. La suite logique, bien que perverse, de ce qui lui apparaît comme une épiphanie est sa propre transgression des valeurs de l'armée et de l'humanité, l'établissement de son empire, qu'il gouverne « like a god »[17]. Il pense effectivement qu'il est au-delà du jugement humain, comme le démontre l'une de ces remarques, élucidée juste après par l'anecdote de la vaccination des enfants : « I've seen horrors. Horrors that you've seen. But you have no right to call me a murderer. You have a right to kill me. You have a right to do that. But you have no right to judge me »[18].

Pour ce qui est du protagoniste de Ferrari, selon Burnautzki, il « n'est pas en mesure de sortir de sa crise des valeurs et, profondément tourmenté, trouve comme seule issue le suicide »[19]. Moins athée que Kurtz, le mercenaire anonyme de Ferrari, qui avait autrefois pensé « à devenir prêtre »[20], voit d'abord, dans l'acte du père irakien, une révolte non seulement digne d'un « juge-

---

15   Ferrari 2009, 16.
16   Burnautzki 2018, 176.
17   Coppola 2001, 00 :15 :03.
18   *Ibid.*, 02 :51 :20-02 :51 :35.
19   Burnautzki 2018, 176.
20   Ferrari 2009, 37.

ment », mais aussi d'un « châtiment », donc d'une punition séculaire autant que divine. Contrairement à Kurtz, il n'ira pas « totally beyond the pale of any acceptable human conduct »[21] pour se créer un royaume bien à lui. Alors que, la guerre était un métier dans lequel Willard et Kurtz excellaient, le protagoniste de Ferrari, recrue puis mercenaire plutôt insignifiant, qui a appris à « vénérer la débâcle »[22], y voit plutôt un moyen « d'arracher les racines qui alors [l]'encombraient tant »[23] et, surtout, de combler son désir de danger et de « tragédie »[24]. Jusqu'à la mort de son ami, la guerre lui apparaît comme un jeu excitant, de sorte que « [s]on cœur s'est mis à battre comme à la pensée d'une femme aimée » à la vue « [d]es immeubles en ruines, aux murs criblés de balles et déchirés par les obus de mortier […] dans la banlieue de Beyrouth »[25], où il passe quelques jours de permission. La naïveté avec laquelle il choisit son nouveau métier n'est rompue, comme le montre la citation du texte de Ferrari, que lorsqu'il assiste au supplice du petit garçon en Irak. Cependant, cela ne le mènera pas à l'amoralité d'un Kurtz. Vu dans le contexte de l'apocalypse établi par Burnautzki, c'est à ce moment-là que le protagoniste de Ferrari comprend que non seulement il n'y a là ni « vérité absolue », ni « certitude transcendantale » mais, qui plus est, qu'il n'y en aura jamais. Contrairement à l'interprétation de Burnautzki, je n'y vois pourtant pas un signe de faiblesse, comme je l'expliquerai plus loin.

Dans ce contexte, une réflexion s'impose : malgré les évidents parallèles d'ordre structurel entre le film de Coppola et le texte de Ferrari que Burnautzki signale, la différence centrale est que le protagoniste de Ferrari n'a pas d'antagoniste, si ce n'est lui-même. Chez Coppola, Willard recherche Kurtz et il se trouve lui-même, tout en comprenant peu à peu le désarroi de celui qu'il est censé tuer. Le protagoniste de Ferrari n'a pas de vis-à-vis, il ne peut se refléter dans un autre, comme Willard qui se voit en miroir dans la figure de Kurtz, ce qui lui permet de rejeter les décisions prises par celui-ci.

L'absence d'un autre dans lequel on peut se reconnaître, l'absence d'un regard porté sur soi, ne serait-ce que celui que le miroir renvoie, est, selon Michel Foucault, la condition préalable de la reconnaissance de soi qui permet une stabilisation :

---

21   Coppola 2001, 00 :17 :39.
22   Ferrari 2009, 39.
23   *Ibid.*, 40.
24   « [T]u t'en voulais à toi-même d'être né sous un ciel sans avenir qui ne t'avait pas offert d'autre tragédie que de devoir vivre la vie de quelqu'un que tu méprisais », *ibid.*, 74.
25   *Ibid.*, 101.

À partir de ce regard qui en quelque sorte se porte sur moi, du fond de cet espace virtuel qui est de l'autre côté de la glace, je reviens vers moi et je recommence à porter mes yeux vers moi-même et à me reconstituer là où je suis[26].

Cette reconstitution est impossible pour le protagoniste de Ferrari, qui ne voit dans son avenir que « la glaise primordiale dont Dieu façonne la multitude des êtres et des mondes qu'il tire du néant et renvoie, sans fin, au néant »[27]. À la différence de Willard et Kurtz, pour qui la foi semble bien loin, Dieu reste une référence pour le protagoniste de Ferrari, mais l'indifférence divine face à la souffrance même des enfants ajoute à son désespoir. Son ultime geste, le suicide, le renvoie à ce néant qui semble inévitable et à un Dieu qui ne répond plus[28].

4 Les palimpsestes de la mémoire – *Écoutez nos Défaites* de Laurent Gaudé (2016)

> In the interests of research
> I have walked on many battlefields
> that once were liquid with pulped
> men's bodies and spangled with exploded
> shells and splayed bone.
> All of them have been green again
> by the time I got there.
> MARGARET ATWOOD[29]

---

[26] Foucault 1994, 756.
[27] Ferrari 2009, 110.
[28] Alors que la scène du roman où le protagoniste voit *Apocalypse Now Redux* dans un cinéma corse suggère qu'il s'identifie au personnage de Willard – « [c]'était à toi qu'Aurore Clément tendait une pipe d'opium en te caressant la joue, et c'était à toi qu'elle parlait de son mari défunt » (*ibid.*, 83sq.) –, d'autres parties du roman sont plus ambivalentes à ce sujet. Une scène centrale pour le film ainsi que pour le roman suggère qu'il serait peut-être plus proche de Kurtz : comme celui-ci assiste au supplice des enfants vietnamiens, le protagoniste de Ferrari est présent lors de celui du petit garçon irakien. Les deux y voient un cas exemplaire d'amour et d'absence de jugement, bien qu'ils en tirent des conséquences différentes. Leurs expériences lors de différentes guerres les mènent à des décisions extrêmes, à la défection pour Kurtz et au suicide pour le protagoniste de Ferrari.
[29] Margaret Atwood : « The Loneliness of the Military Historian ». In : *Idem* : *Morning in the Burned House*. Boston : Houghton Mifflin 1995, 49-53, ici 52.

4.1   « *Beyond the pale* »

Le roman *Écoutez nos Défaites* de Laurent Gaudé, de 2016, suit son modèle de bien plus près que celui de Ferrari, sans pourtant s'y référer ouvertement. La trame principale – un homme est envoyé à la recherche d'un autre –, est la même que celle du film de Coppola : le protagoniste, qui porte le nom de guerre Assem Graïeb[30] (nom qui renvoie à la prison d'Abou Ghraib en Irak) est un mercenaire français qui est devenu, « [d]ans cette époque où la France n'est ni en guerre ni en paix »[31], « un chasseur, tueur de la République qui traque sans cesse des hommes nouveaux »[32]. En cela, il diffère de Willard chez Coppola qui, lui, répondra à la question de Kurtz « Are you an assassin ? » par « I'm a soldier »[33]. Au fil d'une coopération entre les services secrets américains et français, Assem se voit confier la mission de traquer un certain Sullivan Sicoh, « Ancien Seal Team 6 »[34], « un homme des unités d'élite. Il était à Abbottabad en 2011 »[35].

Pour le lecteur informé, cette dernière information fait de Sullivan un soldat d'élite effectivement bien particulier, car la mention du toponyme « Abbottabad » et de la date « 2011 » rendent évident qu'il a participé à l'une des missions des services secrets américains les plus en vue des dernières années : la liquidation d'Oussama ben Laden par une équipe des Navy Seals américains le 2 mai 2011.

Tout comme Willard se reconnaît en Kurtz, chez Gaudé, Assem se reconnaît en sa proie, car il a lui-même participé à une mission semblable et plus secrète encore que celle de la mise à mort de ben Laden : celle de la traque et de la « neutralisation » de Mouammar Kadhafi. Il est convaincu qu'« [i]ls sont pareils. Ils ont été formés au même combat »[36]. Ils partagent cette « expérience commune »[37], tous deux ont été responsables de « missions d'éliminations »[38], l'un au service de la France, l'autre des États-Unis[39]. Cette ressemblance

---

30   Gaudé 2016, 12. – Son métier et le fait que son entourage ne le connaisse que sous son pseudonyme assimile le protagoniste de Gaudé à celui de Mathias Énard dans *Zone*, un protagoniste avec lequel il partage bien d'autres traits : chez Énard, le protagoniste a plusieurs noms, mais contrairement à celui de Gaudé qui ne livrera jamais son vrai nom, le lecteur apprendra que le narrateur de *Zone* s'appelle Francis Servain Mircović.
31   *Ibid.*, 161.
32   *Ibid.*, 13.
33   Coppola 2001, 02 :35 :33-02 :35 :39.
34   Gaudé 2016, 46.
35   *Ibid.*, 49.
36   *Ibid.*, 61.
37   *Ibid.*, 122.
38   *Ibid.*, 94.
39   *Ibid.*, 109.

avec sa proie fait qu'Assem, au début du roman, craint de finir comme Sullivan – « Est-ce qu'un jour, dans un café de Vienne ou d'ailleurs, Auguste donnera une photo de lui en disant à son interlocuteur : 'Nous avons un souci avec Assem Graïeb ?' »[40].

Comme Kurtz et Willard, Assem et Sullivan sont incapables de retourner à la vie civile ; ils sont condamnés à exercer leur métier même après de lourdes blessures[41]. Sullivan disparaît peu après une mission en Afghanistan qui a tourné mal, les Américains le localisent à Beyrouth où, tout comme Kurtz dans le film de Coppola, il s'est « entouré d'une petite bande hétéroclite, [… u]ne dizaine d'hommes en tout, sur lesquels Sicoh règne comme un chef de guerre » ; il se fait désormais « appeler Job »[42]. De Beyrouth, Sullivan trafiquerait des « objets d'art volés sur les sites archéologiques »[43]. Pourtant, ce n'est pas parce qu'il est devenu « insane », comme Kurtz[44], que les services secrets américains tiennent à le retrouver ; la vraie raison est qu'il est soupçonné d'avoir subtilisé le cadavre de ben Laden (ou des morceaux de celui-ci) et d'en revendre les os en tant que reliques[45] – un acte qui, selon les services américains, l'aurait mené « bien trop loin pour que l'on puisse le récupérer »[46]. Comme Kurtz, il se trouve désormais « beyond the pale »[47], au-delà des limites de l'acceptable.

Il est significatif, pour les connexions intertextuelles et historiques multiples établies à travers le film de Coppola, que l'expression « beyond the pale » renvoie au titre d'un récit sur les relations interraciales de Rudyard Kipling. Le texte fait partie des *Plain Tales from the Hills* (1888). Dans la troisième phrase de l'incipit, le sujet est annoncé et les lecteurs sont mis en garde :

> This is the story of a man who willfully stepped beyond the safe limits of decent everyday society, and paid for it heavily. He knew too much in the first instance ; and he saw too much in the second. He took too deep an interest in native life ; but he will never do so again[48].

---

40 *Ibid.*, 51.
41 *Cf. ibid.*, 175.
42 *Ibid.*, 60.
43 *Ibid.*, 49.
44 Coppola 2001, 00 :16 :43.
45 Gaudé 2016, 155.
46 *Ibid.*, 156.
47 Coppola 2001, 00 :17 :39.
48 Cité d'après Michael C. Frank : « Sphären, Grenzen und Kontaktzonen. Jurij Lotmans räumliche Kultursemiotik am Beispiel von Rudyard Kiplings *Plain Tales from the Hills* ». In : Susi K. Frank/Cornelia Ruhe/Alexander Schmitz (dir.) : *Explosion und Peripherie. Jurij Lotmans Semiotik der kulturellen Dynamik revisited*. Bielefeld : Transcript 2012, 217-246, ici 236.

Tout comme Trejago, le protagoniste anglais de Kipling, Kurtz et après lui ses successeurs transgressent de leur propre gré les limites de la société « décente ». Comme lui, ils finiront par le payer. La référence permet ainsi d'anticiper une fin qui changera profondément les protagonistes, bien qu'elle se révèle bien plus extrême pour ceux de Ferrari et de Gaudé que pour Trejago chez Kipling, qui finit juste blessé à la jambe tandis que son amante indienne perd ses deux mains. Il est intéressant de noter que le récit de Kipling annonce déjà, avec la punition de la jeune veuve indienne Bisesa, le sujet de la mutilation, qui sera repris et élaboré dans *Apocalypse Now* et dans ses variantes romanesques françaises. Alors que pour les protagonistes de Kipling, la mutilation est le résultat de leur passage « beyond the pale » de leurs castes respectives, un châtiment pour leur relation interraciale, du côté de Kurtz et du protagoniste de Ferrari, les bras coupés des enfants vietnamiens et les jambes brisées du garçon irakien ne feront que déclencher leur transgression des limites.

La transgression de Kurtz lui vaut une condamnation à mort de la part des services secrets américains, condamnation que Willard doit exécuter – il est censé « terminate the colonel [...] with extreme prejudice »[49] dans une mission qui « does not exist »[50]. Le rôle d'Assem chez Gaudé est d'une portée bien plus grande encore. Il doit lui-même décider s'il « faut [...] condamner [Sullivan] à mort ou s'il peut être récupéré »[51] et, le cas échéant, « organiser sa neutralisation »[52].

Les reliques que Sullivan trafiquerait introduisent ce qui constitue l'un des sujets principaux du roman : la mémoire des conflits et la manière dont elle est gérée. Pour traiter cette question, le texte met en parallèle quatre différents personnages historiques qui servent à approfondir le thème à diverses étapes de l'histoire mondiale : l'histoire d'Assem et de Sullivan, contemporaine aux lecteurs, s'accompagne de celle d'Hannibal et de sa campagne contre Rome, de celle de Ulysses Grant, général de la guerre de Sécession américaine – qui est, selon Wajdi Mouawad, « la matrice des guerres civiles de l'ère moderne »[53] –, ainsi que de celle de Haile Selassie, dernier empereur d'Éthiopie en lutte contre l'invasion italienne. En évoquant des histoires provenant de cultures et de contextes historiques radicalement différents et n'entretenant entre elles que des liens lâches, le texte en fait saillir les parallèles. Les premières phrases

---

49   Coppola 2001, 00 :17 :24-00 :17 :52.
50   *Ibid.*, 00 :17 :50-00 :17 :56.
51   Gaudé 2016, 50sq.
52   *Ibid.*, 50.
53   Mouawad 2012, 373.

caractérisent ces histoires autant individuelles que collectives comme un palimpseste :

> Tout ce qui se dépose en nous, année après année, sans que l'on s'en aperçoive : des visages qu'on pensait oubliés, des sensations, des idées que l'on était sûr d'avoir fixés durablement, puis qui disparaissent, reviennent, disparaissent à nouveau, signe qu'au-delà de la conscience quelque chose vit en nous qui nous échappe mais nous transforme, tout ce qui bouge là, avance obscurément, année après année, souterrainement, jusqu'à remonter un jour et nous saisir d'effroi presque, parce qu'il devient évident que le temps a passé et qu'on ne sait pas s'il sera possible de vivre avec tous ces mots, toutes ces scènes vécues, éprouvées, qui finissent par vous charger comme on le dirait d'un navire[54].

Le réagencement constant de la mémoire, où des couches entières peuvent disparaître pour resurgir bien plus tard, fait d'abord penser à une description du refoulement incomplet. À une échelle plus ample, le processus qui est décrit correspond à la description du palimpseste par Silverman citée plus haut. L'incipit du texte de Gaudé annonce en même temps le programme du roman, qui mettra en scène différentes couches de l'histoire, jusqu'à transformer – du moins pour les lecteurs – tant la compréhension de l'histoire que celle de la trame contemporaine du texte.

4.2   *La souffrance des enfants*

Ce qui unit les protagonistes, c'est le fait de participer activement à des guerres dont ils comprennent au fil du temps à quel point elles les déshumanisent. Les batailles du lac Trasimène et de Cannes pour Hannibal, celle de Spotsylvania pour Grant et celle d'Adoue pour Haile Selassie comptent parmi les batailles les plus sanglantes de l'Histoire humaine. Bien qu'ils sortent vainqueurs de leurs combats respectifs (avant que l'histoire ne se retourne à Maichew pour Haile Selassie), Hannibal et Grant, en particulier, sont conscients du fait qu'ils perdent autant qu'ils gagnent durant ces guerres victorieuses. Dans le roman de Gaudé, Hannibal hésite ainsi à se réjouir de sa victoire :

> [S]a victoire, elle est là, mais il veut se souvenir que ce sont des morts qui la lui offrent. Il en est toujours ainsi et malheur à celui qui l'oublie. Les grandes batailles qui restent dans les mémoires sont des charniers atroces qui font tourner les oiseaux. Est-il fier de cela ? Des quarante-cinq

---

54   Gaudé 2016, 11.

mille Romains qui gisent à ses pieds ? Peut-on l'être vraiment … ? Il veut se souvenir des viscères qui se mêlent au vent de l'été car si l'Histoire a un parfum, c'est celui-là[55].

Près de deux mille ans plus tard, l'Histoire a toujours le même parfum pour Ulysses Grant à l'issue de la bataille de Spotsylvania :

> Dix-huit heures de combat et vingt mille morts. Le soir venu, Grant fait les comptes. Il ne peut pas s'en empêcher. Il voudrait ne pas le faire, sait que ça ne sert à rien. Il fume son dixième cigare de la journée et calcule comme un dément : cela fait mille cent onze morts par heure, donc dix-huit morts par minute, soit trois morts toutes les dix secondes et cela pendant dix-huit heures … C'est lui qui a orchestré cela, et il ne devient pas fou ?[56]

Bien que les défaites sous-tendues par le titre du roman ne le soient pas toutes au sens militaire, elle le sont au niveau de l'humanité : la guerre défigure les humains jusqu'à ce qu'ils « ne so[ie]nt plus des hommes »[57].

Les corps des victimes, même, sont « disloqu[és], éparpill[és] en mille morceaux »[58]. La destruction de l'intégrité physique de leurs soldats – ici réapparaît le sujet de la mutilation introduit plus haut – affecte l'intégrité psychologique et éthique des commandants. Toutes les batailles, tout acte qui porte atteinte à la vie d'un homme devient ainsi une défaite, car ces confrontations, s'ils les laissent en vie, créent « l'homme nu »[59]. Ce n'est pas un hasard que Gaudé reprenne ici la fameuse formule de Giorgio Agamben : en effet, il démontre par sa description qui traverse les siècles que l'engagement de ses protagonistes, au nom de causes qui nous semblent justes jusqu'à aujourd'hui, comme la lutte contre l'esclavagisme, a permis que d'autres soient dépouillés de leur dignité et de leurs droits les plus élémentaires. Contrairement à ses prédécesseurs chez Conrad et Coppola, Assem l'assassin, le protagoniste de Gaudé, sera capable de comprendre ce dilemme grâce à sa rencontre avec Sullivan, mais aussi avec l'Histoire. À la fin du roman, il conclut :

---

55 *Ibid.*, 126.
56 *Ibid.*, 142sq.
57 *Ibid.*, 221.
58 *Ibid.*, 55.
59 *Ibid.*, 244.

> Nous avons perdu. Non pas parce que nous avons démérité, non pas à cause de nos erreurs ou de nos manques de discernement, nous n'avons été ni plus orgueilleux ni plus fous que d'autres, mais nous embrassons la défaite parce qu'il n'y a pas de victoire et les généraux médaillés, les totems que les sociétés vénèrent avec ferveur, acquiescent, ils le savent depuis toujours, ils ont été trop loin, se sont perdus trop longtemps pour qu'il y ait victoire. Écoutez nos défaites[60].

En tant que tueur au service de la France, Assem a participé à de nombreuses batailles, qu'elles aient abouti à des victoires ou à des défaites. Sa dernière mission, celle de traquer Sullivan, lui octroie plus de responsabilités, en ce qu'il ne tue pas simplement sur ordre d'autrui mais doit lui-même décider de la vie ou de la mort de celui-ci. Sa décision d'abandonner Sullivan à une mort certaine est une autre référence à *Apocalypse Now*, mais qui prend cette fois une tournure surprenante par rapport à ses prédécesseurs : pour Kurtz, ce sont les bras coupés des enfants vietnamiens, pour le protagoniste de Jérôme Ferrari, les jambes brisées du petit irakien qui mènent à la remise en question de valeurs jusqu'ici validées d'office. Dans les deux cas, ce ne sont pas des actes qu'ils accomplissent eux-mêmes, mais des actes dont ils sont les témoins impuissants. Il n'en est pas de même pour Sullivan qui, à l'image de Kurtz, raconte le moment qui a fait basculer sa vie à Assem, qui est censé décider de son sort. En mission en Afghanistan, Sullivan se retrouve dans la cour d'une école où jouent des enfants lorsque

> les dieux m'ont parlé. [...] c'était beau. Mais ce que j'ai entendu, vous savez ce que c'était ? 'Destruction'. C'est ce mot-là que les dieux m'ont murmuré à l'oreille. Là, avec les va-et-vient des enfants : 'Destruction'. Je le sentais comme si le mot était écrit dans l'air, comme si les enfants eux-mêmes le demandaient. Il fallait tuer quelque chose, absolument, et le plus vite possible. Je l'ai fait. Les dieux ne mentent pas, n'est-ce pas ... ? Je leur ai obéi. J'ai donné les coordonnées de la madrassa à la base de Creech dans le Nevada et un missile est parti de loin pour venir s'écraser devant moi et accomplir la volonté des Dieux[61].

Comme dans le film de Coppola et dans le roman de Ferrari, ce sont des enfants qui sont victimes de l'acte décisif pour le protagoniste. À la différence des deux autres, chez Gaudé, c'est Sullivan lui-même qui se rend responsable de la

---
60 *Ibid.*, 281.
61 *Ibid.*, 266sq.

mort des enfants et qui aurait voulu mourir sur place, sous les coups des villageois et des parents. Cependant, il est sauvé par un hélicoptère américain[62].

Alors qu'il a déjà transgressé les limites, Sullivan commence à se faire appeler « Job ». Il peut sembler étrange qu'un homme coupable de la mort d'enfants prenne le nom d'un juste biblique, lourdement mis à l'épreuve par Satan avec la permission de Dieu – qui, entre autres, lui prendra tous ses enfants –, mais finalement récompensé pour n'avoir pas douté. L'adoption de ce nom biblique témoigne de la folie et de l'*hybris* de Sullivan qui, bien que regrettant amèrement son acte, en fait par le choix de son nouveau nom une épreuve divine, révélant à quel point il est, depuis longtemps, « beyond the pale ».

Bien que la culpabilité de Sullivan le rende différent des protagonistes de Coppola et de Ferrari, son récit produit le même effet sur Assem que les événements desquels Kurtz et le héros anonyme de Ferrari ont été témoins : dès lors, à tous les trois, qui se croyaient athées ou au moins agnostiques, se pose le problème de la théodicée. Comment un dieu juste et tout puissant peut-il permettre la souffrance et, dans une version quelque peu sécularisée, comment, dans un monde juste, peut-on infliger une telle souffrance aux plus faibles, c'est-à-dire aux enfants ?

Leurs réactions à tous entretiennent moins une relation à la bible qu'elles ne se réfèrent à une scène centrale du roman *Les frères Karamazov* de Fédor Dostoïevski, dans laquelle l'un des personnages principaux, Ivan Karamazov, se désole lui aussi devant la souffrance des enfants. Dans ce grand roman de la décomposition d'une famille, du parricide, les trois frères Karamazov et leur demi-frère Smerdiakov représentent chacun une approche radicalement différente de la vie : Dimitri est exalté, dépensier et a une tendance à la débauche ; Ivan est un rationaliste et athée ; Aliocha, le plus jeune, est un novice fort croyant ; leur frère illégitime Smerdiakov, quant à lui, est épileptique et voue une grande admiration à Ivan. Lors d'une conversation sur l'existence de Dieu avec Aliocha, Ivan expose son point de vue : il ne nie pas l'existence de Dieu – « je te déclare, j'accepte Dieu, directement et sincèrement »[63] –, mais ce qu'il ne peut accepter, c'est le monde qu'il a créé et dont l'harmonie repose sur

---

62   Le roman prend soin d'expliquer que Sullivan n'est pas le seul à s'être rendu coupable lors de cette attaque contre une école afghane : comme le personnage le précise, il a transmis les coordonnés à « la base de Creech dans le Nevada » et Jasper Kopp, le collègue en charge à ce moment-là, a alors envoyé le missile (et, plus tard, l'hélicoptère qui sauvera Sullivan). Contrairement à celui-ci, Kopp, le seul à « connaître son secret [celui de Sullivan] » (*ibid.*, 99) se voit incapable de vivre avec cette culpabilité. Il se suicide et Sullivan est montré visitant sa tombe (*ibid.*, 98sq.) : là, il décide d'avouer sa faute, ce qu'il met à exécution à la fin du roman.

63   Dostoïevski 2017, 423.

la peine infligée aux plus faibles, aux enfants innocents. Après avoir énuméré bon nombre d'histoires atroces de maltraitance infantile – basées sur des faits divers de l'époque –, Ivan se tourne vers son frère Aliocha :

> [T]u comprends ce galimatias, et à quoi il sert ? Sans lui, on nous dit, pas un homme sur terre ne pourrait vivre, car il ne pourrait pas avoir connu le bien et le mal. Mais à quoi bon les connaître, ce bien et ce mal du diable, s'ils coûtent si cher ? Mais le monde de la connaissance tout entier ne vaut pas ces larmes du petit enfant vers le 'piti Jésus'[64].

La connaissance du bien et du mal a un prix inacceptable, celui de la souffrance des enfants, et c'est pourquoi Ivan se rebelle contre Dieu :

> Et si les souffrances des enfants servent à augmenter encore la somme des souffrances qui était indispensable pour qu'on achète la vérité, alors, je l'affirme à l'avance, cette vérité ne vaut pas ce prix-là. [...] Et on l'a estimée trop cher, cette harmonie, c'est au-dessus de nos moyens de payer un droit d'entrée pareil. Et donc, moi, mon billet d'entrée, je le retourne. Et si seulement je suis un homme honnête, c'est mon devoir de le retourner le plus vite possible. C'est ce que je fais. Ce n'est pas Dieu que je n'accepte pas, Aliocha, je Lui rends juste mon billet avec tout le respect qui Lui est dû[65].

Ivan désespère de Dieu, car il ne peut croire en sa bonté lorsque sont commises tant d'atrocités contre des enfants innocents. Même son frère, pourtant profondément croyant, se voit « m[is] à l'épreuve »[66] par les récits d'Ivan, au point de souhaiter à haute voix la mort de l'un des bourreaux, au lieu de prôner le pardon. Pour Ivan comme pour beaucoup de protagonistes dostoïevskiens, ce qui s'ensuit de leur perception de l'indifférence divine, d'un monde duquel Dieu est absent, c'est la fameuse formule nihiliste « tout est permis ». Si tout est permis, l'homme peut usurper le statut de Dieu lui-même.

Le même problème se retrouve au cœur d'*Apocalypse Now*, comme le général l'annonce à Willard dès le début du film :

> [I]n this war, things get confused out there. Power, ideals, the old morality, and practical military necessity. But out there with these natives,

---

64 *Ibid.*, 436.
65 *Ibid.*, 442sq.
66 *Ibid.*, 439.

it must be a temptation to be God. Because there's a conflict in every human heart, between the rational and the irrational, between good and evil. And good does not always triumph. Sometimes, the dark side overcomes what Lincoln called the better angels of our nature[67].

Kurtz a succombé à la « tentation d'être dieu », ses troupes « worship the man like a god »[68]. Comme celui qui, chez Dostoïevski, a accepté l'absence de Dieu, il se croit tout permis et s'exile ainsi de la société humaine et de ses valeurs.

À travers cette référence à Dostoïevski, la scène du film de Coppola citée dans le roman de Ferrari devient lisible d'une nouvelle manière : la jeune veuve française jouée par Aurore Clément explique à Willard que comme son mari mort, qui ne savait pas « whether I am an animal or a god »[69], il est les deux à la fois. Leur nature « divine » ne provient pourtant pas de la démesure de Kurtz, mais de sa décision de se placer au-delà des règles de la société. Les troupes vietnamiennes qui ont coupé les bras des enfants vaccinés par l'armée américaine ont sur lui le même effet que les considérations d'Ivan sur la souffrance des enfants dans les faits divers russes : elles acquièrent le rôle de tentation divine, une tentation à laquelle il ne saura résister. Contrairement à Ivan, que les discussions avec ses frères au sujet du tiraillement entre le bien et le mal épuiseront jusqu'à le rendre fou, Kurtz ne se sent pas tiraillé mais se décide rapidement à faire le saut et à se ranger « beyond the pale », du côté de la cruauté et du mal. Ce qui restera théorique pour Ivan, l'idée qu'en l'absence de Dieu, « tout est permis »[70], est mis en œuvre par Kurtz.

La confrontation respective des protagonistes à la souffrance d'innocents marque indéniablement un tournant dans leur vie, un « breaking point », comme le formule le général chez Coppola[71]. Sur le plan religieux, évident dans le roman de Dostoïevski et sous-jacent dans celui de Ferrari en particulier, il s'agit d'une épreuve, à laquelle la plupart des protagonistes n'ont rien à opposer. Ivan Karamazov, fortement versé dans la philosophie rationaliste, ne cède pas à ce que son frère appelle une tentation mais y perd la raison. Kurtz, lui, n'y résiste pas et va jusqu'à usurper la place divine. Le protagoniste anonyme de Ferrari connaît quant à lui un destin similaire à celui d'Ivan Karamazov. Il lui coûte d'autant plus de résister à la tentation du mal qu'il n'a aucun vis-à-vis lui permettant de résoudre son dilemme de manière dialogique. Ainsi, ce que

---

67 Coppola 2001, 00 :15 :40-00 :16 :28.
68 *Ibid.*, 00 :15 :03.
69 *Ibid.*, 02 :11 :57.
70 Dostoïevski 2017, 475.
71 Coppola 2001, 00 :16 :40.

Burnautzki voit comme un manque de rigueur morale[72] m'apparaît plutôt comme un effet de sa solitude la plus totale, au niveau littéral aussi bien qu'au niveau mental. Chez Gaudé, Sullivan a encore moins à opposer à l'épreuve qu'il subit, d'autant qu'il n'y assiste pas seulement en tant que spectateur impuissant mais y particpe activement. À la lumière de tous ses prédécesseurs littéraires et cinématographiques, la décision de Sullivan de se faire appeler Job est lue comme un signe de sa démesure et de son cynisme. Il croit désormais que pour lui, « tout est permis ».

La scène de l'aveu que Sullivan fait à Assem est habilement orchestrée, car au moment même où Sullivan avoue avoir sciemment causé la mort d'autrui, Assem se voit obligé de décider de la mort de Sullivan et de faire ce que Kurtz défendait à Willard, soit de le juger[73]. Ce qui est censé distinguer Assem de sa proie – le fait qu'il prenne sa décision avec la bénédiction des services secrets français et américains et, prétendument, d'une position éthique supérieure – l'assimile soudain à Sullivan car, à la différence de ses autres missions, lorsqu'il ne faisait qu'exécuter des ordres explicites, ici, Assem devient le bourreau de son vis-à-vis, qu'il juge non pas pour ce que les services américains lui reprochent, mais pour ce que Sullivan vient de lui raconter. Contrairement à Kurtz et au protagoniste de Ferrari, Assem ne voit pas dans l'acte de son vis-à-vis « the genius of it »[74], il ne pense pas que celui-ci se trouve « au-delà du châtiment et du jugement »[75] – et il s'en fait le juge. Il pourrait décider de mourir avec l'Américain et, de la sorte, expier aussi ses crimes à lui, mais il choisit la vie – et devient ainsi le digne successeur de Sullivan. Au lieu de rompre avec la longue lignée d'hommes qui ont décidé de la mort d'autrui, au lieu de ressentir son acte comme inhumain, il consent à se rendre à son tour semblable à sa victime. Il prolonge, de fait, la généalogie des coupables.

Les liens intertextuels que les textes et les films analysés entretiennent entre eux, à différents niveaux, peuvent être interprétés comme autant de mises en abyme de l'histoire connectée, centrale dans ce roman comme dans les réflexions que je propose dans le présent volume : bien que les relations ne soient pas toutes explicitement mentionnées, elles réussissent à créer un réseau de connaissances qui donne accès à un niveau plus approfondi de l'interprétation. Des sous-textes qu'il s'agit de dégager et qui agissent comme des palimpsestes permettent de mettre en dialogue les textes et les événements qu'ils mettent en scène et de montrer de quelle manière ils sont inextricablement

---

72   Burnautzki 2018, 176.
73   Coppola 2001, 02 :51 :35.
74   Coppola 2001, 02 :52 :18.
75   Ferrari 2009, 16.

liés, semblables en cela aux événements historiques dont les relations complexes, invisibles à première vue, n'en sont pas moins importantes.

4.3 Gardienne de la mémoire

À différents niveaux, le texte de Gaudé met en question les guerres et leur mémoire, leurs « restes » plus au moins tangibles. Les pratiques de la mémoire sont interrogées en particulier par Mariam, archéologue irakienne et seul personnage féminin du roman, responsable de la restauration des pièces volées dans les musées irakiens qui souffre d'un cancer[76].

Qu'une remarque soit permise dans ce contexte : le roman de Gaudé souffre, comme tous les romans dont il est question dans le présent ouvrage, – si l'on excepte *À son Image* de Jérôme Ferrari –, de l'absence quasi totale de personnages féminins ou, du moins, de protagonistes féminins ayant un rôle actif et équivalent à celui des personnages masculins : dans *Des Hommes* de Laurent Mauvignier, dans *L'Art français de la guerre* d'Alexis Jenni ainsi que dans *Anima* de Wajdi Mouawad, si personnage féminin il y a, il fait plutôt partie du décor et n'acquiert pas de rôle actif. Dans les textes de Jérôme Ferrari, des personnages féminins sont présents mais, mis à part dans son dernier roman en date, elles n'y ont qu'un rôle secondaire. Dans *Zone* de Mathias Énard, une femme-soldat est la protagoniste du roman que le lecteur lit avec le narrateur, mais ce n'est pas en tant que guerrière qu'elle intervient, mais en tant que femme qui pleure la mort de son ami. Chez Maurice Attia, le personnage d'Irène, qui est la narratrice de bien des parties des trois romans, est indéniablement une femme active et sûre d'elle-même, mais le roman ne lui épargne pas bon nombre de stéréotypes – certains étant probablement dus au genre du roman noir – et lui réserve un rôle bien plus restreint et moins convaincant que celui du protagoniste masculin. Dans le roman polyphonique de Gaudé, finalement, il n'y a qu'une femme sur cinq hommes et, qui plus est, alors que tous les protagonistes masculins sont des guerriers qui luttent activement, bien qu'en vain, pour ce qu'ils pensent être un monde meilleur, Mariam, en tant que gardienne de la mémoire – un rôle qui ne revient que trop souvent aux femmes –, pâtit plutôt de la violence que les hommes exercent ou bien se voit obligée de réparer les dégâts causés par eux.

Reconnue en tant qu'archéologue, Mariam travaille pour le British Museum, pour l'Unesco et pour Interpol. Son travail est de « cour[ir] après une multitude

---

76 Le métier de Mariam la rapproche du personnage d'Aurélie, dans *Le Sermon sur la chute de Rome*, qui est maîtresse de conférences en archéologie. Le fait de souffrir d'un cancer et de tenir secrète sa maladie, du moins pendant que se déroule l'action du roman, assimile le personnage de Mariam à celui de Frantz Ritter dans *Boussole* de Mathias Énard.

d'objets volés »[77], surtout après ceux du Musée national de Bagdad, dont la réouverture est imminente dans le roman. Alors qu'avec cette réouverture, l'« Irak se relève et se réapproprie son histoire »[78], presque au même moment, l'État Islamique entame son offensive vers Mossoul et s'empresse de détruire le musée[79]. Pour Mariam, Daech représente « la jouissance de pouvoir effacer l'Histoire »[80], un effacement qui, contrairement aux autres « mises à sac » de l'Histoire, vise à ne pas laisser de trace, à réellement annihiler l'autre[81]. Ce qu'ils tentent d'effacer, c'est la base du travail de Mariam, ce sont « ces couches d'Histoires qui sont sa vie »[82].

« Ces couches d'Histoires » qu'elle met à nu et dont elle suit les péripéties sont des structures palimpsestiques qui montrent encore une fois que, dans son roman, Gaudé met l'accent sur les liens, sur ce que Michael Rothberg appelle les « nœuds de mémoire » :

> ['K]notted' in all places and acts of memory are rhizomatic networks of temporality and cultural reference that exceed attempts at territorialization (whether at the local or national level) and identitarian reduction[83].

En choisissant comme protagoniste une archéologue, experte du déterrement et de l'exhumation des vestiges du passé, en liant différents niveaux d'événements historiques provenant d'époques et de contextes radicalement différents et en s'appuyant sur un réseau intertextuel vaste, Gaudé fait émerger une mémoire dense et complexe qui correspond aux attentes formulées par Rothberg, provenant « from unexpected, multidirectional encounters – encounters between diverse pasts and a conflictual present, to be sure, but also between different agents or catalysts of memory »[84]. De la sorte, son texte dévoile non seulement un nœud, mais également un réseau entier, souterrain, qui lie ces conflits au niveau historique aussi bien qu'au niveau éthique.

Dans leur rapport à l'histoire, Assem et Mariam, les deux protagonistes contemporains du roman, suivent des mouvements inverses, bien que tous

---

77   Gaudé 2016, 33. – En traquant les objets volés, Mariam est, d'une certaine manière et comme Assem, son amant d'une nuit, aussi sur la trace de Sullivan qui, lui, trafique « [d]es objets d'art volés sur les sites archéologiques » (*ibid.*, 49).
78   *Ibid.*, 44.
79   *Ibid.*, 59.
80   *Ibid.*, 82.
81   *Ibid.*, 82.
82   *Ibid.*, 75.
83   Rothberg 2010, 7.
84   *Ibid.*, 9.

deux traquent des témoins ou des traces de l'histoire à travers l'Europe, l'Afrique du Nord et le proche Orient. Alors que Mariam est chargée de la conservation de cette mémoire et contribue de la sorte à la création d'une histoire qui se voudrait exhaustive et objective, Assem travaille activement à faire disparaître certains protagonistes de l'histoire que l'on cherche ainsi à exclure du discours officiel. Si l'on inclut l'État Islamique en tant que troisième acteur de l'histoire, ce sont même trois différentes manières de traiter l'histoire que le roman juxtapose – l'annihilation complète des vestiges du passé par Daech, condamnée par la communauté internationale, la création soigneuse d'une histoire officielle purgée des traces indésirables, effectuée par Assem, et la conservation représentée par Mariam en tant que gardienne de la mémoire.

La tension entre mémoire et oubli traverse tous les niveaux du récit. Il est significatif que la possibilité de l'oubli se reflète à travers le personnage d'une archéologue, pourtant professionnellement chargée de sauvegarder la mémoire. Malade d'un cancer et, donc, confrontée à ce qui pourrait représenter pour elle aussi « l'engloutissement et l'oubli »[85], elle se demande si son travail acharné a un sens :

> Elle repense à toutes ces fouilles pour essayer d'exhumer le passé – et pourquoi, au fond ? Est-ce que les vivants ont le temps de l'apprendre, ce passé ? [...] Qu'aura-t-elle fait, alors ? Elle se sera battue toute sa vie pour des objets vieux de siècles entiers qu'il fallait sauver du néant et se passer de main en main, comme des objets brûlants que chaque génération conserve. Et pourquoi n'auraient-ils pas eu le droit au sable, à la terre et à l'engloutissement, ces objets ?[86]

Mariam est consciente de la futilité de son travail, moins parce qu'elle s'inscrit dans une longue lignée d'archéologues que parce qu'elle adhère de plus en plus à une conception fataliste et cyclique de l'histoire : alors qu'en tant qu'historienne, elle participe à la création de ce que Thucydide appelait un « acquis pour toujours », Mariam est consciente du fait que « chaque génération a prononcé cette phrase »[87], qui est pourtant restée sans écho. Si les voix de tant d'historiens avant elle n'ont pas été entendues, si elles n'ont pas empêché que des guerres de plus en plus violentes aient lieu, si elles ont permis l'invention

---

85 Gaudé 2016, 117.
86 *Ibid.*, 115sq.
87 *Ibid.*, 231.

de la « guerre totale »[88] et même l'avènement de l'État Islamique, qui maintenant s'acharne à détruire « la part qui normalement échappe aux batailles et à l'incendie »[89], à quoi peut bien servir son travail à elle ?

La réponse que Gaudé donne à cette question lancinante ressemble étrangement à la conclusion du *Mythe de Sisyphe* d'Albert Camus : Mariam se souvient de son professeur d'université qui lui a appris qu'il fallait poursuivre son chemin pour l'amour de la science, et non pas parce qu'on croit en la durée éternelle des découvertes que l'on fait. Selon Gaudé, il faut donc non seulement imaginer l'historien heureux, mais aussi que « les historiens sont des amoureux »[90]. Malgré ce brin d'espoir plus individuel que collectif, l'accent de ce roman comme de la trilogie de Ferrari sur la cyclicité témoigne d'un profond scepticisme quant à la capacité humaine à tirer des leçons de l'histoire. Les connexions entre les différents conflits que les historiens signalent et qui devraient mettre en garde contre une répétition des fautes passent inaperçues. Le désespoir de Mariam provient tout aussi bien de l'inaptitude de ses activités professionnelles à éradiquer la guerre et la violence que de la conscience de cette répétition inlassable, que rien ni personne ne peut arrêter.

Cependant, le rapport intertextuel au film de Coppola donne aussi un rôle moins pessimiste à Mariam. Dans *Apocalypse Now Redux*, contrairement à la première version, Willard rencontre une jeune femme lors de la scène dans la plantation française. Cette femme, avec laquelle il passe une seule nuit et partage une pipe d'opium, lui dit – ce qui deviendra le titre du roman de Ferrari et que j'ai déjà cité plus haut – qu'il n'est ni « an animal or a god », mais les deux à la fois. Pour Burnautzki, ce personnage féminin adopte aux yeux de Willard les traits d'un « messager angélique », qui « lui indique la possibilité d'un choix alternatif à la guerre qui serait la voix de l'amour »[91]. Dans le roman de Ferrari, la rencontre amoureuse du protagoniste avec son amour de jeunesse échoue et le « message important »[92] de la jeune femme arrivera trop tard pour empêcher le suicide. Dans les deux cas, il n'y a donc point de « dénouement alternatif de l'histoire »[93]. Pour interpréter le roman de Gaudé, la scène sert doublement, d'un côté, comme je viens de l'exposer plus haut, pour comprendre le comportement de Kurtz, de l'autre, pour donner du sens au comportement de Mariam

---

88   *Ibid.*, 68. – Son « inventeur », William Tecumseh Sherman, figure également dans le roman de Gaudé, tandis que l'expression se retrouve déjà dans les passages qui concernent la campagne d'Hannibal.
89   *Ibid.*, 82.
90   *Ibid.*, 231.
91   Burnautzki 2018, 177.
92   *Ibid.*, 178.
93   *Ibid.*, 177.

et d'Assem et laisser ainsi la possibilité d'une interprétation optimiste de la fin du roman.

Après avoir passé une nuit avec Assem, Mariam lui transmet ce qui, depuis bien des générations, est le symbole de la part d'ombre de son métier, ce que les archéologues se passeraient de main en main « pour ne pas oublier que nous sommes des pilleurs de tombes »[94] : une statuette du dieu Bès. Si l'on prend le film de Coppola et peut-être aussi le roman de Ferrari comme toiles de fond pour lire le roman de Gaudé, Mariam deviendrait, elle aussi, un « messager angélique » qui, durant leur seule nuit d'amour, ne lui apprend pas, comme Roxanne chez Coppola, qu'il est à la fois un animal et un dieu, mais qui lui fait don d'un dieu. Un don précédé d'une « histoire d'archéologue »[95] au sens double du terme, parce que c'est elle qui la raconte et parce qu'un archéologue, Mariette Pacha, est au centre de son histoire : lors de la découverte du Sérapéum en Égypte, les fouilleurs découvrent une trace qui

> a survécu à tout, aux guerres, aux famines, aux déclins des civilisations, aux convulsions du monde. [...] Et je sais à l'intensité de son silence [celui d'Assem] qu'il pense comme moi, que c'est à la fois extraordinaire et qu'il y a là, dans le fait d'ouvrir cette porte, de laisser cet air s'échapper et la trace disparaître, une forme de violation qui donne envie de pleurer[96].

Ce que le texte insinue par l'introduction de ce récit, c'est que le revers de cette « violation », du pillage de cette tombe et peut-être de tout pillage de tombe, est la violence qui meurtrit les hommes depuis des siècles.

Gaudé entrelace un discours rationaliste qui, aussi futile soit-il, prône l'histoire et la mémoire, avec un discours plus viscéral qui opte pour un droit à l'oubli, tout comme il croise l'histoire de l'archéologue-gardienne de l'histoire avec celle du tueur chargé d'expurger de cette même histoire des éléments indésirables. La fin du roman met en scène la rencontre de tous ces éléments à travers l'espace : en Tunisie, Mariam se fait conduire sur « les sites carthaginois »[97], seuls vestiges de l'effondrement d'un empire que le grand ennemi romain annihila avec une rage comparable à celle de l'État Islamique dans le Proche-Orient d'aujourd'hui. En Italie, Assem se rend à Canne della Battaglia, sur le lieu de la victoire d'Hannibal sur les Romains. Bien que cela soit géographiquement impossible, leurs regards se croisent à travers la Méditerranée. Sous les pieds

---

94　Gaudé 2016, 256.
95　*Ibid.*, 21.
96　*Ibid.*, 22.
97　*Ibid.*, 277.

des protagonistes se trouvent respectivement les dépouilles de Romains et de Carthaginois tombés lors de grandes batailles. La nature a pourtant repris ses droits et a recouvert, dans le cas de Canne, ce qui était un champ de bataille de pins, de lauriers et de vignes. C'est ici, sur ce site historique, qu'Assem se décide à enterrer le dieu que Mariam lui a donné :

> [C]'est comme si la statue allait tout rééquilibrer. Il la manipule avec déférence et la pose dans le trou qu'il a creusé. [...] Sait-elle qu'il la pose ? Qu'elle lui sert à cela : à enterrer ses ombres et toutes les autres avec, celles des milliers de morts de Canne della Battaglia. Un dieu, enfin, va veiller sur eux, le dieu nain que l'on glisse sous la tête des défunts pour les apaiser et écarter les tourments. Il la glisse là, dans la colline de Canne della Battaglia, et tous sentent un soulagement. Écoutez nos défaites[98].

Le palimpseste que constituent les deux sites historiques sur lesquels se trouvent les protagonistes incarnent pour eux comme pour le lecteur « the superimposition and productive interaction of different inscriptions and the spatialization of time »[99], tels que les conçoit Silverman. Contrairement au film de Resnais et au texte de Mauvignier, dans lesquels un tel fondement palimpsestique s'était avéré instable, l'empilement des différentes couches mémorielles s'est tassé et consolidé et la terre, convertie en vignoble, devient même littéralement productive[100].

Le retour du dieu Bès à la terre, dans un endroit d'une telle valeur symbolique, est censé mettre un terme à la violence, même si ce n'est que sur un plan individuel. Dans le cas d'Assem, le message « angélique », la « voix de l'amour »[101] semblent avoir atteint leur but, bien que la relation intertextuelle avec le film de Coppola et le texte de Ferrari suggère que, pour Assem aussi, il est trop tard – il a déjà porté son jugement, son choix est fait.

---

98   *Ibid.*, 280sq. – La répétition de la phrase « Écoutez nos défaites », qui est aussi le titre du roman, en rythme les dernières pages tel un refrain (281sq.).
99   Silverman 2013, 4.
100 *Cf.* Gaudé 2016, 278.
101 Burnautzki 2018, 177.

CHAPITRE 8

La mécanique du sang : Nœuds de mémoire dans *Forêts* et *Anima* de Wajdi Mouawad

> All war is a symptom of men's failure as a thinking animal.
> JOHN STEINBECK[1]

⁂

1   Mémoires croisées

L'auteur libano-québeco-français Wajdi Mouawad est certainement l'un des hommes de théâtre les plus prolifiques du monde francophone. Metteur en scène et acteur, il est surtout auteur, de pièces de théâtre, de romans, de textes radiophoniques, d'un libretto d'opéra et d'essais. Son œuvre a été couronnée de nombreux prix, dont quatre pour le roman *Anima*, publié en 2012[2].

La violence et la guerre sont présentes dans la plupart de ses textes. Les guerres au Liban de 1975 à 1990 en représentent notamment un sujet récurrent. La biographie de l'auteur, né au Liban, arrivé en France à l'âge de dix ans à cause de la guerre civile, puis parti vivre au Québec quelques années plus tard, semble inviter les spectateurs et les lecteurs à tourner leur regard vers le Proche-Orient pour y situer ses textes, en particulier ceux de la tétralogie dramatique *Le Sang des promesses*[3]. Pourtant, aucun nom de lieu n'est cité dans les pièces, c'est l'universalité de la violence et de la souffrance qu'elle inflige qui y est adressée. En fin connaisseur de la mythologie grecque, qui a mis en scène les sept tragédies de Sophocle[4], Mouawad établit un dialogue intertextuel

---

1 John Steinbeck : *Once There was a War*. London : Penguin 1994, x.
2 Mouawad 2012. – Pour ce roman, il obtient le Prix Méditerranée du Centre méditerranéen de littérature en 2013, le Prix littéraire du deuxième roman décerné par Lecture en tête la même année et, toujours en 2013, le Prix du jury de l'Algue d'or, ainsi que le Prix Lire en poche de littérature française en 2015.
3 Mouawad 1999 ; Mouawad 2003 ; Mouawad 2006 ; Mouawad 2009.
4 Mouawad conscacre trois cycles aux tragédies de Sophocle, notamment Des femmes (*Les Trachiniennes, Antigone, Électre*), Des Héros (*Ajax, Œdipe Roi*) et Des mourants (*Philoctète, Œdipe à Colonne*), qu'il met en scène entre 2011 et 2016 au Théâtre National de Chaillot (http://www.wajdimouawad.fr/wajdi-mouawad/biographie, consulté le 15 février 2020).

entre la mythologie antique et ses œuvres dramatiques et romanesques, dialogue qui renforce la prétention à la valeur universelle de ses écrits.

Dans *Littoral*, en 1999, et *Incendies*, en 2003, Mouawad porte son attention sur une guerre civile dans un pays qui n'est jamais nommé, s'intéressant notamment aux répercussions de la guerre sur la génération des enfants, grandis dans un exil que seuls leurs parents conçoivent toujours comme tel. Dans *Forêts*, le troisième volet de la tétralogie de 2006, et surtout dans son roman *Anima*, l'auteur élargit l'horizon : dans des scénarios d'une complexité parfois vertigineuse, il met en relation différents conflits qui, cette fois, portent leur nom. Ce qui est ainsi mis en scène, plus que chez d'autres auteurs de sa génération, c'est une histoire multidirectionnelle de la violence et de ses victimes. Michael Rothberg, en introduisant cette conception dans son livre sur la mémoire multidirectionnelle, prend comme point de départ l'histoire de l'Holocauste et de la décolonisation. Selon lui,

> one of the most agonizing problems of contemporary multicultural societies [is] how to think about the relationship between different social groups' histories of victimization. This problem [...] also fundamentally concerns collective memory, the relationship that such groups establish between their past and their present circumstances. [...] What happens when different histories confront each other in the public sphere ? Does the remembrance of one history erase others from view ?[5]

Dans *Anima*, son roman « totalement noir [...] plein de bruit et de fureur historique »[6], mais aussi dans *Forêts*, Mouawad, de son côté, établit des liens entre la mémoire collective de groupes aussi différents que les Palestiniens du Liban et les Américains natifs ; entre des événements aussi divers que ceux de la guerre de Sécession américaine et d'autres guerres civiles ; de la guerre franco-allemande de 1870/71 et de la Deuxième Guerre mondiale ; celle des victimes et des bourreaux, des hommes et des animaux, si tant est qu'on accorde une mémoire à ces derniers.

Dans son ouvrage, Rothberg discute le problème des mémoires compétitives (« competitive memory »[7]), qui se disputeraient l'attention du public, de sorte que « the interaction of different collective memories within [the public] sphere takes the form of a zero-sum struggle for preeminence »[8]. Il postule

---

[5] Rothberg 2009, 2.
[6] Dominique Rabaté : « Faire un monde ? / Eine Welt erschaffen ? ». In : Ferrari/Ruhe 2017, 262-270, ici 268sq.
[7] Rothberg 2009, 3.
[8] *Ibid.*, 3.

qu'au lieu d'entrer en concurrence, « [t]his interaction of different historical memories illustrates the productive, intercultural dynamic that I call multidirectional memory »[9].

Les textes de Mouawad sont des exemples quasi paradigmatiques d'une telle forme de mémoire. Ils démontrent qu'au lieu d'engendrer une compétition impitoyable pour l'attention exclusive, la coprésence de deux événements aussi divers que la guerre de Sécession américaine et la guerre du Liban[10] peut s'avérer productive. Elle permet de découvrir le réseau interculturel que tissent les mémoires d'une violence véritablement global(isé)e.

Bien qu'un roman ou une pièce de théâtre ne soient pas « l'espace public » dont parle Rothberg, les textes de Mouawad témoignent du fait que les histoires ne sont pas nécessairement « compétitives ». Ils montrent plutôt que le déplacement de cultures à l'époque moderne – phénomène qui entraîne l'exil et la migration – peut engendrer de nouvelles formes de mémoire[11]. La communication entre des traditions apparemment incomparables permet de prendre en compte des traumatismes autrement irrémédiables de manière oblique et parfois particulièrement féconde. C'est ainsi que ses textes illustrent de manière remarquable la thèse selon laquelle la mémoire est exposée à une négociation permanente, qu'elle procède à des emprunts et qu'elle croise sans cesse les références, qu'elle n'est pas privative mais productive[12]. Les textes de Mouawad visent ainsi l'universalité de la violence, d'abord en ne donnant de nom ni au pays ni au conflit dans les premiers volets de la tétralogie théâtrale, puis, à partir de *Forêts*, en évoquant des guerres concrètes qui sont toutefois placées dans le contexte d'autres conflits à échelle mondiale. Comme le roman de Laurent Gaudé, les textes de Mouawad prouvent l'absurdité de la ségrégation des mémoires et de leur cloisonnement national, en montrant que les liens entre des conflits géopolitiquement éloignés peuvent parfois s'avérer étroits, de manière fort concrète, mais surtout productifs sur le plan du travail de mémoire.

Chez Mouawad comme dans les autres textes analysés ici, la mémoire est perpétuellement en mouvement, et c'est grâce à cette mobilité que se crée un réseau mémoriel dense et dynamique où les histoires entrent en résonance. La structure rhizomatique de la mémoire qui sous-tend ses textes met en scène les « nœuds de mémoire », les « knotted intersection[s] of histories produced

---

9   *Ibid.*, 3.
10 La même diversité d'événements violents qui s'éclairent mutuellement – dont la guerre de Sécession – a déjà été discutée à propos du roman *Écoutez nos Défaites* de Laurent Gaudé, *cf. supra*, 184sq.
11 Rothberg 2010, 9.
12 Rothberg 2009, 3.

by this fusion of horizons »[13]. C'est grâce à ces nœuds et à leur capacité associative que l'interprétation des textes devient possible, textes qui, contrairement aux autres œuvres traitées ici, défient non seulement les limites d'une mémoire conçue comme nationale, mais aussi celles qui distinguent réalisme et fantastique.

Ils vont même plus loin encore : dans les textes analysés plus haut, de Mauvignier jusqu'à Énard, la mémoire de la violence se transmet par la voie du sang, au niveau de la famille, et le refoulement, voire l'amnésie, rendent son recouvrement difficile, de sorte que les protagonistes doivent bien souvent creuser – au sens littéral comme au figuré – pour accéder à une mémoire palimpsestique. Si, comme dans le roman de Gaudé, la transmission ne passe pas par la voie familiale, la continuité peut aussi s'installer à travers l'apprentissage et l'étude de l'histoire qui permettent de mettre en résonance des événements autrement incompatibles. Dans les deux cas, je soutiendrais avec Silverman que

> [t]he notion of memory as palimpsest provides us with a politico-aesthetic model of cultural memory in that it gives us a way of perceiving history as a non-linear way and memory as a hybrid and dynamic process across individuals and communities[14].

Dans les textes de Mouawad, les deux manières d'évoquer la mémoire se croisent : alors que les histoires familiales jouent un rôle crucial, elles sont bien souvent présentées comme des « impasses généalogiques »[15], au même sens que chez Maurice Attia[16]. Les textes de Mouawad suggèrent qu'en fin de compte, la violence est et rend stérile – comme je l'expliquerai plus loin –, tandis que le travail de mémoire à titre individuel ou collectif serait productif.

Plus encore que dans les textes déjà traités ici, ceux de Mouawad montrent que les liens de famille, comme ceux de l'amour et de l'amitié, peuvent être des facteurs importants pour dépasser les traumatismes. Alors que dans la tétralogie du *Sang des promesses*, déjà, l'amitié inconditionnelle, qui va jusqu'au sacrifice de soi, s'avère être seule capable de préserver la foi dans l'humanité – foi que l'histoire familiale ébranle parfois de manière cruelle –, l'auteur va plus loin encore dans son roman *Anima*. En effet, ce n'est qu'à travers la communion avec le monde animal que l'espoir d'un monde meilleur peut-être sauvegardé,

---

13 Rothberg 2010, 8.
14 Silverman 2013, 5.
15 Attia 2009, 239.
16 *Cf. infra*, 73.

une communion qui a bien des points communs avec le « companionship » ou le « making kin » tels que Donna Haraway les conçoit dans *The Companion Species Manifesto* en 2003 ou *Staying with the Trouble* en 2016[17].

2   De la productivité de l'amitié – *Forêts* (2006)

> C'est toujours la guerre qui fait bouger les choses.
> JACQUES DERRIDA[18]

2.1   *L'arbre qui cache la forêt*

Dans les deux premières pièces de la tétralogie théâtrale de Wajdi Mouawad, qui lui ont valu la reconnaissance du public et de la critique, le fond sur lequel les spectateurs lisent et comprennent l'action est celui de la guerre civile au Liban, bien que ni le pays ni le conflit ne soient nommés explicitement. La troisième pièce, *Forêts*, semble trancher avec ce contexte en ce qu'elle aborde les conflits franco-allemands depuis la guerre de 1870/71[19]. Selon l'auteur, l'intérêt pour ces guerres, surtout pour la Première Guerre mondiale, ne l'a finalement pas mené bien loin de ses origines :

> [L]a Première Guerre mondiale [...] est considérée aujourd'hui par les philosophes et les historiens comme la matrice du monde moderne. La mère du XXe siècle, celle qui accouchera, dans le sang et dans l'horreur, des hommes de maintenant. Aussi parce que sa naissance provoqua la chute de l'Empire ottoman, et que l'Empire ottoman fut cette vague de cinq siècles qui noya tout le Moyen-Orient, le pont était fait entre le sujet du spectacle et mes origines[20].

Les trois guerres, en moins de cent ans, durant lesquelles Français et Allemands se sont affrontés ne constituent pas le principal centre d'intérêt de

---

17   Donna Haraway : *The Companion Species Manifesto. Dogs, People, and Significant Otherness*. Chicago : Prickly Paradigm Press 2003 ; *Staying with the Trouble. Making Kin in the Chthulucene*. Durham/London : Duke University Press 2016. – Je remercie mon frère Niko Ruhe de m'avoir indiqué ces lectures.
18   Jacques Derrida/Anne Dufourmantelle : *De l'Hospitalité*. Paris : Calmann-Lévy 1997, 127.
19   Olivia Jones Choplin suggère que c'est peut-être la raison pour laquelle « Forêts has received the least amount of critical attention », Olivia Jones Choplin : « Traces of Trauma in Bones that Speak : Wajdi Mouawad's *Forêts* ». In : *French Review* 91/2018, 105-116, ici 106.
20   Wajdi Mouawad : *Le Sang des promesses. Puzzle, racines, et rhizomes*. Arles/Montréal : Actes Sud/Leméac 2009a, 60.

Mouawad ; c'est au contraire la question de la réconciliation qui le préoccupe : « comment deux peuples qui se sont à ce point haïs peuvent-ils en venir à se serrer la main ? »[21]

La pièce, plus complexe encore que les précédentes, s'ouvre sur une annonce de grossesse, qui signe aussi, paradoxalement, l'arrêt de mort de la mère Aimée, atteinte d'un cancer. Sous l'impact de la liesse provoquée par la chute du mur de Berlin d'un côté et, de l'autre, du choc provoqué par les quatorze morts de la tuerie de l'École polytechnique de Montréal, qui a lieu quelques jours plus tard, Aimée décide de garder l'enfant qu'elle nommera Loup. Elle mourra 16 ans plus tard d'une tumeur qui « se développe[...] autour d'un objet solide situé au cœur de [son] cerveau »[22], objet qui s'avèrera être soit un jumeau parasite, soit un fragment d'os – j'y reviendrai. De son vivant, Aimée subira à cause de cette tumeur des attaques épileptiques, durant lesquelles elle aura des hallucinations d'un soldat de la Première Guerre mondiale.

Après la mort de sa mère, Loup décide de commencer des investigations sur sa famille avec l'aide du paléontologue français Douglas Dupontel. Compliquées par le fait qu'Aimée a été adoptée, les investigations mènent jusqu'à la guerre franco-allemande de 1870/71 et à plusieurs générations de la famille Keller, famille aux relations incestueuses et violentes. Pendant l'Occupation, les descendants de la famille Keller se révèlent impliqués dans la collaboration : ils sont responsables de la production des « wagons et [d]es rails pour transporter les prisonniers vers les camps »[23]. Ludivine, la dernière descendante de cette famille, sera adoptée et entrera dans la Résistance au cœur d'un réseau nommé « Cigogne ». Lorsque sa meilleure amie, Sarah, qui est enceinte, est sur le point d'être arrêtée et déportée, Ludivine se laissera déporter à sa place et trouvera la mort à Treblinka. Luce, l'enfant de Sarah, sera exfiltrée au Québec, adoptée par une famille québécoise et donnera plus tard naissance à Aimée, la mère de Loup, qui sera adoptée à son tour.

Géopolitiquement, la pièce couvre des événements et des espaces qui vont de la guerre de 1870/71 à la chute du mur de Berlin et à la tuerie de l'École polytechnique, en passant par la Première et la Deuxième Guerre mondiale, allant de la forêt des Ardennes jusqu'à Montréal. Comme dans les deux premiers volets de *Le Sang des promesses*, l'histoire de la violence européenne et de ses traumatismes traversent l'Atlantique et continuent d'y hanter les esprits, en créant une mémoire qui se globalise en restant toujours concrètement localisée.

---

21   Mouawad 2009a, 61.
22   Mouawad 2006, 28.
23   *Ibid.*, 144.

La pièce s'ouvre sur la fête de l'« anniversaire d'avant la naissance »[24] de Loup, une fête qui, dans les souvenirs de sa mère Aimée, a lieu le 9 novembre 1989[25]. Cette première scène peut déjà être lue comme un cas exemplaire de la mémoire palimpsestique. Dans une allocution à ses amis, Aimée déclare qu'elle a tendance à l'oubli :

> Je ne me souviens ni de la fin de la guerre du Vietnam ni du début de la guerre du Liban et je confonds la crise d'Octobre avec l'Immaculée Conception avec Mai 68 parce qu'on m'interdit d'injurier l'un ou l'autre. Je suis née à Rimouski mais je vis à Montréal [...]. Je ne suis jamais allée en Europe, en Asie et encore moins en Afrique et la seule fois que j'ai traversé une frontière, c'était pour aller à Plattsburgh [...]. Mais pour être tout à fait honnête, chers amis artistes, je me sens un peu perdue quand on s'exclame devant la chute du mur de Berlin. Je ne dis pas que ce n'est pas un événement historique, je dis juste que ça n'a jamais fait partie de ma vie ![26]

Elle se sent déconnectée des événements en Allemagne, tout en ayant choisi, pour fêter la nouvelle de sa grossesse, une date lourde d'histoire, comme le constatent les invités :

> Le 9 novembre ne coïncidera pas qu'avec la chute du mur, il coïncidait déjà avec la Nuit de Cristal : synagogues brûlées, maisons détruites, juifs allemands tués, blessés, déportés ![27]

Derrière l'événement festif qu'est la chute du mur en apparaît ainsi un autre, devenu un symbole de la persécution des juifs par les Nazis. Tout en se déclarant oublieuse et peu concernée par des événements historiques sur d'autres continents, la date qu'Aimée se souvient avoir choisie pour annoncer sa grossesse témoigne déjà, sans qu'elle en soit consciente, de sa relation avec les

---

24   *Ibid.*, 18.
25   La date est corrigée par le paléontologue Douglas Dupontel, qui constate que « [d]'après le dossier médical de votre mère, cette fête a eu lieu le 16 novembre 1989, une semaine après la chute du mur de Berlin » (Mouawad 2006, 20 et 26). Avec les archéologues Aurélie chez Ferrari et Mariam chez Gaudé, le paléontologue Dupontel chez Mouawad est le troisième représentant des sciences d'un passé lointain et ainsi l'un des gardien de la mémoire furtive dans les textes discutés ici.
26   Mouawad 2006, 15sq.
27   *Ibid.*, 19. – Les invités oublient que les deux dates ont un antécédent dans l'histoire de l'Allemagne : celle de la proclamation de la première république allemande, le 9 novembre 1918.

grands événements de l'histoire européenne. Cette mémoire enfouie émergera d'abord sous la forme de ces crises d'épilepsie qui la renvoient au passé européen de sa famille, puis sous la forme de l'os-embryon enkysté dans son cerveau.

2.2 *Mémoire encapsulée*

L'os-embryon que les médecins découvrent dans la tête d'Aimée – donc exactement là où on localise généralement la mémoire – est caractérisé de manière ambiguë. Il acquiert, à différents niveaux, le caractère d'un palimpseste. Pour le rendre visible, il faut avoir recours à la radiographie, qui permet de voir ce qui est sous la surface.

Pour saisir les différentes significations de l'os, il est nécessaire de creuser l'histoire familiale et européenne. Les médecins déclarent d'abord qu'il s'agit

> [d'u]n embryon. Un fœtus. [...] Votre jumeau. Vous étiez deux dans le ventre de votre mère. Mais vous l'avez intégré à votre propre métabolisme, le forçant à conserver un état embryonnaire[28].

Pour désigner ce phénomène, le langage médical a choisi le terme d'ischiopagus, populairement appelé « jumeau cannibale ». Aimée aurait donc cannibalisé son jumeau dans le ventre de sa mère. La trace de ce conflit, le fœtus dans son cerveau, se trouve maintenant au centre d'une tumeur cancéreuse qui menace la vie d'Aimée. Tout en la mettant en danger de mort, l'embryon-os lui est en même temps nécessaire :

> Il semble que votre système nerveux se soit imbriqué, telles des racines autour d'un caillou, autour de cet os, rendant par là son extraction impossible. L'enlever, c'est vous arracher les racines de la vie[29].

La « lutte » entre Aimée et son jumeau cannibalisé serait donc un combat à mort, un combat que les deux perdront finalement. En même temps, la tumeur qui s'est développée autour de l'embryon fait aussi remonter le passé familial lors des crises d'épilepsie d'Aimée.

La cause du cancer d'Aimée devient ainsi sa lutte avec son jumeau. C'est un conflit intérieur, qui déclenche la maladie que le médecin caractérise par des mots qui pourraient tout aussi bien être une métaphore d'un état psychique :

---

28   *Ibid.*, 30.
29   *Ibid.*, 29.

> [U]ne maladie ancienne, archaïque, qui a ses racines dans nos gènes. Là, au plus intime de notre être, une succession d'événements liés au hasard, à l'hérédité ou à l'environnement se produisent à notre insu, affectant les normes qui régissent nos cellules[30].

Comme le comprendra sa fille bien plus tard, la lutte qu'Aimée a menée, à son insu, avec son jumeau parasite est effectivement due « à l'hérédité ». Elle entretient des liens avec l'histoire douloureuse de sa famille qui, tout en formant une partie vitale d'Aimée – et des autres membres de sa famille –, s'avérera mortelle.

Après la mort d'Aimée, l'objet ossuaire dans son cerveau est soumis à d'autres examens et il devient évident qu'il ne s'agit pas (seulement?) d'un jumeau parasite, mais en même temps d'une mâchoire supérieure. Cette mâchoire, comme le paléontologue Douglas Dupontel l'explique à Loup, se trouve être la pièce manquante d'un puzzle très particulier auquel son père, également paléontologue, avait voué sa vie. Avec un groupe de chercheurs, il

> s'est vu confier, à la fin de la guerre, avec d'autres scientifiques, la mission de fouiller les sols des camps de concentration pour tenter de sauver les restes des humains qu'on avait assassinés et dont on a voulu effacer jusqu'à la trace même de leurs cendres. Tirer du néant ceux qu'on a voulu y précipiter[31].

Il y trouvera les fragments d'un crâne féminin, « probablement concassé à coup de marteau »[32] qu'il passera sa vie à reconstituer. Pour accomplir cette tâche, pour « tirer du néant » au moins cette « femme d'une vingtaine d'année »[33], il ne manque que la mâchoire supérieure qui se trouvera, deux générations ou soixante ans plus tard, dans le cerveau d'Aimée.

Sans qu'elle en soit consciente, Aimée, l'oublieuse de l'histoire, porte ainsi dans son cerveau un objet ambigu qui la relie, elle la Québécoise, à plus d'un siècle d'histoire européenne : le conflit fratricide entre Français et Allemands qui trouve un premier apogée dans la guerre de 1870/71 et une issue heureuse avec la chute du mur en 1989, mais qui continue de la miner et de gangréner jusqu'à la vie de sa fille. La violence d'une histoire familiale pourtant escamotée à travers différentes adoptions transatlantiques ne cesse qu'avec la mort

---

30   *Ibid.*, 31.
31   *Ibid.*, 56sq.
32   *Ibid.*, 57.
33   *Ibid.*, 57.

du dernier membre de la famille, même si le silence n'est pas brisé[34]. Il revient ainsi au plus jeune membre de la famille, Loup, de retrouver les traces de cette histoire et de comprendre que l'os est « a somatic symptom that is the mysterious materialization of a historical trauma »[35].

En 1850, Alexandre Keller fonde une entreprise strasbourgeoise qui produit pendant la Deuxième Guerre mondiale les wagons et les rails qui transporteront les prisonniers vers les camps nazis et la mort. Alexandre entretient une relation incestueuse avec la femme de son fils Albert, Odette, qui tombe enceinte. Elle raconte à Albert que son père l'a violée et donne naissance aux jumeaux Edgar et Hélène. En 1874, Odette et Albert s'installent avec leur fils Edmond et les jumeaux, qu'Albert a adoptés, « dans un domaine au milieu de la forêt des Ardennes »[36], donc dans la région qui sera au cœur des combats de la Première Guerre mondiale. Dans ce lieu reclus, Albert recrée un zoo, sorte d'Arche de Noé qui témoigne de leur désir de couper les liens avec une société dont ils veulent se protéger pour élever leurs enfants « loin de la suspicion des hommes et de leur perversité »[37].

Bien qu'il tente de mettre sa famille à l'abri des dangers de l'extérieur, Albert ne peut la protéger de ceux venant de l'intérieur, soit de lui-même : à l'image de son père, il commence une relation incestueuse avec sa sœur-fille Hélène, de laquelle naîtront deux filles, Jeanne et Marie. Quant à ses fils, condamnés à la solitude dans la forêt, ils seront « sacrifi[és] »[38] à la volonté de leur père. Une nuit, Edgar surprend les ébats incestueux d'Albert et Hélène. Dans un accès de fureur, il tue le père et viole la sœur avant de se jeter dans la cage des « ours noirs d'Amérique »[39] qui le tueront à son tour. Son suicide sera suivi de celui de sa mère Odette, qui se jettera dans « la fosse où nous jetions les animaux trop sauvages »[40]. Neuf mois après l'hécatombe, Hélène accouche de jumeaux : une fille, Léonie, et un « garçon auquel elle ne sut pas donner de nom. Un enfant informe, monstrueux, mais vivant, bien vivant »[41].

Edmond, le frère d'Hélène, partira dans le monde, pendant la Première Guerre mondiale dont il ignore tout. Il espère trouver un moyen d'y entraîner

---

34   En cela, la pièce reprend le sujet des deux premiers volets de la tétralogie, qui traitent aussi de la nécessité de briser le silence régnant autour des secrets familiaux.
35   Jones Choplin 2018, 110.
36   Mouawad 2006, 108.
37   *Ibid.*, 99.
38   *Ibid.*, 123.
39   *Ibid.*, 127.
40   *Ibid.*, 127.
41   *Ibid.*, 133.

la famille et de la sauver du « paradis »[42] devenu enfer. Découvrant un monde en guerre qui le rend fou, il ne retourne dans la forêt des Ardennes qu'après que l'« enfant monstrueux » ait tué Hélène. Entretemps, Lucien, un déserteur des tranchées de la Première Guerre mondiale qui a pénétré dans la forêt, est devenu le père de l'unique enfant de Léonie, Ludivine. Léonie, incapable d'affronter le monde en dehors de la forêt, confie sa fille à un orphelinat. Issue de deux générations de jumeaux, Ludivine va, de manière symbolique, intégrer son propre jumeau – elle est en effet hermaphrodite[43]. Ainsi, l'histoire de sa famille, pleine de bruit et de fureur historique, est censée s'achever avec elle, qui est stérile.

Adulte, Ludivine rejoint un réseau de la Résistance où elle se lie d'amitié avec une jeune femme juive, Sarah Cohen. La découverte de son appartenance à la famille Keller, impliquée dans le génocide des juifs, fait d'elle une coupable innocente, lien entre les bourreaux dont sa famille abonde et les victimes que risquent de devenir ses amis et leurs familles. La certitude de ne pas pouvoir enfanter fait mûrir en Ludivine la décision de se sacrifier pour son amie[44] et de se choisir, de la sorte, un destin de victime et non pas de bourreau[45]. Luce, l'enfant de Sarah, qui croira toute sa vie être la fille de Ludivine, est envoyée au Québec et adoptée par une femme amérindienne et son mari canadien. Plus tard, elle se mariera avec un homme amérindien et donnera naissance à Aimée, qui porte la trace concrète de cette lourde histoire familiale dans son cerveau même.

De fausses pistes en impasses, Loup et Douglas Dupontel réussissent à joindre les différents fils reliant les familles Keller et Cohen et à reconstituer leur histoire. L'inceste en tant que malédiction quasi divine qui, par trois fois, touche les premières générations de la famille Keller, n'a produit que des monstres ou alors, au bout de la lignée, avec Ludivine, des descendants stériles, suggérant par-là que la violence s'éteindrait de manière quasi naturelle. Après deux générations de jumeaux, Ludivine l'hermaphrodite réunit les traits des deux jumeaux de sexe opposé en une même personne et préfigure ainsi la jumelle cannibale Aimée. Inceste et violence de la part des membres masculins de la famille s'accompagnent néanmoins, au sein d'une même génération, d'une disposition au sacrifice de la part des femmes : Léonie se sacrifie en épargnant l'enfer de la vie dans la forêt à sa fille qui, elle, se sacrifiera pour son amie,

---

42   *Ibid.*, 99.
43   *Ibid.*, 149.
44   Ce sacrifice fait écho à celui de Nawal pour son amie Sawda dans *Incendies*.
45   Ludivine réalise ainsi un développement contraire à celui du protagoniste de Ferrari et, jusqu'à un certain degré, à celui de Jenni qui, eux, passent d'un statut de victime à celui de bourreau.

tandis que la petite-fille de celle-ci se sacrifiera à son tour pour sa fille Loup en refusant d'avorter.

En tant qu'enfant adoptée, Ludivine ne découvrira qu'à l'âge adulte la généalogie incestueuse et parricide dont elle est issue. Son histoire constitue une sorte de trêve dans la continuité de la violence qui a profondément marqué sa famille. L'intériorisation du conflit, qui n'est pas oublié mais qui continuera à couver, est symbolisée par l'intériorisation du jumeau. Toutefois, une perpétuation de la lignée ne sera rendue possible que par la mise à nu de tous les abîmes de l'histoire familiale ; ce n'est qu'alors que Loup, le plus jeune membre de la famille, se verra capable d'affronter un avenir sans rancune et optimiste pour sa famille.

2.3 *L'amitié rédemptrice*

L'hermaphroditisme de Ludivine et l'absorption de son jumeau par Aimée ont en commun le fait qu'il s'agit d'un phénomène génétique rare nommé *chimérisme*. Réunissant en une même personne des cellules de deux organismes génétiquement distincts, Ludivines et Aimée sont à considérer comme des êtres hybrides que la médecine appelle chimères. Ce clin d'œil à la mythologie grecque ne me semble pas anodin chez un auteur aussi familier avec le théâtre antique que ne l'est Mouawad.

La chimère mythologique est un monstre féminin, composé d'éléments de différents animaux, qui ravageait des régions entières avant que Bellérophon ne réussisse à la tuer grâce à sa monture, le cheval ailé Pégase. Bien que ni Aimée ni Ludivine ne soient des monstres féroces dans le texte de Mouawad, elles descendent de « monstres », comme la pièce le souligne à plusieurs reprises. De plus, elle absorbent ou cannibalisent leurs jumeaux respectifs dans un processus involontaire qui n'en est pas moins monstrueux. L'intériorisation chimérique du conflit par Ludivine, puis par Aimée, ne signifie pas sa solution : au lieu de passer par une violence manifeste, celle-ci gangrènera plusieurs générations de l'intérieur jusqu'à ce qu'elle se matérialise dans la tumeur d'Aimée que seule l'imagerie médicale pourra rendre visible.

Mais il y a plus : suite à leur hybridité génétique, Ludivine et Aimée transmettent la mémoire de trois guerres, et cette mémoire ravagera jusqu'à leur descendance lointaine. Elle fera d'elles, paradoxalement, des monstres dont la violence ne réside pas dans leurs actes, mais dans un passé qui ne passe pas et dont la trace dévastatrice ne se perdra même pas avec plusieurs adoptions. Alors que la chimère mythologique est vaincue à l'aide du cheval ailé Pégase, symbole de l'inspiration poétique tout en étant lui-même une chimère d'ailleurs, la monstruosité qui émane de la mémoire de Ludivine et d'Aimée ne peut être vaincue que grâce à la parole, grâce à une littérature qui affronte les monstres, qui les fait siens, comme Bellérophon domestique Pégase pour pouvoir d'autant mieux aller les combattre. Pour permettre une réconciliation avec sa propre histoire, il faut que Loup défasse les nœuds de mémoire de plusieurs générations et procède à un travail de mémoire, inévitable pour s'avérer productif.

Chez Mouawad, le moyen le plus puissant pour faire face à un monde monstrueux, à part la parole de la littérature, est l'amitié : celle de Sarah et de Ludivine permettra la survie de Luce et, ainsi, le prolongement d'une généalogie vouée à la disparition. Cependant, comme toujours chez cet auteur, l'amitié recèle également une part ambivalente : en mêlant à jamais la lignée des Keller et celle des Cohen, l'amitié assure la continuité de la mémoire même au-delà d'un océan – ce qui, en principe, est positif –, mais d'une mémoire qui, dans le cas de la pièce, s'avère funeste pour tous les membres de la famille. En même temps, ce n'est qu'à travers l'amitié que l'espoir en l'humanité subsiste, comme le souligne Chantale Gingras :

> Mais chaque fois un espoir apparaît, venu d'une amitié sincère surgie entre des êtres que rien au départ n'unissait : c'est par le contact avec l'Autre, par la mise en commun des solitudes que les personnages arrivent à conjurer le mauvais sort, pour 'enfin rallumer la lumière et sortir toutes les enfances des ténèbres'[46].

L'amitié unit non seulement les destins de deux individus, mais mène aussi, sans que des liens de sang ne soient établis, à la formation de la lignée hybride – au sens littéral comme au figuré – des Keller-Cohen.

L'amitié entre Ludivine et Sarah transcende la dichotomie entre victime et bourreau et permet une union qui va au-delà de la consanguinité qui, elle, s'est montrée inepte à une pacification de l'histoire sanglante :

> Le sacrifice de Ludivine est imprimé dans la tête de celle qu'on croyait être sa petite-fille et l'os devient la marque physique et symbolique d'un amour délié de tout rapport de consanguinité. Si Ludivine n'est pas l'arrière grand-mère biologique de Loup, c'est cependant grâce à son immolation que celle-ci a pu voir le jour deux générations plus tard[47].

---

46   Chantale Gingras : « Wajdi Mouawad ou le théâtre-odyssée ». In : *Le Théâtre québécois contemporain* 146/2007, 42-46, ici 46.
47   Alessandra Ferraro : « Le cycle théâtral de Wajdi Mouawad (*Littoral, Incendies, Forêts*) ou comment détourner le mythe d'Œdipe ». In : *Mimesis* 7/2007, 41-56, ici 54.

Les horreurs du passé sont transmises par la voie du sang, qui génère des monstres et finira par « stop time from advancing »[48]. Les « monstres » de *Forêts* ne sont pas des êtres surnaturels mais des humains. La monstruosité des guerres, depuis celle de 1870/71, ne provient pas de source fantastique, mais a été inventée et mise en œuvre par des humains. De la sorte, Mouawad montre que le propre de l'humain n'est pas la paix, mais la violence et la guerre. Tout comme l'amitié transcende les « impasses généalogiques » et permet de conserver ne serait-ce qu'un peu d'espoir, la transcendance de la limite entre homme et animal dans *Anima* rend possible une union nouvelle et fait naître un nouvel espoir.

3 L'animalité de la violence – *Anima* (2012)

> Sans contact, et il n'y pas de conflit sans contact, l'être humain meurt dans l'homme. En conséquence cela signifie que la guerre est le dernier refuge de ce qu'on appelle l'humain. Car la guerre est contact ; la guerre est dialogue ; la guerre est temps libre.
>
> HEINER MÜLLER[49]

3.1 *Anima(ux)*

Il suffit d'un bref résumé du roman *Anima* pour mettre en évidence le fait que ce texte se situe au carrefour d'un nombre impressionnant de discours mémoriaux. Comme beaucoup de résumés, il rétablit un ordre chronologique et quasi téléologique, alors que le texte a plutôt une structure traumatique, où le traumatisme initial du protagoniste, littéralement enfoui, ne sera dévoilé que progressivement.

Wahhch Debch a assisté, à l'âge de cinq ans, au massacre de toute sa famille dans le camp de Chatila, pendant la Guerre Civile au Liban. Enterré vivant avec sa famille et leur bétail, le garçon, qui refoulera la mémoire du massacre, est déterré au bout de quelques heures et adopté par le bourreau de sa famille, qui émigre avec lui au Québec et lui donne son propre nom de guerre, Wahhch Debch, le « monstre féroce ». La mémoire traumatique de Wahhch revient peu à peu à la surface lorsqu'il retrouve sa femme Léonie, enceinte de leur premier

---

[48] Jones Choplin 2018, 113.
[49] Heiner Müller : « Penser est fondamentalement coupable » (1990). In : *Idem* : *Fautes d'impression. Textes et entretiens*, choisis par Jean Jourdheuil. Paris : L'Arche 1991, 185-207, ici 187.

enfant, violée et assassinée sauvagement ; un « sentiment de déjà vu »[50] l'assaille alors. Il poursuit le meurtrier, un Mohawk délateur de la police canadienne, à travers différents camps amérindiens au Canada et aux États-Unis, puis finit par le tuer. Hanté par les bribes de mémoire du meurtre de sa famille, il poursuit son chemin à travers l'Amérique, désormais accompagné d'un énorme chien-loup et, plus tard, d'une jeune fille, jusqu'à parvenir à reconstruire complètement le crime initial de son père adoptif, Maroun Debch. À la fin du roman, il venge sa famille en anéantissant Maroun dans un rituel atroce.

Wahhch Debch, le protagoniste d'*Anima*, est un mort vivant qui ignore jusqu'à son vrai nom et sa véritable date de naissance. La torture et le massacre de sa famille, auxquels il a été obligé d'assister, ainsi que son enterrement précoce, l'ont traumatisé au point qu'il mènera désormais une vie de revenant : « il n'avait jamais eu six ans. Ensevelie, son heure s'était arrêtée, fixée au fond de la terre »[51]. Ses bourreaux l'ont enterré avec les chevaux mutilés et agonisants de la famille et c'est dans cette situation de désespoir complet que le destin du garçon s'unit à celui des animaux :

> Je me souviens de leur chaleur [celle des chevaux], je me souviens d'avoir serré entre mes bras la tête d'une jument comme si elle avait été ma propre mère, je me souviens de l'avoir appelée 'Maman, maman !' de l'avoir embrassée, de l'avoir suppliée de ne pas me laisser seul et d'avoir trouvé, là, dans son sang que je buvais pour me désaltérer, dans sa présence, mais aussi dans celle des mouches, des vers de terre, des pucerons et des termites que je sentais sur moi, une bonté, une douceur, une affection, une pitié, mon Dieu, une pitié qui, vraiment, m'ont sauvé. Je me souviens du mutisme, du mutisme de toutes ses bêtes à qui l'on venait de faire subir cette effroyable chose qui ne les concernait en rien pourtant, je me souviens m'être mis à parler pour elles, mettant mes paroles dans leur bouche, disant tout haut leur pensée, disant tout haut leur frayeur, je leur ai donné le peu de mots que je connaissais, mots d'enfant apeuré, les animaux ne m'ont pas abandonné. Je me souviens de cela, de ce moment, je ne me souviens pas d'avant ni d'après, je me souviens de ce pendant, un pendant animal[52].

Wahhch refoule la mémoire traumatique jusqu'à ce qu'elle lui revienne au cours de sa quête, qui gomme peu à peu les couches palimpsestiques qui

---

50 Mouawad 2012, 274.
51 *Ibid.*, 409.
52 *Ibid.*, 425.

la recouvrent. Avoir été enterré vivant avec les chevaux, dont il a partagé la longue agonie, le lie pour toujours aux animaux sans le rendre coupable de « cette effroyable chose » qu'est la cruauté humaine gratuite et aléatoire. C'est finalement au monde animal en général qu'il se retrouve relié.

Wahhch continue à mettre « [s]es paroles dans leurs bouches » car, bien que son histoire semble être narrée à travers la perspective de différents animaux – chats, chiens, corbeaux, rongeurs, mouches, moustiques, araignées puis, pour la troisième partie, un chien-loup –, il s'avère à la fin du texte que l'« auteur » des trois premières parties du texte est Wahhch lui-même[53]. Le texte suggère qu'il choisit les animaux en tant qu'intermédiaires pour se distancier de sa propre histoire, trop douloureuse. Les animaux tels que le narrateur les décrit reconnaissent en lui « un de [leurs] semblables »[54], ils comprennent que « cet homme avait lié il y a longtemps, et d'une manière par lui seul connue, son destin à celui des bêtes »[55]. Ce destin l'a rendu capable d'éprouver une « empathie réciproque »[56] pour celui des animaux. Au sens de Donna Haraway, on pourrait dire qu'il a réussi à se familiariser (« making kin ») aux bêtes, jusqu'à leur céder la parole : c'est à travers le regard animal qu'il lui devient possible de se reconstruire. De la sorte, le texte se détourne de la perspective humaine, perspective centrale dans la plupart des textes littéraires, en jetant un regard parfois plein de pitié, mais bien souvent distant et indifférent, sur le sort du protagoniste[57].

Les animaux sont divisés en deux groupes : les « bestiae verae » de la première partie du texte et les « bestiae fabulosae » de la deuxième. Alors que cette division suggère que la première partie est narrée par des « bêtes véritables » et la seconde par des animaux fabuleux, les titres des chapitres qui citent les noms latins respectifs montrent que plusieurs animaux apparaissent dans les deux parties et que tous sont « verae ». Les limites entre le « vrai et [le] faux »[58], entre réalisme et fantastique, s'estompent.

---

53   *Ibid.*, 471.
54   *Ibid.*, 61.
55   *Ibid.*, 59.
56   *Ibid.*, 186.
57   Laurence Denooz est même d'avis qu'à part la distanciation mentionnée, « le procédé narratif déshumanise et 'désanime' le héros » (« *Anima*, la quête d'une symbiose ». In : Claire Badiou-Monferran/Laurence Denooz [dir.] : *Langues d'Anima. Écriture et histoire contemporaine dans l'œuvre de Wajdi Mouawad*. Paris : Classiques Garnier 2016, 299-312, ici 306). Je suis de l'avis contraire, car bien que Wahhch reste un personnage ambigu, dans de nombreuses scènes, sa sensibilité particulière – et tout à fait humaine – est évoquée.
58   Claire Badiou-Monferran : « Introduction. Du style de Wajdi Mouawad : entre partage mythique et partage littéraire de l'Histoire ». In : Badiou-Monferran/Denooz 2016, 13-38, ici 28.

L'appartenance partielle de Wahhch au monde animal et surtout chevalin est confirmée par le fait que la blessure qu'il porte – la morsure d'un chien – est soignée par un vétérinaire aux procédés peu orthodoxes : la désinfection de la blessure est prise en charge par des larves de mouches et des asticots, tandis que l'antibiotique provient de la salive d'une mule[59]. Ce traitement qui constitue une nouvelle transgression des limites entre le monde humain et le monde animal réaffirme le caractère double, hybride, du protagoniste.

Cette scène n'est pas la seule au cours de laquelle Wahhch se rapproche du monde chevalin, des animaux qui ont subi avec lui le massacre de sa famille. Lorsque Wahhch doit traverser de manière clandestine la frontière entre le Canada et les États-Unis, il se voit obligé de faire ce trajet dans « une bétaillère »[60] avec des chevaux destinés à l'abattoir. La mémoire de son traumatisme commence à ressurgir lorsqu'il se retrouve à nouveau en présence de chevaux morts ou mourants. Les hommes qui l'aident à passer la frontière doivent le faire monter de force dans ce « sarcophage »[61], « comme s'il était un cheval »[62]. À nouveau animal parmi les animaux, allant avec eux vers la mort, Wahhch, que l'affection et la pitié des chevaux ont sauvé enfant, que la salive d'une mule a guéri adulte, se charge désormais d'alléger leur supplice en priant pour eux. Au sens du titre de Donna Haraway, *Staying with the trouble*, il reste auprès des animaux devenus ses « companions »[63] et les assiste dans leur détresse. Sa prière est un mélange de différents psaumes et de prières, « venu de ses propres ténèbres »[64]. Les mots ne suffisent pourtant pas à Wahhch, qui finit par libérer les chevaux pour les envoyer, sans le savoir, à une mort peut-être plus atroce que celle qui les attend à l'abattoir : leur course mène les animaux sur une autoroute, où ils sont renversés par des camions et des voitures, causant un carambolage de masse, un massacre où, comme dans celui de la famille de Wahhch, « les carcasses de chevaux gisaient pêle-mêle au milieu des corps des humains, ensembles démembrés, disloqués »[65]. Sa tentative de libération échoue de manière cruelle. L'« assemblage » d'homme et de bête que prône

---

59   Mouawad 2012, 198sq. – Wahhch partage le fait d'être soigné par un vétérinaire avec le protagoniste du film *Balada triste de trompeta* d'Alex de la Iglesia, sorti en 2010 ; pourtant, dans le film, cela sert surtout à faire ressortir la monstruosité jusqu'alors purement intérieure du protagoniste.

60   Mouawad 2012, 255.

61   *Ibid.*, 256.

62   *Ibid.*, 258.

63   Haraway 2003.

64   Mouawad 2012, 262.

65   *Ibid.*, 268.

Haraway ne se fait que dans une mort violente, au point de déchiqueter et de réassembler les corps de bêtes et d'humains en des hybrides contre-nature.

La proximité de Wahhch avec le monde animal ne sert pas uniquement à informer le public d'une empathie particulière du protagoniste, mais comporte aussi des éléments moins rassurants. Loin d'être « le paradigme de la victime », comme Jean-François Lyotard définit l'animal à cause de son incapacité à témoigner[66], les bêtes-narratrices du roman, telles que Wahhch les a conçues, sont bien souvent des bourreaux dont la caractéristique peut-être la plus saillante est la cruauté : une araignée se délecte de la panique de sa proie qu'elle dépèce vivante[67] ; un boa avale un lapin vivant et « ses mouvements et sa panique ne faisaient qu'augmenter ma joie et mon plaisir »[68] ; une coccinelle vide un puceron de sa sève[69] ; un corbeau engloutit un papillon[70], avant de déchiqueter un raton laveur[71]. En les dotant d'une voix et en leur donnant ainsi la possibilité de « témoigner selon les règles humaines d'établissement du dommage »[72], Wahhch, le « véritable » narrateur du roman, permet aux animaux de sortir de leur statut de victime, d'un côté, mais de l'autre, les fait passer du côté de la violence. En liant son destin à celui des animaux, qui deviennent ainsi « autant de figurations de la nature prédatrice de l'animal narrant »[73], Wahhch hérite aussi de leur potentiel de violence, de leur cruauté. Comme eux, il devient autant victime que bourreau.

En postulant que les « nœuds de mémoire » font émerger la mémoire « from unexpected, multidirectional encounters – encounters between diverse pasts and a conflictual present, to be sure, but also between different agents or catalysts of memory »[74], Michael Rothberg n'envisageait probablement que des agents ou des catalyseurs humains. En estompant la limite entre les mondes animal et humain, Wajdi Mouawad fait saillir les traits paradoxaux de son protagoniste tout en suggérant que l'union entre homme et bêtes permet aussi de passer outre la violence à une relation de soutien mutuel.

C'est à travers le regard « décentralisé » et oblique des bêtes que certains passages particulièrement violents du texte sont rendus et ce n'est qu'en

---

66   Jean-François Lyotard : *Le Différend*. Paris : Minuit 1984, 38.
67   Mouawad 2012, 69sq.
68   *Ibid.*, 97.
69   *Ibid.*, 155.
70   *Ibid.*, 177sq.
71   *Ibid.*, 179. – On pourrait prolonger la liste par la ruche massacrée par des frelons (244), la blatte dévorant ses propres œufs (274), des fourmis s'apprêtant à dévorer un papillon (275sq.), ainsi qu'un chat dépeçant sauvagement une souris (301).
72   Lyotard 1984, 38.
73   Badiou-Monferran 2016, 16.
74   Rothberg 2010, 9.

lisant, dans la troisième et quatrième parties du texte, des atrocités allant bien au-delà des limites du soutenable et narrées d'une perspective humaine que le lecteur se rend compte de la capacité atténuante du regard des animaux. Tout comme la mise en liste dans *Zone*, de Mathias Énard, et comme le regard jeté à travers l'objectif (!) d'une caméra dans les textes de Mauvignier et de Ferrari, cette pratique esthétique déshumanisante, objectivante, permet une régulation des émotions, une « maîtrise de la passion » (*Affektregulierung*) telle que Renate Lachmann la conçoit en parlant de Danilo Kiš[75]. C'est là que le discours esthétique croise celui de la psychologie, où la régulation des émotions est une technique pour contenir, à titre individuel, la portée traumatique de ses propres émotions. Alors que dans le cas de la photographie, ce sont les protagonistes qui s'en servent pour « maîtriser [leur] passion » en anticipant instinctivement les pratiques thérapeutiques, chez Énard et Mouawad, les protagonistes-narrateurs, à travers la technique narrative qu'ils choisissent, régulent non seulement leurs propres émotions, mais aussi celles des lecteurs.

3.2   *Anima(l)*

Toutefois, le traumatisme de Wahhch ne le rapproche pas seulement du monde animal : après le massacre de sa famille, son destin est inextricablement lié à celui de leur bourreau Maroun Debch, qui devient son père adoptif et le « dépossédera] de son identité ethnique, culturelle et confessionnelle »[76]. Les destins de la victime et du bourreau s'entremêlent jusqu'à ce qu'ils forment une nouvelle famille paradoxale : en adoptant le garçon, Maroun lui prend son nom et sa famille d'origine. La victime Wahhch est censée prolonger la lignée du bourreau Maroun – qui est stérile[77] – tout en héritant de son nom, « Wahhch Debch » étant le nom de guerre de Maroun. La signification première de ce nom n'est expliquée que dans la dernière partie du texte :

– Vous savez ce qu'il signifie ?
– Oui. Féroce ?
– Si on veut. *Wahhch* signifie plutôt *Monstrueux*. C'est un prénom d'autant plus étrange que *Debch* signifie *Brutal* … Vous le saviez ?
– Je n'y avais jamais pensé[78].

En le baptisant du nom qu'il a porté durant le massacre de Sabra et Chatila, Maroun fait de Wahhch son double – et l'assassin de sa propre famille. Wahhch est littéralement la victime (de son père adoptif) et le bourreau de tous les siens.

---

75   Lachmann 2017, 264.
76   Denooz 2016, 300.
77   Mouawad 2012, 461.
78   *Ibid.*, 423.

En même temps, son prénom qui signifie « monstrueux, féroce » et, par extension « sauvage, animal », le prédispose à une existence à la limite du monde humain et du monde animal – son père adoptif fait de lui son semblable, un « monstre brutal »[79], comme le traduit un autre protagoniste, une bête féroce[80] qui fait autant partie des « bestiae verae » qui content la première partie du texte que, par sa violence inouïe, des « bestiae fabulosae ».

Ce dédoublement, dont Wahhch ne prend pleinement conscience qu'à la fin du texte, fait écho à un autre processus, que Laurence Aubry décrit à partir d'une perspective psychanalytique :

> Faute d'une image paternelle intériorisée, le personnage se crée donc un double qui le représente en violeur et meurtrier de la mère. [...] La mise en acte de solutions défensives est également perceptible : projection et totémisme, clivage du héros, recherche d'un double. Tous les éléments du complexe d'Œdipe y sont[81].

Sa hantise d'être lui-même le meurtrier de sa femme et, par extension et doublement, de sa famille – de sa famille originale comme de la future, symbolisée par le bébé –, semble motivée par le fait que Wahhch porte, sans en être tout à fait conscient, le nom de l'assassin qui a tué sa sœur, de la même manière sauvage que ne l'est, dans le présent du texte, sa femme Léonie. Le « nœud de mémoire » que créent les deux meurtres clôt par deux fois un futur que Wahhch vivra au sein de sa famille, libanaise et québécoise. En même temps, il s'ouvre à un passé qu'il refoule et à un présent dans lequel le passé s'immisce ; il « articule deux histoires à priori différentes »[82] – je dirais même trois histoires – qui s'étendent sur plusieurs continents.

Le nom que Wahhch tient de son père adoptif est à l'opposé du pseudonyme « Raphaël Clément » qu'il se choisira au passage. Successeur d'archange dont le prénom signifie littéralement « Dieu guérit » et dont le nom est preuve de clémence, il est le sauveur français d'un vieil homme que Wahhch croise en chemin et qui lui raconte que celui-ci « saved my life when my plane was shot down by the Nazis ... He helped me get back to the zone libre ... »[83]. Par cette

---

79   *Ibid.*, 441.
80   Ce nom de guerre et d'adoption cache une référence à Arthur Rimbaud sur laquelle je reviendrai plus tard.
81   Laurence Aubry : « Les langues d'*Anima*, voix romanesques et voies littéraires du dégagement traumatique ». In : Badiou-Monferran/Denooz 2016, 251-267, ici 257sq.
82   Florian Alix : « Le tragique de la relation dans *Anima*. Wajdi Mouawad au prisme d'Édouard Glissant ». In : Badiou-Monferran/Denooz 2016, 115-129, ici 119.
83   Mouawad 2012, 272.

brève esquisse d'une histoire de la Deuxième Guerre mondiale, Mouawad tisse un autre « nœud de mémoire », qui relie l'histoire de Wahhch à celle de cette autre hécatombe du XXe siècle.

Cependant, Welson Wolf Rooney, l'assassin de Léonie, a quant à lui une existence complètement indépendante du passé libanais de Wahhch ou des filiations européennes qu'évoque son pseudonyme : c'est un Mohawk américain ayant grandi entre le Canada et les États-Unis, maîtrisant aussi bien l'anglais que le français. Il est également « le meilleur guerrier que notre tribu a eu dans son histoire »[84]. Délateur de la police canadienne, il est relativement protégé par celle-ci. Bien plus qu'un simple double maléfique de Wahhch, Rooney en est un reflet décalé géographiquement et historiquement. Wahhch, qui passe sa vie entre le Canada et les États-Unis, où vit sa « famille adoptive », se dit être « [u]n Indien [...] d'un nouveau genre. [... D']une réserve sans territoire. [...] Sabra et Chatila »[85]. Les deux sont issus de conflits dont on entend peu parler, mais qui ont bien des points en commun :

> Notre histoire a été réduite à un 'problem'. There are many ways to wipe out a nation. Tu peux l'exterminer dans le sang mais tu peux aussi la réduire. You can reduce the history, the culture and the future of a whole nation to a fucking question. That's our tragedy. Réduits à un 'problem' ! 'How to solve the Indian question[86] ?!'

Le « problem » indien restera aussi irrésolu que le « problème palestinien » et les deux communautés seront, à différents moments de l'histoire, victimes de massacres. Toutefois, dans un texte qui se refuse systématiquement à toute réduction de la complexité, il n'est pas surprenant que la situation des Américains natifs ne soit pas réduite à celle de victimes d'un État malveillant. Les conflits sanglants entre les différents groupes de Mohawk, « cette guerre, silencieuse, dont on n'entend jamais parler dans les journaux », est tout aussi apte à « démembrer [l]a tribu »[87] qu'une politique d'apaisement échouée.

Wahhch et Rooney ne partagent pas uniquement leur origine respective qui les rattache à différents « camps ». Les deux entretiennent des rapports privilégiés avec le monde animal, bien que le côté féroce de Rooney soit plus développé et plus évident que chez le « féroce » Wahhch, comme en témoigne le chat qui décrit Rooney lors de sa première apparition dans le texte : « [Rooney]

---

84 *Ibid.*, 217.
85 *Ibid.*, 234.
86 *Ibid.*, 229.
87 *Ibid.*, 211.

est sorti de ses vêtements comme un animal sauvage sort de sa tanière dans tout l'éclat de sa puissance. Un félin sublime de bestialité »[88]. Rooney apparaît comme la personnification démoniaque de la cruauté animale, dont Wahhch semble dépourvu malgré sa proximité avec les animaux. Cette impression est renforcée par le fait que le corps de Rooney est recouvert d'un tatouage représentant toutes les espèces animales :

> [L]e tatouage [...] s'est révélé entièrement à moi à la faveur des reflets de la nuit. Oiseaux, fauves et animaux marins, aux couleurs chatoyantes, au regard agressif, perchés à la saillie des omoplates, tapis à la frontière des épaules, glissant le long de la colonne vertébrale ou émergeant depuis les côtes, couvraient toute la surface de son dos. La poitrine, domaine privilégié des chauves-souris dont l'essaim surgissait des ténèbres d'un nombril cerclé de noir, était opaque comme une plaque de nuit. Une ornementation effroyable d'insectes tapissait ses longues jambes massives et galbées comme les troncs noueux des arbres. Blattes, vers, scarabées, libellules, scolopendres et papillons innombrables grimpaient le long des chevilles, rampaient de chaque côté des genoux, jusqu'en haut des cuisses, et se perdaient dans la raie des fesses[89].

C'est sur le corps de Rooney que convergent tous les animaux qui ont pris la parole pour Wahhch. En réunissant en sa personne toutes les bêtes qui ont observé et parfois protégé le protagoniste, le meurtrier devient non seulement son double, mais témoigne aussi des origines mythiques de leur relation : Rooney, en tant qu'émanation du côté animal de tout humain, animal parmi les animaux, est le totem du protagoniste qui, lui, est en communion intense avec les animaux[90]. Au début de son périple, un vieil homme explique à Wahhch comment reconnaître son totem :

> Le jour où un animal agira envers toi d'une manière contraire à celle que lui impose son instinct, sans qu'il puisse y avoir de doute possible, et idéalement lorsque l'instinct de l'animal sera en train de menacer ta vie, tu te souviendras de moi et tu sauras alors que tu te tiens face à la forme animale de ta propre puissance magique. Ta poésie[91].

---

88   *Ibid.*, 304.
89   *Ibid.*, 304sq.
90   *Ibid.*, 100.
91   *Ibid.*, 92.

Alors que certains animaux qui observent Wahhch pendant son parcours sont indifférents à son égard, d'autres sympathisent avec lui et une mouffette va même jusqu'à le défendre contre des agresseurs[92]. Le rapport instinctif des animaux vis-à-vis de Wahhch semble donc être le fruit de la sympathie ou de l'indifférence, mais dans aucun cas de l'agression. Le comportement de l'« animal » Rooney envers lui peut donc être interprété comme étant contre-nature car, au lieu de se retenir, il menace la vie du protagoniste – et se révèle ainsi comme étant le totem de Wahhch.

En tuant Rooney, Wahhch tue son double qui, de plus, incarne selon Laurence Aubry une « image paternelle », ainsi que son propre totem. Le complexe d'Œdipe, que Mouawad a déjà mis en scène dans sa pièce la plus connue, *Incendies*[93], se double dans le roman d'un fond de croyance amérindienne. Les nœuds se tissent et permettent d'entrevoir d'autres interprétations par le biais du croisement culturel : la première mène à la littérature fantastique du XIXe siècle, où les doubles abondent, et permet ainsi de renvoyer l'extrême violence dans le domaine du fantastique ; la seconde soutient une vision psychanalytique du mythe d'Œdipe[94], alors qu'une troisième interprétation est conforme à la mythologie totémique. La particularité du texte de Mouawad consiste en son irréductibilité à une seule et même culture ou interprétation, il se caractérise par une ambivalence aussi encombrante que productive pour le lecteur, qui se voit confronté à une mémoire multidirectionnelle dans le sens fort du terme.

En tuant Rooney, Wahhch tue aussi la part de lui-même qui lui rend la vie impossible, qui, très littéralement, le violente[95]. Mais au lieu de disparaître, son « ombre »[96], sa Némésis prend une autre forme, celle d'une « bête effroyable. Un chien. Un chien sauvage »[97]. Ce chien, nouveau double de Rooney qui, par son second nom « Wolf », est un loup, et de Wahhch, dont le nom d'emprunt est, littéralement, « bête effroyable », est en réalité un loup[98]. Il est

---

92 Comme le lui explique Coach, même le chien de Chuck, qui mord Wahhch l'aura finalement aidé en lui épargnant le destin de son maître, mort de la main de Rooney : « [S]'il ne t'avait pas blessé, Chuck serait pas parti tout seul. Vous auriez été tous les deux à la réserve, et à l'heure actuelle tu serais sans doute mort », Mouawad 2012, 208.

93 Sandrine Montin : « *Incendies* de Wajdi Mouawad : une réecriture d'*Œdipe roi* ». In : *T(r)opics* 3/2016 : *La Réecriture au XXIe siècle*, 159-173.

94 Florian Alix fait remarquer qu'au fond, Mouawad met en scène non pas le mythe d'Œdipe, mais un « Œdipe inversé », Alix 2016, 119.

95 Mouawad 2012, 308sq.

96 *Ibid.*, 322.

97 *Ibid.*, 324.

98 Le nom latin de ce « chien », *canis lupus lupus*, qui est aussi le nom que porte la troisième partie du roman narrée à travers la perspective de cet animal, ne désigne pas un chien,

l'autre, la vraie matérialisation du totem de Wahhch et devient désormais son protecteur : « Animal il me protège quand humain il a voulu me détruire »[99].

3.3 Anima(tion)

Avant de mourir de sa main, Rooney blesse Wahhch au visage, qu'il divise « d'une ligne écarlate »[100]. Sa souffrance est mise à nu – son visage est maintenant une « plaie ouverte »[101], marqué par une « ligne de démarcation »[102] « gravée en travers de son visage »[103].

Lue sur fond de littérature fantastique, cette cicatrice est un signe plutôt conventionnel de la nature double de Wahhch. En même temps, le couteau de Rooney inscrit sur son visage la ligne de démarcation fort concrète qui divisa le continent américain pendant la Guerre de Sécession. Les allusions à ce conflit, qui abondent dans le roman, établissent un autre « nœud de mémoire », cette fois avec un conflit qu'à l'intérieur du roman même l'on désigne comme « la matrice des guerres civiles de l'ère moderne »[104].

La confrontation entre Wahhch et son double Rooney a lieu à Lebanon, Illinois, d'où Rooney est originaire. D'une certaine manière, les deux sont donc issus du même endroit : tout comme Wahhch est un Indien « d'un nouveau genre », Rooney s'avère être un « Libanais » d'un nouveau genre. Dans le théâtre de Wajdi Mouawad, notamment dans la tétralogie *Le Sang des promesses*, les protagonistes se voient obligés de retourner dans leur pays d'origine pour y retrouver les traces de leur mémoire douloureuse. Dans *Anima*, ce retour se fait par le biais des États-Unis, qui ont leur propre Liban/Lebanon[105].

---

mais bien un loup, le loup gris commun ou loup eurasien. Ce loup, dont l'habitat s'est fortement réduit ces dernières années, ne vit point en Amérique, ce qui explique la réaction étonnée, voire apeurée, de la plupart des gens que Wahhch et son chien rencontrent. La persistance avec laquelle le roman et ses protagonistes appellent ce loup un « chien », réduisant ainsi le danger qui en émane, pourrait être lue comme une métaphore pour l'aveuglement humain face au potentiel violent avec lequel il cohabite quotidiennement. – En énumérant « les récurrences » dans son œuvre théâtrale, Mouawad mentionne aussi « Les W comme Wajdi » : ses protagonistes s'appellent Wilfried (*Littoral*), Wahab, Nawal, Sarwan et Sawda (*Incendies*), auxquels on pourrait ajouter Wahhch. La protagoniste du troisième volet s'appelle « Loup », le « W » n'est donc visible que dans la traduction, qui renvoie de plus vers le « Welson Wolf Rooney » d'*Anima* (Mouawad 2009a, 10).

99   Mouawad 2012, 345.
100 *Ibid.*, 323.
101 *Ibid.*, 332.
102 *Ibid.*, 343.
103 *Ibid.*, 346.
104 *Ibid.*, 373.
105 *Cf.* aussi Stefania Cubeddu-Proux : « Langues d'*Anima* et langue animale. Dialogue avec l'Amérique et l'Amérindien ». In : Badiou-Monferran/Denooz 2016, 161-182, ici 169.

Comme le Liban qui est marqué par la guerre civile, le Lebanon américain est marqué par la guerre civile américaine, la guerre de Sécession. La ville se trouve sur la Mason-Dixon-Line, ligne de partage qui séparait les États du Nord de ceux du Sud (et qui donnera plus tard son nom au chien-loup)[106]. Le jeune Français qui raconte cela à Wahhch est lié à l'histoire du patelin américain par une longue lignée de parents engagés dans différentes guerres, dont l'un sera honoré au cours d'une célébration :

> [M]on père [...] déposera pour sa part le drapeau français sur la tombe de François-Jean D'Yssemert, qui a traversé l'océan pour prêter main-forte à ceux qui se sont engagés contre l'esclavagisme. [...] Sans le savoir, il inaugurait une tradition qui va culminer avec les Brigades internationales de la guerre d'Espagne, à laquelle prendra part mon grand-père Bertrand Yssemère. [...] François-Jean D'Yssemert est mort durant la bataille de Gettysburg et a été enterré ici, avec ses amis pour qui il a voulu donner son sang. Bertrand Yssemère est mort lors des combats pour la défense de Barcelone. Il a probablement été jeté dans une fosse commune avec ses camarades anarchistes. Mon père, lui, s'est cassé la jambe pour éviter d'aller en Algérie et moi, David, dernier descendant de cette lignée de courageux, je n'ai fait que des études[107].

À travers la rencontre de Wahhch avec le jeune Français à l'histoire familiale mouvementée, un nœud ou plutôt un carrefour de mémoire s'établit, qui va de la Guerre de Sécession à la Guerre civile au Liban, en passant par la Guerre civile espagnole et la Guerre d'Algérie.

La Guerre de Sécession américaine sert de toile de fond sur laquelle se profilent les parallèles et les différences avec les autres conflits qui ont marqué et continuent de marquer non seulement ceux qui y ont participé activement, mais aussi les générations de leurs enfants et petits-enfants. En liant les différents événements, la mémoire de l'un évoque aussi celle de l'autre, ce qui produit un effet stéréoscopique[108] : leur activation simultanée génère une seule image, multidimensionnelle et en relief, ce qui permet une compréhension approfondie de l'engrenage de la violence. Au lieu d'accentuer les différences, ce sont les continuités des événements ainsi que de la chaîne de causes

---

106 « On est à la jonction. L'Illinois était unioniste et le Missouri, qui se trouve à dix kilomètres, était esclavagiste. L'armée de l'Union a tenu un barrage à Cairo. À Lebanon aussi, la guerre civile a fait des ravages », Mouawad 2012, 292.
107 Mouawad 2012, 294.
108 *Cf.*, pour l'idée de l'effet stéréoscopique, Fatima Naqvi : *Trügerische Vertrautheit. Filme von Michael Haneke*. Avec une introduction d'Elfriede Jelinek. Wien : Synema 2010, 132sq.

et effets qui deviennent apparentes pour un lecteur attentif et actif, capable de « recogniz[e] and reveal[...] the production of memory as an ongoing process involving inscription and reinscription, coding and recoding »[109]. Ce que Mouawad propose, c'est en quelque sorte le matériau brut que les lecteurs doivent ensuite relier pour établir un dense réseau mémoriel.

Dans le même temps, la lignée longue de cinq générations suggère que l'histoire ne cesse de se répéter, que la violence se propage d'un continent à l'autre et que personne ne semble tirer de leçon de l'histoire. Wahhch le résume de manière désillusionnée :

> [L]a mécanique du sang semble s'être remise en marche. [...] C'est comme un macabre jeu de piste qui se joue sur la terre d'Amérique où d'autres que moi, Indiens, colons, nordistes et sudistes, ont traversé les mêmes carnages et je commence seulement à le pressentir. Ce n'est pas fini parce que ça continue à hurler [...][110].

Dans le contexte des œuvres analysées ici, il est significatif que Mouawad associe la cyclicité de la violence à une « mécanique du sang » : l'importance de la transmission familiale de la violence, transmission qui passe par le sang, a déjà été démontrée pour les textes de Mauvignier, d'Attia, de Ferrari et de Jenni. C'est à l'intérieur des familles, c'est par le sang – versé et partagé – que la violence se répercute et, tant que cette lignée ne sera pas brisée, l'histoire ne pourra pas prendre de tournant pacifique. « L'impasse généalogique »[111] que le protagoniste d'Attia diagnostique retient les membres d'une famille dans les griffes d'une tradition néfaste, tout comme cela est le cas pour la famille du jeune Français que Wahhch rencontre ou pour celle de Wahhch lui-même.

Le diagnostic troublant que cela « continue à hurler » se confirme de nouveau lorsque Wahhch arrive à Carthage, Missouri, où une bataille de la Guerre de Sécession s'anime lors d'une reconstitution historique. Le maire de la ville souligne dans son discours que les citoyens sont « the guardians of their memory! [...] That we here highly resolve that these dead shall not have died in vain »[112]. Alors que la reconstitution de la bataille par les descendants de ceux qui y ont participé[113] constitue déjà un moyen discutable de garder vive la mémoire de la nécessité de la paix, une exposition qui commémore les

---

109 Rothberg 2010, 8sq.
110 Mouawad 2012, 348sq.
111 Attia 2009, 239.
112 Mouawad 2012, 368sq.
113 *Ibid.*, 366.

cent-cinquante ans de la bataille de Carthage semble prouver la vanité du vœu. Il s'agit d'« une grande installation au cœur de la ville autour du thème de la guerre civile en exposant des photographies de la plupart de celles qui ont eu lieu depuis 1864 »[114]. Les morts de la bataille de Carthage n'ont pas fait barrage à d'autres guerres civiles, ils ne sont de fait que les premiers d'une longue liste qui n'est pas prête à se clore[115].

Ce ne sont pourtant pas uniquement les événements de la Guerre de Sécession qui marquent les endroits que Wahhch parcourt. Les toponymes (que Mouawad n'invente point) désignent certaines de ces petites villes du Midwest américain comme les doubles de villes du Maghreb ou du Machrek où eurent lieu des guerres historiques ou mythiques : Lebanon, Jerusalem Road, Thebes et Cairo, Illinois, ou encore Oran et Carthage, Mississippi. Le roman suggère que le choix des noms n'est pas sans risque et pourrait allumer ou attiser la flamme d'un conflit qu'on aurait mieux fait de ne pas reconstituer outre-Atlantique[116].

3.4　*Animas*

Alors que la conservation de la mémoire, aussi sombre soit-elle, est devenue un devoir auquel il est difficile de se soustraire, le roman de Wajdi Mouawad, comme celui de Gaudé évoqué plus haut, préconise le contraire, et cela à travers une violence presque insoutenable.

En effet, Wahhch arrivera finalement à reconstruire les faits qui ont mené au massacre de sa famille. Son père adoptif en est responsable. Pour venger sa famille et pour venger le fait que Maroun lui a pris jusqu'à son nom, il lui prépare d'atroces funérailles célestes qu'Aubert Chagnon, le médecin coroner responsable de l'enquête sur la mort de la femme de Wahhch, décrit en témoin choqué :

114　*Ibid.*, 373.
115　En conséquence, Mouawad choisit ce moment du roman pour passer de la narration à la liste : « Humains morts au milieu de maisons détruites | Humains côte à côte | Humains pendus au bout d'une corde | Humains debout côte à côte | Humains assis côte à côte | Humain aux yeux mélancoliques | [...] Charnier de bêtes et d'humains », *ibid.*, 370sq.
116　Les toponymes ne transportent pourtant pas uniquement la mémoire du conflit du Proche-Orient, mais aussi celle des peuples amérindiens aux noms de « Cherokee Village, Arkansas », « Arickaree, Colorado », « Navajo, Arizona », « Aztec, Arizona » et « Mohawk, Arizona ». D'autres noms comme « Thebes, Illinois », « Virgil, Kansas », « Ulysses, Kansas » ou encore « Horace, Kansas » renvoient à la mythologie grecque ou latine chère à Mouawad, qui y puise amplement pour sa tétralogie dramatique *Le Sang des promesses*. *Cf.* à ce sujet l'article de Florian Alix 2016, 121sq.

> [J]'ai abouti dans un ancien bassin asséché, sorte de plateau creux, pierreux, au milieu duquel s'agitait, dans une mare de sang, le corps dénudé d'un homme sauvagement mutilé[117].
>
> [Les charognards] se délectaient de tout, enfonçaient leur tête à l'intérieur de la carcasse, farfouillant dedans comme s'ils cherchaient à atteindre l'âme de l'homme et la dévorer. Mais d'âme, il n'y avait pas, il y avait simplement ceci qu'il fallait nettoyer la charogne et à cette tâche, ils s'appliquaient avec attention, avec colère, et plus ils se repaissaient, plus leur rage était grande. J'avais l'impression d'assister à un rituel dirigé contre l'humanité toute entière[118].

Wahhch fait subir à son père une mort terrible dont la mise en scène ne témoigne pas uniquement de son désir de vengeance : par ces funérailles « célestes », Maroun sera littéralement anéanti, comme en témoigne le médecin coroner : « Il ne restait plus rien de l'être humain qui se trouvait là et j'avais assisté, impuissant, à sa mise à mort et à sa disparition »[119]. Celui qui a voulu prolonger sa lignée généalogique à travers Wahhch ne sera pas seulement tué, comme Rooney ; son fils adoptif veillera de plus à ce que sa dépouille ne contamine pas la terre, à ce que sa mémoire ne puisse continuer à infecter celle des autres, à ce que sa disparition physique empêche sa résurrection, à ce qu'il n'en reste rien. La « bête » qu'il est (et qu'il a fait de Wahhch) retourne ainsi aux bêtes qui le dépècent.

Bien que l'inhumation celeste soit un rite normal pour les parsis, adeptes du zoroastrisme[120], ce ne sont pas les êtres vivants qui y sont dépecés, mais uniquement leurs corps, dont on considère qu'ils ont été abandonnés par l'âme. L'âme de Maroun Debch ne pourra pourtant le quitter ni avant ni après sa mort, car l'exercice de la guerre la lui a fait perdre depuis longtemps. Un ancien de la troupe de Maroun lors du massacre de Sabra et Chatila raconte que celui-ci les incitait à travers l'extrême violence à « éteindre [leur] âme »[121], à faire « [l]e vrai sacrifice, [...] le sacrifice de l'âme »[122]. En tuant son père, Wahhch se

---

117　Mouawad 2012, 485.
118　*Ibid.*, 488sq.
119　*Ibid.*, 489.
120　Mouawad introduit le sujet des rites funéraires à travers le personnage de Jean Gaboriau qui aide Wahhch à découvrir la vérité sur son père adoptif et qui a terminé un « doctorat sur les rites funéraires chez les premières communautés chrétiennes », *ibid.*, 426.
121　Mouawad 2012, 456.
122　*Ibid.*, 455. Il est intéressant de noter que bien que la littérature française contemporaine ait des penchants nettement séculaires, la préoccupation pour le salut de l'âme y occupe une place de choix : le titre du roman de Jérôme Ferrari sur la torture pendant la Guerre

décide, lui aussi, à « sacrifier [s]on âme »[123]. Dans ce contexte, ce n'est certainement pas par hasard que les funérailles célestes de Maroun, arrangées par Wahhch, aient lieu à Animas au Nouveau Mexique : Wahhch donne son âme – l'Anima du titre – pour venger sa famille sur celui qui a donné la sienne pour venger son président, Bachir Gemayel, en assassinant la famille de Wahhch.

Il est significatif que Mouawad, qui avait déjà mis en scène, dans trois des quatre volets de la tétralogie dramatique *Le Sang des promesses*[124], les funérailles problématiques d'un parent qui ne pouvait être enterré qu'une fois le trauma familial révélé, close aussi ce roman sur un rituel funéraire. En cela, il s'apparente à d'autres auteurs contemporains de langue française qui assument eux aussi la lourde tâche de se faire les fossoyeurs des morts (sans sépultures) des conflits et des guerres du XXe et du XXIe siècles : dans les chapitres précédents, il a déjà été démontré que Mathias Énard élève un cénotaphe pour les morts de différents conflits et guerres européennes dans *Zone* et que le dernier roman en date de Jérôme Ferrari, *À son Image*, reprend la structure du « Requiem », une messe funèbre pour les morts victimes de différents conflits et guerres au cours du XXe siècle. La liste des romanciers-fossoyeurs ne se limite cependant pas à ces exemples : *Un Roman russe* d'Emmanuel Carrère, publié en 2007, est conçu comme un épitaphe du grand-père de l'auteur, disparu au moment de la libération : il voudrait être « quelque chose qui tienne lieu de pierre tombale à mon grand-père »[125]. Dans *Tout sera oublié*, roman graphique écrit en collaboration avec l'artiste Pierre Marquès, Mathias Énard réfléchit à un monument approprié pour témoigner de tous les morts de la guerre en Yougoslavie[126]. Pierre Lemaître, quant à lui, enterre littéralement les morts de la Première Guerre mondiale dans *Au Revoir là-haut*, tout en problématisant de manière ironique l'instrumentalisation des monuments mémoriels par un discours nationaliste[127]. *Boussole*, de Mathias Énard, est une oraison funèbre dédiée à la mémoire non seulement des sites historiques détruits par Daech en Syrie, mais aussi à celle des Syriens morts pendant la guerre.

---

d'Algérie, *Où j'ai laissé mon âme*, le manifeste déjà ; la salvation de son âme préoccupe aussi Victorien Salagnon, le protagoniste de *L'Art français de la guerre* d'Alexis Jenni.

123 *Ibid.*, 466. – Wahhch devient ainsi le successeur de Nawal dans *Incendies*, qui se sacrifie pour son amie Sawda, et de Ludivine et d'Aimée dans *Forêts* qui se sacrifieront, respectivement, pour leur amie ou leur fille.
124 Notamment dans *Littoral*, *Incendies* et *Forêts*.
125 Emmanuel Carrère : *Un Roman russe*. Paris : P.O.L. 2007, 308.
126 Énard/Marquès 2013 ; *cf.* Seauve 2020.
127 Lemaître 2013.

Cette inhumation littéraire, ce « grand cénotaphe universel que les écrivains bâtissent »[128], peut être lue d'un côté comme un geste d'apaisement essentiellement européen dans le sens de Jacques Derrida, selon lequel « [l]a hantise marquerait l'existence même de l'Europe »[129]. Cependant, il me semble que pour ces auteurs, il s'agit moins d'« apprendre à vivre avec les fantômes »[130] que de leur accorder une demeure, dans le sens de Giorgio Agamben, de leur assigner une place parmi nous qui leur permette de « rester en nous et parmi nous en tant qu'oublié, en tant que perdu – et seulement dans cette mesure, en tant qu'inoubliable »[131].

3.5 Massacrés et rescapés

Le roman de Wajdi Mouawad illustre de manière remarquable l'idée de Michael Rothberg selon laquelle la mémoire est « anachronistic [...] – its bringing together of now and then, here and there – is actually the source of its powerful creativity, its ability to build new worlds out of the materials of older ones »[132]. Le monde que Mouawad crée à partir de la mise en relation de différentes traditions semble être violent et noir, mais il s'y cache aussi de l'espoir : en anéantissant son père adoptif, en en faisant disparaître non seulement l'âme mais jusqu'à la dernière trace, Wahhch accomplit ce que son nom, Wahhch Debch, « bête féroce », promet de manière intertextuelle – c'est une référence au prologue d'*Une saison en enfer* d'Arthur Rimbaud :

> Je me suis armé contre la justice.
> Je me suis enfui. Ô sorcières, ô misère, ô haine, c'est à vous que mon trésor a été confié !
> Je parvins à faire s'évanouir dans mon esprit toute l'espérance humaine. Sur toute joie pour l'étrangler j'ai fait le bond sourd de la bête féroce.
> J'ai appelé les bourreaux pour, en périssant, mordre la crosse de leurs fusils[133].

Le texte de Mouawad est parcouru à différentes reprises de vers de Rimbaud : Wahhch dit avoir trouvé Winona, la fille qui l'accompagnera désormais, « [e]n

---

128 Alexandre Gefen : *Réparer le monde. La littérature française face au XXIe siècle*. Paris : Corti 2017, 222.
129 Derrida 1993, 23.
130 *Ibid.*, 15.
131 Agamben 2000, 69.
132 Rothberg 2009, 5.
133 Rimbaud 1998, 47.

enfer »[134]. En triple référence à Virgile, à Dante et au prologue de Rimbaud, il annonce à Winona qu'avant leurs derniers pas vers la découverte des crimes de son père, il leur faudra « laisser ici toute espérance »[135], pour pouvoir faire ce que Rimbaud désigne comme le « bond sourd de la bête féroce » qu'il est, non pour « étrangler » son père mais pour le mettre à mort en « appe[lant] les bourreaux », les charognards. S'étant « armé contre la justice », en faisant de son représentant, Aubert Chagnon, le témoin de son crime, Wahhch s'« enfuit » avec Winona en direction du grand océan arctique. Son acte ne constituera pas, comme c'était le cas chez Rimbaud, l'initiation de sa « saison en enfer », mais plutôt le point final de celle-ci.

Winona, la jeune fille au prénom Sioux, est le double décalé de sa sœur Hala qui, elle, fut torturée, violée et assassinée par Maroun et ses hommes à Chatila. Avant de tuer Hala, Maroun prendra son scalp « comme dans les films d'Indiens »[136], tout comme Rooney essaiera de scalper Wahhch avant que celui-ci ne le tue[137]. C'est ainsi que le contexte amérindien ne sert pas uniquement de référence qui fait ressortir la spécificité du conflit palestino-libanais, comme dans les parallèles établis entre Wahhch et Rooney, mais produit aussi des contaminations inquiétantes entre l'Indien Rooney et le Libanais Maroun, qui se sert d'une pratique typique des Américains natifs sur leurs victimes[138]. Winona, quant à elle, s'est automutilée à la suite d'une névrose en s'arrachant tous les cheveux. Elle s'est littéralement scalpée elle-même,

> [e]lle avait été son propre massacre. À onze ans, elle avait commencé par déraciner ses arcades sourcilières avant d'essoucher ses cheveux, grattant, lacérant son crâne à l'aide d'une brosse à métal, […] condamnant le champ de sa tête à une stérilité définitive[139].

Avec ce double (indien) de sa sœur, comme lui issu d'un « massacre », et le chien-loup Mason-Dixon-Line – produit fantastique du massacre de Rooney –, Wahhch forme à la fin du roman une famille recomposée. Comme dit le chien-loup, narrateur de la dernière partie du roman, « [n]ous sauvant, elle

---

134 En vérité, ils se sont rencontrés à Virgil, Kansas. Elle devient ainsi son Virgile, qui le mènera de l'enfer au paradis (le texte y fait allusion à la page 422) et extraira donc le revenant qu'il est de son cauchemar.
135 Mouawad 2012, 412.
136 *Ibid.*, 459.
137 *Ibid.*, 323.
138 Il semble que les Indiens n'aient pas été les seuls à pratiquer la scalpation, qu'Hérodote observe déjà chez les guerriers scythes (Hérodote : *Histoires* IV, chap. 64).
139 Mouawad 2012, 411sq.

[Winona] se sauvait » d'un « enfer, au fond duquel son existence s'ensevelit »[140]. Censé prolonger la ligne généalogique de son père-bourreau adoptif qui est stérile, Wahhch se retrouve lui-même cruellement privé de sa famille assassinée par Rooney, mais finit par trouver, avec la fille et le chien-loup, une nouvelle famille de rescapés qui deviendront ses « semblables »[141]. Avec eux, il se mettra en quête du « paradis », comme dira Winona[142]. Il fait d'eux ses compagnons, au sens de Donna Haraway, et transcende ainsi les « lignes poreuses qui séparent les humains des bêtes »[143]. Même l'humanité en tant qu'émanant de la famille ne suffit plus à transcender la violence, pratique qu'humains et animaux partagent – ce ne sont que des liens de parenté qui se créent au-delà d'une « mécanique du sang » qui le permettront finalement. Le « contact avec l'Autre, par la mise en commun des solitudes »[144], que Gingras postulait pour les pièces de Mouawad, s'enrichit dans le roman d'un aspect animal.

Grâce à l'honnêteté avec laquelle, dès le début de leur relation, ils se racontent leurs histoires respectives[145], Wahhch et Winona réussiront à passer outre « l'impasse généalogique » qui ne fait que perpétuer la violence. Dans *Muriel ou le temps d'un retour*, le film d'Alain Resnais traité plus haut, la famille recomposée que constituaient Hélène et Bernard (et, pour un certain temps, Alphonse et Françoise) repose encore sur les non-dits et sur le refoulement, ce qui la rend incapable de remplir sa fonction primaire de fournir un abri et un appui pour l'individu qui n'a pas encore pleinement accepté sa culpabilité individuelle – n'oublions pas que Bernard a participé au viol et à l'assassinat de « Muriel ». Chez Mouawad, la situation change : il suggère qu'en tant que survivants d'une histoire regorgeant de violence, Wahhch, Winona et le chien-loup arriveront à briser le cercle vicieux et à aller vers un futur libre des contraintes du passé, forts de leurs nouvelles relations de compagnonnage transgressant les limites anthropologiques[146].

3.6 *Purgatoire*

La libération de leur passé traumatique ne vient cependant pas spontanément aux protagonistes de Resnais, d'Attia ou de Mouawad, auxquels il faut ajouter

---

140 *Ibid.*, 401.
141 *Ibid.*, 405.
142 *Ibid.*, 402.
143 *Ibid.*, 357.
144 Gingras 2007, 46.
145 Mouawad 2012, 408sqq.
146 Leur famille recomposée ressemble à celle que formeront, chez Attia, Paco, Irène et l'enfant qu'elle attend, qui n'est pas de Paco mais de son compagnon mort dans un attentat, *cf. supra*, 73.

le protagoniste de Laurent Mauvignier. Pour trouver la force de passer outre, il leur faudra d'abord trouver celle de revivre l'enfer duquel ils voudraient sortir durablement.

Chez Resnais, la mémoire que Bernard garde de sa participation au viol et à l'assassinat d'une jeune fille reste incomplète et dissociative, ce qui ne permet pas (encore) un processus de guérison. Les protagonistes d'Attia, eux, se dédient à un travail de mémoire individuel qui prend, chez Irène, la forme de la psychanalyse classique : le lecteur participe aux séances jusqu'à ce qu'Irène, se croyant guérie, y mette fin[147]. Chez Laurent Mauvignier, seul un des protagonistes, Rabut, est capable d'affronter les terribles événements vécus pendant la guerre en Algérie. Les signes qui indiqueraient que le passage par la remémoration du traumatisme ont servi à l'apaiser ne sont qu'infimes, mais le lecteur est porté à croire que désormais, Rabut ne vit plus en décalage avec lui-même. À l'exception du roman d'Attia, où la narration des séances d'analyse se fait de manière directe, en rapportant les dialogues entre Irène et le thérapeute, les récits du passé traumatisant se font par médias interposés, comme chez Resnais, ou à travers un intermédiaire qui, chez Mauvignier, a du mal à s'approprier sa propre histoire et à dire « je ».

Chez Mouawad, le récit de la torture et de l'assassinat de la famille de Wahhch ne vient finalement pas de la part d'un animal, comme la plupart des autres témoignages d'une violence parfois extrême dans le roman. La bestialité du rapport n'est pas atténuée. Le chien-loup Mason-Dixon-Line, narrateur de la troisième partie du roman, cède la parole à un ancien camarade de Maroun en reproduisant fidèlement le dialogue avec Wahhch, au cours duquel il décrit en détail le massacre dans le camp de Chatila. Son témoignage de six pages dépasse, pour Wahhch comme pour le lecteur, les limites du supportable, et on se pose la question de la fonction de ce récit, comme de celui, presque aussi violent, des funérailles célestes de Maroun.

En tant qu'homme de théâtre ayant mis en scène des pièces de Sophocle et d'Euripide, Wajdi Mouawad est un grand connaisseur du théâtre antique grec et de ses techniques. En conséquence, il n'est pas étonnant que dans ses pièces, notamment dans *Incendies*, se trouve une catharsis quasi aristotélicienne qui permet, « par l'entremise de la pitié et de la crainte […] la purgation des émotions de ce genre »[148]. Dans son roman, Mouawad se sert de techniques théâtrales pour accéder à une purgation des sentiments non seulement des protagonistes, mais aussi des lecteurs : Wahhch et avec lui le lecteur doivent

---

147 Attia 2009, 35sqq., 58sqq., 81sq., 102sq. et 120sq.
148 Aristote : *Poétique*. 1149b28. *Cf.* Assmann 2011, 311. – Je remercie Sarah Burnautzki de m'avoir indiqué cette piste.

revivre le traumatisme à travers le récit du massacre, mais les sentiments ne sont pas apaisés pour autant ; ils doivent passer par l'anéantissement atroce de son bourreau et père adoptif (ou peut-être de la part de bourreau de son père adoptif) pour pouvoir, « par l'entremise de la pitié et de la crainte », se purger de tout sentiment de violence et de haine. La pitié pour son père adoptif, dont Wahhch et le lecteur se voient toujours incapables après le récit du massacre, vient du coroner Aubert Chagnon, le narrateur de cette toute dernière partie du roman, qui se révèle capable de la ressentir et de l'évoquer chez le lecteur. Ce n'est qu'après avoir réalisé les funérailles célestes de son bourreau de père adoptif, dans le cadre d'un rituel aussi violent que purificateur, que Wahhch pourra rejoindre avec Winona « le grand océan Arctique » pour se « confier aux abysses »[149] et, ainsi, parachever la libération de son passé.

---

[149] Mouawad 2012, 494.

CHAPITRE 9

Coda : « Plus de profondeur »

> L'oubli n'est autre chose qu'un palimpseste. Qu'un accident survienne, et tous les effacements revivent dans les interlignes de la mémoire étonnée.
> VICTOR HUGO[1]

∴

D'emblée, le titre du film *Caché* du réalisateur autrichien Michael Haneke, de 2005[2], annonce son rapport au refoulement, au secret : sous la surface lisse et polie d'un monde d'intellectuels urbains aisés, la guerre est *cachée* et, pour mieux en refouler la mémoire, ils prennent des *cachets* presque homophones[3]. Cependant, le film montre qu'à la longue, cela ne les met pas à l'abri d'eux-mêmes et de leur propre culpabilité.

Pour bien des spectateurs, le fait que *Caché* soit un film qui parle de la mémoire ou plutôt du refoulement de la guerre d'Algérie dans la France contemporaine reste tout aussi caché que le sentiment de culpabilité des protagonistes. En effet, la manifestation du 17 octobre 1961 à Paris, qui est le centre traumatique du film, n'y est mentionnée que de façon allusive. Haneke a d'ailleurs déclaré qu'il s'intéressait moins au conflit franco-algérien en soi qu'aux « taches noires ou brunes dans l'histoire d'un pays dans lesquelles se mêlent culpabilité collective et culpabilité individuelle »[4]. Plus que le cas particulier, ce sont les mécanismes universels qui entrent en vigueur lorsqu'il s'agit de purger un événement indésirable de la mémoire qui importent au metteur en scène. Ce film est ainsi devenu un classique de la mémoire autant multidirectionnelle que palimpsestique ; Rothberg et Silverman lui ont chacun dédié un chapitre de leurs textes[5].

---

1 Victor Hugo : *L'Homme qui rit*. In : *Idem* : *Romans*, t. 3. Paris : Seuil 1963, 190-416, ici 320.
2 Michael Haneke : *Caché*. F/AU/D/I : Les films du Losange/Vega Film 2005.
3 Une première esquisse de ce chapitre se trouve dans Ruhe 2016, 207sqq.
4 Michael Haneke dans une interview de Peter Körte : « Wir haben kein Recht auf Tragödie ». In : *Frankfurter Allgemeine Zeitung* du 25 janvier 2006 (ma traduction).
5 Rothberg 2009, 267sqq. ; Silverman 2013, 132sqq.

Pour conclure mes analyses, je me pencherai sur l'interprétation de la première et de la dernière scène de ce film paradigmatique. Selon le théoricien du cinéma Thomas Elsaesser, son début présente « one of the most commented upon scenes in movie history »[6]. Le spectateur s'y voit confronté à une image qu'il prend d'abord pour celle d'une caméra objective et statique, avant d'entendre des voix qui semblent provenir de l'hors-champ. C'est alors qu'il se rend compte qu'il est en train de regarder un enregistrement vidéo, en même temps que les protagonistes du « vrai » film. Dès la première image du film, le spectateur se met donc à douter de ses facultés de perception, car il se voit incapable de faire la différence entre la réalité que vivent les protagonistes et la perspective de la caméra qui les observe et semble les surveiller. La scène sert donc de leçon au spectateur qui se voit dès le début obligé de douter de chaque image et de peser son degré de réalité.

Contraints de voir leur propre vie sur des vidéos qu'un inconnu pose devant leur porte, les membres d'une petite famille soudée voient leur surface polie et soigneusement entretenue devenir poreuse. La simple observation de leur quotidien enregistré sur la vidéo déclenche en eux un malaise allant jusqu'à une véritable paranoïa. Alors que l'identité et les motivations de l'observateur restent dans l'ombre, la menace qui en émane est tout de suite évidente, pour les protagonistes aussi bien que pour les spectateurs. Cela n'est pas dû à la nature même des images sur les cassettes vidéo, qui témoignent d'une vie d'intellectuels urbains aussi comblée que normale, mais plutôt au fait que, dès la réception de la première cassette, les protagonistes commencent à douter d'eux-mêmes et à se méfier l'un de l'autre. Ils internalisent l'observation qui vient pourtant de l'extérieur et, comme ils rechignent à se parler ouvertement, se mettent à épier l'autre pour trouver en lui la trace d'une faute cachée et refoulée. Le couple apparemment si heureux commence à se défaire dès qu'un miroir lui est tendu. Dès qu'il se voit forcé de soumettre l'image qui lui est renvoyée à un examen plus approfondi et à creuser la surface, le « magma [...] passe dans les fissures » – pour citer une expression d'Alexis Jenni, utilisée dans un autre contexte –, déstabilise la famille et, par extension, menace « de vaporiser tout le pays »[7].

Le premier plan du film confirme ainsi l'image d'une société qui s'efforce de combler méticuleusement toute fissure de la surface et, par extension, toute lacune dans le discours, pour empêcher que le magma n'y monte, tout en étouffant ainsi le travail de mémoire nécessaire. Cette surface lisse n'est acquise,

---

[6] Thomas Elsaesser : « Performative Self-Contradictions. Michael Haneke's Mind Games ». In : Roy Grundmann (dir.) : *A Companion to Michael Haneke*. London : John Wiley & Sons 2010, 53-74, ici 64.
[7] Jenni 2011, 47.

pour utiliser le langage du cinéma, qu'au prix de coupures, d'un montage soigneusement occulté qui reflète au niveau structural le sujet du refoulement[8]. L'image, à l'instar de l'espace filmé, est comblée : il n'y a aucune lacune entre les maisons. Le ciel lui-même n'est pas visible. Lorsque le texte du générique apparaît successivement sur l'écran, le comblant peu à peu de gauche à droite, de haut en bas, il efface à la manière d'un palimpseste l'image première, comme s'il s'agissait d'éviter à tout prix que n'apparaisse un vide.

À l'intérieur de la maison, on retrouve ce trop-plein qui ne laisse aucune place pour quoi que ce soit de nouveau, ne serait-ce que pour l'exploration de son propre passé : les murs des chambres sont encombrés d'étagères sur lesquelles s'entassent livres, cassettes vidéos, bibelots et écrans. L'étroitesse des espaces que la caméra de Haneke rend presque palpable ne laisse aucune place pour prendre du recul, envisager de faire le ménage ou intégrer de nouvelles informations. Il est au contraire rempli si soigneusement qu'aucun vide ne pourrait s'introduire qui rendrait une réflexion possible ou même nécessaire. Ce besoin presque obsessif de remplir chaque centimètre d'espace peut être lu comme une métaphore du recul compulsif devant la mémoire de violences passées. Cela jure pourtant avec les images de la violence d'autres guerres que la télé allumée, présente dans cette scène, diffuse inlassablement à travers les informations[9].

Pour la famille telle que Haneke la présente, la violence n'existe que dans les médias et ces images ont acquis une telle normalité que leur présence semble n'être qu'une toile de fond sur laquelle se joue la vie des protagonistes. Ils semblent incapables d'établir un rapport entre l'intrusion de la violence par les images télévisées, leur propre passé et l'histoire qu'ils sont en train de vivre. Incapables d'accorder une place à la réflexion, ils sont tout aussi incapables de concevoir que leur passé exerce son emprise sur le présent.

Le film de Haneke montre l'intrusion d'une guerre pourtant terminée depuis longtemps dans une famille bien rangée. Alors que les cassettes vidéos et les dessins d'enfants qu'ils trouvent devant leur porte ne se concrétisent jamais en danger réel, les protagonistes sont incapables d'interpréter ces images anodines ou littéralement enfantines autrement que comme une menace qui pèserait sur leur famille. Les parents sont persuadés que le retard du fils ne peut être dû qu'à un enlèvement, les cassettes vidéos leur apparaissent comme autant de menaces dont on ne saurait se garder qu'en fermant soigneusement

---

8 Silverman 2013, 133. – Je suis moins convaincue par les « echoes of the Holocaust » que Silverman voit dans le film (*ibid.*, 134sq.).

9 « [I]mages of the Iraq War flicker by, followed by a report on the Abu Ghraib torture trials ; a portrait of the sadistic Charles Graner fills the television screen for several seconds before giving way to a report on Israeli violence in the Occupied Territories », Rothberg 2009, 283.

portes et fenêtres. Mais le vrai danger vient de l'intérieur de la maison et non de l'extérieur, ni des images qui ne sont rien de plus qu'un miroir. Il se fait jour lorsque la surface est grattée et que commence à transparaître ce qu'elle cache. Le passé de Georges, la culpabilité qu'il ressent, deviennent autant d'épreuves pour la famille, et Haneke se garde de nous dire si elle réussira à les surmonter.

En lui opposant un mouvement animé, la dernière scène du film contraste vivement avec la première et son calme trompeur : nous voyons la cour d'un lycée remplie d'élèves avant le début ou après la sortie de classe. Le spectateur a d'abord du mal à retrouver les éléments qui l'intéressent dans cette image, tant elle souffre cette fois-ci d'un trop plein de personnages et d'animations. Finalement, en marge de la scène filmée – et captée, une fois encore, par une caméra statique –, on arrive à discerner Pierre, le fils de Georges et Anne, discutant avec le fils de Majid, au suicide duquel Georges semble avoir sa part de culpabilité.

Thomas Elsaesser remarque que le positionnement de cette scène dans la chronologie du film reste ambivalent :

> The enigmatic final scene of *Caché* is made even more so by the possibility that it might be proleptic insofar as it might form a loop or Moebius strip with the film's opening, such that the ending of the film is in fact the beginning of the plot, in the sense of being chronologically prior to the beginning, even though shown at the end. In other words, Haneke leaves open the possibility that the scene between Pierrot and Majid's son may precede rather than follow the suicide and the dénouement[10].

Une lecture conventionnellement chronologique verrait dans ce rapprochement entre les deux représentants de la jeune génération le premier signe d'une réconciliation possible car, contrairement à Georges et Majid, les fils sont capables d'aller l'un vers l'autre et seront peut-être même capables de laisser place à une réflexion sur leur passé commun, ou plutôt celui de leurs pères.

Si l'on lit la scène à la manière d'Elsaesser et donc plutôt comme un début que comme une fin, la perspective change radicalement : la rencontre des deux fils, tous deux issus de la génération de la postmémoire[11], se transforme en un possible point de départ des menaces. Leur (éventuel) projet commun de s'opposer à l'oubli de la guerre et du passé ne mènera pourtant pas à une réconciliation des pères, que le film déclare impossible. Ils optent plutôt pour un acte apparemment non ciblé, capable de mettre à nu l'ampleur des dégâts

---

10   Elsaesser 2010, 65.
11   Hirsch 2012.

causés auprès des individus et de la famille. Au lieu de juger leurs pères, ils les observent lorsqu'ils sont en train de se faire leur propre procès, ce qui, pour Majid, aura des conséquences dévastatrices.

Le film suggère que la génération des enfants, qui a peut-être déclenché la mémoire involontaire des parents, est bien plus apte à gérer les vicissitudes du passé que la génération directement concernée. Fidèle à son titre, le film en cache cependant soigneusement les références. Pierre, le fils de Georges et d'Anne, fait de la natation. Dans une scène que le spectateur croit anodine, on voit Pierre s'entraîner avec deux autres garçons au virage culbute et à la coulée. Leur entraîneur leur dit : « Pierrot, tu es trop à la surface sur la coulée. Plus de profondeur. André, c'est bien, mais tu es allé trop profond »[12]. La natation et surtout le virage, qui permet de revenir à une voie déjà parcourue après la coulée – expression qui évoque la coulée de lave du volcan souterrain de Jenni –, doivent être compris comme des métaphores d'une mémoire qui a du mal à trouver un rapport adéquat au passé. Il ne faut ni rester trop à la surface ni plonger trop profondément – ou même creuser, comme dans le roman d'Alexis Jenni. Pierrot, quant à lui, trouvera la juste mesure, ce qui lui permettra, dans une autre scène du film, de remporter la victoire lors d'un concours de crawl.

La sauvegarde de l'unité de la famille en tant que cellule primaire de la nation n'est plus possible qu'au niveau métaphorique, comme l'illustrent aussi les exemples que je viens d'analyser. Sous la surface, lourdement chargée d'idéologie, de l'idyllique petite famille ainsi que de la Grande Nation, la mémoire refoulée de différentes guerres déploie sa force destructrice. Elle va égratigner l'image construite et soignée avec tant de peine, et les fissures ainsi provoquées s'accroîtront avec le temps pour permettre aux générations à venir de regarder ce passé en face et de faire le travail de mémoire auquel leurs parents et grands-parents se sont refusés.

---

12   Haneke 2005, 00 :08 :30.

Bibliographie

1 Œuvres littéraires

Ammi, Kebir-Mustapha : *Mardochée*. Paris : Gallimard 2011.
Attia, Maurice : *Alger la Noire*. Arles : Actes Sud 2006.
Attia, Maurice : *Pointe Rouge*. Arles : Actes Sud 2007.
Attia, Maurice : *Paris Blues*. Arles : Actes Sud 2009.
Attia, Maurice : *La blanche Caraïbe*. Paris : Jigal 2017.
Attia, Maurice /Ferrandez, Jacques : *Alger la Noire*. Paris : Castermann 2012.
Beigbeder, Frédéric : *Windows on the World*. Paris : Grasset 2003.
Biancarelli, Marcu : *Murtoriu - ballade des Innocents*, traduit du corse par Jérôme Ferrari, Marc-Olivier Ferrari et Jean-François Rosecchi. Arles : Actes Sud 2012.
Borges, Jorge Luis : *Ficciones*. Buenos Aires : Emecé Editores 1944.
Boulgakov, Mikhaïl : *Le Maître et Marguerite*, traduit du russe par Claude Ligny. Paris : Robert Laffont 1968.
Brodski, Jozef : « Introduction ». In : Danilo Kiš : *A Tomb for Boris Davidovich*. Champaign, Ill. : Dalkey Archive 2001.
Butor, Michel : *La Modification*. Paris : Minuit 1957.
Camus, Albert : *Carnets I : Mai 1935 - février 1942*. Paris : Gallimard 1962.
Carrère, Emmanuel : *Un Roman russe*. Paris : P.O.L. 2007.
Cayrol, Jean/Resnais, Alain : *Muriel*. Paris : Seuil 1963.
Cercas, Javier : *Soldados de Salamina*. Barcelona : Tusquets 2001.
Cercas, Javier : *El impostor*. Barcelona : Tusquets 2014.
Coetzee, J.M. : *Elizabeth Costello. Eight Lessons*. London : Secker & Warburg 2003.
Collectif Inculte : *Le Ciel vu de la terre. Figures du ciel*. Paris : Inculte 2011.
Collectif Inculte : *Devenirs du roman II*. Paris : Inculte 2014.
Collectif Inculte : *En Procès*. Paris : Inculte 2016.
Conrad, Joseph : *Heart of Darkness*. London : Dover 1990.
Daeninckx, Didier : *Meurtres pour mémoire*. Paris : Gallimard 1983.
Daoud, Kamel : *Meursault contre-enquête*. Alger : Barzakh 2013/Arles : Actes Sud 2014.
Deville, Patrick : *Équatoria*. Paris : Seuil 2009.
Deville, Patrick : *Kampuchéa*. Paris : Seuil 2011.
Deville, Patrick : *Taba-Taba*. Paris : Seuil 2017.
Diop, David : *Frère d'Âmes*. Paris : Seuil 2018.
Dostoïevski, Fëdor : *Les Frères Karamazov*, traduit du russe par André Markowicz. Arles : Actes Sud 2017.
Duras, Marguerite : *L'Amant*. Paris : Minuit 1984.

Echenoz, Jean : *14*. Paris : Minuit 2012.
Énard, Mathias : *La Perfection du tir*. Arles : Actes Sud 2003.
Énard, Mathias : *Remonter l'Orénoque*. Arles : Actes Sud 2005.
Énard, Mathias : *Zone*. Arles : Actes Sud 2008.
Énard, Mathias : *Parle-leur de batailles, de roi et d'éléphant*. Arles : Actes Sud 2010.
Énard, Mathias : *Rue des voleurs*. Arles : Actes Sud 2012.
Énard, Mathias /Pierre Marquès : *Tout sera oublié*. Arles : Actes Sud 2013.
Énard, Mathias : *Boussole*. Arles : Actes Sud 2015.
Énard, Mathias /Zeïna Abirached : *Prendre refuge*. Paris : Casterman 2018.
Faye, Gaël : *Petit Pays*. Paris : Grasset 2016.
Ferney, Alice : *Passé sous silence*. Arles : Actes Sud 2010.
Ferrandez, Jacques : *Carnets d'Orient, premier et second cycle*. Paris : Castermann 2008 et 2011.
Ferrari, Jérôme : *Aleph zéro*. Arles : Actes Sud 2002.
Ferrari, Jérôme : *Dans le Secret*. Arles : Actes Sud 2007.
Ferrari, Jérôme : *Balco Atlantico*. Arles : Actes Sud 2008.
Ferrari, Jérôme : *Un Dieu un animal*. Arles : Actes Sud 2009.
Ferrari, Jérôme : *Où j'ai laissé mon âme*. Arles : Actes Sud 2010.
Ferrari, Jérôme : « La nuit d'Anaximandre ». In : Collectif Inculte 2011, 5-11.
Ferrari, Jérôme : *Le Sermon sur la chute de Rome*. Arles : Actes Sud 2012.
Ferrari, Jérôme : *Die Korsika-Trilogie*. Berlin/Zürich : Secession 2014.
Ferrari, Jérôme : *Le Principe*. Arles : Actes Sud 2015.
Ferrari, Jérôme /Oliver Rohe : *À fendre le cœur le plus dur*. Paris : Inculte 2015.
Ferrari, Jérôme : « Procès de la prison d'Ajaccio, juillet 1985 ». In : Collectif Inculte 2016, 109-114.
Ferrari, Jérôme : *Il se passe quelque chose*. Paris : Flammarion 2017.
Ferrari, Jérôme /Cornelia Ruhe (dir.) : *Den gegenwärtigen Zustand der Dinge festhalten. Zeitgenössische Literatur aus Frankreich*. Göttingen : Wallstein 2017 (*die horen* 267).
Ferrari, Jérôme : *À son Image*. Arles : Actes Sud 2018.
Ferrari, Jérôme : « Entretien avec Jérôme Ferrari ». In : Burnautzki/Ruhe 2018, 233-254.
Gaudé, Laurent : *Cris*. Arles : Actes Sud 2001.
Gaudé, Laurent : *Écoutez nos Défaites*. Arles : Actes Sud 2016.
Grass, Günter : *Le Tambour*. Paris : Seuil 1997.
Guez, Olivier : *La Disparition de Joseph Mengele*. Paris : Grasset 2017.
Hatzfeld, Jean : *Dans le Nu de la vie : récits des marais rwandais*. Paris : Seuil 2000.
Hatzfeld, Jean : *Une Saison des machettes. Récits*. Paris : Seuil 2003.
Hatzfeld, Jean : *La Stratégie des antilopes*. Paris : Seuil 2007.
Hatzfeld, Jean : *Englebert des Collines*. Paris : Gallimard 2014.
Hatzfeld, Jean : *Un Papa de sang*. Paris : Gallimard 2015.

BIBLIOGRAPHIE 239

Homère : *Odyssée*, traduit en français par Jean-Baptiste Dugas-Montbel (1818).
Houellebecq, Michel : *La Carte et le Territoire*. Paris : Flammarion 2010.
Jenni, Alexis : *L'Art français de la guerre*. Paris : Gallimard 2011.
Jenni, Alexis : *Jour de guerre, reliefs de 1914-18*. Paris : Toucan 2014.
Jenni, Alexis /Benjamin Stora : *Les Mémoires dangereuses*, suivi d'une nouvelle édition de *Transfert d'une mémoire*. Paris : Albin Michel 2016.
Jenni, Alexis : *La Conquête des îles de la Terre Ferme*. Paris : Gallimard 2017.
Jenni, Alexis : *Féroces infirmes*. Paris : Gallimard 2019.
Kiš, Danilo : *Tombeau pour Boris Davidovitch. Sept chapitres d'une même histoire*, traduit du serbo-croate par Pascale Delpech. Paris : Gallimard 1979.
Kiš, Danilo : *A Tomb for Boris Davidovich*. Champaign, Ill. : Dalkey Archive 2001.
Lemaître, Pierre : *Au Revoir là-haut*. Paris : Albin Michel 2013.
Lemaître, Pierre /de Metter, Christian : *Au Revoir là-haut*. Paris : Éditions rue des Sèvres 2015.
Littell, Jonathan : *Les Bienveillantes*. Paris : Gallimard 2006.
Marsé, Juan : *El embrujo de Shanghai*. Madrid : Plaza y Janés 1993.
Mauvignier, Laurent : *Loin d'eux*. Paris. Minuit 1999.
Mauvignier, Laurent : *Dans la Foule*. Paris : Minuit 2006.
Mauvignier, Laurent : *Des Hommes*. Paris : Minuit 2009.
Mauvignier, Laurent : *Autour du Monde*. Paris : Minuit 2014.
Mauvignier, Laurent : *Une légère Blessure*. Paris : Minuit 2016.
Mouawad, Wajdi : *Littoral*. Montréal : Léméac/Arles : Actes Sud 1999.
Mouawad, Wajdi : *Incendies*. Montréal : Léméac/Arles : Actes Sud 2003.
Mouawad, Wajdi : *Forêts*. Montréal : Léméac/Arles : Actes Sud 2006.
Mouawad, Wajdi : *Ciels*. Arles : Actes Sud 2009.
Mouawad, Wajdi : *Le Sang des promesses. Puzzle, racines, et rhizomes*. Arles/Montréal : Actes Sud/Leméac 2009a.
Mouawad, Wajdi : *Anima*. Arles : Actes Sud 2012.
Mouawad, Wajdi /Sylvain Diaz : *Tout est Écriture. Entretiens*. Arles/Montréal : Actes Sud/Léméac 2017.
NDiaye, Marie : *La Cheffe. Roman d'une cuisinière*. Paris : Gallimard 2016.
Perec, George : *W ou le Souvenir d'enfance*. Paris : Denoël 1975.
Rahimi, Atiq : *Syngué sabour. Pierre de patience*. Paris : P.O.L. 2008.
Rahimi, Atiq : *Maudit soit Dostoïevski*. Paris : P.O.L. 2011.
Riboulet, Mathieu : *Les Œuvres de miséricorde*. Paris : Verdier 2012.
Rimbaud, Arthur : *Une Saison en enfer/Illuminations et autres textes (1873-1875)*. Paris : Le livre de poche 1998.
Robbe-Grillet, Alain : *Préface à une vie d'Écrivain*. Paris : Seuil 2005.
Rohe, Oliver : *Défaut d'origine*. Paris : Allia 2003.

Rohe, Oliver : *Terrain vague*. Paris : Allia 2005.
Rohe, Oliver : *Un Peuple en petit*. Paris : Gallimard 2009.
Rohe, Oliver : « Résistance au matériau ». In : Collectif Inculte 2014, 145-162.
Salvayre, Lydie : *Pas pleurer*. Paris : Seuil 2014.
Simon, Claude : *La Route des Flandres*. Paris : Minuit 1960.
Simon, Claude : *L'Acacia*. Paris : Minuit 1989.
Sun Tzu : *L'Art de la guerre*, traduit du chinois par le père Amiot, postface par Gilles Tordjman. Paris : Mille et une nuits/Fayard 2000.
de Toledo, Camille : *L'Hêtre et le Bouleau*. Paris : Seuil 2009.
Tuil, Karine : *L'Invention de nos vies*. Paris : Grasset 2013.
Tuil, Karine : *L'Insouciance*. Paris : Gallimard 2016.
Vuillard, Éric : *Congo*. Arles : Actes Sud 2012a.
Vuillard, Éric : *La Bataille d'Occident*. Arles : Actes Sud 2012b.
Vuillard, Éric : *14 juillet*. Arles : Actes Sud 2016.
Vuillard, Éric : *L'Ordre du jour*. Arles : Actes Sud 2017.
Zeniter, Alice : *L'Art de perdre*. Paris : Flammarion 2017.
Zola, Émile : *La Fortune des Rougon*. Bibliothèque électronique du Québec s. d.

2 Films

Bouchareb, Rachid : *London River*. F : Tadrart Films 2009.
Coppola, Francis Ford : *Apocalypse Now Redux*. USA : Miramax Films 2001.
Delpy, Julie : *Le Skylab*. F : Mars Film/France 2 Cinéma 2011.
Frei, Christian : *War Photographer*. CH : Suissimages 2001.
Godard, Jean-Luc : *Je vous salue, Sarajevo*. CH 1993.
Haneke, Michael : *Caché*. F/AU/D/I : Les films du losange 2005.
De la Iglesia, Álex : *Balada triste de trompeta*. E/F : Tornasol Films 2010.
Kotcheff, Ted : *Rambo* (titre original : *First Blood*). USA 1982.
Laine, Marion : *À Cœur ouvert*. F 2012.
Pontecorvo, Gillo : *La Bataille d'Alger*. Alg/I : Igor Film/Casbah Film 1966.
Pontecorvo, Gillo : *Opération Ogre*. I/E/F 1979.
Resnais, Alain : *Nuit et Brouillard*. F 1956. Scénario de Jean Cayrol.
Resnais, Alain : *Hiroshima mon Amour*. F 1959. Scénario de Marguerite Duras.
Resnais, Alain : *L'Année dernière à Marienbad*. F 1961. Scénario d'Alain Robbe-Grillet.
Resnais, Alain : *Muriel ou le temps du retour*. F 1963. Scénario de Jean Cayrol.
Scott, Ridley : *Black Hawk Down*. USA : Revolution Studios 2001.
Trueba, David : *Soldados de Salamina*. E 2003.
Trueba, Fernando : *El embrujo de Shanghai*. E 2002.

3 Bibliographie critique

« 300 bombardiers au-dessus du port de Boulogne ». In : *Concours national de la résistance et de la déportation*, https//www.reseau-canope.fr/cnrd/ephemeride/866 (consulté le 15 février 2020).

« Alexis Jenni remporte le Goncourt ». In : *Le Monde* du 2 novembre 2011.

Dossier « L'histoire saisie par la fiction ». In : *Le Débat* 165/2011.

Dossier « Historiens et romanciers. Vies réelles, vies rêvées ». In : *Critique* 767/2011.

Dossier « Savoirs de la littérature ». In : *Annales. Histoire, Sciences sociales* 65,2/2010.

« Entretien avec Mathias Énard ». In : *D-Fiction* du 1 juillet 2010, http//d-fiction.fr/2010/07/entretien-avec-mathias-enard/ (consulté le 15 février 2020).

Dossier : « Laurent Mauvignier et Tanguy Viel : deux auteurs d'aujourd'hui ». In : *Relief* 6,2/2012.

« Les carences de la nouvelle liturgie des obsèques et pourquoi les fidèles sont attachés à la forme extraordinaire de la liturgie des funérailles ». In : *La revue Item*, Lettre 440 du 20 Mai 2014, s. p. (http//www.revue-item.com, consulté le 15 février 2020).

OAS parle. Paris : Gallimard 1964.

Adorno, Theodor W. : *Gesammelte Werke in 20 Bänden*. Frankfurt/Main : Suhrkamp 2003, t. 10 : *Kulturkritik und Gesellschaft*.

Adorno, Theodor W. : « Kulturkritik und Gesellschaft. Gedichte nach Auschwitz » (1949). In : Adorno 2003, 11-30.

Adorno, Theodor W./Horkheimer, Max : *Dialektik der Aufklärung. Philosophische Fragmente*. Frankfurt/Main : S. Fischer 1969.

Adorno, Theodor W./Horkheimer, Max : *La Dialectique de la Raison. Fragments philosophiques*, traduit de l'allemand par Éliane Kaufholz. Paris : Gallimard 1974.

Agamben, Giorgio : *Homo sacer. Le pouvoir souverain et la vie nue*, traduit de l'italien par Marilène Raiola. Paris : Seuil 1997.

Agamben, Giorgio : *Le Temps qui reste. Un commentaire de l'Épître aux Romains*, traduit de l'italien par J. Revel. Paris : Rivages 2000.

Agamben, Giorgio : *Homo sacer. Die souveräne Macht und das nackte Leben*, traduit de l'italien par Hubert Thüring. Frankfurt/Main : Suhrkamp 2002.

Alix, Florian : « Le tragique de la relation dans *Anima*. Wajdi Mouawad au prisme d'Édouard Glissant ». In : Badiou-Monferran/Denooz 2016, 115-129.

Antoine, Philippe/Nitsch, Wolfram (dir.) : *Le Mouvement des frontières. Déplacement, brouillage, effacement*. Clermont-Ferrand : Presses universitaires Blaise Pascal 2015.

Arrighi, Arrigo : *Histoire de Pascal Paoli. La dernière guerre d'indépendance (1755-1807)*. Paris : Librairie Charles Gosselin 1843, t. 2.

Asholt, Wolfgang/Viart, Dominique : « L'œuvre de Mathias Énard, les Incultes et le roman contemporain. Regard croisés ». In : Messling/Ruhe/Seauve/de Senarclens 2020, 4-30.

Asholt, Wolfgang/Bähler, Ursula (dir.) : *Le Savoir historique du roman contemporain*. In : *Revue des Sciences Humaines* 321,1/2016.

Asholt, Wolfgang/Bähler, Ursula (dir.) : « Introduction ». In : Asholt/Bähler 2016, 7-17.

Assmann, Aleida : « Erinnerung als Erregung. Wendepunkte der deutschen Erinnerungsgeschichte ». In : Lepenies 2000, 200-220.

Assmann, Aleida : « Vergessen oder Erinnern ? Wege aus einer gemeinsamen Gewaltgeschichte ». In : Ferhadbegović/Weiffen 2011, 303-320.

Assmann, Aleida : *Formen des Vergessens*. Göttingen : Wallstein 2016.

Assouline Stillman, Dinah : « All Things French (in Love and War). An Interview with Alexis Jenni ». In : *World Literature Today* 87,6/2013, 24-27.

Aubry, Laurence : « Les langues d'*Anima*, voix romanesques et voies littéraires du dégagement traumatique ». In : Badiou-Monferran/Denooz 2016, 251-267.

Badiou-Monferran, Claire/Denooz, Laurence (dir.) : *Langues d'Anima. Écriture et histoire contemporaine dans l'œuvre de Wajdi Mouawad*. Paris : Classiques Garnier 2016.

Badiou-Monferran, Claire : « Introduction. Du style de Wajdi Mouawad : entre partage mythique et partage littéraire de l'Histoire ». In : Badiou-Monferran/Denooz 2016, 13-38.

Bancel, Nicolas/Blanchard, Pascal/Lemaire, Sandrine (dir.) : *La Fracture coloniale. La société française au prisme de l'héritage colonial*. Paris : La Découverte 2005.

Bancel, Nicolas/Blanchard, Pascal/Lemaire, Sandrine (dir.) : « Introduction : La fracture coloniale – une crise française ». In : Bancel/Blanchard/Lemaire 2005, 9-31.

Bandau, Anja/Buschmann, Albrecht/von Treskow, Isabella (dir.) : *Literaturen des Bürgerkriegs*. Berlin : Trafo 2008.

Barclay, Fiona : *Writing Postcolonial France. Hauting, Literature, and the Maghreb*. Lanham/Boulder : Lexington Books 2011.

Barnet, Marie-Claire/Welch, Edward (dir.) : *Affaires de famille : The Family in Contemporary French Culture and Theory*. Amsterdam : Rodopi 2007.

Barthes, Roland : *La Chambre claire. Note sur la photographie*. Paris : Éditions de l'Étoile (Gallimard/Seuil) 1980.

Belaghoueg, Zoubida : « Mémoire d'emprunt et pratiques mémorielles : Alexis Jenni et Jérôme Ferrari, l'Histoire par la médiation ». In : *Littératures* 74/2016, Dossier : *Pratiques et enjeux de la réécriture/Écrire ou réécrire l'Histoire*, 91-102.

Bender, Niklas : « Zones archaïques modifiées : Énard entre épopée antique et avant-garde ». In : Messling/Ruhe/Seauve/de Senarclens 2020, 164-182.

Benjamin, Walter : *Œuvres III*. Paris : Gallimard 2000.

Benjamin, Walter : « L'œuvre d'art à l'époque de sa reproduction mécanisée ». In : Benjamin 2000, 40-68.

Bernard, Florence : « *Des Hommes de Laurent Mauvignier, un voyage au bout de la nuit* ». In : *Elseneur* 2014, 51-64.

Bertrand, Michel/Bramati, Alberto (dir.) : *Écrire le contemporain : sur l'œuvre de Laurent Mauvignier*. Aix/Marseille : Presses universitaires de Provence 2018.

Bertrand, Romain : *Mémoires d'empire. La controverse autour du 'fait colonial'*. Bellecombe-en-Bauges : Éditions du Croquant 2006.

Bespaloff, Rachel : *De l'Iliade*. Paris : Allia 2004.

Bikialo, Stéphane : « Laurent Mauvignier et l'ON ». In : Dürrenmatt/Narjoux 2012, 81-92.

Blanckeman, Bruno : « Écrire la guerre au début du XXIe siècle : étude de cas ». In : Boblet/Alazet 2010, 185-192.

Blanckeman, Bruno/Millois, Jean-Christophe (dir.) : *Le Roman français aujourd'hui. Transformations, perceptions, mythologies*. Paris : Prétexte 2004.

Blaschke, Bernd : « Im Brennglas der Peripherie. Jérôme Ferraris Korsika-Trilogie verflicht Kolonial- und Familiengeschichten des blutigen 20. Jahrhunderts ». In : *literaturkritik.de* du 25 janvier 2016.

Bleton, Thomas : « L'épopée à la croisée des mondes. Une lecture de Charif Majdalani et de Mathias Énard à la lumière du collectif d'auteurs italiens WU MING ». In : *Revue critique de Fixxion française contemporaine* 14/2017, 61-69.

Blum, Philipp/Czekaj, Sonja : « *Muriel ou le temps d'un retour* (1963) d'Alain Resnais : des fantômes de l'histoire vers les spectres du cinéma ». In : Scharold 2016, 105-126.

Boblet, Marie-Hélène/Alazet, Bernard (dir.) : *Écritures de la guerre aux XXe et XXe siècle*. Dijon : Éditions universitaires de Dijon 2010.

Bond, Lucy/Craps, Stef/Vermeulen, Pieter (dir.) : *Memory Unbound. Tracing the Dynamics of Memory Studies*. New York : Berghahn 2016.

Bond, Lucy/Craps, Stef/Vermeulen, Pieter (dir.) : « Introduction. Memory on the Move » In : Bond/Craps/Vermeulen 2016, 1-26.

Borissova, Natalia (dir.) : *Zwischen Apokalypse und Alltag*. Bielefeld : Transcript 2009.

Broich, Jacqueline/Ritter, Daniel : « Essai sur la topologie et la poétique de la friche urbaine ». In : Antoine/Nitsch 2015, 163-181.

Broich, Jacqueline/Nitsch, Wolfram/Ritter, Daniel (dir.) : *Terrains vagues. Les friches urbaines dans la littérature, la photographie et le cinéma français*. Clermont-Ferrand : Presses universitaires Blaise Pascal 2019.

Burnautzki, Sarah/Ruhe, Cornelia (dir.) : *Chutes, ruptures et philosophie. Les romans de Jérôme Ferrari*. Paris : Classiques Garnier 2018.

Burnautzki, Sarah : « Le motif de l'apocalypse dans *Un Dieu un animal* ». In : Burnautzki/Ruhe 2018, 165-181.

Burtscher-Bechter, Beate/Mertz-Baumgartner, Birgit (dir.) : *Guerre d'Indépendance – Guerre d'Algérie : Regards littéraires croisés*. Würzburg : Königshausen & Neumann 2013.

Burtscher-Bechter, Beate : « Von bereichernden Begegnungen, spielerischen (Re-)Konstruktionen und zerstörerischer Auflösung. Mittelmeeridentitäten und

Raumvorstellungen bei Amin Maalouf, Malika Mokeddem und Mathias Énard ». In : Reckinger/Neuner-Schatz 2018, 47-65.

Capone, Carine : « À qui parler des silences ? Une étude de *Des Hommes*, de Laurent Mauvignier ». In : *Revue critique de Fixxion française contemporaine* 2/2011, 39-51.

Capone, Carine : « Laurent Mauvignier, pour une redéfinition de l'écrivain engagé ? ». In : *Relief* 6,2/2012, 45-58.

Castro, Anton : « Mathias Énard : un diálogo ». In : http//antoncastro.blogia.com/2011/051702-mathias-enard-un-dialogo.php (consulté le 15 février 2020).

Cayrol, Jean : « D'un romanesque concentrationnaire ». In : *Esprit. Nouvelle série* 159,9/1949, 340-357.

Cayrol, Jean : « De *Muriel* au *Coup de grâce* », propos recueillis par Luce Sand. In : *Jeune Cinéma* 20/1967, 7-9.

Chominot, Marie/Stora, Benjamin : « Photographes sous l'uniforme : regards croisés sur la guerre d'Algérie ». In : Gervereau/Stora 2004, 3-71.

Combe, Dominique/Conrad, Thomas : « Avant-propos ». In : *Revue critique de Fixxion française contemporaine* 14/2017, idem : *L'Époque épique/The Epic Era*, 1-3.

Conan, Éric/Rousso, Henri : *Vichy, un passé qui ne passe pas.* Paris : Arthème Fayard/Pluriel 2013.

Conrad, Sebastian/Randeria, Shalini : *Jenseits des Eurozentriusmus : Postkoloniale Perspektiven in den Geschichts- und Kulturwissenschaften.* Frankfurt/New York : Campus 2002.

Coutier, Élodie : « Un mémoriel romanesque pour l'épopée. Fonctions de la référence homérique dans *Zone* de Mathias Énard ». In : *Revue critique de Fixxion française contemporaine* 14/2017, 106-115.

Cubeddu-Proux, Stefania : « Langues d'*Anima* et langue animale. Dialogue avec l'Amérique et l'Amérindien ». In : Badiou-Monferran/Denooz 2016, 161-182.

Damsa, Cristian/Lazignac, Coralie/Pirrotta, Roberto/Andreoli, Antonio : « Troubles dissociatifs : aspects cliniques, neurobiologiques et thérapeutiques ». In : *Revue Medicale Suisse* 52/2006 (https://www.revmed.ch/RMS/2006/RMS-52/31038, consulté le 15 février 2020).

Deleuze, Gilles : « Post-scriptum sur les sociétés de contrôle ». In : *L'autre Journal* 1/1990.

Demanze, Laurent : *Les Fictions encyclopédiques de Gustave Flaubert à Pierre Senges.* Paris : Corti 2015.

Denooz, Laurence : « *Anima*, la quête d'une symbiose ». In : Badiou-Monferran/Denooz 2016, 299-312.

Derrida, Jacques : *Spectres de Marx. L'état de la dette, le travail du deuil et la nouvelle internationale.* Paris : Galilée 1993.

Derrida, Jacques /Anne Dufourmantelle : *De l'Hospitalité.* Paris : Calmann-Lévy 1997.

Didi-Huberman, Georges : « Connaissance par le kaleidoscope. Morale du joujou et dialectique de l'image selon Walter Benjamin ». In : *Études photographiques* 7/2005, par. 14ssq. (https://journals.openedition.org/etudesphotographiques/204, consulté le 15 février 2020).

Ducas, Sylvie : « 'Refigurer le temps humain par le récit' : un espace d'invention auctoriale (à propos *Des Hommes* de Laurent Mauvignier* ». In : *Études romanes de Brno* 33,1/2012, 83-95.

Dürrenmatt, Jacques/Narjoux, Cécile (dir.) : *La Langue de Laurent Mauvignier. Une langue qui court*. Dijon : Éditions universitaires de Dijon 2012.

Eco, Umberto : *Vertige de la liste*, traduit par Myriem Bouzaher. Paris : Flammarion 2009.

Elsaesser, Thomas : « Performative Self-Contradictions. Michael Haneke's Mind Games ». In : Grundmann 2010, 53-74.

Erll, Astrid : « Travelling Memory ». In : *Parallax* 17,4/2011, 4-18.

Erll, Astrid : « Homer. A Relational Mnemohistory ». In : *Memory Studies* 11,3/2018, 274-286.

Étienne, Bruno : « Amère Algérie » (Préface à *Rue de la bombe*). In : Ferrandez 2011, 72-75.

Faerber, Johan : « 'À la guerre comme à la guerre' ou la Guerre d'Algérie comme non-lieu narratif dans *Des Hommes* de Laurent Mauvignier ». In : Boblet/Alazet 2010, 109-120.

Ferhadbegović, Sabina/Weiffen, Brigitte (dir.) : *Bürgerkriege erzählen. Zum Verlauf unziviler Konflikte*. Konstanz : Konstanz University Press 2011.

Ferraro, Alessandra : « Le cycle théâtral de Wajdi Mouawad (*Littoral, Incendies, Forêts*) ou comment détourner le mythe d'Œdipe ». In : *Mimesis* 7/2007, 41-56.

Figal, Günter : « Odysseus als Bürger. Horkheimer und Adorno lesen die Odyssee als Dialektik der Aufklärung ». In : *Zeitschrift für Ideengeschichte* 2/2008, 50-61.

Foucault, Michel : *Dits et Écrits 1954-1988*. Paris : Gallimard 1994, t. IV : *1980-1988*.

Foucault, Michel : « Des espaces autres ». In : Foucault 1994, 752-762.

Foucault, Michel : *Il faut défendre la Société*. Paris : Éditions EHESS 1997.

François, Étienne : « Die späte Debatte um das Vichy-Regime und den Algerienkrieg in Frankreich ». In : Sabrow/Jessen/Große Kracht 2003, 264-287.

Frank, Michael C. : « Sphären, Grenzen und Kontaktzonen. Jurij Lotmans räumliche Kultursemiotik am Beispiel von Rudyard Kiplings *Plain Tales from the Hills* ». In : Frank/Ruhe/Schmitz 2012, 217-246.

Frank, Susi K./Ruhe, Cornelia/Schmitz, Alexander (dir.) : *Explosion und Peripherie. Jurij Lotmans Semiotik der kulturellen Dynamik revisited*. Bielefeld : Transcript 2012.

Freud, Sigmund : *Das Unbehagen in der Kultur* (1930). In : *Studienausgabe*, vol. IX : *Fragen der Gesellschaft/Ursprünge der Religion*. Frankfurt/Main : Fischer Taschenbuch Verlag 2000, 191-270.

Garcia, Tristan : « La religion du roman ». In : Collectif Inculte 2014, 299-326.

Gefen, Alexandre : *Réparer le monde. La littérature française face au XXIe siècle*. Paris : Corti 2017.

Gervereau, Laurent/Stora, Benjamin (dir.) : *Photographier la Guerre d'Algérie*. Paris : Marval 2004.

Gervereau, Laurent/Stora, Benjamin (dir.) : « La guerre inégalitaire ». In : Gervereau/Stora 2004, 7-9.

Gingras, Chantale : « Wajdi Mouawad ou le théâtre-odyssée ». In : *Le théâtre québécois contemporain* 146/2007, 42-46.

Gödde, Susanne : « Achilleus ». In : Moog-Grünewald 2008, 1-14.

Gramigna, Valeria : « La geografia dell'anima di Mathias Énard ». In : Majorano 2015, 235-251.

Grundmann, Roy (dir.) : *A Companion to Michael Haneke*. London : John Wiley & Sons 2010.

Guichard, Thierry : « Dossier Jérôme Ferrari ». In : *Le Matricule des Anges*, mars 2015, n° 161, 16-26.

Gutjahr, Ortrud : « Der andere Kampfplatz. Der troianische Krieg und seine Beziehungsmuster im Gedächtnis der Literatur ». In : Wende 2005, 92-120.

Haraway, Donna : *The Companion Species Manifesto. Dogs, People, and Significant Otherness*. Chicago : Prickly Paradigm Press 2003.

Haraway, Donna : *Staying with the Trouble. Making Kin in the Chthulucene*. Durham/London : Duke University Press 2016.

Hardt, Michael/Negri, Antonio : *Empire*. Cambridge, Ma. : Harvard University Press 2000.

Hennigfeld, Ursula (dir.) : *Poetiken des Terrors. Narrative des 11. September 2001 im interkulturellen Vergleich*. Heidelberg : Universitätsverlag Winter 2014.

Hennigfeld, Ursula (dir.) : « Le principe d'incertitude chez Houellebecq, Volpi et Ferrari ». In : Burnautzki/Ruhe 2018, 197-214.

Hirsch, Marianne : *Family Frames. Photography, Narrative and Postmemory*. Cambridge, Ms. : Harvard University Press 1997.

Hirsch, Marianne : *The Generation of Postmemory. Writing and Visual Culture after the Holocaust*. New York : Columbia University Press 2012.

Hirsch, Marianne : « Connective Histories in Vulnerable Times » In : *PMLA* 129,3/2014, 330-348.

Hofmann, Heinz (dir.) : *Antike Mythen in der europäischen Tradition*. Attempto : Tübingen 1999.

Hölscher, Uvo : *Das nächste Fremde. Von Texten der griechischen Frühzeit und ihrem Reflex in der Moderne*. Beck : München 1994.

Hornung, Alfred/Ruhe Ernstpeter (dir.) : *Autobiographie & Avantgarde*. Tübingen : Gunter Narr 1992.

Howell, Jennifer : *The Algerian War in French-Language Comics. Postcolonial Memory, History, and Subjectivity*. Lanham, Maryland : Lexington Books 2015.

Hubbell, Amy L.: *Remembering French Algeria. Pieds-Noirs, Identity, and Exile*. Lincoln/London: University of Nebraska Press 2015.

HuffPost Algérie: « Bibliothèque de la Faculté d'Alger : l'autre crime oublié de la colonisation française ». In : *Huffington Post* du 6 juin 2015, https://www.algerie360.com/destruction-de-la-bibliotheque-de-la-faculte-dalger-lautre-crime-oublie-de-la-colonisation-francaise/, consulté le 15 février 2020.

Hüppauf, Bernd : *Was ist Krieg ? Zur Grundlegung einer Kulturgeschichte des Krieges*. Bielefeld : transcript 2013.

João Reynaud, Maria/de Fátima Outeirinho, Maria/Domingues de Almeida, José (dir.) : *La Littérature va-t'en guerre*. Porto : FLUP 2013.

Jones Choplin, Olivia : « Traces of Trauma in Bones that Speak : Wajdi Mouawad's *Forêts* ». In : *French Review* 91/2018, 105-116.

Juncker, Jean-Claude : « Discours sur l'état de l'Union 2016 : Vers une Europe meilleure – Une Europe qui protège, donne les moyens d'agir et défend », le 14 septembre 2016. In : http://europa.eu/rapid/press-release_SPEECH-16-3043_fr.htm (consulté le 15 février 2020).

Jünke, Claudia : « Savoir historique et 'nœuds de mémoire' dans *L'Art français de la guerre* et *Le Sermon sur la chute de Rome* ». In : Asholt/ Bähler 2016, 165-177.

Jünke, Claudia : « Trauma and Memory in Mathias Énard's *Zone* ». In : *Journal of Romance Studies* 17, 1/2017, 71-88.

Jünke, Claudia : « Trauma and Memory in Mathias Énard's *Zone* ». In :« Continuités et ruptures. Passé violent et conception de l'histoire dans *Où j'ai laissé mon âme* et *Le Sermon sur la chute de Rome* de Jérôme Ferrari ». In : Burnautzki/Ruhe 2018, 51-62.

Jünke, Claudia : « Trauma and Memory in Mathias Énard's *Zone* ». In :« Soleil des cous coupés : La Zone selon Apollinaire et Énard ». In : Messling/Ruhe/Seauve/de Senarclens 2020, 153-163.

Kagan, Donald : *The Pelopennesian War*. New York : Penguin 2003, 486.

Kegel, Sandra : « Eine Bar auf Korsika ist ideal für den Roman ». In : *Frankfurter Allgemeine Zeitung* du 10 mai 2013.

Kegel, Sandra : « Wir führen Krieg im Irak, weil wir im Irak Krieg führen ». In : *Frankfurter Allgemeine Zeitung* du 29 novembre 2014, L2.

Kepel, Gilles : « Montrer ce qu'il y a à voir ». In : Ferrandez 2011, 6-8.

Kohser-Spohn, Christiane/Renken, Frank (dir.) : *Trauma Algerienkrieg. Zur Geschichte und Aufarbeitung eines tabuisierten Konflikts*. Frankfurt/New York : Campus 2006.

Kompanietz, Paul : « *L'Art français de la guerre* ou les épreuves de la représentation ». In : *Revue Analyses* 8,1/2013, 228-244.

von Koppenfels, Martin/Zumbusch, Cornelia (dir.) : *Handbuch Literatur & Emotionen*. Berlin/Boston : De Gruyter 2016.

Körte, Peter : « Wir haben kein Recht auf Tragödie. Interview mit Michael Haneke ». In : *Frankfurter Allgemeine Zeitung* du 25 janvier 2006.

Kuschel, Daniela : « Le bar du village corse. Un portrait du 'meilleur des mondes possibles' ». In : Burnautzki/Ruhe 2018, 149-164.

Lachmann, Renate : *Memory and Literature. Intertextuality in Russian Modernism*, traduit par Roy Sellars et Anthony Wall, préface de Wolfgang Iser. Minneapolis/London : University of Minnesota Press 1997 ([1]1990).

Lachmann, Renate : « Exkurs : Anmerkungen zur Phantastik ». In : Pechlivanos/Rieger/Struck/Weitz 1995, 224-229.

Lachmann, Renate : « Danilo Kiš : Factography and Thanatography ». In : *Journal of Literature and the History of Ideas* 4/2006, 219-238.

Lachmann, Renate : « Danilo Kišs Thanatographien. Non omnis moriar ». In : *Wiener Slawistischer Almanach* 60/2007, 433-454.

Lachmann, Renate : « Zur Poetik der Kataloge bei Danilo Kiš ». In : *Welt der Slaven* 30/2008, 296-309.

Lachmann, Renate : « Danilo Kiš Affekttherapie durch die Form ». In : Nicolosi/Zimmermann 2017, 241-268.

Laurichesse, Jean-Yves : « Écrire/sentir la guerre dans *Des Hommes* de Laurent Mauvignier ». In : Bertrand/Bramati 2018, 43-52.

Lemaire, Sandrine : « Der Algerienkrieg in den französischen Schulbüchern : Eine Zäsur in der Nationalgeschichte ? » In : Kohser-Spohn/Renken 2006, 123-137.

Lenz, Markus A. : « *Zone* : Une 'dialectique négative' de la conscience ? ». In : Messling/Ruhe/Seauve/de Senarclens 2020, 183-199.

Lepenies, Wolf (dir.) : *Wissenschaftskolleg. Jahrbuch 1998/1999*. Berlin : Wissenschaftskolleg zu Berlin 2000.

Lévy-Bertherat, Déborah : « Mensonge photographique et vérité romanesque. *Des Hommes* de Laurent Mauvignier ». In : João Reynaud/de Fátima Outeirinho/Domingues de Almeida 2013, 3-17.

Lyotard, Jean-François : *La Condition postmoderne. Rapport sur le savoir*. Paris : Minuit 1979.

Lyotard, Jean-François : *Le Différend*. Paris : Minuit 1984.

Mainberger, Sabine : *Die Kunst des Aufzählens. Elemente zu einer Poetik des Enumerativen*. Berlin/New York : De Gruyter 2003.

Majorano, Matteo (dir.) : *La Giostra dei sentimenti*. Macerata : Quodlibet 2015.

Marx, Karl : *Le 18 Brumaire de Louis Bonaparte*. Paris : Les Éditions sociales 1969.

Messling, Markus/Ruhe, Cornelia/Seauve, Lena/de Senarclens, Vanessa (dir.) : *Mathias Énard et l'érudition du roman*. Leiden/Boston : Brill/Rodopi 2020.

Meyer, Christian : *Das Gebot zu vergessen und die Unabweisbarkeit des Erinnerns. Vom öffentlichen Umgang mit schlimmer Vergangenheit*. München : Siedler 2010.

Michaud, Yves (dir.) : *La Guerre d'Algérie (1954-1962)*. Paris : Odile Jacob, Université de tous les savoirs 2004.

Milcent-Lawson, Sophie/Lecolle, Michelle/Michel, Raymond (dir.) : *Liste et Effet liste en littérature*. Paris : Classiques Garnier 2013.

Miles, William F.S. : *Scars of Partition. Postcolonial Legacies in French and British Borderlands*. Lincoln/London : University of Nebraska Press 2014.

van Montfrans, Manet : « *Des Hommes* de Laurent Mauvignier : Un roman de filiation ? ». In : *Relief* 6,2/2012, 15-27.

Montin, Sandrine : « *Incendies* de Wajdi Mouawad : une réecriture d'*Œdipe roi* ». In : *T(r)opics* 3/2016 : *La Réecriture au XXIe siècle*, 159-173.

Moog-Grünewald, Maria (dir.) : *Mythenrezeption. Die antike Mythologie in Literatur, Musik und Kunst von den Anfängen bis zur Gegenwart*. Stuttgart/Weimar : Wissenschaftliche Buchgesellschaft 2008.

Morello, André : « Histoires de soldats. Jérôme Ferrari et Alexis Jenni ». In : Burnautzki/Ruhe 2018, 183-195.

Motte, Warren : *Fables of the Novel. French Fiction since 1990*. Chicago : Dalkey Archive Press 2003.

Naqvi, Fatima : *Trügerische Vertrautheit. Filme von Michael Haneke*. Mit einem Vorwort von Elfriede Jelinek. Wien : Synema 2010.

Narjoux, Cécile : « 'Une phrase pas finie' ou la phrase en question dans l'œuvre romanesque de Laurent Mauvignier ». In : Dürrenmatt/Narjoux 2012, 151-166.

Nicolosi, Ricardo/Zimmermann, Tanja (dir.) : *Ethos und Pathos. Mediale Wirkungsästhetik im 20. Jahrhundert in Ost und West*. Köln : Böhlau 2017.

Nünning, Ansgar (dir.) : *Metzler Lexikon Literatur- und Kulturtheorie*. Stuttgart/Weimar : Metzler [3]2004.

Obergöker, Timo : « Masculinité et décolonisation dans *Des Hommes* de Laurent Mauvignier ». In : *Études romanes de Brno* 33,1/2012, 105-119.

Obergöker, Timo : « *Le Sermon sur la chute de Rome* et la question de l'identité nationale ». In : Burnautzki/Ruhe 2018, 133-147.

Paech, Joachim : « Der Krieg als Form im Medium der Fotografie und des Films ». In : Wende 2005, 328-346.

Pechlivanos, Miltos/Rieger, Stefan/Struck, Wolfgang/Weitz, Michael (dir.) : *Einführung in die Literaturwissenschaft*. Stuttgart/Weimar : Metzler 1995.

Perceau, Sylvie : *La Parole vive. Communiquer en catalogue dans l'épopée homérique*. Louvain/Paris : Peeters 2002.

Perceau, Sylvie : « Pour une réévaluation pragmatique du 'catalogue' homérique : énonciation en catalogue et performance poétique ». In : *Textuel* 56/2008.

Pradeau, Christophe : « La résonance ». In : Collectif Inculte 2014, 125-136.

Prédal, René : *L'Itinéraire d'Alain Resnais*. Paris : Lettres Modernes 1996.

Rabaté, Dominique : « À l'ombre du roman. Propositions pour introduire à la notion de récit ». In : Blanckeman/Millois 2004, 37-51.

Rabaté, Dominique : « Faire un monde ? Eine Welt erschaffen ? ». In : Ferrari/Ruhe 2017, 262-270.

Rabatel, Alain : « Listes et effets-listes. Enumération, répétition, accumulation ». In : *Poétique* 167/2011, 259-272.

Reckinger, Gilles/Neuner-Schatz, Nadja (dir.) : *Von der Odyssee zum europäischen Grenzregime. Kulturelle Begegnungen im Mittelmeerraum.* Würzburg : Königshausen & Neumann 2018.

Rothberg, Michael : *Multidirectional Memory. Remembering the Holocaust in the Age of Decolonization.* Stanford : Stanford University Press 2009.

Rothberg, Michael : « Between Memory and Memory. From Lieux de mémoire to Nœuds de mémoire ». In : *Yale French Studies* 118/119 (2010) : *Multidirectional Memory in Postwar French and Francophone Culture*, 3-12.

Rousso, Henri : *Le Syndrome de Vichy de 1944 à nos jours.* Paris : Seuil 1987.

Rousso, Henri : « La guerre d'Algérie, la mémoire et Vichy ». In : *L'histoire* 266/2002, 28sq.

Rousso, Henri : « Les raisins verts de la guerre d'Algérie ». In : Michaud 2004, 127-151.

Rubino, Gianfranco/Viart, Dominique (dir.) : *Le Roman français contemporain face à l'Histoire.* Macerata : Quodlibet 2015.

Ruhe, Cornelia : « Das *cinéma beur* aus transkultureller Perspektive. Rachid Bouchareds *Indigènes* ». In : Strobel/Jahn-Sudmann 2009, 55-71.

Ruhe, Cornelia : « 'C'était pas Verdun, votre affaire.' Alain Resnais et Laurent Mauvignier face aux traumatismes de la guerre d'Algérie ». In : Burtscher-Bechter/Mertz-Baumgartner 2013, 49-62.

Ruhe, Cornelia : « Die Kontinuität des Krieges. Literatur und Film in der Konfrontation mit Krieg und Terror ». In : Hennigfeld 2014, 21-38.

Ruhe, Cornelia : « 'Le silence après la guerre est toujours la guerre'. La mémoire de la guerre d'Algérie entre amnésie et hypermnésie ». In : Scharold 2016, 195-212.

Ruhe, Cornelia / Joan Tous, Pere (dir.) : *La memoria cinematográfica de la guerrilla antifranquista.* Leiden/Boston : Brill/Rodopi, 2017 (Foro hispánico, 57).

Ruhe, Cornelia /Pere Joan Tous : « A modo de introduccion : Cine y guerrilla o la memoria intempestiva ». In : Joan Tous/Ruhe 2017, 1-22.

Ruhe, Cornelia : « 'Le venin de la subjectivité'. Narration et ambiguïté dans les romans de Jérôme Ferrari ». In : Burnautzki/Ruhe 2018, 215-232.

Ruhe, Cornelia : « L'archéologie urbaine. La disparition du terrain vague dans la fiction française contemporaine ». In : Broich/Nitsch/Ritter 2019, 131-144.

Ruhe, Cornelia : « L'espace de la guerre et de la violence. La Méditerranée selon *Zone* de Mathias Énard ». In : Seauve/de Senarclens 2019, 147-164.

Ruhe, Cornelia : « Un cénotaphe littéraire pour les morts sans sépulture ». In : Messling/Ruhe/Seauve/de Senarclens 2020, 200-216.

Ruhe, Ernstpeter : « Centre vide, cadre plein ». In : Hornung/Ruhe 1992, 29-52.

Sabrow, Martin/Jessen, Ralph/Große Kracht, Klaus (dir.) : *Zeitschichte als Streitgeschichte : große Kontroversen nach 1945*. München : Beck 2003.

Sammarcelli, Françoise : « Entre vestige et émergence. Poétique de l'effet-liste dans *The Invention of Solitude* de Paul Auster ». In : Milcent-Lawson/Lecolle/Michel 2013, 519-530.

Sanyal, Debarati : *Memory and Complicity : Migrations of Holocaust Remembrance*. New York : Fordham University Press 2015.

Scharold, Irmgard (dir.) : *La Guerre d'indépendance algérienne à l'écran*. Würzburg : Königshausen & Neumann 2016.

Schill, Pierre : « Gaston Chérau, correspondant de guerre au début du conflit italo-turc pour la Libye (1911-1912) ». In : Ferrari/Rohe 2015, 75-89.

Schill, Pierre : *Réveiller l'archive d'une guerre coloniale. Photographie et écrits de Gaston Chérau, correspondant de guerre lors du conflit italo-turc pour la Libye (1911-1912)*. Paris : Creaphis 2018.

Schmidt, Ernst A. : « Achill ». In : Hofmann 1999, 91-125.

Schwab, Gabriele : *Haunting Legacies. Violent Histories and Transgenerational Trauma*. New York : Columbia University Press 2010.

Schwarze, Michael : « Un champ de bataille on ne peut plus réel. Zur Referentialität von Distanz und Nähe in *14* von Jean Echenoz ». In : *Romanistisches Jahrbuch* 68,1/2017, 232-256.

Seauve, Lena : « À la recherche d'un monument – mémoire et oubli dans *Tout sera oublié* de Mathias Énard et Pierre Marquès ». In : Messling/Ruhe/Seauve/de Senarclens 2020, 266-282.

Seauve, Lena/de Senarclens, Vanessa (dir.) : *Grenzen des Zumutbaren – Aux frontières du tolérable*. Berlin/Bern : Peter Lang 2019.

Sève, Bernard : *De haut en bas. Philosophie des listes*. Paris : Seuil 2010.

Shay, Jonathan : *Achilles in Vietnam : Combat Trauma and the Undoing of Character*. New York : Atheneum 1994.

Shay, Jonathan : *Odysseus in America : Combat Trauma and the Trials of Homecoming*. New York : Scribner 2002.

Shepard, Todd : *The Invention of Decolonization. The Algerian War and the Remaking of France*. Ithaca/London : Cornell University Press 2006.

Sheringham, Michael : « The Law of Sacrifice : Race and the Family in Marie Ndiaye's *En famille* and *Papa doit manger* ». In : Barnet/Welch 2007, 23-38.

Shields, David : *Reality Hunger. A Manifesto*. London : Hamish Hamilton 2010.

Silverman, Max : « Interconnected Histories : Holocaust and Empire in the Cultural Imaginary ». In : *French Studies* 62,4/2008, 417-428.

Silverman, Max : *Palimpsestic Memory. The Holocaust and Colonialism in French and Francophone Fiction and Film*. New York : Berghahn Books 2013.

Sontag, Susan : *On Photography*. New York : Penguin 1971.

Sontag, Susan : *Regarding the Pain of Others*. New York : Picador 2003.
Sontag, Susan : *Against Interpretation and Other Essays*. London/New York : Penguin Modern Classics 2009.
Sontag, Susan : « Resnais' *Muriel* ». In : Sontag 2009, 232-241.
Stora, Benjamin : *La Gangrène et l'Oubli. La mémoire de la guerre d'Algérie*. Paris : La Découverte 1998 ([1]1991).
Stora, Benjamin : « La guerre d'Algérie quarante ans après : connaissances et reconnaissance ». In : *Modern & Contemporary France* 1994, NS 2, 2, 131-139.
Stora, Benjamin : *Imaginaires de guerre. Les images dans les guerres d'Algérie et du Viêt-nam*. Paris : La Découverte & Syros 2004 ([1]1997).
Stora, Benjamin : « Quand une mémoire (de guerre) peut en cacher une autre (coloniale) ». In : Bancel/Blanchard/Lemaire 2005, 59-76.
Stora, Benjamin : *Le Livre, mémoire de l'Histoire. Réflexions sur le livre et la guerre d'Algérie*. Paris : Le préau des collines 2005.
Strobel, Ricarda/Jahn-Sudmann, Andreas (dir.) : *Film transnational und transkulturell. Europäische und amerikanische Perspektiven*. München : Fink 2009.
Subrahmanyam, Sanjay : *Explorations in Connected History : From the Tagus to the Ganges*. Oxford : Oxford University Press 2004.
Thompson, Mark : *Geburtsurkunde. Die Geschichte von Danilo Kiš*. München : Hanser 2015.
von Tschilschke, Christian : « Zusammenwirken und Konkurrenz der Medien in der Erinnerung an den spanischen Bürgerkrieg : *Soldados de Salamina* als Roman und Film ». In : Bandau/Buschmann/von Treskow 2008, 269-285.
Viansson-Ponté, Pierre : « Quand la France s'ennuie ». In : *Le Monde* du 15 mars 1968.
Viart, Dominique (dir.) : *Nouvelles Écritures littéraires de l'Histoire*. Caen : Minard 2009.
Viart, Dominique/Bruno Vercier : *La Littérature française au présent*. Paris : Bordas [2]2008.
Vrydaghs, David : « Polyphonie et dispositif narratif dans *Des Hommes* de Laurent Mauvignier ». In : Bertrand/Bramati 2018, 75-90.
Wagner, Gerald : « Drama Baby ! Was der Streit von Achilles und Odysseus uns heute sagen könnte ». In : *Frankfurter Allgemeine Zeitung* du 7 janvier 2019, 13.
Weil, Simone : *L'Iliade ou le poème de la force et autres essais sur la guerre*. Paris : Payot & Rivages 2014.
Weil, Simone / Rachel Bespaloff : *War and the Iliad*. Introduction by Christopher Benfey. New York : New York Review Books 2005.
Weinrich, Harald : « Europäische Palimpseste ». In : *Romanistische Zeitschrift für Literaturgeschichte* 30/2006, 1-10.
Wende, Waltraud (dir.) : *Krieg und Gedächtnis : ein Ausnahmezustand im Spannungsfeld kultureller Sinnkonstruktion*. Würzburg : Königshausen & Neumann 2005.

Werner, Michael/Zimmermann, Bénédicte : « Penser l'histoire croisée. Entre empirie et réflexivité ». In : *Annales. Histoire, Sciences sociales* 58,1/2003, 7-36.

White, Hayden : *Figural Realism. Studies in the Mimesis Effect*. Baltimore/London : The Johns Hopkins University Press 1999.

White, Hayden : « The Modernist Event ». In : White 1999, 66-86.

Winkgens, Meinhard : « Palimpsest ». In : Nünning 2004, 508sq.

Wintersteiner, Werner : « From a Violent Past towards a Global Ethics ? Twentieth Century Atrocities in Select Novels of the Twenty-First Century ». In : *Primerjalna knjizevnost* 40,2/2017, 33-51.

Wohlfarth, Irving : « Entendre l'inouï. La Dialectique de la Raison et ses sirènes ». In : *Tumultes* 17-18/2001, 57-89.

Zimmermann, Tania : « Ein Kriegsfoto aus Bosnien : Beglaubigungen und Verweigerungen durch Ron Haviv, Susan Sontag und Jean-Luc Godard ». In : Borissova 2009, 237-261.

Index

Abirached, Zeïna   74 n. 4
Adorno, Theodor W.   20, 29, 82, 89, 163, 166-169
Agamben, Giorgio   105-106, 123-125, 185, 226
Alix, Florian   216 n. 82, 219 n. 94, 223 n. 116
Ammi, Kebir-Mustapha   1 n. 5
Andreoli, Antonio   32 n. 154
Aristote   229 n. 148
Arrighi, Arrigo   120 n. 72
Asholt, Wolfgang   14 n. 78, 82 n. 41
Assmann, Aleida   11-12, 24 n. 126, 25, 39, 106 n. 161, 229 n. 148
Assouline Stillman, Dinah   145 n. 8, 154 n. 56, 156 n. 60
Attia, Maurice   3 n. 17, 4-5, 13, 21, 58-62, 63 nn. 12, 13, 14, 16, 64-72, 73 n. 63, 75 n. 8, 111, 191, 200, 222, 228-229
Aubry, Laurence   216, 219
Augustin   20, 109, 115-116, 127

Badiou-Monferran, Claire   212 n. 57, 58, 214 n. 73, 216 n. 81, 82
Bähler, Ursula   14 n. 78
Bancel, Nicolas   6, 7 n. 43, 9 n. 52, 55, 12 n. 70, 13 n. 72, 76, 22 n. 112, 23 n. 123, 24, 33 n. 3
Barclay, Fiona   9-10, 13 n. 74, 14, 19, 25
Barthes, Roland   30 n. 146, 129, 131 n. 126, 163
Bataille, Georges   53
Beigbeder, Frédéric   4 n. 29
Belaghoueg, Zoubida   146 n. 15
Bender, Niklas   82 n. 42
Benjamin, Walter   3 n. 19, 43 n. 35, 81
Bernanos, Georges   132 n. 127
Bernard, Florence   47 n. 46, 48
Bertrand, Romain   23 n. 119, 45 n. 40, 46 n. 45, 51 n. 69, 221
Bespaloff, Rachel   83
Bey, Maïssa   17 n. 95
Biancarelli, Marcu   109 n. 9
Bikialo, Stéphane   47 n. 46
Blanchard, Pascal   6, 7 n. 43, 9 n. 52, 55, 12 n. 70, 13 n. 76, 22 n. 112, 23 n. 123, 24, 33 n. 3

Blaschke, Bernd   109 n. 10, 11
Bleton, Thomas   105 n. 157
Bond, Lucy   24 n. 127, 28 n. 140
Borges, Jorge Luis   110, 125-126
Bouchareb, Rachid   5 n. 31, 8 n. 51
Boudjedra, Rachid   17 n. 95
Boulgakov, Mikhaïl   110, 118, 121-123
Brodski, Jozef   74
Broich, Jacqueline   100, 102 n. 144
Burnautzki, Sarah   176 n. 12, 177 n. 13, 190 n. 72, 194, 196 n. 101, 229 n. 148
Burtscher-Bechter, Beate   33 n. 1, 77 n. 21
Butor, Michel   81

Camus, Albert   45, 194
Capa, Robert   64
Capone, Carine   47 n. 46, 48 n. 52
Carrère, Emmanuel   225
Carter, Kevin   130, 136
Castro, Antón   92 n. 85
Cayrol, Jean   33, 34 n. 5, 8, 9, 35 n. 11, 12, 36, 37 n. 21, 38 n. 23, 39, 40 n. 26, 27, 43 n. 37, 45 n. 42
Cercas, Javier   6, 62, 64 n. 19, 81
Cervantès, Miguel de   79, 82
Chérau, Gaston   1 n. 4, 27, 128-129, 140
Chominot, Marie   42 n. 32
Coetzee, J.M.   131, 135-136
Collectif Inculte   107 n. 1, 125 n. 97, 128 n. 110, 130 n. 124, 134 n. 136, 238, 240, 245, 249
Combe, Dominique   89 n. 75
Conan, Éric   5, 9 n. 53, 10 n. 59, 11 n. 62, 19 n. 105, 22 n. 113, 114, 155-156, 157 n. 66, 67, 68, 73
Conrad, Joseph   171
Conrad, Sebastian   14, 15 n. 82, 185
Conrad, Thomas   89 n. 75
Coppola, Francis Ford   40, 171-174, 176-179, 181-182, 183 n. 49, 53, 185-187, 189, 190 n. 73, 74, 75, 194-196
Coutier, Élodie   81 n. 40, 82 n. 44, 87 n. 66, 93, 103 n. 148
Craps, Stef   24 n. 127, 28 n. 140

INDEX

Cubeddu-Proux, Stefania   220 n. 105

Daeninckx, Didier   59
Damsa, Cristian   32 n. 154
Daoud, Kamel   17 n. 95
de la Iglesia, Alex   213 n. 59
Deleuze, Gilles   19 n. 101
Delpy, Julie   21, 31, 88, 165, 171-174
Demanze, Laurent   93 n. 94, 105
Denooz, Laurence   212 n. 57, 215 n. 76, 216 n. 81, 82
Derrida, Jacques   25, 102, 201, 226
Deville, Patrick   1 n. 5, 4 n. 20, 21
Didi-Huberman, Georges   16, 43 n. 35
Diop, David   87 n. 63
Djebar, Assia   17 n. 95
Dostoïevski, Fédor   4 n. 27, 110-111, 118-119, 122, 187, 189
Ducas, Sylvie   46, 54 n. 85, 56 n. 92
Dufourmantelle, Anne   201 n. 18
Duras, Marguerite   34 n. 5, 52, 129

Echenoz, Jean   92 n. 88
Eco, Umberto   93 n. 96, 94
Elsaesser, Thomas   231, 232 n. 6, 234
Énard, Mathias   2, 3 n. 16, 4 n. 21, 23, 25, 5, 13, 15 n. 83, 20-21, 31, 40, 74-76, 77 n. 21, 78-79, 80 n. 34, 35, 81 n. 40, 41, 82-85, 86 n. 59, 87 n. 66, 88 n. 68, 89 n. 76, 90-93, 94 n. 100, 95 n. 104, 105, 96-98, 101-105, 135, 145-146, 166, 181 n. 30, 191, 200, 215, 225
Erll, Astrid   15 n. 85, 20, 21 n. 108, 109
Étienne, Bruno   10 n. 60

Faye, Gaël   4 n. 28
Ferney, Alice   19, 72 n. 59, 126 n. 103, 156
Ferrandez, Jacques   3 n. 17, 9 n. 57, 10 n. 60, 58, 66, 69 n. 45, 81 n. 41
Ferrari, Jérôme   1 n. 4, 2, 4 n. 21, 25, 26, 5, 13, 20-21, 24, 27 n. 136, 138, 139, 30-31, 40, 51, 55, 59, 66, 70, 88-89, 107-111, 112 n. 23, 24, 25, 27, 113 n. 31, 32, 114 n. 33, 35, 38, 39, 115 n. 40, 44, 48, 116-117, 118 n. 56, 58, 119-131, 132 n. 127, 133-136, 137 n. 147, 138 n. 155, 156, 139-140, 142-143, 145-146, 158, 161, 163-165, 167 n. 122, 169, 171, 175-181, 183, 186-187, 189-191, 194-196, 198 n. 6, 203 n. 25, 207 n. 45, 215, 222, 224 n. 122, 225
Ferraro, Alessandra   209 n. 47
Figal, Günter   168 n. 130
Foucault, Michel   6, 19 n. 101, 77-78, 142, 179, 180 n. 26
François, Étienne   11 n. 62
Frank, Michael C. F   182 n. 48
Freud, Sigmund   12 n. 71, 13 n. 71

Garcia, Tristan   134
Gaudé, Laurent   4-5, 13, 15 n. 83, 21, 40, 55, 70, 88, 145, 147 n. 23, 164, 171, 180-181, 182 n. 45, 183-186, 190-192, 193 n. 85, 194-195, 196 n. 100, 99, 199-200, 203 n. 25, 223
Gaulle, Charles de   19, 62, 66, 69, 72 n. 59, 126, 155, 156 n. 60, 159, 161, 163
Gefen, Alexandre   226 n. 128
Gervereau, Laurent   41 n. 31, 42 n. 32, 51
Gilroy, Paul   24
Gingras, Changale   209
Godard, Jean-Luc   130 n. 121
Gödde, Susanne   90 n. 78
Grass, Günter   126
Guez, Olivier   4 n. 21
Guichard, Thierry   108 n. 7, 110 n. 14
Gutjahr, Ortrud   7 n. 47

Haneke, Michael   21, 35 n. 14, 221 n. 108, 231, 232 n. 6, 233-234, 235 n. 12
Haraway, Donna   201, 212-214, 228
Hardt, Michael   19 n. 101
Hatzfeld, Jean   4 n. 28
Haviv, Ron   129, 130 n. 121
Heisenberg, Werner   128
Hennigfeld, Ursula   19 n. 104, 109 n. 12, 175 n. 10
Hérodote   227 n. 138
Hirsch, Marianne   2, 13, 15, 24-26, 149, 234 n. 11
Hitchcock, Alfred   98
Hollande, François   5 n. 34
Hölscher, Uvo   85 n. 56
Homère   20-21, 81-86, 88-89, 93 n. 96, 103 n. 148, 166-167, 168 n. 131, 169

Horkheimer, Max   20, 82, 89, 166-169
Houellebecq, Michel   109 n. 12, 152 n. 43
Howell, Jennifer   3 n. 17
Hubbell, Amy L.,   72 n. 59
Hüppauf, Bernd   1 n. 3, 7 n. 47, 11, 26 n. 135, 29, 31 n. 153, 41 n. 30, 158 n. 82

Jenni, Alexis   2, 5, 12 n. 67, 13, 19-21, 31, 55, 70, 88, 90, 114 n. 34, 126, 144-150, 151 n. 41, 152, 153 n. 52, 154 n. 56, 57, 155-159, 160 n. 89, 161 n. 98, 162-166, 167 n. 120, 123, 168-170, 191, 207 n. 45, 222, 225 n. 122, 232, 235
Joan Tous, Pere   12 n. 69
Jones Choplin, Olivia   201, n. 19, 206 n. 35, 210 n. 48
Juncker, Jean-Claude   5
Jünke, Claudia   82 n. 42, 95 n. 104, 98, 112 n. 23, 145 n. 13, 146, 155, 159 n. 88, 166 n. 118

Kagan, Donald   10
Kegel, Sandra   7, 108 n. 7
Kepel, Gilles   9
Kipling, Rudyard   182-183
Kiš, Danilo   74 n. 1, 92, 93 n. 96, 94, 96 n. 110, 97 n. 113, 115, 103-104, 215
Kompanietz, Paul   156 n. 65
Körte, Peter   231 n. 4
Kotcheff, Ted   165 n. 112
Kuschel, Daniela   111 n. 22

Lachmann, Renate   19, 20 n. 106, 78 n. 24, 92, 94, 96 n. 110, 97, 104, 172 n. 2, 215
Laurichesse, Jean-Yves   51 n. 69
Lazignac, Coralie   32 n. 154
Lefeuvre, Daniel   9
Leibniz, Gottfried Wilhelm   109, 127
Lemaire, Sandrine   6, 7 n. 43, 9 n. 52, 54, 55, 12 n. 70, 13 n. 76, 22 n. 112, 23 n. 123, 24, 33 n. 3
Lemaître, Pierre   2, 3 n. 17, 162 n. 99, 225
Lenz, Markus   82 n. 43
Lévy-Bertherat, Déborah   46 n. 44, 50 n. 62, 51-52, 53 n. 76, 54, 55 n. 87
Littell, Jonathan   4 n. 21
Lyotard, Jean-François   110 n. 13, 214

Mainberger, Sabine   94 n. 98
Malie, Gérard   129
Marjanovię, Rista   129, 140
Marquès, Pierre   2 n. 15, 74 n. 4, 102 n. 147, 103 n. 148, 225
Marsé, Juan   63 n. 12
Marx, Karl   116 n. 50
Mauvignier, Laurent   2, 5, 22 n. 113, 24, 31, 33, 42 n. 33, 45-46, 47 n. 46, 47, 48, 49 n. 56, 50-51, 52 n. 73, 53 n. 75, 79, 54-57, 88, 97, 129, 137, 148-149, 158, 162, 165, 191, 196, 200, 215, 222, 229
Metter, Christian de   3 n. 17
Meyer, Christian   9, 11, 39
Montfrans, Manet van   45 n. 41
Montin, Sandrine   219 n. 93
Morello, André   145 n. 10, 146 n. 15, 157 n. 72, 163 n. 102, 170 n. 144
Motte, Warren   3
Mouawad, Wajdi   4-5, 13, 15 n. 83, 21, 24, 59, 135, 145, 159, 183, 191, 197-202, 203 n. 25, 26, 206 n. 36, 208-210, 211 n. 50, 212 n. 57, 58, 214-215, 216 n. 82, 83, 217, 219-220, 221 n. 106, 107, 222-223, 224 n. 117, 120, 121, 225-226, 227 n. 135, 139, 228-229, 230 n. 149

Nachtwey, James   26
Naqvi, Fatima   221 n. 108
Narjoux, Cécile   45 n. 40, 47 n. 46, 48
NDiaye, Marie   152 n. 43
Negri, Antonio   19 n. 101

Obergöker, Timo   22 n. 113, 117 n. 54

Paech, Joachim   27
Perceau, Sylvie   93 n. 96
Pirrotta, Antonio   32 n. 154
Poe, Edgar Allen   106
Pontecorvo, Gillo   68 n. 39
Pradeau, Christophe   125
Prédal, René   40 n. 26

Rabaté, Dominique   56, 57 n. 93, 98 n. 117, 198 n. 6
Rabatel, Alain   94 n. 102
Rahimi, Atiq   4 n. 27
Randeria, Shalini   14, 15 n. 82

INDEX

Resnais, Alain   21, 24, 31-35, 37-39, 40 n. 26, 27, 42-46, 48-52, 54-57, 62, 78, 88, 101, 137, 148-151, 158, 165, 196, 228-229
Riboulet, Mathieu   30, 97, 131, 158, 163
Rimbaud, Arthur   164, 216 n. 80, 226-227
Ritter, Daniel   100
Robbe-Grillet, Alain   13 n. 73, 34 n. 5
Rohe, Oliver   1 n. 4, 4 n. 23, 27 n. 136, 138, 139, 30, 31 n. 152, 102 n. 145, 108, 128, 136
Rothberg, Michael   15-17, 36 n. 15, 50, 141, 149, 192, 198-199, 200 n. 13, 214, 222 n. 109, 226, 231, 233 n. 9
Rousso, Henri   157 n. 67
Ruhe, Cornelia   8 n. 51, 12 n. 69, 19 n. 104, 24 n. 124, 33 n. 1, 91 n. 82, 102 n. 144, 108 n. 5, 109 n. 8, 110 n. 12, 125 n. 96
Ruhe, Ernstpeter   35 n. 10

Salvayre, Lydie   2, 6 n. 40
Sammarcelli, Françoise   93 n. 94
Sansal, Boualem   17 n. 95
Sanyal, Debarati   15 n. 83, 17 n. 96, 19 n. 102, 24
Schill, Pierre   1 n. 4, 27 n. 138, 128 n. 113
Schmidt, Ernst A.   85 n. 58, 87, 88 n. 67, 69
Schwab, Gabriele   25 n. 131, 157 n. 74
Schwarze, Michael   92 n. 88
Seauve, Lena   82 n. 41, 103 n. 148, 225 n. 126
Sève, Bernard   92, 94, 96 n. 108, 97 n. 114
Shay, Jonathan   83, 87, 88 n. 70, 176 n. 11
Sheringham, Michael   22
Shields, David   91
Silverman, Max   15-18, 35-36, 38, 40 n. 28, 44 n. 38, 47, 48 n. 49, 59-60, 71, 75, 79 n. 25, 149, 184, 196, 200, 231, 233 n. 8

Simon, Claude   81 n. 41, 115 n. 47, 161 n. 97
Sontag, Susan   5, 11, 28, 30, 32, 34 n. 6, 35, 41 n. 29, 46 n. 44, 52 n. 72, 53-54, 110, 130, 138
Stora, Benjamin   3, 7-8, 11, 12 n. 67, 23-24, 36, 41 n. 31, 42 n. 32, 51, 144
Subrahmanyam, Sanjay   14
Sun Tzu   145

Thompson, Mark   92 n. 87
Toledo, Camille de   102 n. 147, 103 n. 147
Trueba, David   64 n. 19
Trueba, Fernando   63 n. 12
Tschilschke, Christian von   12 n. 69
Tuil, Karine   4 n. 27, 5 n. 32

Vercier, Bruno   1 n. 2
Vermeulen, Pieter   24 n. 127, 28 n. 140
Viansson-Ponté, Pierre   61
Viart, Dominique   1 n. 2, 82 n. 41, 110 n. 13
Vrydaghs, David   46 n. 45
Vuillard, Éric   1 n. 5, 3 n. 17, 4 n. 21

Wagner, Gerald   168 n. 127
Weil, Simone   83
Weinrich, Harald   17-18, 79
Werner, Michael   14
White, Hayden   30-31, 90, 158
Winkgens, Meinhard   18 n. 97
Wintersteiner, Werner   163 n. 102
Wohlfarth, Irving   168 n. 126, 128

Zimmermann, Bénédicte   14
Zimmermann, Tania   130 n. 121
Zola, Émile   150

Printed in the United States
By Bookmasters